高等学校应用型特色规划教材 经管系列

公司金融理论与实务

张旭波 编著

清华大学出版社

北 京

内 容 简 介

本书系统地介绍了公司金融的基本概念、基本理论和基本分析方法,并用案例分析和实例计算贯穿全文,使公司金融的理论和实务有机地结合在一起。全书分为十章,主要内容包括:公司金融概述、货币的时间价值、公司财务基础、投资管理、融资管理、最优资本结构、利润分配及股利政策、公司并购与破产清算、风险管理及国际企业金融。

本书既可作为本、专科院校金融学专业、经济学专业、国际贸易专业、工商管理专业等的教学用书,也可作为相关从业人员的学习资料。

图书在版编目(CIP)数据

公司金融理论与实务/张旭波编著. --北京:清华大学出版社,2014 (2020.1重印)
(高等学校应用型特色规划教材 经管系列)
ISBN 978-7-302-37314-8

Ⅰ.①公… Ⅱ.①张… Ⅲ.①公司—金融学—高等学校—教材 Ⅳ. F276.6

中国版本图书馆 CIP 数据核字(2014)第 159541 号

责任编辑: 温 洁
装帧设计: 杨玉兰
责任校对: 马素伟
责任印制: 宋 林

出版发行: 清华大学出版社
　　　　　网　　址: http://www.tup.com.cn, http://www.wqbook.com
　　　　　地　　址: 北京清华大学学研大厦 A 座　　邮　　编: 100084
　　　　　社 总 机: 010-62770175　　　　　邮　　购: 010-62786544
　　　　　投稿与读者服务: 010-62776969, c-service@tup.tsinghua.edu.cn
　　　　　质量反馈: 010-62772015, zhiliang@tup.tsinghua.edu.cn
　　　　　课件下载: http://www.tup.com.cn, 010-62791865
印 装 者: 三河市君旺印务有限公司
经　　销: 全国新华书店
开　　本: 185mm×230mm　　印　张: 22.75　　字　数: 496 千字
版　　次: 2014 年 8 月第 1 版　　　　　印　次: 2020 年 1 月第 4 次印刷
定　　价: 49.80 元

产品编号: 048330-02

出版说明

应用型人才是指能够将专业知识和技能应用于所从事的专业岗位的一种专门人才。应用型人才的本质特征是具有专业基本知识和基本技能，即具有明确的职业性、实用性、实践性和高层次性。应用型人才的培养，是"十二五"时期教育部关于进一步深化本科教学改革，全面提高教学质量的目标之一，也是协调高等教育规模速度与市场人才需求关系的重要途径。

教育部要求"十二五"期间有相当数量的高校致力于培养应用型人才，以满足市场对应用型人才的巨大需求。为了培养高素质应用型人才，必须建立完善的教学计划和高水平的课程体系。在教育部有关精神的指导下，我们组织全国高校的专家教授，努力探求更为合理有效的应用型人才培养方案，并结合我国当前的实际情况，编写了这套"高等学校应用型特色规划教材·经管系列"丛书。

为使教材的编写真正切合应用型人才的培养目标，我社编辑在全国范围内走访了大量高等学校，拜访了众多院校主管教学的领导以及教学一线的系主任和教师，掌握了各地区各学校所设专业的培养目标和办学特色，推进了优质教育资源进课堂，并广泛、深入地与用人单位进行交流，明确了用人单位的真正需求。这些工作为本套丛书的准确定位、合理选材、突出特色奠定了坚实的基础，同时逐步形成了反映时代特点、与时俱进的教材体系。

◇ 教材定位

➢ 以就业为导向。在应用型人才培养过程中，充分考虑市场需求，因此本套丛书充分体现"就业导向"的基本思路。

➢ 符合本学科的课程设置要求。以高等教育的培养目标为依据，注重教材的科学性、实用性和通用性，融入实践教学环节。

➢ 定位明确。准确定位教材在人才培养过程中的地位和作用，紧密结合学科专业发展和教育教学改革，正确处理教材的读者层次关系，面向就业，突出应用。

➢ 合理选材、编排得当。妥善处理传统内容与现代内容的关系，大力补充新知识、新技术、新工艺和新成果。根据本学科的教学基本要求和教学大纲的要求，制定编写大纲(编写原则、编写特色、编写内容、编写体例等)，突出重点、难点。

➢ 建设"立体化"的精品教材体系。提倡教材与电子教案、学习指导、习题解答、课程设计、毕业设计等辅助教学资料配套出版。

✧ 丛书特色

➢ 围绕应用讲理论，突出实践教学环节及特点，包含丰富的案例，并对案例作详细解析，强调实用性和可操作性。

➢ 涉及最新的理论成果和实务案例，充分反映岗位要求，真正体现以就业为导向的培养目标。

➢ 国际化与中国特色相结合，符合高等教育日趋国际化的发展趋势，部分教材采用双语形式。

➢ 在结构的布局、内容重点的选取、案例习题的设计等方面符合教改目标和教学大纲的要求，把教师的备课、授课、辅导答疑等教学环节有机地结合起来。

✧ 读者定位

本系列教材主要面向普通高等院校和高等职业技术院校，以满足培养应用型人才的高等院校的教学需要。

✧ 关于作者

丛书编委特聘请执教多年且有较高学术造诣和实践经验的教授参与各册教材的编写，其中有相当一部分的教材主要执笔者是各专业精品课程的负责人，本丛书凝聚了他们多年的教学经验和心血。

✧ 互动交流

本丛书的编写及出版过程，贯穿了清华大学出版社一贯严谨、务实、科学的作风。伴随我国教育教学改革的不断深入，要编写出满足新形势下教学需求的教材，还需要我们不断地努力、探索和实践。我们真诚希望使用本丛书的教师、学生和其他读者提出宝贵的意见和建议，使之更臻成熟。

清华大学出版社

前　言

公司金融是研究公司在不确定的条件下，公司资金运行机制及管理规则的学科。随着中国改革开放的日益深入和市场经济体系的日益完善，金融市场愈益成为整个经济体系的核心，熟悉和掌握公司金融的原则和规律，并具备实际分析能力，对满足市场经济对人才的要求具有重要的意义。

作者在实际教学过程中发现，国内现有的《公司金融》教材大多是理论性较强的教材，而理论与实务并重的教材较为少见。本科院校的学生，在学习理论的同时，更需要加强实务能力的培养，以适应毕业后就业的需要。《公司金融理论与实务》即可作为金融学专业、经济学专业、国际贸易专业、工商管理专业等相关专业本科生、专科生教学用书，也可以作为公司经营管理人员、金融机构从业人员的业务学习资料。

本书的教学对象是已经掌握了宏观经济学、金融学、财政学、高等数学等基础课程理论知识的高等院校本科学生。本课程的教学目的是要求学生掌握公司金融的基本理论、基本知识和基本技能，掌握公司资金筹集、运用的理论和方法，及公司进行风险管理、优化资本结构的原则和方法，并能够运用所学理论、知识和方法解决公司金融的相关问题，为日后进一步学习、理论研究和实际工作奠定扎实的基础。

按照理论性与实用性并重的原则，本书在系统讲述公司金融理论的同时，增设了专栏及拓展阅读材料，以开阔学生视野，加深对正文内容的理解，并在每章后面都精心安排了一定数量的思考题、计算题、案例分析题，训练学生对问题的分析能力。本书在编写过程中力求做到如下几点。

(1) 系统性与完整性。本书将金融学三大分析方法贯穿于公司金融管理的整个过程，涵盖了公司金融的基本内容，体现出整体结构的逻辑性和内容的完整性。

(2) 易懂性与严谨性。本书将金融概念、理论及金融模型，以易于理解的语言、图形、表格及具体实例的方式加以描述，具有中学数学水平的学习者就能够理解和掌握。同时，也保持了概念的准确性和理论的科学性。

(3) 理论与实务并重。本书加大了案例分析比重，以案例来阐释理论，使得对复杂的金融模型的理解和应用更加简便、易懂，同时在相关章节理论讲解过程中和章节后面安排了一定数量的例题或者计算、案例分析题，训练学生对问题的分析能力。

(4) 广泛的适用性。本书不仅适用于在校学生的教学，也是企业与金融从业人员的专业参考书。本书的基本内容是企业管理者和决策者、银行客户经理、基金经理、证券分析师、理财策划师、咨询顾问等从业人员必备的基本金融理论与实务知识。

为达到理论与实务并重的教学目标，在教学方法上应注意如下几点。

第一，加强对基本理论的讲解和分析，使学生掌握现代金融学的分析方法。公司金融是发展最快的领域之一，新思路、新方法层出不穷，通过对公司金融理论的学习，培养学生的金融实践能力和创造能力。

第二，注重培养学生分析问题、解决问题的能力。在充分理解和掌握基本理论的基础上，通过案例教学、课后练习题等形式培养学生分析问题、解决问题的能力。

第三，坚持理论联系实际的原则，加强学生活学活用的能力。在教学过程中应联系公司金融活动中出现的新情况、新问题，运用教材中的基本理论和方法进行分析、研究，培养学生实际操作能力。

本书由张旭波副教授编著，负责制定教材的写作大纲、教材编写的基本要求，并对全书进行修改和总纂。本书各章编写分工如下：第一、七章由张旭波副教授(博士)编写；第二、四章由王文胜博士编写；第三、六章由刘虹副教授(博士)编写；第五、八章由李援亚副教授(博士)编写；第九章由张成波老师编写；第十章由王锐副教授(博士)编写。姜昱卓同学参与了第七章部分内容的编写及资料的收集。

本书的编写得到清华大学出版社责任编辑的大力支持和帮助，同时也得到相关编辑的支持和关心，在此特表感谢！

由于编者水平有限，书中难免存在疏漏和不妥之处，敬请广大读者批评指正。

编　者

目　　录

第一章

公司金融概述

学习目标: 掌握公司金融的概念;了解公司金融的内容;了解企业的概念和特征;了解不同组织形式企业的特点;了解公司金融的宏观和微观环境;了解金融系统的基本功能;了解公司金融的管理目标。

引入案例:国美创始人黄光裕的传奇财富

自 2008 年 11 月国美集团董事局主席黄光裕被警方带走接受调查,至 2010 年 5 月 18 日,北京市第二中级人民法院以非法经营罪、内幕交易罪、单位行贿罪数罪并罚判处黄光裕有期徒刑十四年,并处罚金人民币 6 亿元,没收个人财产人民币 2 亿元,再到 2010 年国美的控制权之争,深陷牢狱的国美电器的创始人、前国美电器董事局主席、前中国首富黄光裕,吸引了无数人的关注,更引起了人们对其财富神话般增长的好奇和探究。黄光裕是怎样积累起传奇的财富的呢?

1987 年,17 岁的黄光裕与哥哥黄俊钦,利用在内蒙古卖小电子产品攒下的 4 000 元,同时借贷 3 万元,在北京前门的珠市口东大街 420 号盘下了一个 100 平方米的名叫"国美"的门面。在那里,黄氏兄弟先卖服装,后来改卖进口电器。

1992 年,黄氏兄弟分家,黄光裕分得了"国美"这块牌子和几十万元现金。黄光裕主导的国美电器正式运营,靠"像卖白菜一样卖电器"的经营理念,经过两年的经营,积累了几百万资产。

1994—1998 年,中国家电、计算机等产业的国产品牌开始迅速崛起,欧美、日韩的跨国品牌却几乎全线溃退。国美抓住机遇,开始销售国产电器。到 1998 年,黄光裕的资产过亿元。

2004 年,黄光裕将净资产 2.41 亿元人民币的国美以 88 亿元人民币的价格卖给中国鹏润,市盈率高达 46.7。借中国鹏润之壳,在香港上市,实现总资产从 2 亿多到百亿的飞跃。

2005—2008 年全国房地产市场涨声一片,黄光裕开始了房地产投资。到 2008 年,其土地储备已达到一亿多平方米,并向中关村注资几十亿,借壳上市。黄光裕的资产也由 105 亿迅速上升到 430 亿……

从 1987 年的 4 000 元,到 2008 年的 430 亿元,仅用 21 年的时间,通过筹集资金、投资、兼并与收购、借壳上市等一系列的资本运作,使企业和黄光裕的个人财富呈现几何级的增长,而这一系列的财务运作所运用的是最基本的知识和理论——如何处理和利用货币的时间价值？怎样了解一个公司的基本财务状况并对其价值进行正确评估？如何确定公司的最优资本结构？怎样进行投资管理？怎样进行融资？怎样兼并收购与重组？怎样进行公司风险管理？如何进行国际企业的金融管理？等等，正是这门课——公司金融的核心内容。

（资料来源：依据公开资料整理）

第一节　公司金融的概念与内容

一、金融的概念

　　"公司金融"是由"公司"和"金融"两个词汇构成的组合词汇。在这一组合词汇中，"金融"属于主词汇，而"公司"则是定语，"公司金融"的主要意义在于"金融"上。要对公司金融合理定义，就需要对"金融"的定义加以考证。在中文里，将"金"和"融"两者连在一起组成"金融"一词，始于何时现在无法考证。最早列出"金融"词条的工具书是《辞源》和《辞海》。《辞源》(1937年普及本第11版)关于"金融"条目的释文是："今谓金钱之融通状态曰金融，旧称银根"。《辞海》(1936年版)关于"金融"条目的解释是："谓资金融通之形态也，旧称银根"。可见，我国历史上较具权威的《辞源》和《辞海》都将金融的基本意义定义为"货币资金的融通"。

　　进入现代，金融与人们的生活更为密切。《中国金融百科全书》中对"金融"一词的注释是："金融是货币流通和信用活动以及与之相关的经济活动的总称。"在彼得·纽曼等编著的《新帕尔格雷夫货币金融大辞典》中，认为"金融以其不同的中心点和方法论而成为经济学的一个分支。其基本的中心点是资本市场的运营、资本资产的供给和定价，其方法论是使用相近的替代物给金融契约和工具定价。"该辞典指出，金融的基本内容有五个方面：有效率的市场、风险与收益、替代与套利、期权定价、公司金融。显然，这种定义扬弃了货币和信用，舍掉了金融宏观管理与政策，它意味着金融是独立于货币和信用之外的范畴，其涵盖的不是政府的行为活动，而是储蓄者与投资者的行为活动。由此可见，传统金融是与货币资金的融通相关的经济活动，而现代金融则是与经营活动的资本化相关的经济活动。公司金融是现代金融活动的重要内容。

　　专栏1-1：学习金融的五个理由

　　第一，了解金融有助于管理个人资源。你可以在对金融缺乏了解的情况下有所成就吗？也许可以。但是，如果你彻头彻尾一无所知，那么，你的命运就将掌握在他人手中。记住这句古训："愚人同其金钱会迅速分道扬镳。"

　　在某些情况下，你会求助于专家。世界上有许许多多的金融从业者和金融服务公司，如银行家、股票经纪人、保险代理人、出售共同基金和其他金融产品与服务的公司。如果你是一位潜在的客户，专家的建议经常是免费的。但是，你又该如何评价你所得到的建议呢？学习金融学将为你建立起进行评价的概念框架。

第二，对商业界来说，对于金融的基础性了解是特别重要的。即使你并不期望在金融领域有所钻研，但还是必须对金融专业人士所使用的概念、技术和专业术语有充分的理解，以便与他们进行交流，并认识他们能力的局限性。

第三，你可能对金融职业很感兴趣。在金融领域有多种潜在价值的从业机会，并且存在很多途径可以使你成为金融专业人员。大多数金融从业人员在金融服务行业工作，包括银行业、保险业、证券服务业等。然而，也有很多人以金融管理人员的身份服务于非金融企业或政府部门，甚至有些人在学术机构任职。家庭、企业和政府机构经常征询金融顾问的建议。而且，金融方面的背景会为一般管理方面的职业构成良好的基础。许多大公司的首席执行官都是从金融起步的。

第四，作为公民，要做出有根据的公共选择，应该对金融系统的运作情况有基本的了解。对于任何市场经济社会，金融体系都是一个重要的基础性行业。实际上，许多人认为，一些状况良好的金融机构是经济增长和发展不可或缺的因素。作为公民，我们有时必须做出可能影响金融体系运行的政治选择。例如，有两个候选人，一个主张废除政府存款保险，另一个要加强对股票交易的控制，你投谁的票呢？

第五，仅从学术上说，金融也是一个十分有意思的研究领域，它可以扩展一个人对现实世界运行状况的认识。对金融进行科学研究已经有很长的历史了。亚当·斯密的《国富论》，被认为是经济科学的开端。今天的金融理论家是专门研究"金融经济学"的经济学家。实际上，诺贝尔经济学奖也已授予了在金融领域做出杰出贡献的学者。

(资料来源：兹维·博迪，罗伯特·C.莫顿，戴维·L.克利顿. 金融学(第二版). 北京：中国人民大学出版社，2010. 作者略有删改)

二、公司金融的概念

关于公司金融的含义，学术界有不同的观点。

第一种观点认为，公司金融就是企业内部为管理和分配资金，通过"企业银行"、"财务公司"进行的活动。这种观点强调了公司金融的"公司资金管理"特性，但忽视了公司与外部的资金联系，并且"企业银行"和"财务公司"只在极少数大型集团公司设立，一般公司尤其是中小公司并不设立这样的机构。

第二种观点认为，"公司金融是指企业在生产、经营过程中主动进行的资金筹集和资金运用行为"。这种观点把公司金融的范围定义为企业资金的筹集和运用两个方面，强调公司金融的资金筹集和运用功能，突出了公司金融与其他金融范畴的区别。但是，对优化资本结构，合理配置风险等方面的功能则没有体现。

第三种观点认为，公司金融就是"与公司制企业相关的一切金融活动"。这种观点将与公司相关的全部经营活动纳入公司金融的范畴，并将其重点放在金融上，涉及内容广泛，大到国家的金融制度和金融政策，小到个人、企业等微观主体与金融机构之间的各种业务往来，都归于公司金融的范畴，是广义的公司金融，在内涵和外延上无法与一般金融加以区分，难以反映公司金融的本质特征。

第四种观点认为，应该将公司金融与英文"corporate finance"等同起来。我国学者过去一般将"corporate finance"译为"公司财务"或"公司理财"，例如，由机械工业出版社出版的，罗斯(Stephen A.Ross)、威斯特菲尔德(Randolph W.Westerfield)和杰富(Jeffrey F.Jaffe)编著的 *Corporate Finance* 教材，吴世农等人在翻译时，将之译为《公司理财》。随着近年来我国金融理论的研究逐渐与国际接轨，金融学的研究重点由过去的宏观金融向微观金融转变，与经营活动资本化相关的经济活动成为现代金融的重要研究内容。"corporate finance"被我国金融学界纳入金融理论的研究范围。有的学者认为，将"corporate finance"译作"公司财务"或"公司理财"，很容易使人误解其研究对象为会计事项，今后应予以修正，主张将"corporate finance"统一翻译为中文的"公司金融"。许多大学金融专业开设了"公司金融"课程，内容与"corporate finance" 大体相同。出版的冠名为《公司金融》或《公司金融学》的教材，都把中文的公司金融与英文的"corporate finance"等同起来。目前，将公司金融等同于英文的"corporate finance"在我国已经成为一种趋势，是近些年来较为流行的观点。

综上所述，本书认为公司金融是公司或企业主体在现在或未来不确定的环境中，主动运用金融系统进行资金筹集和运用，并在时间上进行有效配置，以优化资本结构，获取并分配收益，规避风险的所有活动。公司金融管理中的资源配置有别于其他资源配置方式，其基本特点如下所述。

(1) 通过金融系统实现资源有效配置。公司金融是公司在金融市场上运用金融工具(如股票、债券等)，通过中介机构(如银行、保险公司、投资基金等)和金融服务机构(如金融咨询公司)，在监管机构和政策、法律、法规管理下进行的资源配置。

(2) 资源配置的成本与收益是跨期的。公司筹集资金，运用于投资与生产经营过程中，获取并分配收益，以保持经营活动分布在不同的时间段，因此，公司金融管理是资源跨期有效配置的过程。

(3) 公司金融管理的环境是不确定的。公司管理者无法事先准确地预测到未来的情况，也无法确切地掌握未来的成本和收益，因而其金融决策具有不确定性，需要运用一系列的定量模型来进行价值的测算和评估，以选择方案、制定和执行决策。

三、公司金融的基本内容

公司金融是公司为实现一定目标所进行的一系列的金融决策与管理过程，主要包括资产的配置、资产的获得以及资产的运营及风险的规避。因此，公司金融可以分为以下四个方面的基本内容。

(一)投资决策

投资是创造财富的源泉，它来源于资金持有者放弃现在的消费，节省资金，提供资本的意愿。投资决策亦称为资本预算管理，是公司或企业的一个最重要的决策，也是公司在战略发展上所做出的第一个决策——从事哪个行业。投资决策的过程包括提出投资项目的创意及方案，对各种投资方案进行评估，决定投资哪个项目，然后组织实施。

投资决策决定着公司所需持有的资产总额，它既包括与创造收入、利润相关的决策，也包括与节约资源相关的决策，还包括与市场进入及兼并收购相关的决策。因此，投资决策一般包含四种类型：一是与流动资产投资相关的决策，如现金、存货、短期有价证券、商业信用等方面的决策；二是与固定资产投资相关的决策，如有形的固定资产投资决策和无形资产投资决策；三是与长期有价证券投资相关的决策，如股票和长期债券的投资决策等；四是与公司扩张或萎缩相关的投资决策，如兼并收购，破产清算等。所以，从某种意义上讲，投资决策也是资本预算的过程。

(二)融资决策

当公司做出投资决策后，就必须考虑如何为其筹集资金。公司的融资方案以公司的资本结构为基础，因此，融资决策亦称资本结构决策，主要涉及企业的负债和权益的比重。公司的融资决策决定了企业未来的现金流量、公司的控制权、股东的权益以及未来收益的分配等。

融资计划一旦决定，公司便可考虑选择融资的最佳途径和最优的融资组合方式(比如，银行贷款、金融租赁、债券或股票等)，以确定收益最大、风险最小的最佳资本结构。但是否存在这样一个最佳的资本结构，以及什么样的资本结构是最佳的呢？不同的公司目标对此有不同的阐释。一般来讲，融资决策的内容包含三个方面：一是融资方式的选择，如进行权益融资还是债务融资？是否要运用商业信用或租赁的方式融资？权益融资中是利用留存收益还是发行股票？债务融资中是从银行借款还是发行债券？二是资金来源的选择，如外部融资还是内部融资？三是融资成本的选择，如资金使用成本、筹措成本的选择等。

(三)收益分配决策

收益分配决策是公司的一项重要决策。公司将所筹集的资金用于资产的购置，运营和管理这些资产取得收益后，就需要分配收益。公司金融管理的一个核心问题，就是最终为谁获取收益，获得怎样的收益，以及如何分配收益。在公司取得的利润中，发放给股东的股利及留存收益的比例，会对公司未来的收益及融资能力产生影响。过高的股利支付率，会影响公司再投资的能力，使未来收益减少，造成股价下跌；过低的股利支付率，可能会引起股东不满，股价也会下跌。

(四)风险管理决策

公司所处的金融环境是不确定的。在这个不确定的环境中，公司的投资决策、融资决策和收益分配决策都面临不确定的风险，如何应对风险、规避风险，减少风险带来的损失，是公司金融的重要内容。理论上讲，风险是客观的，是无法避免的，但是，公司可以通过风险分散、风险转移的方式消除和减轻风险损失，最大限度地保证生产经营的正常运营。

第二节　企业组织形态

一、企业的概念和特征

既然公司金融是研究公司在不确定环境下进行金融决策与管理的过程，我们就有必要对公司的概念进行界定。公司是企业的一种组织形式，企业是依法设立的从事生产经营活动、以盈利为目的的独立核算的经济组织。企业这种经济组织具有以下特征。

(1) 企业是一种社会经济组织。它是由多人组成的一个群体，有自己的机构和工作程序要求。

(2) 企业以盈利为目的，从事生产经营活动。即企业从事创造财富的活动，包括生产、交易、服务等。

(3) 企业实行独立核算。企业的经济活动得到全面的反映和控制。企业收入、成本、费用单独计算，收支相抵，计算盈亏。

(4) 企业是依法设立的组织。企业必须依法设立，从事法律法规所允许的生产经营活动。企业依法设立后，即是一个合法的组织，将得到国家法律的认可和保护。

二、企业的分类

不同组织形式的企业有着不同的金融管理目标和要求。企业形式多样、情况复杂，是社会经济生活中最具活力的经济单位。依据不同的分类标准，可将企业分成不同的类型。

(1) 按企业的法律地位不同，可将企业划分为法人企业和非法人企业。法人企业是指以盈利为目的，能以自己的名义独立享有民事权利、承担民事义务，并以其财产为限独立承担民事责任的企业组织。法人企业以投资人投入企业所形成的法人自己的财产承担有限责任，这种有限责任割断了投资人其他财产对法人企业债务的责任。法人企业的财产独立于投资人投入企业之外的其他财产，企业成为财产独立的市场运营主体。非法人企业是指不具有企业法人资格但有自己的名称、组织机构、经营场所的经营单位。非法人企业不具有法人资格，不能独立承担民事责任，不能独立支配和处分所经营管理的财产，但可以刻制印章、开立往来账户、单独核算、依法纳税，也可以签订商业合同并作为执行人。

(2) 按企业的经营范围不同，可将企业分为工业企业、商业企业、农业企业、交通运输企业、服务企业等。工业企业是指依法成立的，从事工业品生产经营活动，经济上实行独立核算、自负盈亏，法律上具有法人资格的经济组织。商业企业是指通过买进并卖出货物，从中获取利润的企业。商业企业是对购进的货物转手买卖的企业。农业企业是指从事农、林、牧、副、渔业等生产经营活动，实行自主经营、独立核算的营利性经济组织。交通运输企业是指依法成立专门从事货物和旅客运送的经济单位，包括铁路、公路、水运、航空等运输部门。服务企业是指从事现行营业税"服务业"科目规定的经营活动的企业，如从事代理，旅店、餐饮、旅游、仓储、租赁、广告及其他未包含的服务的企业。

(3) 按企业的所有制形式不同，可将企业分为独资企业、合伙制企业、公司制企业。独资企业是指个人出资经营、归个人所有和控制、由个人承担经营风险和享有全部经营收益的企业。独资企业业主承担无限经济责任，破产时债权人可以扣留业主的个人财产。合伙制企业是由两个或两个以上的合伙人订立合伙协议，为经营共同事业，共同出资、合伙经营、共享收益、共担风险的营利性组织。合伙制企业包括普通合伙企业和有限合伙企业。公司制企业是指由两个以上的投资人(自然人或法人)依法出资组建，有独立法人财产，自主经营，自负盈亏的法人企业。公司制企业包括有限责任公司和股份有限公司。

(4) 按企业的资金来源不同，可将企业分为内资企业、外资企业。内资企业是指由国有资产、集体资产、国内个人资产投资创办的企业。外资企业是指依照中国法律的规定，在中国境内设立的，由外国投资者投资的企业，不包括外国的企业和其他经济组织在中国境内的分支机构。依据外商在企业注册资本和资产中所占股份和份额的比例不同，以及其他法律特征的不同，可将外资企业分为中外合资企业、中外合作企业和外商独资企业三种类型。

三、不同形式企业的特点

不同组织形式的企业具有不同的特点。

(一)独资企业

独资企业是最古老、最简单的一种企业组织形式，主要盛行于零售业、手工业、农业、林业、渔业、服务业和家庭作坊等。独资企业的特点如下所述。

(1) 企业的建立与解散程序简单。

(2) 经营管理灵活自由。企业主可以完全根据个人的意志确定经营策略，进行管理决策。

(3) 业主对企业的债务负无限责任。当企业的资产不足以清偿其债务时，业主以其个人财产偿付企业债务，这有利于保护债权人利益，但独资企业不适宜风险大的行业。

(4) 企业的规模有限。独资企业有限的经营所得、企业主有限的个人财产、企业主一人有限的工作精力和管理水平等都制约着企业经营规模的扩大。

(5) 企业的存在缺乏可靠性。独资企业的存续完全取决于企业主个人的得失安危，企业的寿命有限。

(二)合伙制企业

合伙制企业同个人独资企业一样也是自然人企业，多数合伙制企业的规模较小，出资人较少，创立和营业的成本较低，税负也较低。相对于个人独资企业，合伙制企业由合伙人共同偿还债务，降低了风险。

1. 合伙制企业的特点

合伙制企业的特点如下所述。

(1) 生命有限。合伙企业比较容易设立和解散。合伙人签订了合伙协议，就宣告合伙企业的成立。新合伙人的加入，旧合伙人的退伙、死亡、自愿清算、破产清算等均可造成原合伙企业的解散以及新合伙企业的成立。

(2) 责任无限。合伙组织作为一个整体对债权人承担无限责任。按照合伙人对合伙企业的责任，合伙企业可分为普通合伙和有限合伙。普通合伙的合伙人均为普通合伙人，对合伙企业的债务承担无限连带责任。有限责任合伙企业由一个或几个普通合伙人和一个或几个有限合伙人组成，普通合伙人对企业的经营活动负无限责任，有限合伙人只以其出资额为限对企业承担有限责任，企业的经营管理活动由普通合伙人负责，有限合伙人一般不直接参与企业的经营管理活动。

(3) 相互代理。合伙企业的经营活动，由合伙人共同决定，合伙人有执行和监督的权利。合伙人可以推举负责人。合伙负责人和其他人员的经营活动，由全体合伙人承担民事责任。换言之，每个合伙人代表合伙企业所发生的经济行为对所有合伙人均有约束力。因此，合伙人之间较易发生纠纷。

(4) 财产共有。合伙人投入的财产，由合伙人统一管理和使用，不经其他合伙人同意，任何一位合伙人不得将合伙财产移为他用。只提供劳务，不提供资本的合伙人仅有权分享一部分利润，而无权分享合伙财产。

(5) 利益共享。合伙企业在生产经营活动中所取得、积累的财产，归合伙人共有。如有亏损则亦由合伙人共同承担。损益分配的比例，应在合伙协议中明确规定；未经规定的可按合伙人出资比例分摊，或平均分摊。以劳务抵作资本的合伙人，除另有规定者外，一般不分摊损失。

2. 独资、合伙制企业的共同特点

独资企业和合伙企业是由个人或少数人出资设立，并受其控制的简单企业组织形式。这两类企业的共同特点如下所述。

(1) 独资、合伙企业都不是法律实体，不具有对外承担独立民事责任的法律地位，其所有者承担全部民事责任，包括对企业的债务负有无限清偿责任。

(2) 独资、合伙企业都是经营实体，全部利润归其所有者。

(3) 独资、合伙企业本身不缴纳公司所得税，而由企业所有者缴纳个人所得税。

(4) 独资、合伙企业适用于小型企业，注册资本要求少，设立简便，一般在各个国家中这类企业的数量最多。

(三)公司制企业

公司是依据一国公司法组建的具有法人地位的企业组织形式，是与所有者相分离的、独立存在的法律实体。作为法律实体，公司以自己的名义拥有财产，对外签订合同，为自己的负债负责并为公司的利润缴纳所得税，起诉别人或被别人起诉。公司制企业一般有两种主要的组织形式，即有限责任公司和股份有限公司。

1. 有限责任公司的特点

有限责任公司的特点如下所述。

(1) 股东所负债务责任以其出资额为限，是典型的"资合公司"。

(2) 不公开发行股票，由股东协商确定各自的出资额，公司给股东出具书面的股份权利证明。

(3) 公司股份不能随意转让，必须通过全体股东同意，现有股东对被转让股份具有优先认购权。公司股东通常直接参与公司的经营管理。

(4) 组建程序相对简单，是一种重要的资本联合形式，这类公司在各国占有较大比例。

2. 股份有限公司的特点

股份有限公司股东人数众多、资本来源广泛、经营规模大、竞争力强，是一种具有活力的现代企业组织形式，也是各国最主要、最基本的公司组织形式。股份有限公司的特点如下所述。

(1) 股份有限公司是典型的"资合公司"，其全部资本被划分为若干等额的股票，由发起人全额认购(发起设立)或发起人部分认购，余额向社会公开募集。股东的债务责任仅限于其投资额，与有限责任公司相同。

(2) 所有权与经营权相分离。全体股东选举管理决策机构——董事会，董事会任命的经理人员执行董事会决议，并负责公司日常事务，股东通过董事会对公司进行间接控制。

(3) 股票可以在证券市场自由转让。股份有限公司在法律法规及相关政策的监管下发行股票，投资者可以在证券市场上自由买卖股票。

3. 公司制企业的优点

公司制企业与独资、合伙制企业相比较，具有以下优点。

(1) 有限责任。公司的债权人对于公司的财产具有求偿权，但对股东个人的财产没有求偿权。因此，股东对公司的投资风险仅限于投资额本身。

(2) 易于筹集资本。公司制企业以自己的名义从社会上筹措资本,无须股东承担债务的无限责任,因而筹资渠道较多。

(3) 所有权的可转让性。公司所有权的转移可以通过股票的买卖来实现。信用等级高的公司股票,在金融市场上具有高流动性,投资者在需要时可随时将其出售变现,而并不减少公司的资本数量。

(4) 续存性。股份有限公司的法人地位不受某些股东死亡或转让股份的影响,除非破产,或被兼并,或依公司章程自动终结。公司的续存性使得公司具有很好的经营稳定性。

(5) 经营的专业化。公司制企业的所有权与经营权相互分离,董事会从企业家市场选聘高素质的职业经理人员负责企业的日常经营管理,比股东自己经营公司更为有效。

4. 公司制企业的缺点

与其他企业形式相比,公司制企业也存在一些缺点,主要表现如下所述。

(1) 双重纳税。公司作为法人要缴纳公司所得税,股东从公司税后分配利润中获得的股息、红利,也要缴纳个人所得税,形成双重征税。为鼓励投资,许多国家都在设法降低双重税赋,在税法中给予公司一定的税收优惠。

(2) 内部人控制。公司所有权与经营权的分离,一方面给股东带来了利益,另一方面也产生了内部人控制问题。即由于股权的分散和信息不对称,可能会导致公司实际控制权掌握在内部管理人员手中,他们利用控制权为自己牟利而损害股东的权益,这是当今各国公司制企业中普遍存在的一种现象。

(3) 信息公开。为了保护投资者利益,各国都有着复杂的信息披露制度。尤其是上市公司,必须将其经营状况定期地向社会公布,例如财务报表、重大事项等,这在一定程度上公开了公司的商业秘密。信息公开所引起的市场反映也会增加公司的管理成本。

虽然公司制公司存在一些缺点,但是,公司制公司是目前世界上数量最多,发展最好的企业组织形式。不同的企业组织形式对金融管理有着不同的要求,其中,股份有限公司金融管理的内容最为广泛和复杂。本教材所讲的公司金融为股份有限公司的金融管理,但其基本原理与方法同样也适用于有限责任公司、独资企业或合伙企业。

第三节 公司金融环境

公司金融环境是指对公司金融活动产生影响的外部环境,是公司决策难以改变的外部约束条件。公司金融的一系列活动如筹资活动、投资活动、收益分配活动和风险管理活动均受制于外部环境的约束,公司金融决策只有与外部环境相适应,才能服务于公司目标。公司金融环境主要包括宏观环境和微观环境。宏观环境是指限制和约束金融活动的政治、经济、法律、文化、科技等外部体系;微观环境是指构成公司生产、经营和管理过程的各种要素的总和。

一、宏观环境

公司的宏观环境是指影响公司金融活动的各项宏观因素，如政治环境、经济环境、法律环境等。

(一)政治环境

政治环境是指一个国家或地区在一定时期内的政治大背景，是影响公司金融活动的国家政治形势和政策导向等方面的因素的总和。政治环境主要包括国内的政治环境和国际的政治环境。国内的政治环境包括政治制度、政党和政党制度、政治性团体、党和国家的方针政策、政治气氛等；国际政治环境主要包括国际政治局势、国际关系、目标国的国内政治环境等。

政治环境对企业的影响主要反映在三个方面：一是直接性，即国家政治环境直接影响着企业的经营状况。二是难以预测性。对于企业来说，很难预测国家政治环境的变化趋势。三是不可逆转性。政治环境因素一旦影响到企业，就会使企业发生十分迅速和明显的变化，而这一变化企业是驾驭不了的、不可逆转的。国家作为社会管理者，凭借其统治权，通过经济手段、法律手段、行政手段，对公司进行指导和控制，促使公司合法经营，依法理财。当政局稳定，社会安定时，国家政策必然会致力于发展经济，这会给公司的生产经营带来宽松平稳的环境，有利于公司的发展；当政局不稳的时候，公司的整个生产经营会受到影响，因此，公司应正确分析政治形势，利用有利政策，促进公司发展。

(二)经济环境

公司金融的经济环境是指影响公司的外部经济因素，包括国内外经济发展趋势等因素。这些外部的经济因素主要包括经济周期所处的不同阶段、经济发展水平、经济体制、经济结构和资源环境、通货膨胀或通货紧缩的情况、政府财政及货币政策的调整等。

1. 经济周期

经济周期是指经济的发展处于一定的循环状态，这种循环变动大致经历萧条、复苏、繁荣、衰退四个阶段。衰退开始时称为高转折点，复苏开始时称为低转折点。按照时间长短经济周期大致分为长、中、短三种类型。长周期是由俄国康德拉锡夫在 1926 年提出的，每周期历时 50～60 年；中周期是由法国米格拉在 1862 年提出的，周期平均为 9～10 年；短周期是由英国基钦在 1923 年提出的，周期平均为 3～5 年。经济周期对公司金融的影响一般表现为以下几个方面。

在经济萧条阶段，整个宏观经济不景气，市场萎缩，企业销售量下降，被迫紧缩生产量，发生亏损，造成资金周转失灵，或者因投资机会减少，造成大量资金闲置；在经济复苏阶段，由于宏观经济的元气尚未恢复，公司如果未能抓住机遇，抢占市场制高点，就会因没有产品、没有市场而发生销售受阻；在经济繁荣阶段，整个宏观经济处于高涨期，市场需求旺盛，销售大幅度上升，使得公司投资热情高涨，投资机会增多，潜在投资风险增加；在经济衰退阶段，由于宏观经济濒临崩溃边缘，公司陷入困境破产倒闭。

2．经济体制与经济发展水平

经济体制是指在一定的经济制度下，在一定的范围内制定并执行经济决策的各种机制的总和。公司的一切生产经营活动在一国的经济体制内进行。开放的经济体制环境有利于公司金融活动的进行和发展，而封闭的经济体制和环境则制约公司金融活动的开展。

经济发展水平是一个相对的概念，常用相对的发展水平来描述。一个国家或地区的经济发展水平与公司金融的管理水平密切相关。经济越发达，公司金融水平越高。在经济发达的国家或地区，企业较成熟且数量较多，公司金融活动也制度化、规范化，公司的投资、融资、分配活动频繁而且规范，新的经济形式，复杂的经济关系也首先出现于这些国家，客观上要求公司金融活动不断创新，以满足日益增长的经济发展需求，而计算机、网络和通信设施的快速更新换代，也为公司金融采用更复杂的方法创造了条件。在发展中国家和地区，经济基础薄弱，发展速度较快，经济政策的变更频繁，国际交往日益增多，公司的整体发展水平在世界上处于中间地位，企业的管理和制度尚不规范，公司金融的目标受企业成长阶段的限制，经常变动，公司金融的方法尚不完善。在经济不发达的国家和地区，市场规模较小，企业规模较小，企业组织结构简单，公司的金融活动也相对简单，发展缓慢。

3．经济结构与资源

经济结构一般用一个国家或地区的产业结构来表示。资源则是影响一个国家或地区经济结构的外在因素。公司所在地区的经济结构和资源对公司的发展方向、规模有较大的影响，并影响到公司的投资、融资、收益分配等金融活动。一个国家的经济结构既要适应未来科学技术发展和经济水平整体提高的需要，又要结合本国、本地区的实际情况。国家或地区为了保持经济的持续稳定发展，必然要制定能体现本地区资源优势和约束条件的产业政策，确定优先发展产业和政府扶持产业，这些政策会对本地区企业的发展方向、规模产生影响。与优先发展产业相一致的企业，在资源、技术、资金、市场、税收和产业政策方面会享受较大的优惠，而其他产业企业则无法得到这种支持。

4．通货膨胀与通货紧缩

通货膨胀是指货币发行量超过商品流通所需的货币量而引起的货币贬值、物价上涨。通货膨胀对公司理财活动的影响主要表现在三个方面：一是大规模的通货膨胀会引起公司资金占用的急剧增加；二是通货膨胀会引起银行贷款利率的上升，增加公司的筹资成本；三是通货膨胀会造成公司投资收益的减少。企业为了实现期望的报酬率，必须调整收入和成本，同时使用套期保值等办法减少损失，如提前购买设备和存货、买进现货、卖出期货等，或者相反。

通货紧缩是指货币供应量少于流通领域对货币的实际需求量而引起的货币升值，从而引起的商品和劳务的货币价格总水平的持续下跌现象。通货紧缩主要表现在三个方面：一是物价持续下跌，货币供应量持续减少；二是有效需求不足，失业率居高不下；三是 GDP 负增长成连续大幅度下滑。通货紧缩对公司金融活动的影响：一是造成市场低迷，销售不畅，使公司被迫压缩生产量，生产能力放空；二是使公司投资机会减少，造成资金大量闲置；三是使公司生产和销售不能形成规模效益，导致公司微利甚至亏损。

5. 政府财政及货币政策

政府对经济的干预，一般以财政政策为主，货币政策为辅，两者相互配合采用。财政政策包括税收政策、预算平衡等。在经济高涨时期一般采取紧缩性财政政策，如提高税率、减少转移交付、降低政府支出等，以抑制总需求，遏制通货膨胀。在经济衰退时期一般采取扩张性财政政策，如降低税率、增加转移支付、扩大政府支出等，以刺激总需求，降低失业率。政府调高或调低税率都会直接影响公司的税后利润，从而影响公司的金融活动及其成果。

货币政策是政府常用的宏观经济调控手段。在经济高涨时期一般采取紧缩性货币政策，如提高利率、提高法定准备金率、提高再贴现率等，以抑制投资需求和消费需求。在经济衰退时期一般采取扩张性货币政策，以刺激投资需求和消费需求。对企业而言，银行贷款利率的波动以及与此相关的股票和债券价值的波动机会，是一个收益与风险并存的挑战。当企业有过剩资金时，可利用这种机会获得营业以外的额外收益。例如，在购入长期固定利率债券后，如果市场利率下降，债券价格上涨，则企业可以出售债券而获得较预期更多的现金流入。当然，如果出现相反的情况，企业会蒙受损失。

(三)法律环境

公司金融的法律环境是指公司和外部发生经济关系时所应遵守的各种法律与法规，如公司法、证券法、证券交易法、经济合同法、税法、会计法、企业会计制度等。公司的金融活动无论是筹资、投资还是收益分配和风险规避，作为一种社会行为，都要和企业外部发生经济关系。公司在处理这些经济关系时，必然涉及有关的法律规范。这些法律法规限定了公司经营活动的空间，也为公司在相应空间内自主经营提供了法律上的保护。

1. 企业组织法律

企业组织必须依法成立。组建不同的企业，要依照不同的法律规定。我国企业的组织法主要包括《中华人民共和国公司法》(简称《公司法》)、《中华人民共和国全民所有制工业企业法》、《中华人民共和国私营企业条例》、《中华人民共和国外商企业法》、《中华人民共和国中外合资经营企业法》、《中华人民共和国中外合作经营企业法》、《中华人民共和国个人独资企业法》、《中华人民共和国合伙企业法》等。这些法律规范既是企业的组织法，又是企业的行为法。各类企业都要按照相应的企业法设立并依法从事生产经营和各项金融活动。企业的自主权不能超出法律的限制。

2. 税法

税法是由国家机关制定的调整税收征纳关系及其管理关系的法律规范的总称。任何企业都有法定的纳税义务。公司的价值取决于税后的现金流。税负是国家财政的支撑，但对企业而言是一种费用，会增加企业现金流出，对企业金融活动有重要影响。所有企业都希望在不违反税法的前提下减少税务负担。如何在法律许可的前提下合理避税，而非偷税漏税对企业来说是非常重要的。因而，精通税法对公司主管人员具有重要意义。

国际上税收制度有两大类：以流转税为核心或以所得税为核心。我国现行税制仍以流转税为核心，有关税收的立法分为三类：所得税的法规、流转税的法规、其他地方税的法规。全国人民代表大会及其常务委员会、国务院、财政部、国家税务总局、海关总署及各省、自治区、直辖市人民代表大会及其常委会或人民政府有权制定税法或税收规章制度。

3. 公司财务法律规范

财务法律规范主要包括《企业财务通则》和行业财务制度。《企业财务通则》是各类企业进行财务活动、实施财务管理的基本规范，对其他财务法规、制度起着统率的作用。从适用范围看，它适用于中华人民共和国境内所有企业；从法律效力看，它属于行政法规，由国务院授权财政部发布，于 1994 年 7 月 1 日起施行，在财务法规制度体系中处于最高层次。《企业财务通则》对资本金制度、固定资产的折旧、成本的开支范围和利润的分配问题做出了规定。行业财务制度是根据《企业财务通则》的规定，为适应不同行业的特点和管理要求由财政部制定的，具有实用性、操作性的行业规范。企业内部财务管理办法(规定)，是企业根据国家统一的财务制度制定的企业具体执行的金融活动和财务活动办法，是《企业财务通则》、行业财务制度的具体化。

除上述法律规范外，与企业公司金融活动有关的其他经济法律规范还有许多，包括各种证券法律规范、结算法律规范、合同法律规范等。公司管理者只有熟悉这些法律规范，才能在守法的前提下完成公司金融的职能，实现企业的财务目标。

二、微观环境

公司金融的微观环境是指影响公司金融活动的各项微观因素，如市场环境、采购环境、生产环境、人员环境等。

(一)市场环境

构成市场环境的要素主要有两项：一是参加市场交易的生产者和消费者的数量，二是参加市场交易的商品的差异程度。由此就形成了四种不同类型的市场环境，即完全垄断市场、完全竞争市场、不完全竞争市场和寡头垄断市场。不同的市场环境对公司金融活动有着不同的影响。参加交易的生产者和消费者的数量越多，竞争越激烈；参加交易的商品的差异程度越小，竞争越激烈。

公司所处的市场环境对公司的金融活动有着重要的影响。在完全垄断市场上，垄断企业生产和销售都很平稳，价格波动不大，企业的利润稳定，企业面临的风险较小，可以较多地利用借债的方式筹集资金，以实现股东的最大收益；在完全竞争的市场上，公司生产并销售产品的价格几乎完全由市场来调节，随着价格的波动，利润在一定程度上也会随之起伏，经济和财务风险较大，公司只能适度负债经营；在不完全竞争和寡头垄断市场，企业应在研究与开发上加大投资，使自己的产品超越其他企业的产品，创出特色和名牌，以获取超额利润。

(二)采购环境

采购环境又称物资来源环境，它对公司金融活动的影响主要表现在三个方面：一是物料来源是否充足和稳定，二是物料的价格是否稳定，三是采购资金能否得到保证。按物料来源是否稳定，分为稳定的采购环境和波动的采购环境。对于稳定的采购环境，公司可适当减少安全库存，降低储备资金的占用额；而对于波动的采购环境，公司应积极筹措资金，以确保生产持续进行为前提，适度增加保险储备；采购环境按价格变动情况，分为价格上涨的采购环境和价格下降的采购环境。对于价格不断上涨的采购环境，公司应在正确估计价格上涨走势的基础上，尽量提前进货和多进货，以防物价进一步上涨而使成本大幅度上升；对于价格连续下跌的采购环境，公司应在控制好单位运货成本的基础上，增加采购次数，减少一次进货数量，严格控制存货，以便从价格下跌中获取收益。

(三)生产环境

生产环境主要是指不同的技术装备、产品生产能力、生产经营管理能力对公司金融活动的影响。不同的企业具有不同的生产环境，对公司金融活动的影响也不同。在劳动密集型企业中，生产工人较多，产品生产和销售的周期较短，可大量利用短期资金；在资本密集型企业中，固定资产投资占用的资金较多，生产工人的薪金支出相对较少，企业需要筹集大量的长期资金以应付固定资产投资；在知识和技术密集型的企业，企业的研发投入较大，而研发的风险也较大，企业需要筹集股权资金以应对长期高风险的科研投资。企业管理水平的高低也会影响到企业的金融活动，管理水平较高的企业，可以有效地节约资金，提高资金利用效率。反之，资金的利用效率较低。

(四)人员环境

人员环境是指公司内部和外部不同的利益集团成员对公司金融活动的影响。公司的金融活动受到股东、债权人、政府管理部门、员工、顾客和经销商等利益集团成员的约束。

股东要求能够适度分配盈余并处理好投资与分配的关系；债权人要求公司对所借资金有较高的偿还能力，对公司的资金筹集和资本结构有一定的约束；政府财税部门要求公司依法按时、足额缴纳税款；员工要求公司创造较高的经济效益，不断提高员工的工资收入；顾客要求公司产品功能不断提高而售价不变或逐步降低；经销商则要求公司在赊销方面有一定的政策等。这些要求都会对公司金融活动产生较大的影响。

第四节　金融系统及其基本功能

公司的各种金融决策是在金融系统的整体环境中做出的，金融系统一方面制约着企业的行为，另一方面又为企业的金融决策和管理提供了手段或方法。因此，公司的管理者有必要了解金融系统的基本结构、运行及其功能。金融系统主要是由金融市场、金融工具、金融中介和服务机构及金融监管机构与法律法规组成的。

一、金融市场

金融市场是以金融资产为交易对象而形成的供求关系及其机制的总和。金融市场的基本功能就是通过利率机制，引导储蓄资金有效率地配置于最终的使用者，从而提高经济效益。简言之，就是以低成本和最简便的方式，将储蓄资金的最终供给者与实物资产的最终投资者有效地连接起来。

(一)金融市场的分类

金融市场是资金交易的集合体，按照不同标准可划分为不同类型。

1. 按融资期限长短分类

按照融资期限长短的不同，金融市场可以划分为货币市场与资本市场。货币市场是短期资金(期限在 1 年以内)融资或交易的市场，具有较高的流动性。在货币市场发行与交易的金融工具主要有短期借贷、短期债券、银行承兑票据、大额可转让存单及商业票据等。资本市场是长期资金(原始期限在 1 年以上)融资或交易的市场。广义资本市场上交易的工具主要包括定期贷款、融资租赁、普通股、优先股及长期债券等；狭义的资本市场是指长期债券市场与股票市场。

2. 按交易对象是否新发行分类

按照交易对象是否新发行，金融市场可以分为初级市场与次级市场。

初级市场又称一级市场、发行市场，是借入资金的企业或政府向最初的购买者出售新发行的有价证券的市场。在这个市场中，通过新证券的出售来筹集资金，使储蓄资金流向资金需求者。投资银行是一级市场上协助发行证券的最重要的金融经纪人。

次级市场也称流通市场、二级市场，是发行后的金融资产进行买卖的市场。证券交易所是典型的次级市场，证券经纪人和交易商对次级市场的良好运行起着重要的作用。次级市场并不会增加实物资产最终投资者的资金。初级市场是次级市场的基础，次级市场提高了证券的流动性，也影响着初级市场上证券的发行价格。次级市场的交易既可以在交易所内进行，也可以在交易所外进行。一些上市证券在场外交易，形成了第三市场；而有些投资者为了节省交易费用，避开经纪人，在场外直接进行交易，又形成了第四市场。

3．按融资方式分类

按融资方式的不同，金融市场又可以划分为直接融资市场和间接融资市场。储蓄资金转移到需要资金的实物资产的投资者，主要有两种方式，即直接融资和间接融资。在直接融资中，资金的需求者可以采取公募或私募两种方式发行直接证券(股票或债券)给愿意购买并希望获得合理收益率的投资者。在公募发行方式中，公司证券的发行通常由投资银行承购，然后由其向社会公众(个人或机构投资者)销售；在私募发行方式中，发行公司与少数的预期购买者直接接触，通过谈判达成证券的买卖协议。在间接融资中，由存款货币银行、保险公司和投资基金等中介机构发行间接证券(如存款单、保险单及基金凭证等)来交换盈余部门的储蓄，然后再由中介机构将所吸收的资金以贷款或购买直接证券(如股票、债券)的方式，向资金需求者转移。

4．按交易对象是否依赖于其他金融要素分类

按交易对象是否依赖于其他金融要素，可将金融市场分为原生金融市场和衍生金融市场。原生金融市场，是交易原生金融工具的市场，如债券、股票、基金等所有权凭证；衍生金融市场，是交易衍生金融工具的市场，如常见的期权、期货、远期、互换等。

5．按金融市场的价格形成机制分类

按金融市场的价格形成机制的不同，可以将金融市场分为竞价市场和议价市场。竞价市场，又称公开市场，是指该市场交易的金融资产价格通过多家买方和卖方公开竞价而形成；议价市场，是指该市场交易的金融资产价格通过买卖双方协商而形成。一般情况下，证券交易所采用的是竞价方式，未上市股票采用的是议价方式。

6．按金融市场地域范围分类

按照金融市场地域范围的不同，可以将金融市场分为国内金融市场和国际金融市场。国内金融市场是指金融资产的交易在一国范围内的金融市场；国际金融市场是指金融资产的交易跨越了国界，又可分为传统国际金融市场和离岸金融市场。

(二)金融市场的功能

金融市场作为货币资金借贷与金融工具发行和流通的空间和场所，在经济体系的运行

中发挥着非常重要的作用。随着世界经济的金融化，金融市场日益成为市场经济的主导和枢纽。金融市场的这种重要性主要是通过其功能得到体现的，这些功能主要有聚敛功能、配置功能、调节功能和反映功能。

聚敛功能是金融市场能够引导小额分散资金汇聚成能够投入社会再生产的资金的集合功能。在金融市场上资金的富余者，即资金的供给者，可以通过购买金融产品的方式，将过剩的资金融通给资金需求者；而资金的需求者，则通过出售金融产品的方式，筹集所需资金。

金融市场的配置功能是指金融市场促使资源从低效率的部门转移到高效率的部门，从而使整个社会的资源利用效率得到提高的功能。由于金融市场上资金的短缺特征，使得有限的资金流向效率最大化的方向，从而使整个社会的资源得到了优化配置。同时，这种配置还体现在财富和风险再分配上。通过金融产品价格的上升或下跌，使得社会财富从一部分人手里转移到另一部分人手里。伴随着财富的转移，风险也从承受能力较低的投资者身上转移到承受能力较高的投资者身上。

金融市场的调节功能是指金融市场具有调节宏观经济的功能。金融市场是联系资金的提供者和资金的需求者的纽带，它一方面通过投资者自主选择，将资金引导到高效率的企业、部门、地区和国家，来直接调节资金的供求和国民经济部门的发展；另一方面又为政府对宏观经济的间接调控提供了平台。

金融市场的反映功能是指金融市场对一个国家或地区的宏观和微观经济的反映。金融市场通过反映微观经济的运行状况、反映国民经济的运行状况、显示企业的发展动态及显示世界经济的发展状况四个方面来反映经济的发展与运行。

专栏 1-2：国外金融市场的发展

随着英国工业革命的完成，英国成为世界头号经济强国。1773 年，伦敦证券交易所成立。但在成立初期，伦敦的金融市场并没有发挥大的作用，因为"南海泡沫事件"的影响，英国政府颁布了"泡沫法"。由于"泡沫法"的存在，在很长一段时间内，只有极少数的公司能在正规的资本市场上发行股票。但英国的资本市场却为 18—19 世纪的英法百年战争募集了大量的资金。直到 1824 年"泡沫法"被废除，英国上市公司的数量大增，英国的资本市场才开始真正发挥作用。除了资本市场之外，1816 年，英国实行了金本位制，由于币值稳定，银行制度发达，各国商人都通过伦敦银行进行国际清算，英镑成为最广泛使用的货币。后来，英国又开设了票据贴现业务，英国汇票成为国内外融资的重要工具。从 17 世纪到第一次世界大战之前，伦敦一直是国际贸易和世界金融中心。

美国最早的证券交易所是 1790 年成立的费城证券交易所。1792 年，纽约 24 名商人在华尔街签订了"梧桐树协议"，约定每天都进行露天股票交易。后来，露天交易转移到一家咖啡馆进行。1817 年，纽约证券交易所正式成立，现在已成为全世界最重要的证券交易机构。第一次世界大战结束后，美国因在战争中对英法融资而大发战争财，取代了英国，成为世界金融霸主。

1929—1933 年，美国爆发了前所未有的金融危机，并很快传递到西方世界其他国家，形成世界范围的金融危机。这一事件，导致美国证券交易委员会开始对资本市场进行监管，并出台了"格拉斯—斯蒂格尔法案"，将银行业和证券业相分离，这对于美国的资本市场，不得不说是一个限制。但是，由于法案对银行业的限制更严格，因此，该法案反而使美国的资本市场在其金融体系中的地位得到更进一步的提高。

第二次世界大战以后，美国的经济实力远远超过西方各国。以美元为中心的布雷顿森林体系的建立，使得美元取代英镑，成为世界主要的国际结算货币和储备货币。国际性的资金借贷和资金筹集也集中在纽约。但随着冷战的持续和欧洲各国经济实力的持续恢复，美国的国际收支持续逆差，大量的美元、黄金储备流向境外，美元的统治地位开始动摇，布雷顿森林体系随之崩溃。如今，占据国际金融市场统治地位的仍然是美国，但其他金融强国，如英国、法国、德国、日本、瑞士的力量也不可小视。

(资料来源：李德峰. 金融市场学. 北京：中国财政经济出版社，2010. 作者略有删改)

二、金融工具

金融工具是公司筹资活动、投资活动、规避金融风险、优化资本结构的重要工具。

(一)金融工具的概念

金融工具也称金融产品、金融资产，是金融市场交易的标的物。按照金融工具的收益是否依赖于其他金融资产，可以把金融工具分为基础性金融工具(或称为原生性金融工具、基础性金融资产)和衍生金融工具(或称为衍生性金融资产)。收益和价值不依赖于其他金融资产的金融工具称为基础性金融工具，如商业票据、债券等债权债务凭证和股票、基金等所有权凭证；收益和价值依赖于其他金融资产的预期价格变动的金融工具称为衍生金融工具，最常见的如期货、期权、远期和金融互换。衍生金融工具的主要功能是管理与基础资产相关的价格波动风险。

(二)金融工具的特征

金融工具具有期限性、流动性、风险性、收益性特征。

(1) 各种金融工具在发行时一般都具有不同的期限。短期的期限一般在一年以下，有隔夜、几天、1 个月、3 个月、6 个月及 1 年等；长期的期限一般在一年以上，有 3 年、10 年、20 年、50 年甚至无到期日，如长期债券、股票等。在借贷性金融工具中，统一公债是长期债券的一个极端，统一公债的借款人无限期地支付利息，但始终不偿还本金；银行活期存款则是另一个极端，银行活期存款随时可以兑现，其偿还期实际等于零。

(2) 流动性是指金融工具在转换成货币时，其价值不受损失的能力。除货币以外，各种金融资产都存在着不同程度的不完全流动性。金融工具在没有到期之前要想转换成货币的话，需要支付一定的贴现费用和交易费用。金融工具的流动性与两个因素相关：一是发行者的信誉等级，被信用评级机构评为高信用等级的金融工具，具有较强的流动性；二是期限长短，期限短的金融工具受金融市场波动的影响较小，变现时亏损的可能性较小，因而流动性较强。

(3) 风险性是指投资于金融工具的本金遭受损失的风险。风险可分为两类：一类是债务人不履行债务的风险，这类风险的大小主要取决于债务人的信誉以及债务人的社会地位。另一类风险是市场的风险，这是金融工具的市场价格随市场利率的上升而跌落的风险。当利率上升时，证券的市场价格就下跌；当利率下跌时，证券的市场价格就上涨。证券的偿还期越长，则其价格受市场利率变动的影响越大。一般来说，本金安全性与偿还期成反比，即偿还期越长，其风险越大，安全性越小。本金安全性与流动性成正比，与债务人的信誉也成正比。

(4) 收益性是指金融工具能定期或不定期给持有人带来收益的特性。金融工具收益性的大小，是通过收益率来衡量的，具体指标有名义收益率、实际收益率、平均收益率等。

除以上金融工具的共同特征之外，衍生性金融工具还具有跨期性、杠杆性、联动性。

(1) 衍生金融工具一般都是跨期交易。无论是哪一种金融衍生工具，都会影响交易者在未来一段时间内或未来某时点上的现金流。跨期交易的特点十分突出，这就要求交易双方对利率、汇率、股价等价格因素的未来变动趋势做出判断，而判断的准确与否直接决定了交易者的交易盈亏。

(2) 衍生金融工具一般都是杠杆交易。衍生金融工具交易一般只需要支付少量保证金或权利金就可以签订远期大额合约或互换不同的金融工具。例如，若期货交易保证金为合约金额的 5%，则期货交易者可以控制 20 倍于所交易金额的合约资产，实现以小博大的效果。在收益可能成倍放大的同时，交易者所承担的风险与损失也会成倍放大，基础工具价格的轻微变动也许就会带来交易者的大盈大亏。金融衍生工具的杠杆性效应一定程度上决定了它的高投机性和高风险性。

(3) 衍生金融工具的联动性是指衍生金融工具的价值与基础金融产品或基础变量紧密联系、规则变动。通常，衍生金融工具与基础变量相联系的支付特征由衍生工具合约规定，其联动关系既可以是简单的线性关系，也可以表达为非线性函数或者分段函数。

三、金融中介与服务机构

金融中介与服务机构是指从事金融活动及为金融活动提供相关服务的各类金融机构。金融中介与服务机构在资金供求者之间起着媒介或桥梁的作用。金融中介与服务机构大致可分为以下几种类型。

(一)存款性金融机构

存款性金融机构是指通过吸收存款获得可利用资金，并将其贷给需要资金的各经济主体或是投资于证券等以获取收益的机构。存款性金融机构是金融市场的重要中介，也是套期保值和套利的重要主体。这类金融中介机构主要包括商业银行、储蓄机构(如储蓄银行、邮政储蓄、储蓄贷款协会等)以及信用社等。商业银行是最主要的存款性金融机构，它从个人、企业及政府吸收活期存款和定期存款，然后发放贷款及买卖证券进行投资。商业银行的贷款主要有商业贷款、抵押贷款、消费贷款等；商业银行的证券投资则主要投资于政府债券、公司债券和股票等。商业银行还能通过派生存款的方式创造和收缩货币，从而对整个金融市场的资金供应和需求产生巨大影响。

储蓄机构是专门吸收储蓄存款的金融机构，其大部分资金运用于发放不动产抵押贷款，投资于国债或其他证券等。与商业银行相比，储蓄机构的资产业务期限长，抵押比重高。政府经常利用储蓄机构来实现某些经济目标，其中多为房地产政策目标。因此，一些储蓄机构得到了政府的扶持。例如，美国的储蓄贷款协会、互助贷款协会，英国的信托储蓄银行、房屋互助协会，法国和德国的储蓄银行等。它们既是资金的提供者，又是资金的需求者。

信用社也称信用合作社，是由某些具有共同利益的人们自愿组织起来的，具有互助性质的会员组织，是一种由会员集资联合组成的合作金融组织。信用社分为城市信用合作社和农村信用合作社。城市信用合作社由城市手工业者、小工商业者为主的居民组合而成。农村信用合作社则由经营农业、渔业、林业的农民组合而成。信用合作社可以为会员提供短期贷款、消费贷款和票据贴现及证券投资。

(二)非存款性金融机构

非存款性金融机构是以非存款性资金为主要资金来源的金融机构，其资金来源和存款性金融机构吸收公众存款不一样，主要通过发行证券或契约凭证的方式聚集社会闲散资金。非存款性金融机构一般包括保险公司、养老保险基金、金融公司、投资基金和投资银行等。

(1) 保险公司是依法设立的经营商业保险业务的金融机构，包括人寿保险公司和财产保险公司。人寿保险公司为人们因疾病、伤残及死亡而遭受的财务损失提供保险；财产保险公司为企业和居民因火灾、盗窃、汽车意外事故和其他意外事故遭受的损失提供保险。人寿保险公司依靠人们缴纳的保险费和销售养老金获得资金，将资金投资于债券、股票和抵押贷款以获取高收益；财产保险主要依靠出售保险单获得资金，将资金投资于免税的地方政府债券、公司债券和国家政府债券以获取高流动性。

(2) 养老保险基金和其他退休基金是为向加入养老金计划的雇员以年金形式提供退休后的收入所建立的基金。基金的资金来源是员工或雇主的缴费，将基金积累的资金分期或以年金的形式支付给退休人员。养老保险基金将积累的基金主要投资于长期公司债券、政府债券和质地较好的股票。

(3) 金融公司通过出售商业票据和股票来筹集资金，然后将资金贷给消费者(购买家具、汽车、修缮住宅等)和小企业。一些金融公司由其母公司组建，目的在于帮助母公司销售产品，如汽车制造企业建立汽车金融公司向购买其汽车的消费者提供贷款。

(4) 投资基金是向公众出售其基金股份或受益凭证募集资金，并将募集的资金分散投资于股票和债券组成的各种资产组合的金融中介机构。投资基金将众多的中小投资者的资金集中起来投资于有价证券，可以降低交易成本，同时多样化的组合投资可以分散风险。由于投资基金所投资的证券投资组合价值与价格的经常波动，投资于投资基金具有一定的风险。

(5) 投资银行是资本市场中出售有价证券的经纪(中间)人，其主要功能是帮助企业、政府以及其他实体通过发行证券筹集资金；承销新发行的证券并向投资者出售；为公司的兼并或收购提供咨询、融资等服务，或作为发起人直接参与企业的并购。投资银行将资金的供求双方撮合在一起，提高了新证券的发行效率。

(三)金融服务机构

金融服务机构主要包括资产管理公司、信息服务机构等。资产管理公司又称投资管理公司，它们为个人、公司和政府提供咨询建议并接受委托代为经营管理各种资金，如投资基金、养老金、企业年金以及其他资产组合等。信息服务机构主要有资信评级机构、征信机构、信息咨询机构等，主要业务为证券评级、企业资信评级，提供证券市场交易信息、财务数据、企业和个人的信用信息等。

专栏 1-3：分业经营与混业经营

分业经营制度，是指金融监管当局要求该国商业银行与投资银行、保险公司的经营业务必须分离，如商业银行只能经营存贷款业务，不能从事证券业务和保险业务。类似地，在分业经营下，投资银行不能经营存贷款和保险业务，保险公司不能从事存贷款业务和证券业务。

混业经营制度，又称合业经营制度、综合经营制度、全能银行制度，是指监管当局允许成立一种名为全能银行的金融中介机构，这种金融中介机构可以同时经营存贷款、证券和保险等多项金融业务。

分业经营制度的出现，从根源上讲是监管的需要。最早的金融机构，都是允许混业经营的。1929—1933 年，美国爆发了前所未有的金融危机，而商业银行经营的证券业务被指责为引发金融危机的罪魁祸首。在这一背景下，1933 年美国颁布了"格拉斯—斯蒂格尔法案"，要求美国的金融中介机构开始分业经营。但随着金融创新的不断加剧和金融自由化浪潮的袭来，美国国内要求取消分业经营限制的呼声越来越高。最终，美国在 1999 年通过了"金融现代化法案"，取消了金融分业经营的限制。

　　由于考虑到监管成本与监管难度的问题，我国的金融中介机构仍然实行分业经营、分业监管的体制。银行业监督管理委员会、证券业监督管理委员会和保险业监督管理委员会，是我国金融业分业监管机构。但是我国很多大型金融机构，为了能够实现多种经营业务并存，纷纷设立了金融控股公司，以规避分业经营的监管。

(资料来源：王广谦. 金融中介学. 北京：高等教育出版社，2003)

四、金融监管机构

　　金融监管机构是根据法律规定对一国的金融体系进行监督管理的机构，它包含了金融监督和金融管理两大职能。金融监管机构的金融监督职能是指对金融机构(主要是金融中介机构)的业务活动和金融市场上的交易行为进行监督，使其合规合法；金融管理职能是指对金融机构的业务活动和金融市场上的交易行为制定规则，以实现监管者的目标。目前各国的金融监管机构主要有四类：一是负责管理存款货币并监管银行业的中央银行或金融管理局，二是按分业设立的监管机构(如银监会、证监会、保监会)，三是金融同业自律组织(如行业协会)，四是社会性公律组织(如会计师事务所、评估机构等)。其中，中央银行或金融管理局通常在一个国家或地区的金融监管组织机构中居于核心位置。

　　各国为了监督管理金融机构和金融市场，都设立了金融监管机构。举例如下。

　　(1) "美国证券交易委员会(SEC)"是1934年根据证券交易法令成立的，是直属美国联邦的独立的准司法机构，负责美国的证券监督和管理工作，是美国证券监管的最高机构，具有准立法权、准司法权、独立执法权。创立于1975年的"美国期货交易委员会(CFTC)"是独立的联邦机构，主要职能是监督期货和期权市场的经营，保护客户利益。美国还于2007年7月30日，由美国证券交易商协会(NASD)与纽约证券交易所中有关会员监管、执行和仲裁的部门合并成立"美国金融业监管局(FINRA)"。FINRA是美国最大的证券业自律监管机构，监管对象主要包括其会员5 100家经纪公司、17.3万家分公司、在SEC注册的公司，其核心目标是加强投资者保护和市场诚信建设，通过高效监管实现此目标。

　　(2) 澳大利亚的监管机构"澳大利亚证券与投资委员会(ASIC)"除了监督金融机构和公司外，还负责办理与公司的开张、运营以及停业相关的手续。

　　(3) 日本对金融市场实行统一监管，日本的"金融监管厅(FSA)"是金融监管机构，全面负责对日本金融市场的监管工作。

　　(4) 我国目前的金融监管机构包括"一行三会"，即中国人民银行、银监会、证监会和保监会，分别负责对银行、证券、保险三大类金融机构进行监督和管理。

五、金融法律、法规和制度

　　金融法律、法规和制度是政府为了保护金融体系的有效运行而制定的各种有关银行、证券、保险及信托等方面专门的金融法律、法规和制度，并以此为依据对金融机构进行监管，以规范金融系统的管理与活动，防止和惩治欺诈行为，维护金融系统的良好运行，保障国家的经济安全。一国的金融法律、法规和制度构成了一个国家的金融法律规范体系。金融法律规范按照调整的内容不同，分为以下几种。

(一)银行法

银行法是调整银行组织和活动的法律规范的总称。由于货币流通和信用活动主要是通过银行的各项业务活动实现的，所以银行法是一国金融法律规范的基本构成部分。世界上多数国家对商业银行均有相应的立法，如美国的《国民通货法》(1863 年)、《国民银行法》(1864 年)，法国的《法国银行法》(1984 年)，新加坡的《审批银行执照及规定银行业务的银行法》(1971 年)等。我国于 1995 年 5 月 10 日公布了《中华人民共和国商业银行法》，并于同年 7 月 1 日实施。除了银行法之外，多数国家对政策性银行、专业银行等其他融资类银行也有专门的立法。

(二)货币法

货币法是关于货币的种类、地位、发行、流通及其管理的法律规范的总称。从各国的实际来看，多数国家并没有对货币法单独立法，而是将货币管理的相关内容，如货币发行、金银管理、外汇管理等相关法律、法规，放入中央银行法或有关外汇管理的法律、法规中，予以限定和管理。我国也是如此。

(三)证券法

证券法是调整一国证券发行和流通中发生的资金融通关系的法律规范的总称。世界上最先进行证券立法的国家是美国。1933 年 5 月，美国国会通过了《1933 年证券法》，1934 年又制定了《1934 年证券交易法》。这两部法律奠定了美国证券法律、法规的基础，也为以后各国制定证券法提供了范本。此后，美国又相继颁布了一系列证券法规，主要有《公用事业控股公司法》(1935 年)、《信托契约法》(1939 年)、《投资公司法》和《投资咨询法》(1940 年)、《统一证券法》(1956 年)、《证券投资者保护法》(1970 年)、《内幕交易制裁法》(1984 年)等。英国没有专门的证券法，对证券关系调整和规范的法律、法规主要包含在《公司法》(1948 年)、《防止欺诈(投资)法》(1939 年)、《公平交易法》(1973 年)及《金融服务法》(1986 年)等法律中。德国、法国等西欧国家没有制定专门的证券法，其内容分散包含在各自的公司法和投资法中。我国于 1998 年制定并颁布实施了《中华人民共和国证券法》。

(四)票据法

票据法是规定票据的种类、形式、内容以及调整票据关系的法律、法规的总称。票据法是调整商业信用的重要法律规范。票据法最早源于法国。1673 年法国路易十四时期的《陆上商事条例》就对票据进行了相关的规定。1865 年，法国又制定了《支票法》，并于1935 年对照《日内瓦统一票据法》对其"商法"中的票据内容进行了修订。德国于 1871 年 4 月将《普鲁士票据条例》修改后，在全国统一施行《票据法》，并于 1908 年、1933 年又先后制定和修订了《支票法》和《票据法》。美国于 1952 年制定颁布了《统一商法典》，其中第三篇《商业证券》中对汇票、支票、本票等相关内容做出了规定，1962 年又做了修订。我国于 1995 年 5 月 10 日通过并于 1996 年 1 月 1 日正式实施了《中华人民共和国票据法》，此外我国还公布实施了其他相关法规，如《支付结算办法》等。

(五)保险法

保险法是调整保险关系的法律规范的总称，通常由保险业法、保险公司法和保险特别法三部分组成。日本最早于 1901 年颁布实施《保险业法》，并在 1940 年予以修订。美国各州均制定有保险法规，并于 1974 年颁布了《保险公司法》。新加坡于 1963 年颁布了《保险业法》，1986 年进行了修订。我国于 1995 年 6 月 30 日通过了《中华人民共和国保险法》，同年 10 月 1 日实施，并于 2002 年 10 月 28 日对其进行了修订。

(六)信托法

信托法是调整金融信托关系的法律、法规，主要包括信托机构的设立条件、法律地位、信托业务规范、信托合同制度等内容。英国于 1893 年制定了《受托者条例》(1896 年)、《官营受托者条例》(1906 年)和《法人受托者条例》等。日本于 1922 年制定了《信托法》和《信托业法》，1952 年、1957 年又分别公布实施了《贷款信托法》和《证券投资信托法》，对信托业务进行了相应的法律规定。我国于 2001 年 10 月正式公布实施了《中华人民共和国信托法》，对信托业务进行了相应的法律规定。

(七)金融租赁法

金融租赁法是调整融资租赁关系的法律规范，主要包括融资租赁公司成立的条件、法律地位、融资租赁合同等内容。我国于 2000 年 6 月颁布实施了《金融租赁公司管理办法》。

除上述法律、法规以外，各国政府还对其他各类金融机构，如资产管理公司、投资基金管理公司等制定了相关的法律、法规及制度。

专栏1-4：美国 Q 条例

1929 年之后，美国经历了一场经济大萧条，金融市场随之也进入了管制时期，与此同时，美国联邦储备委员会颁布了一系列金融管理条例，并且按照字母顺序为这一系列条例进行排序，如第一项为 A 项条例，其中对存款利率进行管制的规则正好是 Q 项，因此该项规定被称为 Q 条例。后来，Q 条例成为对存款利率进行管制的代名词。

Q 条例的内容是：银行对于活期存款不得公开支付利息，并对储蓄存款和定期存款的利率设定最高限度，即禁止联邦储备委员会的会员银行对它所吸收的活期存款(30天以下)支付利息，并对上述银行所吸收的储蓄存款和定期存款规定了利率上限。当时，这一上限规定为 2.5%，此利率一直维持至 1957 年都不曾调整，而此后却频繁进行调整，它对银行资金的来源、去向都产生了显著影响。

Q 条例的实施，对 20 世纪 30 年代维持和恢复金融秩序、40 至 50 年代初美国政府低成本筹措战争资金、战后美国经济的迅速恢复，起到了一定的积极作用。

然而到 20 世纪 50 年代中后期，特别是进入 60 年代之后，这一条例的弊端便暴露出来。依据当时的情形，美国通货膨胀率一度高达 20%，而 Q 条例执行的结果是银行存款利率上限受到管制。这一方面使银行存款对投资者的吸引力急剧下降，公众对存款越来越没有兴趣；另一方面，由于银行的吸存能力受到很大影响，造成存款性金融机构的生存发发可危。在 1970 年，美国国会取消了 Q 条例中关于 10 万美元以上存款利率最高限额的规定，这就造成了对存款小户的利率歧视。

于是，商业银行不得不开始进行金融创新，货币市场基金便随之应运而生(将小户的资金集中起来，以大户的姿态出现在金融市场上)。这种基金规避了银行存款的许多限制，保留了银行存款的许多特性。比如，货币市场基金具备了活期存款的许多特征，可以提现，可以转账结算，甚至可以转入资本市场的其他基金。货币市场基金的收益虽然不保底，但实际上由于其投资风险较小，获得了极大的成功，客户可以通过投资这种基金获得远远高于 Q 条例所规定的最高存款利率的收益，因而至今在发达国家仍占有最大比重。

1980 年 3 月，美国政府制订了《存款机构放松管制的货币控制法》，决定自 1980 年 3 月 31 日起，分 6 年逐步取消对定期存款利率的最高限额，即取消 Q 条例。1982 年颁布的《加恩—圣杰曼存款机构法》，详细地制定了废除和修正 Q 条例的步骤，为扩大银行业资产负债经营能力，还列明了一些其他与利率市场化相关的改革。

1983 年 10 月，"存款机构放松管制委员会"取消了 31 天以上的定期存款以及最小余额为 2 500 美元以上的极短期存款利率上限，并于 1986 年 1 月，取消了所有存款形式对最小余额的要求，同时取消了支付性存款的利率限制。1986 年 4 月，取消了存折储蓄账户的利率上限。对于贷款利率，除住宅贷款、汽车贷款等极少数贷款外，也一律不加限制。至此，Q 条例完全终结，利率市场化得以全面实现。

(资料来源：根据公开资料整理)

第五节　公司金融的管理目标

公司金融的目标是公司金融活动所希望实现的结果，是公司在规划、获取、使用和控制资金运动过程中所要达到的目的，其取决于公司的总目标，取决于特定的社会经济模式，反映了特定的产权关系和产权结构，体现了不同时期产权主体利益的偏好，并受公司管理本身特点的制约。根据现代金融理论和实践，最具代表性的公司金融目标有以下几种观点。

一、利润最大化

在微观经济学中，利润最大化通常被列为公司的目标。它假定在公司投资预期收益确定的情况下，公司的一切行为将朝着有利于公司利润最大化的方向发展。将利润最大化作为公司金融活动的目标具有一定的合理性，这是因为：首先，利润直接反映了公司创造剩余价值的多少，利润越多则说明公司的财富增加得越多；其次，利润在某种程度上反映出公司经济效益的高低和对社会贡献的大小；最后，利润是公司补充资本、扩大经营规模的源泉，公司从事生产经营活动的目的是为了创造更多的剩余价值，只有每个公司都最大限度地获得利润，整个社会的财富才能实现最大化。

但是，这种观点也存在缺陷：一是没有考虑利润取得的时间。例如，今年获利 200 万元和明年获利 200 万元，哪个更符合公司的目标。如果仅从利润最大化的角度去考虑，不考虑货币的时间价值，这两个获利没有区别，难以做出正确判断。二是没有考虑取得的利润与投入资本额之间的关系。例如，同样获得 200 万元利润，一个公司投入资本 1 000 万元，另一个公司投入 1 500 万元，哪一个更符合公司的目标？如果仅从利润最大化的角度考虑，不与投入的资本额联系起来，就难以做出正确判断。三是没有考虑取得的利润和所承担风险之间的关系。高风险的项目较之低风险的项目其预期收益具有更大的不确定性。在两个项目预期收益相同的情况下，不考虑风险的差异，就很难做出正确的选择。例如，同样获利 1 000 万元，一个公司获利已全部转化为现金，另一个公司获利全部是应收账款，并可能发生坏账损失，哪一个更符合公司的目标？如果不考虑风险大小，就难以做出正确判断。另外，片面追求利润最大化，可能会导致公司追求短期利益，忽略长远目标，影响公司长远发展。

二、资本收益率最大化或每股净利润最大化

资本收益率是税后净利润与公司资本额之比，每股净利润是税后净利润与普通股股数之比。这种目标的优点是摆脱了利润最大化绝对量的观点，用相对量的观点来考察收益。资本收益率最大化或每股净利润最大化把公司获得的利润与投资的资本或股本相比较，以说明公司的单位资本的盈利能力，克服了利润最大化目标不考虑投入资本额的缺陷，可以对相同利润的不同投资规模的公司进行比较，也可以对同一公司的不同时期进行比较。但是，该方法仍然没有考虑货币的时间价值、投资风险和股东的机会成本。而且，如果以此为目标，公司管理层为了片面地追求资本收益率最大化或每股利润最大化，往往会利用每股利润与投入资本的关系，通过增加负债在资本结构中的比重的方法，来增加每股收益率和资本收益率，造成公司资本结构比例失衡，为企业埋下债务偿还的风险。

三、股东财富最大化

股东财富最大化是指公司通过合理经营、优化决策，在综合考虑收益、风险与资本的时间价值的情况下使股东的财富达到最大。这种观点认为，股东拥有并控制公司，所以公司的目标应该是最大限度地增加股东财富。股东的财富来源于两方面的收入——股利收入和股东持有股份转让时的资本利得。股东财富由其所拥有的股票数量和股票市场价格两方面来决定，在股票数量一定的前提下，当股票价格达到最高时，则股东财富也达到最大。所以股东财富最大化又可以表现为股票价格最大化。

股东财富最大化的优点：第一，概念清晰，股东财富最大化可以用股票市价来计量；第二，考虑了资金的时间价值；第三，科学地考虑了风险因素，因为风险的高低会对股票价格产生重要影响；第四，股东财富最大化一定程度上能够克服企业在追求利润上的短期行为，因为不仅目前的利润会影响股票价格，预期未来的利润对企业股票价格也会产生重要影响；第五，股东财富最大化目标比较容易量化，便于考核和奖惩。

股东财富最大化也存在一些缺点：第一，只适用于上市公司，对非上市公司很难适用；第二，股东财富最大化要求金融市场是有效的。由于股票的分散和信息的不对称，经理人员为实现自身利益的最大化，有可能以损失股东的利益为代价做出逆向选择；第三，股票价格除了受财务因素的影响之外，还受其他因素的影响，股票价格并不能准确反映企业的经营业绩。所以，股东财富最大化目标受到了理论界的质疑。

虽然如此，与其他公司目标相比，股东财富最大化反映了各方面的利益和诉求，具有以下优势：第一，股东财富最大化目标与信贷供应者的利益相一致。公司的信贷供应者是公司的债权人，在公司破产清算时对公司的资产拥有优先索取权，而股东只有剩余索取权。当享有剩余索取权的股东的财富最大化时，享有优先索取权的债权人的利益也得到了保障。第二，股东财富最大化是雇员利益得到满足的必要条件。虽然从某种程度上说，雇员的利益与股东财富最大化的目标是相抵触的，即雇员利益满足得越多，股东权益就越少。但是，雇员是企业财富的创造者，如果雇员的利益得不到保障，就会丧失生产和创造财富的积极性和动力，股东财富也无从保障。因此，股东财富最大化必然要求满足雇员的合理利益，雇员利益得不到满足的企业，股东财富最大化也不可能持久。第三，股东财富最大化是社会利益最大化的保证。市场这只看不见的手对社会资源进行分配的依据是公司财富的创造效率。股东财富最大化意味着在目前条件下，公司创造财富的效率最高，这为企业争取更多的社会资源创造了条件。只有当优质企业得到了更多的社会资源，整个社会的效益才最大，社会利益才能得到保证。第四，股东财富最大化是公司经营者业绩的体现。在现代企业制度下，公司的经营权和所有权分离，股东是企业的所有者，公司的经营者负责公司的日常生产经营。经营者只有使股东的利益得到满足，才能继续从事管理，否则，其地位将受到威胁。因此，从经营者自身职业发展的角度来讲，只有股东财富最大化，公司经营者业绩才能得到最好的体现，经营者的地位才能够巩固。因此，股东财富最大化的目标作为公司金融管理的核心原则，始终贯穿于公司金融管理和金融决策的全过程。

本 章 小 结

公司金融是公司或企业主体在现在或未来不确定的环境中，主动运用金融系统进行资金筹集和运用，并在时间上进行有效配置，优化资本结构，获取并分配收益，规避风险的所有活动。公司金融活动的主要内容包括投资决策、融资决策、收益分配决策和风险管理决策，并在此活动过程中，优化资本结构，实现公司金融目标。

公司金融管理中的资源配置有别于其他资源配置方式，不同企业形式对公司金融活动的资源配置方式有不同的影响和约束，而公司所处的环境、金融系统、金融法律规范和公司金融的目标都会对公司金融活动产生影响和约束。

企业的分类方式有很多，最为常见的是按企业的所有制形式不同，将企业分为独资企业、合伙制企业、公司制企业。独资企业和合伙制企业是由个人或少数人出资设立的经营实体，不具有法人资格，适合于小型企业。公司制企业包括有限责任制和股份有限制两种形式。公司制企业与独资、合伙制企业相比较，具有有限责任、易于筹集资本、所有权的可转让性和续存性、经营的专业化等优点，是现代企业最主要、最有活力的形式，本教材所讲的公司金融为股份有限公司的金融管理，但其基本原理与方法同样也适用于其他企业形式。

公司金融环境是指对公司金融活动产生影响的外部环境，是公司决策难以改变的外部约束条件，主要包括宏观环境和微观环境。宏观环境是指限制和约束金融活动的政治、经济、法律、文化、科技等外部体系，主要有政治环境、经济环境、法律环境；微观环境是指构成公司生产、经营和管理过程的各种要素的总和，主要有市场环境、采购环境、生产环境和人员环境。

公司的所有金融活动都是在金融系统之下运行的。金融系统主要由金融市场、金融工具、金融中介和服务机构、金融监管机构与法律法规组成。金融市场是以金融资产为交易对象而形成的供求关系及其机制的总和，金融工具是金融市场交易的标的物，金融中介与服务机构是从事金融活动及为金融活动提供相关服务的各类金融机构。

公司金融的目标是公司金融活动所希望实现的结果，取决于公司的总目标、特定的产权关系、产权结构和特定的社会经济模式，表达了不同时期产权主体利益的偏好。最具代表性的公司金融目标有利润最大化、资本收益率最大化或每股净利润最大化、股东财富最大化。股东财富最大化目标与其他公司金融目标相比，能反映各利益相关方的诉求和公司经营者的经营成果，是公司金融管理的核心原则。

思考与练习题

1. 什么是公司金融？公司金融的内容有哪些？
2. 什么是公司？公司的组织形式有哪几种？
3. 公司制企业的特点是什么？
4. 什么是金融工具？
5. 什么是存款性金融机构？什么是非存款性金融机构？
6. 金融监管机构有哪些？
7. 公司金融的管理目标有哪些？
8. 试述股东财富最大化目标的优缺点及合理性。

拓展阅读 1-1：中国金融市场的发展

新中国成立至改革开放前，我国实行计划经济体制，建立了高度集中的"大一统"金融体制。所有金融机构收归国有，关闭了资本市场，银行作为财政的附属品，只发挥调拨资金的作用。

改革开放以后，随着市场经济体制的确立，金融市场作为市场经济体系重要组成部分的地位也得到确认。20 世纪 80 年代，我国的货币市场开始发展。1981 年，我国开始发行国库券；1984 年，允许金融机构之间相互拆借资金，调节余缺，同业拆借市场形成；1985年，全国范围内开展商业汇票承兑业务及再贴现业务，票据市场初步形成；1991 年全国证券报价系统试运行国债回购协议交易，后又进行了整顿，回购市场出现交易所市场和银行间市场的分离。

1990 年 12 月和 1991 年 7 月，上海证券交易所和深圳证券交易所分别正式营运。1998年 12 月，《证券法》颁布。2000 年，中国证监会发布并实施了证券发行上市核准制度。

与证券市场的发展相伴，我国基金市场的发展也十分迅速。1992 年 11 月，首支投资基金——淄博乡镇投资基金开始运行，并于 1993 年在上海证券交易所挂牌上市。1997 年11 月，《证券投资基金管理办法》颁布，之后设立的基金习惯上被称为新基金。1998 年 3月，两支封闭式基金最先设立——基金开元和基金金泰；2001 年 9 月，第一支开放式基金华安创新基金设立。

我国的外汇市场在改革开放以后也得到了的发展。1994 年初，我国取消了外汇额度管制，实行了结售汇制度，实现了汇率并轨；1996 年 4 月，银行间外汇市场正式运行，并在上海成立了中国外汇交易中心；1996 年 12 月，实现人民币经常项目下可兑换；2005 年 7月，中国人民银行宣布汇率形成机制再次改革，开始实行以市场供求为基础、参考一篮子货币进行调节、有管理的浮动汇率制度。

我国的黄金市场也发展迅速。2002 年中国人民银行批准四大国有银行开办黄金业务，并成立了上海黄金交易所。目前我国黄金市场的交易、仓储、清算均按市场规则运行，国内黄金价格也基本与国际黄金市场基本价格保持一致。

(资料来源：李德峰. 金融市场学. 北京：中国财政经济出版社，2010)

拓展阅读 1-2：金融市场初期的三次泡沫事件

泡沫事件伴随着金融市场的形成与发展。金融市场形成初期就有三次著名的泡沫事件。

第一次是发生在荷兰的"郁金香泡沫"事件。16 世纪初，郁金香从土耳其被引入欧洲，不久，人们开始对种植这种植物产生了狂热。17 世纪初期，一些珍品卖到了不同寻常的高价，富人们开始收集和展示最稀有的品种；到 17 世纪 30 年代初，这一时尚导致了一场投机狂热。郁金香的价格疯涨，一种叫 Childer 的郁金香品种单株卖到 1 615 弗罗林，而当时 4 头公牛才卖 480 弗罗林。人们购买郁金香已经不是为了观赏或其内在的价值，而是作为投资品，期望其价格能无限上涨。到了 1637 年，人们开始怀疑郁金香的价值，开始抛售价格虚高的郁金香，价格立刻开始下降。价格下降导致人们进一步丧失对郁金香市场的信心，持有郁金香合同的人迫不及待地要脱手，恶性循环的结果导致郁金香市场全线崩溃。泡沫破裂，经济危机爆发。

第二次是发生在英国的"南海泡沫事件"。1711 年，英国南海公司成立，在政府融资中与英格兰银行竞争。1720 年，南海公司的股票成为投机的热点，在短时间内上涨了 7 倍。随着其他公司股票的发行，投资于南海公司的资金开始转移，这使得南海公司的股份大幅下跌。同年，英国国会通过了"泡沫法"，规定成立上市公司必须经过国会的批准，但是也没能阻止南海公司股票的急剧下跌。由于泡沫法的存在，英国在很长一段时间内只有极少数的公司能够在资本市场上发行股票，无形中压制了英国公司的发展速度。而"泡沫法"直到 1824 年才被废除。

第三次是发生在法国的"密西西比泡沫"事件。这一事件缘起于苏格兰人约翰·劳。他在一次决斗中杀死了对手，被迫离开了苏格兰。此后，他在欧洲各国四处游说，建议成立新银行，发行不需要 100% 准备金的银行券。1716 年，法国的统治者采纳了他的意见，成立了这种新型银行。随后，这家银行又被改组为皇家银行，发行银行券的条件也进一步放宽，并与密西西比公司合并。密西西比公司的股票因此受到狂热的投机，酿成了泡沫。此后，法国政府成立了官方的证券交易所，并对上市公司进行严格的监管。但与英国的"泡沫法"在 19 世纪就遭到废除不同的是，法国对资本市场的严格管制直到 20 世纪 80 年代才结束。这使得法国的资本市场受到极大的限制，这也是法国走向银行主导型金融体系的一个重要原因。

(资料来源：刘红忠，蒋冠. 金融市场学. 上海：上海财经大学出版社，2006. 作者略有删节)

第二章

货币的时间价值

学习目标：掌握货币的时间价值的相关概念；掌握单利和复利的计息方法；掌握现值和终值的计算方法；了解普通年金、先付年金和递延年金的基本概念；了解普通年金、先付年金和递延年金的基本计算方法；了解利率决定理论。

> **引入案例：25 年前的微软股票现在价值多少？**
>
> 1986 年 3 月 13 日，成立已有十余年的微软公司发行的股票正式上市交易，共募集资金 6 100 万美元，也让当时仅有 30 岁的比尔·盖茨凭借所持股票，真正成为富豪。到 2011 年 3 月 3 日，微软上市整整 25 年。如果投资者有足够的眼光和幸运，在 25 年前以每股 21 美元的价格购买了 100 股微软股票，并且一直对这家公司的业绩保持信心，将股票保留 25 年，会值多少钱呢？
>
> 我们来计算一下，微软上市当天购买 100 股需花费 2 100 美元。在这 25 年中，微软股票共进行了 9 次拆分，当时的 100 股如今已经变成了 28 800 股，总价值大约 75 万美元。怎么样？投资回报率还不错吧。不过，其实还有更诱人的算法。微软股价在 1999 年 12 月 1 日达到历史高峰 58.38 美元。如果你在那一天抛出股票，则收益将达到 140 万美元。
>
> （资料来源：根据公开资料编辑）

第一节　货币存在时间价值的原因

一、货币时间价值的概念与表现方式

购买 2 100 美元的微软股票，为什么 25 年后会变成 75 万美元或更多呢？要明白这个问题，关键是要知道货币具有时间价值，即在不同时点，货币的价值是不同的。通过投资，时间可以使货币增值。无论将货币转化为储蓄还是证券，它都将会产生收益，这就是货币的时间价值。

货币的时间价值是指货币随着时间的推移而发生的增值。它有两种表现方式，一是用绝对数表示，表现为一定量的货币在未来时间点上相对原有价值的价值增量，通常表现为利息。例如，将 100 元存在银行，1 年后加上利息是 103 元，100 元 1 年的时间价值为 3 元。二是用相对数表示，表现为一定量的货币在未来时间点上其价值增长速率，用百分数表示，通常表现为利(息)率和投资收益率。例如，上例中 100 元 1 年的时间价值为在本金基础上增

值 3%。

二、货币时间价值的来源

货币的时间价值主要体现在借贷、购买保险、证券投资、购买用于出租的房产或其他可以发生利息(包括股息、租金等)收付的投资活动中。为方便讨论，以下所研究的投资活动主要是指购买有价证券，也包括借贷。投资是指将一定数量的货币转化为生息资本，以期在未来获取利息，即达到货币增值。如果没有投资活动，仅将货币存放在口袋里，货币是不可能产生增值的，即没有时间价值。如果考虑通货膨胀的因素，它甚至还会贬值，即货币的时间价值为负值。货币之所以存在时间价值，可以从以下两个方面进行解释。

1. 货币的当前效用大于未来效用

将货币借贷给别人，或进行投资，债权人或投资者放弃了当前消费，而选择未来消费，即延迟了消费。根据消费行为理论，和未来消费相比，人们更偏好当前消费。在单位货币效用不变的前提下，等额货币的当前消费产生的效用是大于未来消费产生的效用的，因此，借贷或投资获得的未来货币数量必须大于当初的货币数量，否则借贷或投资不如当期消费。

2. 机会成本

货币的灵活性决定了货币除了用于消费以外，还有其他投资方面的用途，就货币的时间价值看，主要是将货币转化为生息资本的用途。如果放弃当期消费，货币持有人可将货币放在口袋、借贷或投资，那么货币放在口袋的机会成本就是借贷或投资产生的利息。在决定借贷或投资时有很多选项，如果选择了某种投资而不是其他，那么投资收益率要至少等于无风险资本投资收益率(即货币资金不冒任何风险可取得的收益率，常用国库券的短期利率为代表)，否则投资就是失败的。货币的机会成本还与投资承担的风险有关，风险越大，则需要货币增值量越大。

以上说明，货币的时间价值一方面表现为对货币持有者放弃当期消费的补偿，另一方面表现为由于货币的灵活性可带来的收益，除了用于消费，货币还可用于投资，而投资能产生收益。货币用于投资，其合适的收益率取决于社会平均的无风险的投资收益率。

第二节　货币时间价值的基本计算

一、利息和利率

正如第一节所言，货币的时间价值可表现为利息(interest)和利率(interest rate)。利息，从货币所有者的角度看，是货币所有者因为借出货币资金而从借款者手中获得的报酬；从货币借贷者的角度看，它是借贷者使用货币资金必须支付的代价，是其使用资金从事生产性活动产生的利润的一部分，因此，利息是利润的特殊转化形式。

利率又称利息率，表示一定时期内利息量与本金的比率，通常用百分比表示，按年计算则称为年利率，一般所说的利率都是年利率。

利息和利率是表现货币的时间价值的两种方式，利息是货币时间价值的绝对值，而利率是货币时间价值的相对值，它们之间的基本关系是

$$利息=本金×利率×借贷期限$$

或

$$利率=\frac{利息}{本金×借贷期限}×100\%$$

表 2-1 和表 2-2 分别为 2014 年 5 月 31 日我国各商业银行的存、贷款利率表，该表自 2012 年 7 月 6 日起发布执行。目前，存、贷款利率还没有完全市场化，还是由中国人民银行，或进一步来说，由政府根据宏观经济形势和政府政策目标，对利率进行适时调整。

表 2-1　2014 年 5 月 31 日中国各商业银行人民币定期存款利率表

项　目	年利率(%)
一、活期存款	0.35
二、定期存款	
(一)整存整取	
三个月	2.85
半年	3.05
一年	3.25
二年	3.75
三年	4.25
五年	4.75
(二)零存整取、整存零取、存本取息	
一年	2.85
三年	2.90
五年	3.00
(三)定活两便	按一年以内定期整存整取同档次利率打六折执行
三、协定存款	1.15
四、通知存款	
一天	0.80
七天	1.35

利率更新时间：2012-07-06

表 2-2　2014 年 5 月 31 日中国各商业银行人民币定期贷款利率表

项　目	年 利 率(%)
一、短期贷款	
六个月以内(含六个月)	5.60
六个月至一年(含一年)	6.00
二、中长期贷款	
一至三年(含三年)	6.15
三至五年(含五年)	6.40
五年以上	6.55
三、贴现	同前
四、个人住房公积金贷款	
五年以下(含五年)	4.00
五年以上	4.50

利率更新时间：2012-07-06

二、单利和复利

在计算借贷利息时通常有两种方式，一是单利计算，二是复利计算。

(一)单利

单利是在收付利息的期限内只对本金计息的计算方式，如我们在银行的定期存款，或购买国库券等，都是用这种方法来计算利息。单利的计算公式为

$$SI = P_0 \times i \times n \tag{2.1}$$

式中：

SI——单利计算的利息；

P_0——本金；

i——利率；

n——借贷期限，$n \in [0, +\infty)$。

[例 2-1] 在年利率为 3.25% 时，在单利计息下，存入 1 元钱需要多少年才能变为 2 元钱？

解：1 元变为 2 元，即本金为 1 元，利息要达到 1 元。

$$SI = P_0 \times i \times n$$

$$1 = 1 \times 3.25\% \times n$$

$$n = 30.77(年)$$

在单利计息下，存入 1 元钱需要 30.77 年才能变为 2 元钱。

(二)复利

复利是指不仅要对借(贷)的本金支付(收取)利息，还要对前期的利息支付(收取)利息。例如，存入银行的活期存款，以及银行对信用卡负债的计息。和单利相比较，复利能比单利获取更多的利息，并且复利这种计息方式更普遍。

复利要对上期利息进行计息，则后一期的本金是前一期本金的 $(1+i)$ 倍，若本金为 P_0，第 1 期期末本金就变为 $P_0(1+i)^1$，第 2 期期末本金为 $P_0(1+i)^2$，…，第 n 期的本金为 $P_0(1+i)^n$，因此，复利的计算公式为

$$CI = P_0[(1+i)^n - 1] \tag{2.2}$$

式中：

CI——复利计算的利息；

P_0——初始本金；

i——利率；

n——借贷期限，$n \in [0, +\infty)$。

[例 2-2] 在年利率为 3.25%时，在复利计息下，存入 1 元钱需要多少年才能变为 2 元钱？

解：1 元变为 2 元，即本金为 1 元，利息要达到 1 元。

$$CI = P_0[(1+i)^n - 1]$$

$$1 = 1 \times [(1+3.25\%)^n - 1]$$

$$n = 21.67(年)$$

在复利计息下，存入 1 元钱需要 21.67 年才能变为 2 元钱。

> **专栏 2-1：常见的单利与复利投资品种**
>
> 1. 以单利计息的品种
>
> 银行的定期存款，期限可以从 3 个月到 5 年。存款期限越长，利率就越高。传统的定期存款除了有存单形式外，也有存折形式。定期存款具有较强的稳定性，且营业成本较低，商业银行为此持有的存款准备金率也相应较低，因此，定期存款的资金利用率往往高于活期存款。
>
> 国债，我国的国债专指财政部代表中央政府发行的国家公债，由国家财政信誉作担保，信誉度非常高，稳健型投资者喜欢投资国债。其种类有凭证式国债、实物式国债、记账式国债三种。
>
> 2. 以复利计息的品种
>
> 银行的活期存款，指无须任何事先通知，存款户即可随时存取和转让的一种银行存款，其形式有支票存款账户、保付支票、本票、旅行支票和信用证等。活期存款占一国货币供

应的最大部分，也是商业银行的重要资金来源。由于该类存款存取频繁，手续复杂，所费成本较高，因此西方国家商业银行一般都不支付利息，有时甚至还要收取一定的手续费。

各类年金也是以复利计息的，详细内容见本章第三节。

(资料来源：作者编写)

三、预期收益率与折现率

在金融学中，大部分证券的未来收益不像存款和固定收益债券是固定的，它的未来收益通常是不确定的，通常要通过估计证券的未来收益率来计算该金融产品现在的价格。利息和利率已经不能涵盖收益的含义，需要一些意义更为宽泛的概念来表示货币的时间价值。一般来说，我们用预期的收益率或折现率来表示货币的时间价值。

(一)预期收益率

1. 预期收益率的概念

收益是投资者通过投资活动取得的收入。投资收益一般由两部分组成，即基本收入和资本收入。

利息和股息收入属于投资的基本收入。利息是债权资产的法定收入，是确定的，与债权资产的风险成正比；股息是权益资产的收入，优先股的股息是确定的，但普通股的股息不确定，与公司的经营业绩、股息分配政策有关。

资本收入来源于资产价格上升而形成的价差收益，也叫资本利得。债权资产因收益和期限相对确定，风险较小，其价格波动有限，收入相对较低；而权益资产的价格与预期相关，价格波动很大，风险较大，因此相应的收益较大，但同时如果看错方向，亏损也会较大。

收益率是每期收益(通常是一年)与期初投入资金的比率，当未来收益率不确定时，使用预期收益率(expected rate of return)对未来收益进行估算。从计算的角度看，它相当于式(2.1)和式(2.2)中的利率 i，但其内涵与利率不同。首先，利率是固定的，与风险无关，是无风险收益率(如果不考虑通货膨胀、违约风险)；而预期收益率是不确定的，往往与承担的风险有关，其大小与风险程度呈正相关关系。之所以如此，是由于利息的获取是将风险转移给货币的借方，货币所有者一般不具体干涉货币的借方对货币的用途，货币的借方不论投资成功还是失败，都要支付给货币所有者固定的利息。而预期收益的获取需要货币所有者自己决定货币的用途，并承担投资的全部风险。

2. 预期收益率的特征

一般来说，预期收益率有如下特征。

(1) 其最小取值一般不低于无风险资本投资回报率。

(2) 其取值要与所承担的风险相一致，承担的风险越大，预期的回报率就越高。

（3）预期收益率为风险相同的投资的平均收益率。

(二)折现率

折现率(discount rate)是指将未来有限期预期收益折算成现值的比率。折现率与预期收益率是一体的两面，根据预期收益率可以估计未来的收益，或者根据折现率可以将估计的未来收益折算成现值。在计算上为了统一，一般用折现率代替预期收益率。

四、现值与终值

现值(present value)，是指对未来现金流量以指定的折现率折现到目前时间点的价值，也称为折现值。终值(future value)是指现在的一笔资金按规定折现率，换算至将来某一时间点的价值。现值与终值的计算也有单利和复利两种计算方法。

(一)单利计算法

为了方便，我们首先计算终值。终值等于现值加上预期收益，预期收益的计算方法类似于式(2.1)利息的计算，即

$$FV_n = PV_0 + PV_0 \times i \times n = PV_0(1 + i \times n) \tag{2.3}$$

式中：

FV_n——第 n 期的终值；

PV_0——第 0 期的现值；

i——折现率；

n——投资期数，$n \in [0, +\infty)$；

$PV_0 \times i \times n$——n 期的预期收益。

[例 2-3] 探讨 100 元钱在年利率为 10%、单利计息时的本利增长情况。

解：$FV_n = PV_0(1 + i \times n)$

$FV_n = 100 \times (1 + 10\% \times n) = 100 + 10n$

根据上式我们可以制作表 2-3 和图 2-1。

表 2-3　100 元单利下的终值和利息

期　数	本　金	累计利息	终　值
1	100	10	110
2	100	20	120
3	100	30	130
4	100	40	140
⋮	⋮	⋮	⋮
n	100	$10n$	$100+10n$

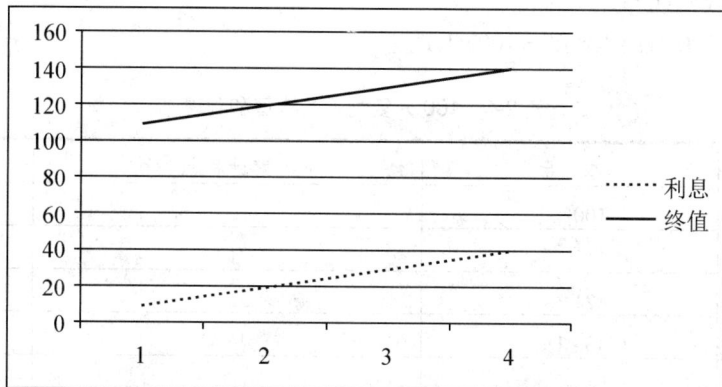

图 2-1　100 元单利下的终值与利息曲线

从表 2-3 和图 2-1 可以看出，单利计息的终值和利息与期数呈线性关系。从图形上看，终值曲线是由利息曲线向上平行移动 100 得到的。

相应地，由式(2.3)可得现值的计算公式为

$$PV_0 = \frac{FV_n}{1+i\times n} \tag{2.4}$$

[例 2-4] 某企业有一张带息期票，面额为 1200 元，票面利率为 4%，出票日期为 6 月 15 日，8 月 14 日到期。现企业因急需用款，凭该期票于 6 月 27 日到银行办理贴现，银行规定的贴现率为 6%。银行付给企业的金额是多少？

解：首先求出该期票的终值，然后再求银行贴现值。由于 6 月有 30 天，7 月有 31 天，则期票到期时间为(30-15)+31+14=60 天，则有

FV=1 200×(1+4%×60÷360)=1208(元)

因为贴现期为(30-27)+31+14=48 天，则有

PV=1 208÷(1+6%×48÷360)=1 198.41(元)

则银行付给企业的金额为 1 198.41 元。

在计算利息时，除非特别指明，否则给出的利率是指年利率。对于不足一年的利息，以一年等于 360 天来折算。

(二)复利计算法

复利计算法下每一期收益都要加入到本金中产生下一期的收益，因此，前一期的终值将成为下一期终值的现值。复利计算法相当于对每期取单利。根据式(2.3)，取 $n=1$，则第 1 期的终值为 $PV_0(1+i)^1$，第 2 期的终值为 $PV_0(1+i)^2$，…，第 n 期的终值为 $PV_0(1+i)^n$，即

$$FV_n = PV_0(1+i)^n \tag{2.5}$$

[例 2-5] 探讨 100 元钱在年利率为 10%、复利计息时的本利增长情况。

解： $FV_n = PV_0(1+i)^n$

$FV_n = 100 \times (1+10\%)^n = 100 \times 1.1^n$

表 2-4　100 元复利下的终值和利息

期　数	本　金	累计利息	终　值
1	100	10	110
2	110	21	121
3	121	33.1	133.1
4	133.1	46.41	146.41
⋮	⋮	⋮	⋮
n	$100 \times 1.1^{n-1}$	$100(1.1^n - 1.1^{n-1})$	100×1.1^n

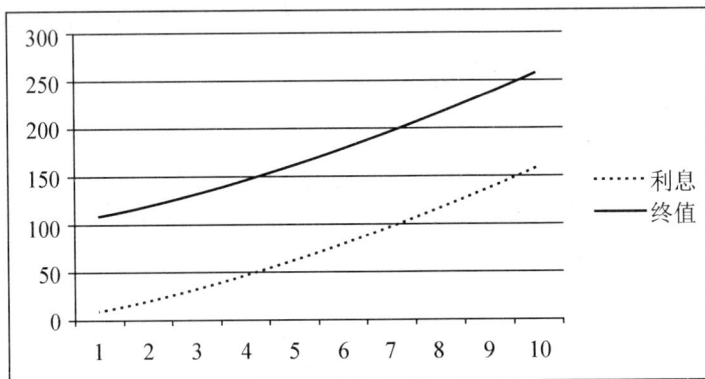

图 2-2　100 元复利下的终值与利息曲线

从表 2-4 和图 2-2 可以看出，复利计息的终值以及利息随着期数的增加呈现加速上涨的趋势。从图形上看，终值曲线是由利息曲线向上平行移动 100 得到的。

相应地，由式(2.5)可得现值的计算公式为

$$PV_0 = \frac{FV_n}{(1+i)^n} \tag{2.6}$$

第三节　年　　金

在借贷活动中，有许多种还贷的方法，除了一次性还贷外，分期付款对中国人来讲已不是陌生的概念。第一节我们已讲了一次性还本付息的计算，本节我们将讨论分期付款的计算，主要讨论年金的计算。

一、年金的种类

年金(annuity)，是在某一段时间内，以相同的时间间隔连续发生的一系列相等金额的收付款项。例如，商品房和汽车的分期付款，一般是一个月支付一次等额款项；有的商业保险是一年支付一次等额保险金。年金按其每次收付发生的时点不同，可分为普通年金、先付年金、递延年金、永续年金等。

普通年金(ordinary annuity)，又称为后付年金，即每笔收付款项都发生在期末。这种年金形式在现实经济生活中最为常见。

先付年金(annuity due)，是指每笔收付款项都发生在期初，也称为期初年金、预付年金或即付年金。

递延年金(deferred annuity)，又称延期年金，是指最初若干期没有收付款项，后面若干期有等额的系列收付款项。它是普通年金的特殊形式。例如，延期还款的汽车贷款，在汽车贷款成立后的最初一段时间，贷款人不用还款，之后，贷款人按月以固定的金额还款。美国次贷危机爆发前，很多住房贷款公司向购房者提供的按揭贷款也采用了递延年金的还款形式，前期不用还款的期限有的长达三年。

永续年金(perpetual annuities)，是指无限期等额收付的特种年金。它是普通年金的特殊形式，即期限趋于无穷的普通年金。例如，一些慈善基金用本金购买国债，用每期的利息作为慈善款项予以发放，由于发放慈善款项不动用本金，所以该慈善基金可以无限期发放慈善款项。

专栏 2-2：统一公债

统一公债也称永久公债，既没有最后到期日，也从不停止支付票面利息，永不到期。统一公债是 18 世纪英格兰银行发行的债券，英格兰银行承诺向债券持有者永久支付利息。虽然英国经历了多次战争和经济衰退，但英格兰银行仍继续遵守这一承诺，今天你在英国还可以购买到这样的债券。美国政府也曾发行统一公债以建造巴拿马运河。虽然美国统一公债应该永久有效并支付利息，但实际上并不是这样。该债券有一特殊条款授予了美国政府从债券持有者手中赎回债券的权利，实际上政府也这样做了。美国政府在移交巴拿马运河管理权的时候赎回了该债券。

(资料来源：作者编写)

二、普通年金的终值和现值

(一)终值

普通年金终值是每期期末等额收入或支出款项复利计算的本利和，即将每一期的金额，按复利换算到最后一期期末的终值，然后加总，就是该年金终值。

例如，从第 1 期开始，每期期末投入年金 A 元，年利率为 i，经过 n 期，年金终值 FVA_n 是多少呢？

我们知道，第 1 期期末投入 A 元，到第 n 期期末，由于其第 1 期没有利息，所以其计息期数为 $(n-1)$ 期，根据复利的计算式 (2.5)，则第 1 期投入的 A 元在第 n 期的终值为 $A(1+i)^{n-1}$；同理，第 2 期投入 A 元的计息期数为 $(n-2)$，在第 n 期的终值为 $A(1+i)^{n-2}\cdots$第 n 期投入 A 元的计息期数为 $(n-n)=0$，在该期的终值为 $A(1+i)^{n-n}$，由于总的年金终值等于各期年金终值之和，因而我们可以得到

$$FVA_n = A(1+i)^{n-1} + A(1+i)^{n-2} + \cdots + A(1+i)^{n-n} \tag{2.7}$$

根据等比数列的求和公式，上式可简化为

$$FVA_n = A \times \frac{1-(1+i)^n}{1-(1+i)} = A \times \frac{(1+i)^n - 1}{i} \tag{2.8}$$

在年金终值公式中，$\dfrac{(1+i)^n - 1}{i}$ 通常称为年金终值系数(future value interest factor for annuity)，用 $FVIFA_{i,n}$ 表示，该值可查阅年金终值系数表得到。通过年金终值系数表计算年金终值时，年金终值可表达为：

$$FVA_n = A(FVIFA_{i,n})$$

[例 2-6] 假设一个 3 年期的普通年金，以 1 年为 1 个支付期间，每期期末支付 1000 元，年利率为 10%，求出终值。

解：$FVA_n = A \times \dfrac{(1+i)^n - 1}{i}$

$\qquad = 1\,000 \times \dfrac{(1+10\%)^2 - 1}{10\%}$

$\qquad = 3\,310(元)$

也可查年金终值系数表得到终值。

(二)现值

普通年金现值是指一定时期内每期期末收付款项复利现值之和，即对每期终值求现值，然后将每期现值加总。

那么，从第 1 期开始，每期期末投入年金 A 元，年利率为 i，经过 n 期，年金现值 PVA_n 是多少呢？

根据式 (2.7) 对年金终值的计算，为了方便理解，我们从第 n 期开始计算年金现值，求现值是求终值的逆运算，我们通过每期的终值，来求相应该期的现值，因为要折现到第 0 期，所以，根据终值求现值的折现期数为 n 期。

第 n 期的终值为 $A(1+i)^{n-n} = A$，折现期数为 n 期，则根据现值计算式 (2.6)，其现值为

$\dfrac{A}{(1+i)^n}$；

第$(n-1)$期的终值为$A(1+i)^{n-(n-1)} = A(1+i)$，折现期数为$n-1$期，则根据现值计算式(2.6)，其现值为$\dfrac{A(1+i)}{(1+i)^n} = \dfrac{A}{(1+i)^{n-1}}$；

……

第1期的终值为$A(1+i)^{n-1}$，折现期数为1期，则根据现值计算式(2.6)，其现值为

$$\dfrac{A(1+i)^{n-1}}{(1+i)^n} = \dfrac{A}{(1+i)^2}$$

由此我们可以得到n期的年金现值为从第1期的现值加到第n期的现值，即

$$PVA_n = \dfrac{A}{(1+i)^1} + \dfrac{A}{(1+i)^2} + \cdots + \dfrac{A}{(1+i)^{n-1}} + \dfrac{A}{(1+i)^n} \tag{2.9}$$

根据等比数列的求和公式，上式可简化为

$$PVA_n = A \times \dfrac{(1-i)^{-1}[1-(1+i)^{-n}]}{1-(1+i)^{-1}} = A \times \dfrac{1-(1+i)^{-n}}{i} \tag{2.10}$$

在年金现值公式中，$\dfrac{1-(1+i)^{-n}}{i}$通常称为年金现值系数(present value interest factor for annuity)，用$PVIFA_{i,n}$表示，该值可查阅年金现值系数表得到。通过年金现值系数表计算年金现值时，年金现值可表达为

$$PVA_n = A(PVIFA_{i,n})$$

[例 2-7] 假设一个3年期的普通年金，以1年为1个支付期间，每期支付1 000元，年利率为10%，求出现值。

解：$PVA_n = A \times \dfrac{1-(1+i)^{-n}}{i}$

$\qquad\quad = 1\,000 \times \dfrac{1-(1+10\%)^{-2}}{10\%}$

$\qquad\quad = 2487(元)$

也可查年金现值系数表得到现值。

三、先付年金的终值与现值

(一)终值

先付年金终值是在复利计息方法下，若干相同间隔、期初收付的等额款项的未来价值。

先付年金与普通年金的区别在于先付年金收付款项在期初，而普通年金收付款项在期末。根据该区别，有两种根据普通年金终值来计算先付年金终值的方法。

(1) 乘法。若收付款项期数为 n 期，先付年金每一期的终值的计息期数比普通年金的计息期数要多一期，则根据复利的终值公式，同一期的先付年金的终值是普通年金的终值的 $(1+i)$ 倍，如表 2-5 所示。由于 n 期年金终值是每一期年金终值之和，则 n 期先付年金终值是普通年金终值的 $(1+i)$ 倍，结合式(2.8)，则先付年金终值 FVAD_n 的计算公式为

$$\text{FVAD}_n = \text{FVA}_n \times (1+i) = A \times \frac{(1+i)^{n+1} - (1+i)}{i} \tag{2.11}$$

根据此方法，年金终值系数表示的先付年金终值计算公式为

$$\text{FVAD}_n = \text{FVA}_n \times (1+i) = A(\text{FVIFA}_{i,n})(1+i) \tag{2.12}$$

(2) 减法。若收付款项期数为 n 期，由于先付年金收付款项在期初，而普通年金收付款项在期末，因此，某期先付年金终值等于前一期普通年金终值，如表 2-5 所示。所以，可以把先付年金终值看作是 $(n+1)$ 期普通年金终值少收付最后一期的年金，即先付年金终值 FVAD_n 的计算公式为

$$\text{FVAD}_n = \text{FVA}_{n+1} - A = A \times \frac{(1+i)^{n+1} - (1+i)}{i} \tag{2.13}$$

根据此方法，年金终值系数表示的先付年金终值的计算公式为

$$\text{FVAD}_n = \text{FVA}_{n+1} - A = A(\text{FVIFA}_{i,n+1}) - A \tag{2.14}$$

从式(2.11)和式(2.13)可以看出，虽然采用的方法不同，但两种方法计算先付年金终值的结果是相同的。

表 2-5　每期普通年金终值与先付年金终值对照表

期　数	每期普通年金终值	每期先付年金终值
1	$A(1+i)^{n-1}$	$A(1+i)^{n}$
2	$A(1+i)^{n-2}$	$A(1+i)^{n-1}$
$\vdots$	$\vdots$	$\vdots$
n-1	$A(1+i)^{1}$	$A(1+i)^{2}$
n	$A(1+i)^{0}$	$A(1+i)^{1}$

[例 2-8] 假设一个 3 年期的先付年金，以 1 年为 1 个支付期间，每期支付 1 000 元，年利率为 10%，求出终值。

解：$\text{FVAD}_n = A \times \dfrac{(1+i)^{n+1} - (1+i)}{i}$

$\qquad = 1\,000 \times \dfrac{(1+10\%)^{n+1} - (1+10\%)}{10\%}$

$\qquad = 3\,641(\text{元})$

也可根据式(2.12)或式(2.14)查年金终值系数表得到终值。

(二)现值

先付年金现值是在复利计息方法下，若干相同间隔、期初收付的等额款项的折现价值。同终值计算类似，根据先付年金与普通年金分别在期初和期末收付款项的区别，也有两种根据普通年金现值来计算先付年金的方法。

(1) 乘法。若收付款项期数为 n 期，先付年金每一期的现值的折现期数比普通年金的折现期数要少一期，则根据复利的现值公式，同一期的先付年金的现值是普通年金的现值的 $(1+i)$ 倍，如表 2-6 所示。由于 n 期年金终值是每一期年金现值之和，则 n 期先付年金现值是普通年金现值的 $(1+i)$ 倍，即先付年金现值 PVAD_n 的计算公式为

$$\text{PVAD}_n = \text{PVA}_n \times (1+i) = A \times \frac{1+i-(1+i)^{1-n}}{i} \tag{2.15}$$

根据此方法，年金现值系数表示的先付年金现值计算公式为

$$\text{PVAD}_n = \text{PVA}_n \times (1+i) = A(\text{PVIFA}_{i,n})(1+i) \tag{2.16}$$

(2) 减法。若收付款项期数为 n 期，由于先付年金收付款项在期初，而普通年金收付款项在期末，因此，某期先付年金现值等于前一期普通年金现值，如表 2-6 所示。所以，可以把先付年金现值看作是 $(n+1)$ 期普通年金现值少收付最后一期的年金，结合式(2.10)，则先付年金现值 PVAD_n 的计算公式为

$$\text{PVAD}_n = \text{PVA}_{n+1} - A = A \times \frac{1+i-(1+i)^{1-n}}{i} \tag{2.17}$$

根据此方法，年金现值系数表示的先付年金现值计算公式为

$$\text{PVAD}_n = \text{PVA}_{n+1} - A = A(\text{PVIFA}_{i,n+1}) - A \tag{2.18}$$

从式(2.15)和式(2.17)可以看出，虽然采用的方法不同，但两种方法计算先付年金现值的结果是相同的。

表 2-6　每期普通年金现值与先付年金现值对照表

期数	每期普通年金现值	每期先付年金现值
1	$A \div (1+i)^1$	$A \div (1+i)^0$
2	$A \div (1+i)^2$	$A \div (1+i)^1$
$\vdots$	$\vdots$	$\vdots$
$n-1$	$A \div (1+i)^{n-1}$	$A \div (1+i)^{n-2}$
n	$A \div (1+i)^n$	$A \div (1+i)^{n-1}$

[例 2-9] 假设一个 3 年期的先付年金，以 1 年为 1 个支付期间，每期支付 1 000 元，年利率为 10%，求出现值。

解：
$$PVAD_n = A \times \frac{1+i-(1+i)^{1-n}}{i}$$
$$= 1\,000 \times \frac{1+10\%-(1+10\%)^{1-3}}{10\%}$$
$$= 2\,736(元)$$

也可根据式(2.16)或式(2.18)查年金现值系数表得到现值。

四、递延年金的现值

若递延年金延期前 m 期无收付，年金收付期为 n 期，则其终值计算方法与 n 期收付的普通年金的终值计算是一样的，这里不加复述。下面我们只讨论递延年金的现值计算。

递延年金与普通年金的区别是，递延年金的前 m 期没有年金收付，后面 n 期年金收付与普通年金收付一样，因此，也有两种方法通过普通年金现值来计算递延年金的现值。

(1) 乘法。$(m+n)$期年金现值是将每一期年金现值加总，由于前 m 期没有年金收付，只是后 n 期有年金收付，所以我们可以通过两个阶段分别求递延年金现值。首先，我们求得后 n 期的期初年金现值(即前 m 期的期末年金终值)，然后再将求得的值折现至第 0 期(即前 m 期的期初)。

后 n 期的年金现值求法与 n 期普通年金现值的求法一样，即为
$$PVA_n = A(PVIFA_{i,n})$$

将此值作为前 m 期的期末终值，折现至期初，可得到$(m+n)$期的递延年金现值为
$$PVA_{m+n} = A(PVIFA_{i,n}) \times (PVIF_{i,m}) \qquad (2.19)$$

(2) 减法。同样，$(m+n)$期年金现值是将每一期年金现值加总，由于前 m 期没有年金收付，只是后 n 期有年金收付，我们可以先假设年金收付了$(m+n)$期，求出$(m+n)$期的年金现值，再减去没有发生年金收付的前 m 期的年金现值，即可求得递延年金现值。

根据普通年金现值公式，$(m+n)$期的年金现值为$A(PVIFA_{i,m+n})$，再减去前 n 期年金现值$A(PVIFA_{i,m})$，可得到$(m+n)$期的递延年金现值为
$$PVA_{m+n} = A(PVIFA_{i,m+n}) - A(PVIFA_{i,m}) \qquad (2.20)$$

[例 2-10] 银行利率为 10%，递延期 3 年，即从第 4 期期末开始支付年金 2 000 元，支付 3 次，求该递延年金的现值为多少？

解：因为是从第 4 期期末开始支付年金，则 $m=3$，$n=3$，有
$$PVA_{m+n} = A(PVIFA_{i,n}) \times (PVIF_{i,m})$$
$$= 2\,000 \times (PVIFA_{10\%,3}) \times (PVIF_{10\%,3})$$
$$= 2\,000 \times 3.310 \times 1.331$$
$$= 8\,811.22(元)$$

五、永续年金的现值

由于永续年金的年金收付期是无限的，因此永续年金没有年金终值，但可以对 n 期普通年金现值公式求极限求得永续年金的现值。对式(2.10)求极限：

$$PVA = A \times \lim_{n \to \infty} \frac{1-(1+i)^{-n}}{i} = \frac{A}{i} \tag{2.21}$$

即永续年金现值等于年金除以每期利率。

[例 2-11] 某人想在某大学成立一个助学基金，每年从该基金中拿出 6 万元作为奖学金发给成绩优秀的学生。助学基金的运作方式是通过购买一年期国债，将每年利息收入用于发放奖学金，基金规模保持不变。假设一年期的国债利率为 3%，则该助学基金的资金规模应该为多大？

解：$PVA = \dfrac{A}{i} = \dfrac{6}{3\%} = 200(万元)$

第四节　利率的决定

利率作为货币时间价值的体现，并不是一个固定值，而是不断波动的。它的波动主要取决于两个因素，一是金融市场货币供求变动，二是社会平均利润率。至于影响利率的其他因素，它们是通过影响货币供求或社会平均利润率，进而影响利率的。

一、利率决定理论

利率是利息率的简称，是一定时期的利息额与本金的比率。从资金借贷关系来看，利率是在一段时期内运用资金资源的价格。也就是说，资金作为一种特殊商品，在市场上的买卖，是以利率作为价格的。那么，资金的融通实质上也就是资金通过利率这一价格体系在市场机制作用下实行再分配，由此可见利率在资金市场中的核心地位。公司金融学中，认为利率主要由以下因素决定。

(一)社会平均利润率

利息是贷方向借方支付的成本，由于借贷资金最终流入到生产活动中，所以，从最终来源来看，利息是产业利润的一部分。正常情况下，利率要低于产业利润率，且不同产业的利润率存在着差异，一般情况下，我们取各产业利润的平均值，即社会平均利润率来表示投资的回报率。利率合理的波动区间是(0, 社会平均利润率)。因为，如果利率超过平均利润率，公司会因无利可图而不去借款。利率的最低界限是零，否则资金所有者就会因无利可图，而不愿放款。所以，一般来说，利息率随平均利润率的变化而变化。在其他条件不变的情况下，平均利润率升高，利率也升高；反之，平均利润率降低，利率也随之降低。至于利率具体会位于区间(0，社会平均利润率)中的哪一点，则要由货币的供求来确定。

(二)货币供求

利率是一定的利润率水平下，对企业利润的分割比例，因而在利率水平的具体确定上，借贷双方之间、借者之间、贷者之间的竞争起着决定性作用。当货币供不应求时，利率上升；供过于求时，利率下降。运用经济学基本的供求进行分析，如图 2-3 所示。

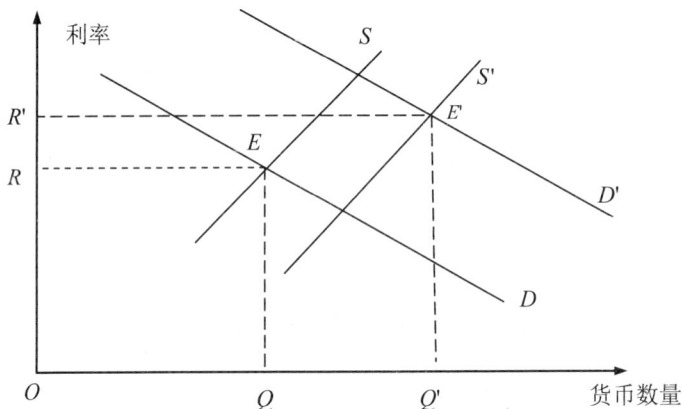

图 2-3　货币供求与利率

图 2-3 中，S 曲线表示资金供给曲线，D 曲线表示货币的需求曲线，E 点为货币需求和供给的均衡点，相对应的均衡利率为 R，均衡的货币数量为 Q。如果货币供给或需求发生变化，比如资金供给曲线移动到 S'，需求曲线移动到 D'，则新的货币供求均衡点为 E，均衡利率和均衡货币量相应的为 R' 和 Q'。

(三)其他影响利率决定的因素

(1) 通货膨胀预期。物价上涨不仅会给借贷资金本金造成损失，而且还会使正常利息额的实际价值下降，造成利息贬值。所以在决定利率水平时，既要考虑预期的物价上涨对借贷资金本金的影响，又要考虑它对利息的影响，以保证实际本息不至于贬值。

(2) 经济周期。经济周期也称商业周期、景气循环，是指经济运行中周期性出现的经济扩张与经济紧缩交替更迭、循环往复的一种现象，是国民总产出、总收入和总就业的波动，是国民收入或总体经济活动扩张与紧缩的交替或周期性波动变化。它分为繁荣、衰退、萧条和复苏四个阶段。在衰退阶段，资金需求膨胀，而供给不足，利率大幅度上升；在萧条阶段，资金出现供大于求，利率跌至最低点；在复苏阶段，对资金需求增加，而供给宽裕，利率在低水平小幅度变动；在繁荣时期，资金需求加大，供给开始不足，利率从缓慢回升到大幅度上调。因此，一般而言，利率水平与 GDP 增长率具有正相关的关系，在 GDP 增长率高时利率水平也高，在 GDP 增长率低时利率水平也低。

(3) 税率。就税率与存款利率的关系来看，是存款利率制约税率，而不是相反。就税率与贷款利率的关系来看，税率增加，企业投资兴趣下降，资金需求减少，贷款利率下降；反之，税率降低，投资需求增加，贷款利率上升。可见，税率与贷款利率呈反向变动关系。

(4) 国际利率水平。在国际经济联系日益加深的时代，国际利率水平及其变动趋势对本国利率水平具有很强的"示范效应"。这是因为：一方面，不同币种利率水平的差异，会引起国际的资金流动，进而影响一国国际收支，为稳定国际收支，必须考虑本币与外币利率水平的差异；另一方面，当代国际金融市场上，主要是欧洲货币市场(尤其欧洲美元市场)的利率影响了国内利率。欧洲货币市场的开放、自由和高度竞争，会降低国内利率水平，抑制国内利率上升的程度。

(5) 汇率。从表面现象上看，利率与汇率是作用领域不同的两个经济杠杆。利率在国内服务，汇率在国际经济交往中服务。但实际上两者有较强的联动关系，并且相互制约。汇率对利率的影响，表现在外汇汇率上升、本币贬值时，国内居民对外汇需求下降，使得本币相对充裕，国内利率趋于稳定，并在稳定中下降；反之，外汇汇率下跌，国内利率上扬。这都是指在自由市场的情况下。

(6) 国家经济政策。利率作为一个经济杠杆，国家可以根据宏观经济政策需要，适时适度地调整利率水平和结构。一般而言，在经济过热时升息，即提高利率水平，以抑制投资和消费活动，从而减缓经济增长速度到正常水平；在经济低迷时降息，即调低利率水平，以刺激投资和消费活动，从而有利于经济增长。

以上考察的是某一时期利率一般水平的确定因素，在具体制定利率时，还会因借贷期限、风险程度、银行经营成本、融资形式及借款人资信状况等发生变化。

二、不同类型利率的比较

(一)年利率、月利率和日利率

年利率是按年计算利息的利率，一般按本金的百分之几表示，通常称年息几厘几毫。例如，年息 8 厘 8 毫，即本金 100 元，每年利息 8.8 元。月利率是按月计算利息的利率，月利率一般按本金的千分之几表示，通常称月息几厘几毫。例如，月息 9 厘，即本金 1 000 元，每月利息 9 元。日利率是按日计算利息的利率，日利率一般按本金的万分之几表示，通常称日息几厘几毫。例如，日息 2 厘，即本金 10 000 元，每日利息 2 元。它们之间的换算关系是：年利率除以 12 为月利率，年利率除以 360 为日利率。

专栏 2-3：生息天数和基础天数与计息方法

(1) 欧洲货币法，在欧洲货币市场和美国采取欧洲货币法，或称 365/360 计算方法，即以 360 天作为一年的基础天数，但生息天数则按实际天数计算。

(2) 大陆法，或称360/360计算方法，即 1 个月被看作30天，则 1 年有 360 天，生息天数和基础天数均按这个时间概念计算。大陆法在欧洲大陆国家较为流行。

(3) 英国法，或称365/365计算方法，即按实际天数计算利息，逢闰年则改为366/366。英国法主要为英国、科威特和比利时等国所采用。

(资料来源：马丽娟. 金融市场、工具与金融机构[M]. 北京：中国人民大学出版社，2009)

(二)名义利率和实际利率

实际利率是指物价不变，从而货币购买力不变情况下的利息率。但是物价上涨是世界的一种普遍趋势。因此，所谓名义利率是指包括了补偿通货膨胀风险的利率。两者之间的关系如下：实际利率＝(1+名义利率)÷(1+通货膨胀率)-1。在通货膨胀的条件下，市场的各种利率都是名义利率，而实际利率往往不能直接观察到。一般而言，名义利率大于通货膨胀率，两者之差为实际利率。

(三)基准利率和套算利率

基准利率是指在多种利率并存的条件下起决定作用的利率，若这种利率变动，其他利率也相应变动。在西方基准利率通常是中央银行的再贴现率，在我国则是中国人民银行对国有商业银行和其他商业银行再贷款的利率。套算利率是在基准利率基础上，各金融机构根据具体借贷款项的特点而换算出的利率。例如，某金融机构规定，贷款给 AAA 级、AA 级、A 级企业的利率，应分别在基准利率的基础上加 0.25%、0.5% 和 1% 的差幅，若基准利率是 9%，则三类企业的贷款利率分别是 9.25%、9.5% 和 10%，其中 AAA 级企业的贷款利率又称最优惠利率。

(四)固定利率和浮动利率

固定利率是指在整个借贷期限内固定不变的利息率；浮动利率是指在借贷期内随市场借贷资金供求状况的变化，而在一定范围内调整的利率。

(五)市场利率与官定利率

市场利率是指根据资金市场供求关系自由变动的利率；官定利率是指由政府金融管理部门或者中央银行确定的利率。我国的利率属于官定利率，由国务院统一制定，中国人民银行统一管理。发达的市场经济国家，以市场利率为主，同时有官定利率，但一般官定利率与市场利率并无显著脱节现象。

专栏 2-4：伦敦同业拆借利率

伦敦同业拆借利率(london inter bank offered rate，LIBOR)是大型国际银行愿意向其他大型国际银行借贷时所要求的利率。它是在伦敦银行内部交易市场上的商业银行对存于非美国银行的美元进行交易时所涉及的利率。

按照《路透金融词典》的解释，LIBOR 指伦敦银行业市场拆借短期资金(隔夜至一年)的利率，代表国际货币市场的拆借利率，可作为商业贷款、抵押、发行债务利率的基准。

(资料来源：作者编写)

三、利率水平的测算

在对利率决定有了理论背景知识后，下面进入利率水平的实际测算。一般而言，资金的利率由三部分构成：纯利率、通货膨胀补偿和风险报酬。其中，风险报酬又分为违约风险报酬、流动性风险报酬和期限风险报酬。这样，利率的一般计算公式为

$$R = r + IP + DP + LP + MP \tag{2.22}$$

式中：

R——利率(指名义利率)；

r——纯利率(指实际利率)；

IP——通货膨胀补偿；

DP——违约风险报酬；

LP——流动性风险报酬；

MP——期限风险报酬。

下面逐一介绍构成利率的五个因素。

(一)纯利率

纯利率是指在没有风险和没有通货膨胀的情况下，信贷资金供求相等时的均衡利率，它随资金供求的变化而变化。在实际工作中，纯利率以无通货膨胀情况下的无风险证券(国库券)的利率为代表。比如据统计资料表明，美国 20 世纪 80 年代的纯利率大约为2%～4%。

(二)通货膨胀补偿

在利率决定的因素分析中，我们已指出通货膨胀会影响借贷资金的本息。在实际经济生活中，政府发行的短期国库券是一种无风险证券，它的利率就由纯利率和通货膨胀补偿两部分组成。不过，这里的通货膨胀补偿是对未来通货膨胀率的预期，而不是过去的通货膨胀率。可通过求解算术平均数和几何平均数，测算出未来的通货膨胀率预期。这里顺便指出一点：一般而言，利率的变化是滞后于通货膨胀率的。

(三)违约风险报酬

违约风险是指借款人因无法按时支付利息或偿还本金而给贷款人或投资者带来的风险。政府机构发行国库券或者申请贷款，可以看作没有违约风险，违约风险报酬为零。企业融资的违约风险，要根据企业信用等级来定，等级越高，信用越好，违约风险越低，利率水平也越低。在国库券与企业债券的到期日、流动性等因素相同的情况下，各信用等级

债券的利率水平同国库券利率之间的差额，就是违约风险报酬。

(四)流动性风险报酬

流动性，也称变现性，是指金融资产迅速转化为现金的可能性。政府债券、著名大公司的证券，其变现能力强，流动性风险就小；而不知名的中小企业的证券，其变现能力差，流动性风险就大。一般在其他因素相同的情况下，流动性风险小的证券与流动性风险大的证券利率相差 1%~2%，这就是流动性风险报酬。银行资产的证券化，即贷款证券化，就是为了把缺乏流动性的贷款变为具备流动性的证券资产，这已成为当今国际金融市场上的一个趋势。

(五)期限风险报酬

期限风险是指在一定时间内利率变动的幅度所带来的风险。利率变动幅度越大，期限风险就越大，反之，期限风险就越小。因此，一项贷款到期日越长，利率波动可能性越大，债权人承受的不确定因素越多，承担的风险也越大。为弥补这种风险而增加的利率水平，就称为期限风险报酬。

本 章 小 结

本章介绍了货币时间价值的基本概念、具体体现形式及其计算方法。货币时间价值的具体体现为投资收益，主要表现为利息。从数学角度讲述了单利、复利、现值、终值及各种年金的现值和终值的计算方法，这些不同的形式都可以归结为现金流在不同时点上的换算，或者复利计算终值，或者贴现计算现值，这是最根本的原则。

作为货币时间价值的具体体现，利率的决定也是本章介绍的一个重点。利率是货币的价格，主要由社会平均利润率和货币供求决定。影响利率的其他因素，如通货膨胀预期、经济周期、税率、国际利率水平、汇率和国家经济政策等是通过影响以上两种因素，进而影响利率水平的。

货币时间价值是公司金融管理的一项基本原则，它作为一条主线，将贯穿全书的各章节，特别是本书的第四章可以作为货币时间价值理论的应用研究。

思考与练习题

1. 货币具有时间价值的原因是什么？

2. 年利率为 4%时，在单利和复利计息下，存入 1 000 元钱，存期 10 年的本利和各是多少？

3. 5 年后本利和为 100 元，贴现率为 5%，按复利计算，现值是多少？

4. 甲公司准备从乙公司购入 100 万元原材料，乙公司提供两种支付方式供甲公司选择。一种是甲公司购货时一次性付款，可享受 1%的优惠；另一种是分 10 个月支付，每月月末支付 10 万元。假设银行年利率为 5%，选择哪种支付方式对甲公司更有利？

5. 目前市场上流行的甲种债券，面值 1 000 元，市价 1 000 元，5 年后到期，每半年付息 50 元。现在某公司准备发行一种风险相同的乙种债券，面值 1 000 元，5 年到期，每半年付息 40 元。你如果想购买乙种债券，愿付多少钱？如果其他条件不变，甲种债券每半年付息 20 元，购买乙种债券时你愿支付多少钱？

6. 某企业投资某项目资金 1 000 万元，该项目寿命为 10 年，若年利率为 8%，要想在 10 年内全部收回投资，每年年末应收回的金额为多少？

7. 某人拟在年初存入一笔资金，以便能够在第 4 年年末起每年取出 1 000 元，至第 10 年年末取完。在银行存款利率为 5%的情况下，此人应在最初一次存入银行的金额是多少？

8. 某地通货膨胀年率为 20%，贷款人利息收益的实际年利率 3.33%，试计算名义年利率。

拓展阅读 2-1：资金的时间价值

众所周知，在市场经济条件下，即使不存在通货膨胀，等量资金在不同时点上也具有不同的价值。随着时间的推移，资金将会发生增值，人们将资金这种在使用过程中随时间的推移而发生增值的现象，称为资金具有时间价值的属性。但是并非任何资金都存在着时间价值。例如，资金所有者把钱放在保险箱里，不管放多长时间都不会有分毫的增加。只有将资金作为资本投入到生产经营活动中才能产生时间价值。所以资金的时间价值是资金在周转使用中产生的，是资金所有者让渡资金使用权参与社会财富分配的一种形式。

为什么资金在周转使用过程中会产生时间价值呢？这是因为资金使用者把资金作为资本投入到生产经营中以后，劳动者借以生产新的产品，创造新的价值，都会带来利润，实现价值。周转使用的时间越长，所获利润越多，实现的价值越大。所以，资金时间价值的实质是资金周转使用后的增值额。如果资金是资金使用者从资金所有者那里借来的，则资金所有者要分享一部分资金的增值额。资金时间价值可以有两种表达形式：用绝对数表示，即资金时间价值额是指资金在生产经营过程中产生的增值额，是资金的时间价值率；用相对数表示，即资金时间价值率是指不包括风险价值和通货膨胀因素的平均资金利润率或平均投资报酬率。资金时间价值的两种表示方式在实际工作中不作严格区分。通常情况下，资金的时间价值相当于没有风险和没有通货膨胀条件下的社会平均资金利润率或平均投资报酬率，这是利润平均的规律作用的结果。银行存款利率、贷款利率，各种债券利率，股票的股利都可看作是投资报酬率，但是它们与资金时间价值是有区别的。因为，这些报酬率除包含资金时间价值因素外，还包含通货膨胀和投资风险价值。只有在购买国库券等政府债券时(因为几乎没有投资风险)，如果通货膨胀程度很低，可以用政府债券利率来表示时间价值。资金时间价值以商品经济的高度发展和借贷关系的普遍存在为前提条件或存在基础，它是一个客观存在的经济范畴，是财务管理中必须考虑的重要因素。同时，资金时间价值原理正确地揭示了不同时点上资金之间的换算关系。为此，把资金时间价值引入财务管理，在资金筹集、运用和分配等各方面考虑这一因素，是提高财务管理水平，搞好筹资、投资、分配决策的有效保证。

（资料来源：作者编写）

拓展阅读 2-2：六旬老人透支信用卡 2 万元　两年未还利滚利变 20 万元

信用卡免息透支的功能如果运用不当，其高额的透支利息和各种费用可能会使使用者陷入债务危机。最近，61 岁的关先生因为无力偿还信用卡上的透支金额而麻烦缠身。两年前透支的 2 万元，利滚利，如今竟滚到了 20 多万元的天文数字。

由于个人开办的公司生意不好，临时资金周转不过来，为了按时还房贷月供，2004 年，广州的关先生在不同银行开了好几张信用卡，用提现的方式来还房贷，而等信用卡还款日快到时，关先生又从另一张信用卡上提现，按最低还款额还这张卡的钱。

但在 2007 年 6 月，生意一直没有起色的关先生连信用卡的最低还款额也还不上了，便停止了还款，其中在某股份制银行开办的一张信用卡透支额度为 2 万元。

最近，银行方面给关先生寄送的对账单显示，其应还款额已超过 19 万元。银行还寄来一张"信用卡恶意透支催收函"和一封"律师函"，表示关先生涉嫌信用卡诈骗罪，欠款如不及时清偿，将向法院提起诉讼，并向公安机关举报。

也就是说，关先生两年多前透支的 2 万元，如今利滚利，已达到了 19 万元。"估计 11 月的对账单出来后，欠款总额要超过 21 万元了！"关先生一筹莫展，"我现在没有任何收入来源，要我还透支的 2 万元，我还能想想办法，要还 20 多万元，我根本不可能还得上。"

记者查看了关先生的消费记录，发现截至 2007 年 6 月 12 日的账单日，关先生信用卡欠款只有 20 265 元。然而 2009 年 10 月的账单却显示，关先生应还款已超过 19 万元。其欠款之所以膨胀得这么快，主要来自透支利息和各种费用。例如，其 10 月的对账单显示，虽然卡已被冻结为死卡，但是当期产生的收费就高达 18 835.66 元，其中应缴的滞纳金为 8 560.76 元，超限费为 7 988.85 元，利息为 2 286.05 元。

该银行规定：持卡人在到期还款日前未全额还款，"应支付透支款自银行记账日起至还款到账日的透支利息"，日利率为万分之五；透支利息"按月计收复利"。按每月 30 天计算，透支利息为每月 1.5%。此外，持卡人未还最低还款额时，对最低还款额未还部分，还应按月支付 5% 的滞纳金。持卡人超过信用额度使用时，对超过信用额度部分，应按月支付 5% 的超限费，且不享受最低还款额待遇。

也就是说，在停止还款的情况下，这三项费用加起来，关先生每月支付的费用高达 11.5%，而且每月计复利。记者初步计算了一下，以每月大约 11.5% 的复利递增的话，再过 16 个月，关先生的欠款就将达到 108.46 万元。

（资料来源：大洋网-广州日报，2009 年 11 月 10 日）

第三章

公司财务基础

学习目标： 掌握资产负债表、利润表和现金流量表；掌握财务分析的主要内容；掌握财务比率分析法和杜邦分析法；掌握自由现金流量的概念和计算；掌握公司价值评估的现金流贴现法和相对价值评估法；掌握公司价值评估的现金流贴现法和相对价值评估法；掌握财务杠杆的概念；掌握市场风险的衡量参数 β 系数；了解财务规划的主要内容；了解现金流量表分析。

引入案例：为什么伊利利润增长而股价下跌？

在 2013 年 4 月 27 日，内蒙古伊利实业集团股份有限公司(简称伊利股份)发布 2012 年年报和 2013 年第一季报，2012 年归属于母公司所有者的净利润剔除 2011 年同期处置长期股权投资收益的因素，同比增长近 10%；2013 年第一季归属于母公司所有者的净利润为 4.87 亿元，同比增长 18.6%，继续保持稳定增长态势。尽管如此，伊利股份于 2013 年 5 月 20 日股东大会后连续 4 个交易日放量下跌 10.67%。

市场的反映为何如此？分析师指出原奶价格上涨幅度高于市场之前预期，引发人们对未来成本上涨的担忧，而主要竞争对手蒙牛乳业与达能合作酸奶业务给公司带来的负面影响以及短期公司销售费用率能否下降所造成的疑虑，进一步引发人们对伊利股份未来业绩的担忧，认为未来几年的收益增长可能会比公司先前预期的低。

股票市场对伊利股份公布的收益报告的反映有着十分重要的普遍意义：第一，投资者及其他外部利益相关者通过公司的收益报告和财务报表数据及相关的市场信息来判断和确定公司的价值；第二，证券分析人员主要关心公司未来的业绩，过去的业绩只是在能够提供公司未来收益预期线索的前提下才是有用的；第三，证券分析人员对公司的分析可能不仅限于公司所报告的收益，他会对公司财务报表中的具体数据进行更为详细而深入的分析。

假设你是股票市场的一个小投资者，略为熟知财会知识。与那些拥有高级分析师、先进计算机和最新交易策略的机构投资者相竞争，你能取得胜利吗？

根据华尔街基金经理彼得·林奇(Peter Lynch)的观点，关键是要发现产品具有市场前景且股票价值被低估了的公司。小投资者一旦发现了一个好产品，接着还有许多工作要做，其中包括查阅大量的通常是由公司提供的财务信息。同时，还应该仔细研究和观察公司是如何开展经营的，找到投资的感觉。本章前三节将通过伊利股份的案例介绍公司财务基础知识，讨论什么是财务报表，如何分析财务报表，如何估算公司未来的现金流量。

(资料来源：作者根据上海证券交易所网站(http://www.sse.com.cn)公开的数据资料编写)

第一节 财 务 报 表

一、财务报表的概念与分类

财务报表是对公司财务状况、经营成果和现金流量的结构性表述。财务报表至少包括资产负债表、利润表、所有者权益变动表、现金流量表和财务报表附注。

资产负债表汇总了公司在某一时点的资产、负债和所有者权益，通常在季末、年末编制。资产负债表提供了公司某一时点的财务状况。

利润表汇总了公司某段时期的收入和费用，通常也在季末、年末编制。利润表简要描述了该段时期公司的盈利情况。

所有者权益变动表(又称：股东权益变动表)是指反映构成所有者权益的各组成部分当期的增减变动情况的报表。所有者权益变动表应当全面反映一定时期所有者权益变动的情况。所有者权益变动表可以解释在某一特定时间内，股东权益如何因企业经营的盈亏及现金股利的发放而发生的变化。该报表是说明管理阶层是否公平对待股东的最重要的信息。

现金流量表是反映公司会计期间内经营活动、投资活动和筹资活动等对现金及现金等价物产生影响的会计报表。

资产负债表、利润表和现金流量表是公司最基本的三大财务报表。为便于说明和讨论基本的财务报表，我们将使用内蒙古伊利实业集团股份有限公司的数据，该公司是中国乳业行业中规模最大、产品线最健全的企业。伊利的前身是1956年由95户养牛专业户组成的"呼市回民区合作奶牛场"。1993年2月，由21家发起人发起，吸收其他法人和内部职工入股，以定向募集的方式设立伊利集团，并于1993年6月14日更名为"内蒙古伊利实业股份有限公司"。1996年3月12日以"伊利股份"在上交所挂牌上市，成为全国乳品行业首家A股上市公司。经过50多年的发展，该公司成为中国乳业举足轻重的龙头企业。

二、资产负债表

资产负债表(balance sheet)是反映企业在某一特定日期(月末、季末、年末)财务状况的报表。它是以"资产=负债+所有者权益"这一会计恒等式为理论根据，按照一定的分类标准与次序把企业一定日期的资产、负债和所有者权益项目予以适当排列，并从企业的总分类账、明细分类账等基本会计资料中摘取相关的数据编制而成的。

资产负债表主要向各类报表使用者提供公司目前所掌握的经济资源、所负担的债务、公司的偿债能力、所有者享有的权益、未来的财务趋向等会计信息。

　　资产负债表的格式有账户式和报告式两种，我国会计制度规定采用账户式。依据"资产=负债+所有者权益"的关系，将资产项目列在表的左方，负债、所有者权益项目列在表的右方，左方资产项目的合计等于右方负债、所有者权益项目的合计。

　　表 3-1 展示的是内蒙古伊利实业集团股份有限公司 2012 年和 2011 年的资产负债表，按公司实际发生的会计科目编制，未发生的未列出。左边列出的是公司的资产，而右边列出的是公司的负债与所有者权益，也就是对左边资产的求偿权。资产是按照它们的"流动性"排列的，也就是按照它们转化成现金所需要的时间长短来排列的，具体分为流动资产、长期投资、固定资产、无形资产及其他资产。而右边的负债是按照必须支付的先后顺序排列的，具体分为流动负债、非流动负债等；所有者权益则按实收资本、资本公积、盈余公积、未分配利润等项目分项列示。

表 3-1　伊利股份：12 月 31 日资产负债表　　　　　　单位：万元

资　产	2012	2011	负债与所有者权益	2012	2011
货币资金	200 420	392 113	短期借款	257 779	298 529
应收票据	13 095	10 581	应付票据	—	14 182
应收账款	28 930	28 127	应付账款	436 120	437 873
预付款项	64 783	83 493	预收账款	259 882	305 249
应收利息	480	1 028	应付职工薪酬	120 910	121 456
其他应收款	13 558	26 444	应交税费	-36 966	-2 381
存货	299 464	330 958	应付利息	223	2 682
流动资产合计	620 730	872 744	应付股利	1 216	944
可供出售金融资产	1 672	1 432	其他应付款	108 371	107 276
长期股权投资	56 845	56 678	一年内到期的非流动负债	255	769
固定资产原值	1 294 485	1 031 723	**流动负债合计**	1 147 790	1 286 579
累计折旧	401 192	326 530	长期借款	463	718
固定资产净值	893 293	705 193	专项应付款	6 355	5 801
固定资产减值准备	3 259	2 510	递延所得税负债	237	201
固定资产	890 034	702 683	其他非流动负债	74 197	69 104
在建工程	151 119	159 059	**非流动负债合计**	81 252	75 824
工程物资	698	4 469	负债合计	1 229 042	1 362 403
生产性生物资产	133 966	87 137	实收资本(或股本)	159 865	159 865
无形资产	83 160	67 607	资本公积	184 450	185 118
长期待摊费用	6 527	4 327	盈余公积	68 339	53 202
递延所得税资产	36 789	36 814	未分配利润	320 898	204 281

续表

资　产	2012	2011	负债与所有者权益	2012	2011
非流动资产合计	1 360 810	1 120 206	外币报表折算差额	-62	-81
			归属于母公司股东权益合计	733 490	602 385
			少数股东权益	19 008	28 162
			所有者权益合计	752 498	630 547
资产总计	1 981 540	1 992 951	负债和所有者权益总计	1 981 540	1 992 950

资料来源：伊利股份 2011 年、2012 年年报。因小数点后四舍五入，作者对个别数字进行了个位数调整。

专栏 3-1：少数股东权益

少数股东权益简称少数股权。在母公司拥有子公司股份不足 100%，即只拥有子公司净资产的部分产权时，子公司股东权益的一部分属于母公司所有，即多数股权，其余部分仍属外界其他股东所有。由于后者在子公司全部股权中不足半数，对子公司没有控制能力，故被称为少数股权。少数股东权益包括以下两种情况：①没有达到控股比例的公司股东权益，即公司 51% 以上控股权益外的其他股东权益。②公司股东在未完全控股的分公司、子公司中的权益。在合并附属公司的财务报表时，附属公司中的非本公司股份权益被认同为公司对外负债。

（资料来源：作者编写）

三、利润表

利润表是反映企业在一定期间的生产经营成果及其分配情况的会计报表。利润表和利润分配表可合并编制成一张表，也可分别编制成两张表，我国现行会计制度采用后者。

利润表是以"收入-费用=利润"这一平衡公式所包含的经济内容为依据编制的。收入项目包括主营业务收入、其他业务收入等；费用项目包括各种费用、成本以及从收入中补偿的各种税金及附加，如主营业务成本、营业费用、营业税金及附加、管理费用、财务费用等；利润类项目包括营业利润、投资收益、营业外收入、营业外支出、利润总额等。

利润表表体部分列示收入、费用和利润项目时，根据排列方式的不同，可分为单步式利润表和多步式利润表，我国现行企业会计制度采用了后者。

表 3-2 是内蒙古伊利实业集团股份有限公司 2012 年和 2011 年的利润表。在利润表中，营业总收入列示在表的最上端，其下则是各种成本。营业总收入减掉营业总成本再加上投资收益，得到营业利润；营业利润加上营业外收支净额后就得利润总额，扣除所得税后得到净利润。有关每股收益和每股股利的报告通常在利润表的下端。每股收益(EPS)被称为"底线"，是最为重要的数据，代表了利润表中所有项目的最终结果。伊利股份 2011 年的每股收益为 1.13 元，而到 2012 年，每股收益下降到 1.07 元。

表 3-2　伊利股份 2012 年 12 月 31 日利润表

每股收益单位：元

其他项目单位：万元

项　目	2012	2011
营业总收入	4 199 069	3 745 137
营业收入	4 199 069	3 745 137
营业总成本	4 040 156	3 595 919
营业成本	2 950 495	2 648 567
营业税金及附加	24 948	23 292
销售费用	777 771	729 096
管理费用	280 969	197 069
财务费用	4 916	-4 916
资产减值损失	1 057	2 811
投资收益	2 652	25 383
对联营企业和合营企业的投资收益	588	-157
营业利润	161 565	174 601
营业外收入	50 189	42 132
营业外支出	3 078	3 091
非流动资产处置损失	796	2 348
利润总额	208 676	213 642
所得税费用	35 074	30 398
净利润	173 602	183 244
归属于母公司所有者的净利润	171 721	180 922
少数股东损益	1 881	2 322
基本每股收益	1.07	1.13
稀释每股收益	1	1.06

资料来源：伊利股份 2011 年、2012 年年报，因小数点后四舍五入，作者对个别数字进行了个位数调整。

$$基本每股收益 = \frac{归属于普通股股东的当期净利润}{当期实际发行在外普通股的加权平均数} \tag{3.1}$$

[例 3-1] 以伊利股份 2012 年财务数据为例，来计算其基本每股收益。

解：先计算伊利公司当期净利润

营业总成本=营业成本+营业税金及附加+销售费用

　　　　　+管理费用+财务费用+资产减值损失

$$=2\ 950\ 495+24\ 948+777\ 771+280\ 969+4\ 916+1\ 057$$

$$=4\ 040\ 156(万元)$$

营业利润=营业总收入-营业总成本+投资收益

$$=4\ 199\ 069-4\ 040\ 156+2\ 652=161\ 565(万元)$$

利润总额=营业利润+(营业外收入-营业外支出)

$$=161\ 565+50\ 189-3\ 078=208\ 676(万元)$$

净利润=利润总额-所得税费用=208\ 676-35\ 074=173\ 602(万元)

归属于母公司所有者的净利润=净利润-少数股东损益

$$=173\ 602-1\ 881=171\ 721(万元)$$

伊利股份 2012 年年初和年末实际发行在外的总股本都是 159\ 864.55 万股，

根据式(3.1)，基本每股收益=171\ 721÷159\ 864.55=1.07(元/股)

公司经理、证券分析人员以及银行贷款人员经常要计算 EBITDA，其定义为利息、所得税、折旧和摊销之前的收益。

$$EBITDA=净利润+所得税+利息+折旧及摊销 \tag{3.2}$$

从 EBITDA 中扣除折旧及摊销费用后得出公司的息税前收益(EBIT)。

$$EBIT=净利润+所得税+利息 \tag{3.3}$$

再从 EBIT 中扣除利息费用和所得税，就可以得出优先股股利之前的净收益。如果公司有优先股股利，将之扣除后就得到普通股股东可支配净收益。当分析人员提到公司的净收益时，通常是指普通股股东可支配净收益。同样，除非另有所指，我们在本书中提到净收益，自始至终也都指普通股股东可支配净收益。

当我们研究会计编制的利润表时，考虑的重点也许是公司的净收益。然而，在公司金融中，我们更为重视净现金流量(net cash flow)。一项资产的价值(或整个公司的价值)是由该资产所创造的现金流量决定的。公司的净收益固然重要，但是现金流量更为重要，因为股利支付必须使用现金，而公司要持续经营下去，也必须不断地使用现金购买资产。因此，公司现金及现金等价物的变动情况也是相关利益者很关注的财务信息。

四、现金流量表

现金流量表是反映公司会计期间内经营活动、投资活动和筹资活动等对现金及现金等价物产生影响的会计报表。现金流量表从动态上反映了企业现金变动情况，并为报表使用者提供公司在一定会计期间现金的流入、流出与结余情况的信息。

现金流量表的定义中已明确指出，我国现金流量表的编制基础是现金及现金等价物。现金，通常是指人们手中持有的可立即用于支付的货币；现金等价物是指企业持有的短期性的、流动性高的投资，一般是指企业拥有的期限小于或等于 3 个月的投资。现金流量表包含以下三部分内容。

(一)经营活动现金流量

经营活动是指除投资活动和筹资活动以外的所有交易和事项。

经营活动的现金流入主要有：销售商品、提供劳务收到的现金，收到的税费返还，收到的其他与经营活动有关的现金。

经营活动的现金流出主要有：购买商品、接受劳务支付的现金，支付给职工及为职工支付的现金，支付的各项税费，支付的其他与经营活动有关的现金。

(二)投资活动现金流量

投资活动是指企业长期资产的购建和不包括在现金等价物范围内的投资及投资处置活动。

投资活动的现金流入主要有：收回投资，取得投资收益(股利、利润，债券利息等)，处置固定资产、无形资产和其他长期资产而收到的现金净额。

投资活动的现金流出主要有：购建固定资产、无形资产支付的现金，取得债权性投资、权益性投资支付的现金，支付的其他与投资活动有关的现金。

(三)筹资活动现金流量

筹资活动是指导致企业资本及债务规模和构成发生变化的活动。这里的筹资是指向债权人和股东的筹资。

筹资活动的现金流入主要有：吸收投资所收到的现金，发行债券或取得借款，收到的其他与筹资活动有关的现金(如现金捐赠)。

筹资活动的现金流出主要有:偿还债务(长期或短期借款)所支付的现金偿还,分配股利、利润或偿还借款利息，支付其他与筹资活动有关的现金。

表 3-3 是内蒙古伊利实业集团股份有限公司 2012 年和 2011 年的现金流量表。从表中 2012 年的数据可以看到伊利股份经营活动产生的现金流量净额为 240 854 万元，投资活动产生的现金流量净额为-305 722 万元，筹资活动产生的现金流量净额为-90 483 万元，汇率变动对现金及现金等价物的影响为-2 万元，因此 2012 年现金及现金等价物净增加额为-155 353 万元。

现金流量表中，我们最关心的是公司经营活动产生的现金流，简称为经营性现金流量，它和会计利润一样衡量的都是同一会计期间内公司的经营成果，它相当于公司的"造血功能"，即公司通过主营业务就能创造其生存和发展所需要的现金流量。当然，经营性现金流量通常不同于会计利润，因为在本年度中，利润表中所列的某些收入和费用并不发生现金的收付。经营性现金流量与净收益之间的关系可以通过下面的等式表示，即

$$经营性现金流量=净收益-非现金收入+非现金费用 \tag{3.4}$$

表 3-3　伊利股份：现金流量表　　　　　　　　　　　　　　单位：万元

	2012	2011
一、经营活动产生的现金流量		
销售商品、提供劳务收到的现金	4 822 519	4 450 505
收到的税费返还	61	81
收到的其他与经营活动有关的现金	76 903	73 072
经营活动现金流入小计	4 899 483	4 523 658
购买商品、接受劳务支付的现金	3 971 041	3 612 831
支付给职工以及为职工支付的现金	362 418	278 260
支付的各项税费	265 621	218 954
支付的其他与经营活动有关的现金	59 549	46 575
经营活动现金流出小计	4 658 629	4 156 620
经营活动产生的现金流量净额	240 854	367 038
二、投资活动产生的现金流量		
收回投资所收到的现金	420	43 622
取得投资收益所收到的现金	2 065	1 388
处置固定资产、无形资产和其他长期资产所收回的现金净额	1 989	2 667
处置子公司及其他营业单位收到的现金净额	—	2 582
投资活动现金流入小计	4 474	50 259
购建固定资产、无形资产和其他长期资产所支付的现金	310 196	378 854
投资所支付的现金	—	18 969
投资活动现金流出小计	310 196	397 823
投资活动产生的现金流量净额	−305 722	−347 564
三、筹资活动产生的现金流量		
吸收投资收到的现金	—	50
其中：子公司吸收少数股东投资收到的现金	—	50
取得借款收到的现金	558 055	396 973
收到其他与筹资活动有关的现金	8 587	—
筹资活动现金流入小计	566 642	397 023
偿还债务支付的现金	599 174	377 540
分配股利、利润或偿付利息所支付的现金	53 050	8 760
其中：子公司支付给少数股东的股利、利润	866	936
支付其他与筹资活动有关的现金	4 901	23 922

续表

	2012	2011
筹资活动现金流出小计	657 125	410 222
筹资活动产生的现金流量净额	-90 483	-13 199
四、汇率变动对现金及现金等价物的影响	-2	-81
五、现金及现金等价物净增加额	-155 353	6 194
加：期初现金及现金等价物余额	324 345	318 152
六、期末现金及现金等价物余额	168 992	324 346
补充材料		
1. 将净利润调节为经营活动的现金流量		
净利润	173 602	183 244
资产减值准备	1 057	2 811
固定资产折旧、油气资产折耗、生产性物资折旧	88 005	70 864
无形资产摊销	1 682	1 845
长期待摊费用摊销	1 768	395
处置固定资产、无形资产和其他长期资产的损失	1 614	831
固定资产报废损失	753	—
财务费用	10 031	10 348
投资损失	-2 652	-25 382
递延所得税资产减少	25	-10 001
存货的减少	31 692	-72 969
经营性应收项目的减少	18 020	12 754
经营性应付项目的增加	-84 743	192 298
经营活动产生现金流量净额	240 854	367 038
2. 现金及现金等价物净变动		
现金的期末余额	168 992	324 346
现金的期初余额	324 346	318 151
现金及现金等价物的净增加额	-155 353	6 194

资料来源：伊利股份 2011 年、2012 年年报，因小数点后四舍五入，作者对个别数字进行了个位数调整。

　　非现金费用的主要例子是折旧和摊销。这些项目会减少净收益，但并不支付现金，因此，我们在计算经营性现金流量时，要再将它们加回。另一个非现金费用的例子是递延所得税。在某些情况下，公司可以延期支付税款，尽管这些税款也许已经在损益表中报告为本期费用。因此，在计算经营现金流量时，递延所得税支付也将加回到净收益中。与此同时，某些收入也许在本年度中并没有收到现金，在计算净现金流量时，这些项目必须从净收益中减掉。

现金流量表有直接法与间接法两种编制方法。间接法就是根据公式，将净利润调整为经营性现金流量。

表 3-3 所示的伊利股份的现金流量表是采用直接法编制的，表中的补充材料采用的是间接法将净利润调节为经营活动的现金流量。

第二节　财务分析与财务规划

公司金融的基本目标是实现公司股票价格的最大化或公司价值的最大化，而会计数据会影响到公司的股票价格。从公司角度来看，为了进行内部控制和使公司的财务状况与经营成果更好地符合资金供给者的要求，管理者应该对公司财务报表所提供的会计信息进行分析，评价公司目前的财务状况和变化趋势并据此做好财务规划，以改善公司未来业绩，从而提高公司股票的价格。

一、财务分析概述

财务分析是以会计报表为基础，结合公司其他财务资料，运用财务分析的各种方法，系统地分析和评价公司过去的经营业绩，衡量公司现在的财务状况，预测其未来的发展趋势，为公司有关利益主体提供决策依据。

(一)财务分析的目的和内容

1. 财务分析的目的

公司的不同利益主体都在进行财务报表分析，各利益主体的立场和角度不同，分析的类型也不同。公司股东是公司的所有者，从切身利益出发，主要关心的是公司目前和未来可预期的盈利能力；债权人关心公司是否能按期还本付息，他们虽然也关心公司的经营业绩，但更关心公司的资产流动性、长期与短期偿债能力和财务风险；公司的其他利益主体，也从不同的角度关心公司的经营和财务状况，如税务等部门通过财务分析审计公司财务报表的完整性和真实性。公司的经营者为了满足各利益主体的不同要求，必须综合评价公司的经营状况、财务状况以及公司价值。除此之外，从自身内部控制角度，经营者也关心公司所经营的各种资产的投资回报和资金管理的效率。

2. 财务分析内容

财务分析可分为指标分析和综合分析。指标分析是指针对某一时点公司的会计报表，分析该时点公司的各种财务指标及公司的财务状况；综合分析则是结合公司各期会计报表，全面分析公司各种财务指标及财务状况的变动情况和发展趋势。为满足公司各利益体的诉求，财务分析的主要内容如下所述。

(1) 盈利能力分析，从不同角度利用相关指标分析、评价公司的盈利能力，对盈利能力的变化趋势进行预测。

(2) 偿债能力分析，通过资金结构分析公司的财务杠杆利用程度，分析公司资产流动性；利用相关指标评价公司的长期与短期偿债能力，分析公司资本结构的变化趋势。

(3) 营运能力分析，主要分析公司的资产分布及各类资产的使用效率。

(4) 财务状况的综合分析，主要采用杜邦分析及综合指标分析等方法全面评价公司的财务状况和公司价值。

(二)财务分析的方法

财务分析方法主要有比率分析法、比较分析法、趋势分析法和综合分析法等。

1. 比率分析法

设计财务比率可以帮助投资者和管理者评价公司的财务报表。例如，甲公司有 52 480 万元债务，利息费用 3 411.2 万元；而乙公司有 52 650 万元债务，利息费用 3 422.25 万元。那么哪一家公司的经营状况更好？这些债务负担及公司偿还债务的能力可以通过以下的方法来评估。

(1) 比较每家公司的债务与其资产的对比情况。

(2) 比较每家公司的利息与其可以用于支付利息的收入之间的对比情况。这两种比较都可以通过比率分析来实现。

比率分析就是将会计报表中两个或多个相关指标相除，用得到的比率指标反映公司某方面的财务状况。比率指标还常将部分与整体的比率用于某方面的结构分析。常用的财务比率可分为以下四类。

偿债能力的比率指标：流动比率、速动比率、资产负债率等。

营运能力的比率指标：总资产周转率、固定资产周转率、存货周转率等。

盈利能力的比率指标：销售利润率、总资产收益率、权益收益率等。

公司价值的比率指标：市盈率、市场与账面价值比、托宾 Q 比率、可持续增长率等。

2. 比较分析法

比较分析是将公司的财务指标与同行业其他企业或行业平均水平相比较，找出本公司的差距或存在的问题，客观地评价公司的经营水平和财务状况，提出改进建议。

3. 趋势分析法

趋势分析是利用公司两期或两期以上会计报表中同一指标或比率指标数据，分析单个指标或综合指标的变化趋势、变化原因。趋势分析常用的方法有两种。

(1) 趋势百分比法。确定某一期为基期，将以后各期指标或比率值与基期值相除，求出各期趋势百分比。

(2) 回归分析法。根据分析指标各期数据建立线性或非线性回归模型，用以分析指标的变化趋势。模型类型可以根据指标与时间的散点图形状来确定，在选用非线性模型时，常利用增长模型。

4. 综合分析法

常用的综合分析法有以下两种。

(1) 杜邦分析法。杜邦分析法是由美国杜邦公司最先设计和采用的。它是利用几种主要财务比率之间的内在联系，建立财务比率分析的综合模型的综合分析方法。杜邦分析法以权益收益率为核心，将各相关财务比率之间关系用一个体系图表示，用以分析单个指标的变化对其他相关指标的影响，或分析改变某一指标的努力方向。

(2) 沃尔评分法。沃尔评分法是由财务状况综合评价的先驱者之一亚利山大·沃尔提出来的，即把若干个财务比率用线性关系结合起来，以此评价公司的信用水平。他选择了七种财务比率，分别给定了其在总评价中占的比重，总和为100分。然后确定标准比率，并与实际比率相比较，评出每项指标的得分，最后求出总评分。

综合分析还可以采用其他一些定量分析指标及方法，如分析公司价值时，采用托宾 Q 比率和经济附加值(EVA)等指标。

二、财务比率分析

下面我们将依据表3-1和表3-2中的资产负债表和利润表数据，计算伊利股份2012年的财务比率，并结合行业平均值来评估该公司的有关财务比率。在这些比率的计算中，我们所采用的货币金额单位都为万元。

(一)流动性比率

流动资产是可以按照现行的市场价格迅速地转化为现金的资产。公司的"流动状况"正是要回答这样的问题：当公司下一年度或相近时期债务到期时，公司是否有能力偿付这些债务？流动性比率反映了公司短期偿债能力，其常用的两个指标是流动比率和速动比率。

1. 流动比率

$$流动比率 = \frac{流动资产}{流动负债} \tag{3.5}$$

$$= 620\ 730 \div 1\ 147\ 790 = 0.54$$

行业平均值 = 4.18

　　如果流动负债的增长快于流动资产，流动比率就会下降，流动比率表明在短期内债权人要求偿还的债务在很大程度上由可以迅速转化为现金的资产作保证，它也是反映短期偿债能力的最为广泛应用的指标。

　　伊利股份的流动比率为 0.54，明显低于行业平均值 4.18，其流动状况相对很弱。分析人员(或管理层)要考虑和关注产生如此大差距的原因。

2．速动比率

$$速动比率 = \frac{流动资产 - 存货}{流动负债} \tag{3.6}$$

$$= 299\ 464 \div 1\ 147\ 790 = 0.28$$

行业平均值 = 2.09

　　存货通常是公司流动资产中流动性最差的项目，在发生清算时，存货是最有可能发生价值损失的资产。因此，在衡量公司支付短期债务的能力时，不依赖于存货的变现能力是一个重要的考虑因素。

　　伊利股份的速动比率远低于行业平均值。

(二)债务管理比率

1．资产负债率

　　资产负债率是公司的负债总额与资产总额的比率，通常亦称为债务比率，它是通过公司总资本中由债权人提供的资金所占的比重来计量的。

$$资产负债率 = \frac{负债总额}{资产总额} \times 100\% \tag{3.7}$$

$$= 1\ 229\ 042 \div 1\ 981\ 540 \times 100\% = 62.02\%$$

行业平均值 = 33.03%

　　负债总额包括流动负债和长期负债。债权人希望公司的债务比率较低，因为债务比率越低，在发生清算时，债权人就越有缓冲的余地避免损失。而另一方面，公司的股东也许会希望公司有更高的杠杆利用程度，因为高杠杆会放大股东的期望收益。

　　伊利股份的债务比率为 62.02%，这意味着其债权人提供了公司全部资本的一半以上。伊利股份的债务比率超过了行业平均值，这是一个警告信号，如果不首先增加股权资本，也许会迫使伊利股份追加借款的成本提高。

2．利息保障倍数

　　利息保障倍数是反映支付利息的能力的指标。利息保障倍数取决于息税前收益(表 3-2 中的利润总额+财务费用)与利息费用的比率。

$$利息保障倍数 = \frac{息税前收益}{利息费用} \tag{3.8}$$

$$=(208\ 676+4\ 916) \div 4\ 916 = 43.45\ 倍$$

行业平均值=6.0 倍

利息保障倍数反映了公司的经营利润可以下降多大程度而不至于影响公司每年利息的支付。

伊利股份的利息保障倍数为 43.45。由于行业平均值为 6，伊利股份利息支付的安全边际很高。

(三)资产管理比率

资产管理比率反映的是公司在管理资产方面的有效性的比率。

1. 存货周转率

存货周转率是评价存货管理的指标。

$$存货周转率 = \frac{销货成本}{存货平均余额} \tag{3.9}$$

$$= 2\ 950\ 495 \div 315\ 211.5 = 9.36$$

行业平均值=9.0

销货成本即营业成本。存货平均余额为期初、期末的平均数。伊利股份存货的年周转率略高于行业平均值。除此之外，还有一种存货周转率的计算方法如下。

$$存货周转率 = \frac{营业收入}{存货平均余额} \tag{3.10}$$

2. 固定资产周转率

固定资产周转率反映了公司使用工厂和设备的有效性。它等于销售收入与平均固定资产净值的比率。

$$固定资产周转率 = \frac{销售收入}{平均固定资产净值} \tag{3.11}$$

$$=4\ 199\ 069 \div 799\ 243 = 5.25$$

行业平均值=3.0

其中，平均固定资产净值为 2011 年末(即 2012 年初)和 2012 年末固定资产净值的平均数。即平均固定资产净值=(2011 年末固定资产净值+2012 年末固定资产净值)÷2=799 243。

伊利股份的固定资产周转率为 5.25，略高于行业平均值，这表明公司的固定资产利用程度相对于其他公司来讲更高。

3. 总资产周转率

总资产周转率反映了公司所有资产的周转情况。

$$总资产周转率=\frac{营业收入}{平均资产总额} \tag{3.12}$$

$$=4\ 199\ 069\div1\ 987\ 245=2.11$$

行业平均值=1.8

其中，平均资产总额为 2011 年末(即 2012 年初)占 2012 年末资产总额的平均数。即平均资产总额=(2011 年末资产总额+2012 年末资产总额)÷2=1 987 245。

伊利股份的总资产周转率略高于行业平均值。

(四)盈利能力比率

前面介绍的比率从各个方面反映了公司经营的有效性，公司的盈利能力比率则反映了公司资产的流动性、资产管理及债务管理的综合结果。

1. 销售利润率

销售利润率反映了公司每 1 元销售收入中所包含的净利润:

$$销售利润率=\frac{净利润}{销售收入}\times100\% \tag{3.13}$$

$$=173\ 602\div4\ 199\ 069\times100\%=4.13\%$$

行业平均值=0.07%

伊利股份的销售利润率远高于行业平均值。

2. 总资产收益率

总资产收益率为净收益与资产总额的比率。它反映了扣除利息和所得税之后的净利润与总资产之间的关系。

$$总资产收益率=\frac{净利润}{平均资产总额}\times100\% \tag{3.14}$$

$$=173\ 602\div1\ 987\ 245\times100\%=8.74\%$$

伊利股份的总资产收益率为 8.74%。

3. 权益收益率

权益收益率也称净资产收益率，是最为重要的财务比率指标，它通常是考虑问题的"底线"，是净收益与普通股股东权益的比率，反映了公司的普通股股东的投资收益情况。

$$权益收益率=\frac{归属于母公司所有者的净利润}{归属于母公司的股东权益}\times100\% \tag{3.15}$$

$$=171\ 721\div733\ 490\times100\%=23.41\%$$

行业平均值=17%

股东投资于公司的普通股股票，目的是获得投资收益。从会计的角度来看，这一比率说明了公司的业绩水平。伊利股份的权益收益率为23.41%，远高于行业平均值。

(五)市场价值比率

反映了公司股票价格与每股收益、现金流量和账面价值之间的关系。如果公司的流动性、资产管理、债务管理及盈利能力等比率都表现良好，那么市场价值比率也会较高，而公司的股票价格也将同期望的一样高。

1. 市盈率

市盈率即价格/收益比率[(P/E) ratio]，该比率反映了投资者需要为每1元收益支付的价格。

$$市盈率 = \frac{每股股票价格}{每股收益} \tag{3.16}$$

若伊利股份2012年底股票价格为37.08元，每股收益为1.07元，则伊利股份的市盈率为

$$市盈率 = \frac{每股股票价格}{每股收益} = \frac{37.08}{1.07} = 34.65$$

$$行业平均值 = 33.56$$

2. 市现率

市现率即价格/现金流量比率，在某些行业，股票价格与现金流量联系更为紧密，与净收益的联系反而不那么紧密，这时投资者经常会关注公司的价格/现金流量比率(price/cash flow ratio)：

$$市现率 = \frac{每股股票价格}{每股现金流量} \tag{3.17}$$

$$= 37.08 \div 1.51 = 24.56$$

$$行业平均值 = 24.59$$

伊利股份的价格/现金流量比率与行业平均值持平。

3. 市场价值/账面价值比率

公司股票的市场价值与其账面价值的比率反映了投资者对公司的认识。通常，在出售股票时，相对于权益收益率较低的公司而言，权益收益率较高的公司的股票价格会超过其账面价值更多。下面，我们就先来计算伊利股份每股股票的账面价值。

$$每股账面价值 = \frac{普通股权益}{流通在外股票总数} \tag{3.18}$$

$$= 733\,490 \div 159\,864.55 = 4.588(元)$$

现在，我们将每股市场价格除以其账面价值，就可以得到该公司的市场价值/账面价值比率[market/book（M/B）ratio]。

$$市场价值/账面价值比率=\frac{每股市场价格}{每股账面价值} \tag{3.19}$$

$$=37.08\div4.588=8.08$$

$$行业平均值=4.47$$

由此可见，相对于饮料、食品行业其他公司而言，投资者为伊利股份的每 1 元的账面价值支付的价格更多。

市场价值/账面价值的比率通常超过 1，这意味着投资者愿意为公司的股票支付超过其会计账面价值的金额。之所以会发生这种情况，主要是因为资产的价值，也就是会计通过公司的资产负债表所报告的金额，既没有反映通货膨胀的影响，也没有反映公司的"商誉"。因此，几年前可能以较低的价格购置的公司资产，经过几年经营，相应资产的实际价值可能已经大幅度上升。因而，成功的持续经营的资产价值往往都大大超过其购置时的价格。

如果公司的资产收益率较低，相对于一般公司而言，其市场价值/账面价值比率就会较低。相反，那些特别成功的公司，就会达到很高的资产收益率，从而引起资产市场价值远远地超出其账面价值。

专栏 3-2：托宾 Q 比率

托宾 Q 比率(Tobin's Q Ratio)，由诺贝尔经济学奖得主詹姆斯·托宾(James Tobin)于 1969 年提出。托宾 Q 比率是公司市场价值对其资产重置成本的比率。反映的是一个企业两种不同价值估计的比值。分子上的价值是金融市场上所说的公司值多少钱，分母中的价值是企业的"基本价值"——重置成本。公司的金融市场价值包括公司股票的市值和债务资本的市场价值；重置成本是指现时购置公司所有资产所需的花费。其计算公式为

$$Q 比率=公司的市场价值\div资产重置成本$$

（资料来源：作者编写）

三、杜邦分析法

杜邦分析法是将有关比率联系起来进行财务分析的一种方法，是由美国杜邦公司于 1910 年首先设立并采用的，主要是利用一些基本财务比率指标之间的内在数量关系，建立一套系列相关的财务指标的综合模型。该方法以净资产收益率为核心，并按步骤将净资产收益率逐级分解为多项财务比率乘积，系统地分析影响公司财务状况的各项因素。

(一)杜邦等式

通过销售利润率乘以总资产周转率可以得到总资产收益率，这被称为杜邦等式。

$$总资产收益率=销售利润率×总资产周转率=\frac{净收益}{销售收入}×\frac{销售收入}{资产总额} \tag{3.20}$$

当公司有债务融资时，普通股权益总额就低于总资产数额，因此，普通股股东的权益收益率(净资产收益率)一定会大于总资产收益率，总资产收益率乘以权益乘数(equity multiplier)即为权益收益率，权益乘数是资产总额与普通股权益总额的比率。

$$权益乘数=\frac{资产总额}{普通股权益总额} \tag{3.21}$$

$$权益收益率=资产收益率×权益乘数=\frac{净收益}{资产总额}×\frac{资产总额}{普通股权益总额} \tag{3.22}$$

现在，我们将式(3.20)与式(3.22)结合起来，可得出扩展的杜邦等式，它表明：销售利润率、总资产周转率和权益乘数共同决定了权益收益率。

$$权益收益率=销售利润率×总资产周转率×权益乘数$$
$$=\frac{净收益}{销售收入}×\frac{销售收入}{资产总额}×\frac{资产总额}{普通股权益总额} \tag{3.23}$$

财务管理的目标是股东财富最大化或企业价值最大化，权益收益率(净资产收益率)正是反映了股东投入资本的获利水平，说明了公司筹资、投资、资产营运等各项经营、财务及其管理活动的效率。这一财务分析指标是公司股东、管理层都十分关心的。

从以上等式可以发现权益收益率(净资产收益率)主要受三类因素影响：一是营运效率，公司销售活动的直接创利水平用利润率衡量；二是资产利用效率与利用效果，用资产周转率衡量；三是财务杠杆，用权益乘数衡量。以伊利股份2012年财务数据计算结果为例可得

$$总资产收益率=销售利润率×总资产周转率$$
$$=4.09\%×2.11=8.74\%$$
$$权益收益率=销售利润率×总资产周转率×权益乘数$$
$$=4.09\%×2.11×\frac{1}{1-62.02\%}=23.41\%$$

杜邦公式在使用时，还可以对净资产收益率在三因素基础上进一步分解。

(二)杜邦分析图

杜邦分析法习惯于采用"杜邦分析图解"的方式，将有关指标按内在联系排列，如图 3-1 所示。

杜邦分析图清晰地表明权益收益率如何受到资产周转率、销售利润率以及财务杠杆的影响。图 3-1 被称为经过修正的杜邦分析图，因为这一图形最初是由杜邦公司的经理人员为评估公司的业绩所建立的一种方法。从该图的下部开始向上分析，图的左边反映销售利润率。图中列示了各种成本费用项目，然后加总得出公司的全部成本，从公司的营业收入中扣除这些全部成本就会得到公司的净收益。将净收益再除以销售收入，就会得到每单位

营业收入给股东带来的收益。如果利润率较低或者有下降的趋势，可以考察有关的具体费用项目，以便识别问题，然后对症下药。

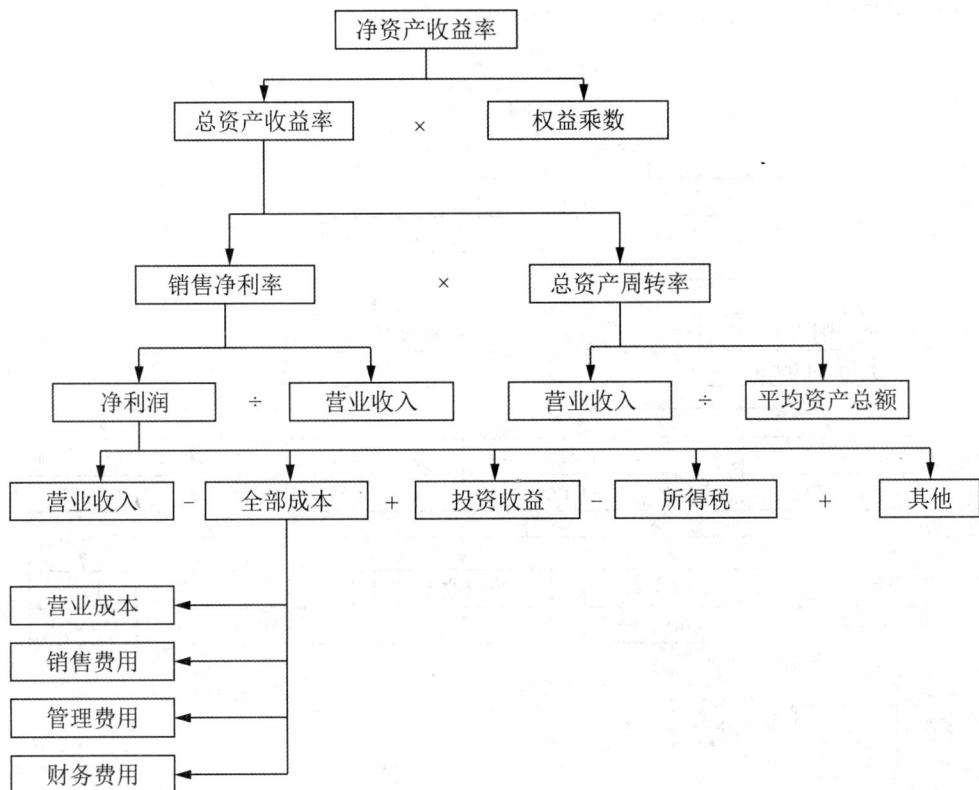

图 3-1 杜邦分析图

图 3-2 是伊利股份 2012 年 12 月 31 日的杜邦分析图。我们可以利用杜邦分析图来分析如何改善公司的业绩。

(1) 伊利股份的销售净利率为 4.09%，它的高低主要由销售收入与成本总额的高低来决定。一方面为提高销售收入，营销人员可以研究提高销售价格的效果，考虑是否可以通过引进新产品或者进入新市场提高公司的销售净利率；另一方面，公司的成本会计可以研究各种费用项目，判断成本费用的结构是否合理，找出成本费用控制的侧重点，与公司的相关人员共同探索降低成本的途径。

(2) 伊利股份的总资产周转率为 2.11，资产使用效率高于行业平均水平。影响总资产周转率的一个主要因素是资产总额，它由流动资产与非流动资产组成，它们的结构合理与否将直接影响资产的周转速度。伊利股份的财务分析人员可以与生产和营销人员一起，探讨降低在各种资产上投资的潜力。

(3) 伊利股份的权益乘数为 2.63。权益乘数既可以反映企业的偿债能力，也可以反映公司的资本结构以及利用财务杠杆的效果。公司的财务人员可以评估利用财务杠杆增加公司权益收益率的可能性以及债务带来的风险。

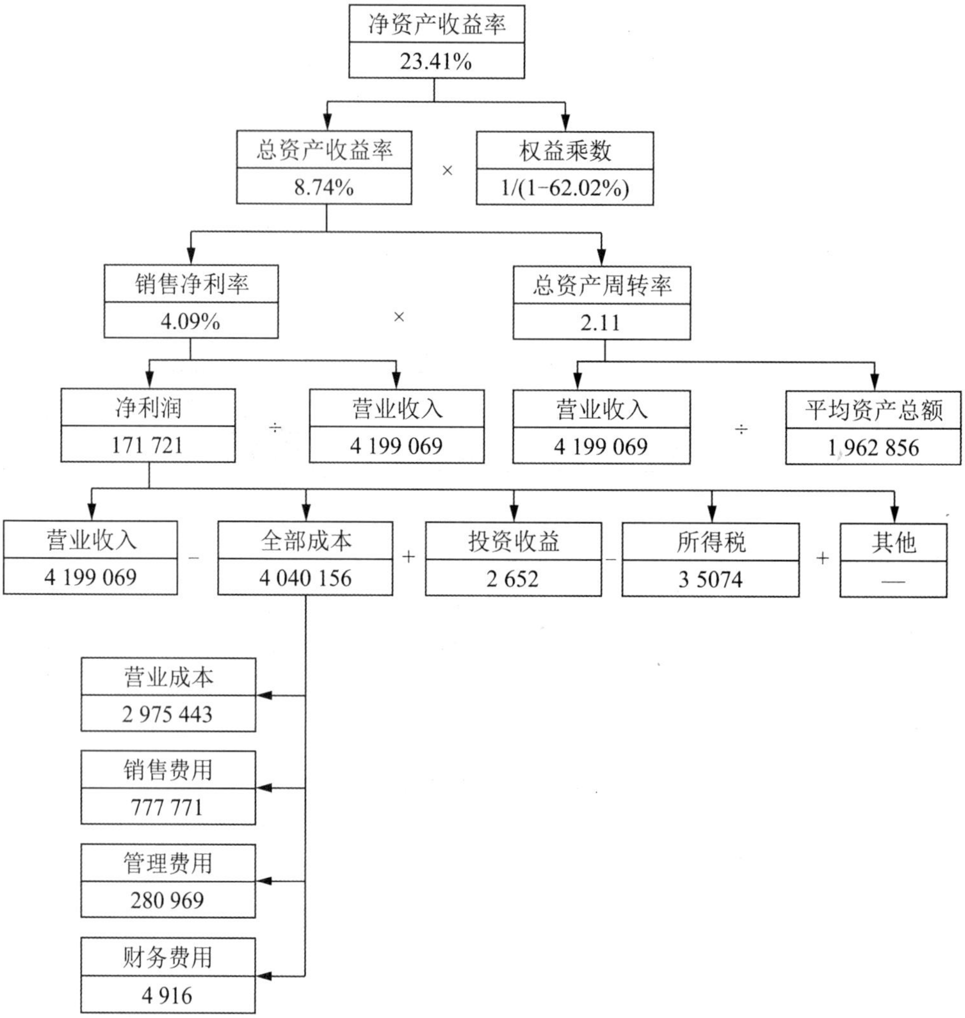

图 3-2　伊利股份的杜邦分析图(万元)

财务分析的基础是财务报表，财务报表既可以反映公司在一定时点上的财务状况，也可以反映在过去某一时期当中的经营情况。然而，财务报表真正的价值取决于其对预测未来收益和股利的指导意义。从投资者的角度看，预测未来是财务报表分析的主要内容；从管理层的角度看，财务报表分析一方面有助于预测未来的情况，而另一方面更为重要的是，它可以作为下一步财务规划的起点和依据，从而改善公司未来的业绩。

四、财务规划

(一)财务规划的定义

财务规划是为公司未来发展所制定的蓝图。财务规划是长期财务计划，包括公司所有项目的资本预算、公司内部每个经营单位的投资计划等。财务规划通过调整经营活动的规模和水平，使公司的资金、可能取得的收益、未来发生的成本费用相互协调，以保证实现公司财务目标。

财务规划的主要工具是财务预测。财务预测是财务规划的起点，是对各种财务变量未来值的估计，其最终结果表现为预计财务报表，包括预计资产负债表、预计损益表和预计现金流量表。

(二)财务规划的主要内容

财务规划是以公司的财务目标为出发点，以销售预测为主导，进行生产、成本和现金收支等方面的预算，最后编制预计财务报表的一种预算体系。财务规划的主要内容如下所述。

1. 公司财务目标

公司财务目标是实现股东财富最大化或公司价值最大化，目前普遍用销售收入增长率描述公司财务目标。即

$$g = \frac{\Delta S}{S_0} \tag{3.24}$$

式中：

g——销售收入增长率；

ΔS——销售收入的变动额；

S_0——本年销售收入。

为了使销售收入增长率具有唯一性，我们做出如下假设：第一，资金需要率(A/S)不变；第二，销售净利润率是一个常数；第三，股利支付率不变；第四，公司发行在外普通股股数不变；第五，债务资本与权益资本比率不变。为此，在一系列假设条件下的销售收入增长率可用式(3.25)表示为

$$g = \frac{\text{ROS} \times (1-d) \times \left(1 + \dfrac{D}{E}\right)}{\text{TOS} - \left[\text{ROS} \times (1-d) \times \left(1 + \dfrac{D}{E}\right)\right]} \tag{3.25}$$

式中：

ROS——销售利润率；

d——股利发放率；

TOS——资产与销售收入比；

D/E——债务与权益比。

财务目标的制定并非易事，为了制定既有效又切实可行的财务目标，要提供不同情形下的多个备选财务规划。

2．投资规划

如果未来经营业务快速增长，公司将增加净营运资本投入以及增加固定资产投资。由于销售收入与资产负债表中的许多项目存在相关性，因此，我们可以借助这种相关程度不一的关系来预测未来净营运资本和固定资产的投资规划。

一般情况下，销售收入与现金、应收账款、存货等流动资产项目都存在正相关关系；同时，销售收入与应付账款、短期借款等流动负债项目大体也都存在正相关关系。因此，伴随着销售收入的增加，净营运资本(WC)的投资额为

$$\Delta \mathrm{WC} = \frac{\mathrm{SA}_0}{S_0} \times S_1 - \frac{\mathrm{SL}_0}{S_0} \times S_1 \tag{3.26}$$

式中：

SA_0——本年度流动资产；

S_0——本年度销售收入；

SA_0/S_0——本年度流动资产与本年度销售收入的比；

S_1——下一年度销售收入；

SL_0——本年度流动负债。

固定资产与销售收入存在一定的相关性，但不是正相关关系。如果预计销售收入增长幅度很大，现有设备的生产能力无法满足急速增长的产量增加时，就需要添置新设备，增加固定资产投资。如果现有设备的生产能力能够满足产量的有限增长时，就无须对固定资产进行追加投资，此时，固定资产与销售收入无关。

3．长期融资计划

在预测出未来经营现金流以及明确未来投资规划之后，公司就可以估算未来的资金缺口。公司资金缺口(EF)可用以下公式估算。

$$\mathrm{EF} = \frac{A}{S_0}(\Delta S) - \frac{L}{S_0}(\Delta S) - S_1 \times m \times b \tag{3.27}$$

式中：

A——与当期销售收入呈正相关关系的当期资产；

L——与当期销售收入呈正相关关系的当期负债；

S_0——当期销售收入；

S_1——下一期预期销售收入；

ΔS——销售收入增量；

m——税后利润占销售收入的百分比；

b——留存收益占净利润的百分比。

显然，该资金缺口可以通过减少现金股利或增加留存收益解决一部分，但是，从长远看，更多的资金缺口需要用发行新股或长期举债等外部融资方式解决。

4．预计财务报表

财务预算是财务规划的顺序中最后的规划内容，包括现金预算、预计资产负债表编制和预计损益表编制。预测财务报表与历史实际的财务报表不同，所有公司在年末编制的历史实际财务报表是用来依法向外部提供信息的。而预测财务报表是为公司理财服务的，是从整体上反映一定期间公司的投资和收益情况及经营的全局状况，相当于公司的总预算。

预计资产负债表反映了公司在该预算期结束时，各有关资产、负债和股东权益的预计执行结果。为了进行对比分析，可将有关资产、负债和股东权益的期初数和期末数一并列示。资产负债表提供的信息应该具备相关性和可靠性，这是资产负债表的质量特征。所谓可靠性是指会计信息具有可核性、真实性和中立性；所谓相关性是指会计信息可以预测价值、反馈价值，具有及时性。

预计损益表反映预算期内，公司收入、成本以及预计的盈亏情况。预计损益表提供了公司预计的收入、成本费用和盈利三大信息。由于损益表和资产负债表的记账基础一致，均为权责发生制，因此，损益表的质量特征与资产负债表的质量特征相似。

此外，经营现金流和自由现金流的预测也是财务规划的主要内容之一，我们在后面的相关内容中再具体讨论。

第三节　现金流量分析

当我们研究会计编制的利润表时，往往关注的是会计利润，即公司的净收益。然而，公司经营的价值取决于公司目前以及在未来能够创造的现金流量。正如本章第一节现金流量表所显示的，会计利润和现金流量可能会大相径庭，在公司金融中，我们更重视现金流量。本节将专门介绍现金流量分析，其分析不仅依靠现金流量表，还要结合资产负债表和利润表。

一、现金流量

(一)现金流量的概念

现金流量是指现金及现金等价物的流入及流出，是公司现金的动态反映。现金流量是公司金融的一个重要概念，按照现金收付实现制来衡量公司在一定会计期间的经济活动产生的现金流入、现金流出及其总量情况。

对于一般公司来说，其活动大致可以分为三类，即经营活动、投资活动以及筹资活动，因而由这三类活动产生的现金流量分别称为经营活动现金流量、筹资活动现金流量以及投资活动现金流量。除经营活动、筹资活动和投资活动会引起现金流入、流出外，公司还会因接受捐赠的现金或对外捐赠现金、取得罚款收入或发生罚款支出而引起现金流入或流出。此外，公司因外币交易而产生的现金流量，应以交易发生日的市场汇率折算成为人民币进行记账。

项目投资的现金流量是指特定投资项目在其计算期内各项现金流入量与现金流出量的统称，它是评价投资方案是否可行时必须事先估算的一个基础性数据。从项目整个寿命周期来看可分为三个部分：初始现金流量、营业现金流量和终结现金流量。在实际运用中，要区分以上不同口径现金流量概念上的差别。

(二)现金流量的作用

在众多价值评价指标中基于现金流的评价是最具权威性的，现金流量比传统的利润指标更能说明公司盈利的质量。现金流量是根据收付实现制确定的，会计利润是按照权责发生制确定的，一些调节会计利润的方法因无法取得现金并不能增加现金流量；因此，现金流量只计算营业利润而将非经常性收益剔除在外，可以弥补利润指标在反映公司真实盈利能力上的缺陷。只有那些能迅速转化为现金的收益才是货真价实的利润。现金流量在公司金融中的作用体现在以下五个方面。

1. 能够反映公司总体的财务状况

一般来说，公司财务状况越好，现金净流量会越多，所需资金越少，反之亦然。通过分析企业的投资活动、经营活动和筹资活动的现金净流量，可以判断公司目前总的财务状况，以及未来生产经营活动所需的筹资总额。

2. 项目投资决策的基本要素

现金流量是企业评价项目可行性的基本要素，投资项目可行性评价方法有静态法和动态法两种。静态方法中的投资回收期法通过用各年净现金流量回收原始投资所需的期限来判定投资项目的可行性；动态方法以资金成本为折现率，进行现金流量折现，用净现值指标判定投资项目的可行性。

3. 能够揭示公司的偿债能力和支付股利的能力

通过对现金流量表进行分析，可以揭示公司现时的支付能力(支付现金股利和偿付债务)，判断公司现金流量是否充足、公司资金是否运作有序。现金不确定性越少，公司财务风险越小，公司资信越高。

4. 能够揭示盈利能力的质量

现金是一项极为特殊的资产，其本身只能产生少量利息收入。过高的现金存量会造成公司损失机会成本的可能，这就需要理财人员在资金流动性和收益性之间做出权衡，寻求不同时期的最佳资金平衡点。合理的现金流量既能满足公司发展的需求，又不过多积囤资金。

5. 公司价值评估的基础

公司价值最大化是公司理财的目标。在有效资本市场中，公司价值的大小在很大程度上取决于投资者对公司资产(如股票等)的估价，在估价方法中，现金流量是决定性因素。也就是说，估价高低取决于公司在未来年度的现金流量及其投资者的预期投资报酬率。现金流入越充足，公司投资风险越小，投资者要求的报酬率越低，公司的价值越大。

二、现金流量分析

(一)现金流量的结构分析

1. 流入结构分析

流入结构分析分为总流入结构和经营活动、投资活动及筹资活动流入的内部结构分析。通过对总流入结构的分析，可以了解三种经营活动对企业现金总流入的贡献百分比；通过对各种具体活动的现金流入内部结构分析，可以了解每种活动中每项业务对各自现金流入量的贡献百分比。一般情况下，经营活动现金流量应该占较大的比例。

2. 流出结构分析

流出结构分析分为总流出结构和经营活动、投资活动及筹资活动流出的内部结构分析。通过对总流出结构的分析，可以了解三种经营活动各自的现金总流出量；通过对各种具体活动的现金流出内部结构分析，可以了解每种活动中每项业务各自的现金流出量。

3. 流入流出比分析

流入流出比表示企业每 1 元的流出可换回的现金数。对于一个健康的、正在成长的公司，经营活动现金净流量应为正，投资活动现金净流量应为负，筹资活动现金净流量则是正负相间的。

(二)流动性分析

流动性是指资产迅速转变为现金的能力。流动性分析主要是考虑经营现金净流量对某种债务的比例关系，它主要用来评价公司偿付债务的能力。

1. 现金到期债务比

现金到期债务比是指经营活动现金流量净额与本期到期债务之比。其计算公式为

$$现金到期债务比=\frac{经营现金流量净额}{本期到期的债务} \qquad (3.28)$$

本期到期的债务包括本期到期的长期债务和本期应付票据，通常这两种债务是不能延期的，必须如数偿还。该比率越高，说明公司短期偿债能力越强。

2. 现金流动负债比

现金流动负债比是指经营活动现金流量净额与流动负债之比。其计算公式为

$$现金流动负债比=\frac{经营现金流量净额}{流动负债} \qquad (3.29)$$

3. 现金债务总额比

现金债务总额比是指经营活动现金流量净额与全部负债之比。其计算公式为

$$现金债务总额比=\frac{经营现金流量净额}{债务总额} \qquad (3.30)$$

债务总额是指所有长期负债与短期负债，一般不包括或有负债。该比率越高，说明公司举借债务的能力越强。现金债务总额比体现了一个公司的最大借款能力。

最大借款能力是经营现金净流入与市场借款利率的比值。其计算公式为

$$最大借款能力=\frac{经营现金净流入}{市场借款利率} \qquad (3.31)$$

(三)获取现金能力分析

获取现金能力分析主要用来评价公司营业现金流的创造能力，可通过经营现金流量净额与投入资源的对比进行分析。投入资源可以是销售收入、总资产、净营运资金、净资产或普通股股数等。

1. 销售现金比率

销售现金比率是指经营现金流量净额与销售收入的比值。其计算公式为

$$销售现金比率=\frac{经营现金流量净额}{销售收入} \qquad (3.32)$$

该比率反映每 1 元销售得到的净现金，比值越大越好。

2. 每股经营现金流量净额

每股经营现金流量净额是指经营现金流量净额与普通股股数的比值。其计算公式为

$$每股经营现金流量净额=\frac{经营现金流量净额}{普通股股数} \tag{3.33}$$

该指标反映了企业最大的分派股利能力。

3. 全部现金回收率

全部现金回收率是经营现金流量净额与全部资产的比值。其计算公式为

$$全部现金回收率=\frac{经营现金流量净额}{全部资产}\times100\% \tag{3.34}$$

该指标反映了公司资产产生现金的能力。

(四)财务弹性分析

财务弹性是指公司适应环境变化和利用投资机会的能力。这种能力来源于现金流量和支付现金需要的比较。通常用经营现金流量净额与支付要求进行比较来评价财务弹性。其中，支付要求可以是投资需求或承诺支付等。衡量财务弹性的常用指标是现金满足投资比率。

现金满足投资比率可用近5年经营现金流量净额之和与近5年资本支出、存货增加及现金股利之和相比得到，其计算公式为

$$现金满足投资比率=\frac{近5年经营现金流量净额之和}{近5年资本支出、存货增加及现金股利之和} \tag{3.35}$$

三、自由现金流量分析

(一)自由现金流量的含义

在上面的现金流量表分析中，我们主要以经营性现金流量为基础来考察公司的资产流动性、获取现金能力和财务弹性。虽然经营性现金流量能够揭示公司"造血功能"的强弱，但需要明确的是，即使经营性现金流量是正数，也未必代表公司管理层能完全自由地运用现金流。为保持业务的持续性，公司需要在营运资本及固定资产上进行必要的投资，因此，我们定义了一个术语：自由现金流量(free cash flow，FCF)。

自由现金流量最早是在20世纪80年代由美国西北大学拉巴波特、哈佛大学詹森等学者提出的。自由现金流量是指企业生产经营活动所产生的，在满足了净现值大于零的所有项目所需资金后的那部分现金流量。

到目前为止，自由现金流量作为一个术语并没有特别严格的定义，在理论上存在着各

种表达。例如詹姆斯·C.范霍恩在 1998 年对自由现金流量的定义：自由现金流量就是为所有经内部收益率折现后有净现值的项目支付后剩下的现金流。

对于各种表达在此不再一一列举。自由现金流量概念达成的共识是：自由现金流量与经营性现金流量、投资性现金流量密切关联，充分考虑到公司的持续经营或必要的投资增长对现金流量的要求，非常接近于经营性现金流量减去必要的资本性现金支出的数值。

由此，自由现金流量可以定义为：公司经营活动产生的、满足公司再投资需要后的剩余现金流量。

(二)自由现金流量的计算方法

1. 公司自由现金流量和股权自由现金流量

由于定义者所处的角度不同，对自由现金流量的认识出现了一些差异，并因此而形成常见的关于自由现金流量的两种分类：公司自由现金流量(FCFF)和股权自由现金流量(FCFE)。

从公司的角度来看，公司经营所需要的资金是由股权投资者和债权投资者提供的。 因此，公司自由现金流量是指扣除税收、必要的资本性支出和运营资本增加后的、能够支付的现金流量，可以用公式表示为

$$公司自由现金流量=息税前利润+折旧和摊销-所得税$$
$$-必要的资本性支出-营运资本净增加 \qquad (3.36)$$

从股权的角度来看，在公司自由现金流量的基础上，还要扣除债务的利息和本金，如果仍有剩余现金，即属于股权的自由现金流量。其计算公式为

$$股权自由现金流量=息税前利润+折旧和摊销-所得税-必要的资本性支出$$
$$-营运资本净增加+(发行新债-清偿债务本息) \qquad (3.37)$$

如果我们把向债权人借款所引起的现金净流量，称为债权人自由现金流量，则公司自由现金流量和股权自由现金流量的关系表达式为

$$公司自由现金流量=股权自由现金流量+债权人自由现金流量$$
$$=股权自由现金流量+(清偿债务本息-发行新债) \qquad (3.38)$$

2. 实用的计算方法

在对公司价值进行估价时，常常需要计算自由现金流量，而定量描述自由现金流量是很难的，实际运用时只能近似地量化。因此，国外学者们提出了许多近似的方法来计算自由现金流量，如表 3-4 所示。

表3-4 自由现金流量实用计算公式一览表

公式提出者	自由现金流量
科普兰(1990)	① (税后净营业利润+折旧及摊销)-(资本支出+营运资本增加) ② 息税前利润×(1-所得税率)+折旧-资本性支出-净营运资金的变化
康纳尔(1993)	(营业利润+股利收入+利息收入)×(1-所得税率)+递延所得税增加+折旧-资本支出-营运资本增加
达姆达兰(1996)	息税前利润×(1-所得税率)+折旧-资本支出-营运资本增加
美国标准普尔	税前利润-资本支出
汉克尔(1996)	经营活动现金净流量-资本支出+资本支出和其他支出中随意支出部分
莱恩(Lehn)	$\dfrac{(营业利润+折旧-税收-利息支出-应付优先股股利-应付普通股股利)}{股东权益}$

资料来源：作者整理编写。

自由现金流量的各类研究中，运用比较多的计算方法是沿用科普兰(1990)、汉克尔(1996)及莱恩(Lehn)等的公式。

3. 公司自由现金流量计算举例

下面将举一简例来说明如何计算公司的自由现金流量。

[例 3-2] 豪杰机电股份有限公司是一家以机电设备为主营业务的上市公司。根据公司披露的 2011 年度财务报表数据显示，该公司 2012 年息税前利润 EBIT 为 2 000 万元，折旧为 1 800 万元，资本性支出为 2 250 万元。同时营运资本从 2011 年的 1 380 万元上升为 2012 年的 1 500 万元。预计 2013 年息税前利润为 2 300 万元，同期的资本性支出、折旧、营运资本变动额预期均增长 5%。公司所得税税率为 25%。试计算豪杰机电股份有限公司 2012 年和 2013 年的公司自由现金流量。

解：豪杰机电股份有限公司 2012 年和 2013 年的公司自由现金流量的计算过程如表 3-5 所示。

表3-5 豪杰机电股份有限公司自由现金流量的计算

项 目	2012 年	2013 年
EBIT×(1-所得税税率)	2 000×(1-25%)	2 300×(1-25%)
折旧	1 800	1 800×(1+5%)
资本性支出	2 250	2 250×(1+5%)
营运资本变动额	1 500-1 380=120	120×(1+5%)
公司自由现金流	930	1 126.5

注：公式见表3-4。

第四节　公司价值评估

案例 3-1：Illumina 公司价值多少？

2012 年 1 月 25 日，瑞士制药巨头罗氏控股公司(Roche Holding AG)发布公告称，将对美国基因测序公司 Illumina Inc. 发起敌意收购要约，报价 57 亿美元现金，以增强在生物制药领域的研发能力。公告显示，罗氏为每股 Illumina 股票出价 44.50 美元，较之该股前日收盘价溢价 18%。由于 Illumina 不愿意参与关于交易的实质性谈判，罗氏决定对其股票发起要约收购。

2012 年 1 月 26 日，为针对罗氏公司的敌意收购，Illumina 公司推出了"毒丸"防御战略：若有任何一方购买了其 15% 股权，此举将引发一场权利协议。

2012 年 2 月 8 日，Illumina 公司的董事会一致拒绝了罗氏控股公司的收购要约，称该报价过低。罗氏的女发言人表示，公司认为这一报价是"充分且公平的 (full and fair)"。Illumina 则认为罗氏此次报价纯属投机，称其报价低于公司近期的股价水平。Illumina 的首席执行官弗拉特利(Jay Flatley)表示："我们的行业尚属发展初期，未来前景广阔，有望呈现迅猛增长态势。随着该行业加快成长，Illumina 有优势进一步拓展在市场中的领导地位，并为股东创造远高于罗氏报价提供的价值。"该公司还指出，罗氏发起的收购引发了巨大的不确定性和风险。

2012 年 2 月 21 日，股东对 Illumina 公司提起集体诉讼，指控公司在应对罗氏 57 亿美元敌意收购 Illumina 的事件中，与股东利益冲突并违反信托责任。

2012 年 3 月 29 日罗氏公司宣布对 Illumina 公司的收购报价提高至约 65 亿美元，对要求加价的 Illumina 股东做出让步。

2012 年 4 月 6 日 Illumina 对外表示，代理投票咨询服务公司(Institutional Shareholder Services，ISS)在经过权衡后认为，罗氏控股近期对 Illumina 的报价并不充分。在对罗氏发起的收购提议进行审视后，ISS 得出结论称，罗氏的报价低估了 Illumina 的价值，ISS 建议 Illumina 股东对罗氏发起的这项要约收购予以否决。

2012 年 4 月 18 日，Illumina 公司公布 2012 年年度股东大会初步投票结果，Illumina 公司股东们已拒绝罗氏公司所有提案。

2012 年 6 月 10 日，罗氏 CEO Schwan 接受采访时称，公司不打算再次升温对 Illumina 公司的收购，将转向一些较小规模的收购活动。这也意味着罗氏收购 Illumina 这场持久战告一段落。

2013 年 1 月 7 日，瑞士制药巨头罗氏控股董事长 Franz Humer 在接受瑞士《周日报》(Sonntags Zeitung)采访时表示，罗氏目前并没有考虑对 Illumina 公司再度发起竞购，这暗示着 Illumina 已经从罗氏的收购对象中出局。Franz Humer 声称"罗氏对 Illumina 已经明确不予讨论了，从目前的情况来看，Illumina 似乎还没有准备好从他们完全不现实的价格预期中走出来，罗氏不会去做那些无法为公司创造价值的收购。"

从罗氏对 Illumina 敌意收购的经过引发我们深思：收购业务中价值评估的作用是什么？确定一家公司的投资价值时，应收集哪些数据，采用何种方法评估？本章第四节和第五节，将介绍公司价值评估和风险估算的基本方法。

（资料来源：作者根据公开资料编写）

评估公司价值，首先应当明确公司价值的内涵。无论是实体价值、投资价值，还是公司的控股权或少数股权价值，又或者是公司的清算价值，在不同的场合，处于不同的需要，这些都可能被称为是公司价值，但其内涵显然是不一样的。

一、公司价值的概念

公司价值，也叫企业价值，是 20 世纪 60 年代初期，伴随产权市场的出现由美国管理学者率先提出的一个概念。现代资本市场迅速发展，极大地促进了公司资源在不同所有者之间的流动，购并、重组、股权交易、风险投资等产权交易活动发展迅速。人们逐渐意识到，公司本身也可以在市场上进行估价和买卖。

在公司持续经营的会计基本前提下，从所有者的角度看，公司价值被看作是股东价值，表现为公司的总资产价值扣除全部债务之后的净值，即净资产价值；从经营者的角度看，公司价值被称为是投资价值，表现为公司整体的市场公平价值。

1958 年，美国学者莫迪格利安尼(Modigliani)与米勒(Miller)在《资本成本、公司理财与投资理论》一文中提出了 MM 资本结构理论的无税模型，该模型首次清晰地揭示了公司价值与资本结构、资本成本之间的关系。MM 理论颠覆了前人的理念，否定了资本结构对公司价值的影响，引发人们深入研究公司价值的创造机制，将公司价值与投资决策、融资决策等公司财务战略行为联系在一起，促使公司价值最大化成为公司管理的战略目标，奠定了现代公司价值理论的基础。

(一)公司价值的概念界定

公司价值目前没有一个统一的定义，不同的研究者对公司价值提出了不同的见解。

莫迪格利安尼(Modigliani)和米勒(Miller, 1958)首次从财务学的角度将企业价值定义为企业的市场价值，由企业股票与企业债务的市场价值之和组成。

梅耶斯(Mayers, 1997)认为在持续经营的假设下，企业价值取决于企业的未来投资战略，由公司现有资产价值与未来投资机会的现值构成。

布兰福德·康奈尔(Branford Cornel, 2000)认为，企业价值不仅反映在资产的重置成本上，还必须包括非常重要的组织成本，即企业价值应该等于企业资产的重置成本与组织成本之和。

斯蒂芬·佩因曼(Stephen H. Penman, 2002)认为，公司价值是公司期望为其所有索取权人所创造收入的价值。

陆正飞和施瑜(2002)认为，企业价值是企业适应市场环境、获利能力和竞争优势持续时间的综合表现，它不但度量了企业已有资产的获利能力，还体现了企业对经营环境的战略适应能力。

费可曼(Frykman)和图拉瑞德(Tolleryd, 2006)认为，公司价值是指公司承担的所有资产要求权的价值总和，由权益价值、公司债务的市场价值、养老金、少数股东权益和其他要求权五部分组成。

大多数研究认为企业价值不是企业现有资产的账面价值，而是以企业内在价值为基础的市场交换价值，是公司所处经营环境中各种客观因素和主观因素共同作用的结果。

因此，在本书中我们将公司价值的概念界定为：公司价值是公司现有资源的价值与现有资源综合作用所产生的未来预期价值之和，它既包括现有的获利能力的价值，也包括潜在的增值机会的价值。公司价值用公式表示为

$$V = \frac{\text{FCF}_t}{(1 + \text{WACC})^t} \tag{3.39}$$

式中：

　　FCF_t——公司在时期 t 的自由现金流量，即扣除了各种生产经营成本和税款后的净收益；

　　WACC——公司的加权平均资本成本。

(二)公司价值的不同概念

因公司内外部不同利益体所处利益角度不同，同一公司的价值在公司的发展不同阶段被赋予了不同的内涵，表现为不同的内容形式。例如，会计师强调的是公司的账面价值，投资者与证券分析人员强调的是公司的市场价值与内在价值，经济学家强调的是公司的公允价值等。

(1) 账面价值。某一时点公司资产负债表上显示的全部单项资产的账面值扣除各单项负债的账面值后的价值。账面价值是以历史成本为基础进行计量的公司资产的价值。

(2) 内在价值。公司内在价值是指公司所有净资产与未来预期盈利的贴现之和。公司内在价值是对公司创造财富的一种能力的度量，是对公司的未来发展前景、公司未来的盈利能力、成长创新能力、管理水平、资产质量、抗风险能力等方面的综合评价。

(3) 市场价值。公司市场价值是公司在进行评估、收购、兼并、合资交易时的价值，可以按照公司股票的市场价值和公司的债务价值直接计算得出。公司的市场价值以公司内在价值为基础，并且能够反映市场的供求状况，围绕公司内在价值上下波动。

(4) 公允价值。公允价值是指熟悉市场情况的交易双方在公平交易的条件下和自愿

的情况下所确定的价格。评估师多用公允价值进行价值评估。

(5) 重置价值。现时重新购置同样资产所需的全部成本，即重置被评估资产的成本，减去该资产的实体性贬值、功能性贬值和经济性贬值后所确定的费用。

(6) 清算价值。公司因破产清算而终止经营时，将各项资产拍卖变现，支付相关手续费和管理费后的价值。清算价值是公司的最低价值。一般仅在宣告破产，进行清算时，采用清算价值。

账面价值与重置价值反映了公司资产价值，对公司价值是由公司资产决定、公司能力决定还是市场决定的不同回答，形成了市场价值、资产价值(账面价值与重置价值)和财务内在价值的概念。在公司价值评估理论及模型中，公司价值指其内在价值，是市场对公司未来收益预期的折现值。

(三)公司价值的特征

(1) 整体性。公司价值从整体上计量公司全部资产或某一资产组合体的价值，反映的是其整体的生产经营能力和获利能力。但不能简单地将公司价值看作各单项资产价值的加总，公司价值还取决于各项资产的整合方式和利用效率。

(2) 动态性。公司价值不是一个静态、不变的概念。经济环境、市场供求等因素会影响资产的价值，此外，时间价值也在随时间的变动而变动。因此，我们所说的公司价值是公司在某一时点的价值。价值运动形成了动态的公司价值。从长期来看，公司的价值是一条以时间为横轴的曲线。

(3) 预测性。公司价值依赖公司的未来收益、资本化率和存续时期，而对这三者的确定，都是建立在预测的基础之上的，这就决定了公司价值的预测性。因此，进行公司价值评估时，需要尽量提高预测的科学性和准确性。

(4) 全面性。公司涉及多方利益体，包括所有者、经营者、员工、客户等。因此，公司价值也要体现各方利益主体的价值。只有均衡处理、分配好各方的利益价值，公司才有可能稳定、永续地发展，价值的增值才有基础和保障。

二、公司价值评估概述

(一)公司价值评估的定义

公司价值评估是指在一个既定的时点，专门的评估机构和人员，遵循公允、法定的原则，根据特定的评估目的，运用科学的方法，对公司或业务的整体价值做出判断及评价的过程。从价值量的角度而言，公司价值评估是对企业未来经济效益水平的总体量化，也是对企业内在真实价值的合理体现。目的是分析和衡量一个企业或单位的公平市场价值，并提供有关信息以帮助投资人和管理当局改善决策。

公司价值评估作为现代市场经济和现代公司制度相结合的产物，是适应产权交易市场的需要而产生和发展的，是一种综合性的整体资产评估业务。

(二)公司价值评估的目的

公司价值评估的目的是帮助投资人和管理当局改善决策，它的主要用途表现在以下几个方面。

1. 用于投资组合管理

在投资组合管理中，进行公司价值评估的核心理论是公司的真实价值取决于其未来增长率、现金流量和风险等财务指标，它们之间的这种函数关系在一定时期内是稳定的。任何对真实价值的偏离都被认为是对公司价值的高估或低估，证券价格与价值的偏离经过一段时间的调整会向价值回归。投资分析人员通过使用贴现现金流量法或相对估价法等估价方法，挑选出价值被低估的公司，以帮助投资者找到收益率高于市场平均报酬率的投资组合。

2. 用于公司并购分析

公司并购分析是公司战略重组的重要环节。实践表明，并购失败的一个重要原因是目标公司的定价过高，增大了并购成本和风险。因此，公司价值评估在公司并购业务中发挥着至关重要的作用。如果购买方在报出收购价格之前，能估计出目标公司的公平价位，双方在收购意愿接洽过程中就容易达成一致；反之，收购过程不顺利。例如，前面介绍的2012年罗氏控股公司对 Illumina 敌意收购，目标公司 Illumina 和代理投票咨询服务公司 ISS 都认为估价过低。

目标公司的估价取决于并购方对其未来收益的大小和时间的预期。如果预测不当，可能导致估价不准确，这样收购方就会出现估值风险。估值风险的大小取决于收购方所采用信息的质量。信息的质量又取决于目标公司是公开招股公司还是私人公司、收购行动是敌意还是善意、收购谋划阶段的准备时间和并购时点距离审计时点的长短等因素。

3. 用于公司价值管理

实现股东价值最大化已成为目前公司价值管理的核心。公司价值的创造要通过正确合理的公司业务战略和经营计划才能实现，公司需要清晰地描述财务决策、公司战略和公司价值之间的关系。从这个意义上来看，如何评估公司价值，提高公司价值并不断实现价值增值成为高层管理人员普遍关注的问题。进行公司价值评估的真正目的就是要帮助管理者做出价值创造决策，并引导公司所有的员工向着价值创造的目标努力。

在公司价值创造过程中，需要明确：①在制定财务战略时，选择能使预期现金流量现值或经济利润现值最大化的战略；②在筹资决策时，要尽量选择综合资本成本低的资本结构；③在投资决策时，收益率高于资本成本的投资越多，创造的价值就越大；④公司股票的价值等于其内在价值，内在价值以市场对公司未来收益的期望为基础，但市场对公司未来收益的期望可能不是一种公平的估计；⑤对公司收益期望的变化对股票收益起着决定性作用。

(三)公司价值评估的对象

公司价值评估的一般对象是公司整体的经济价值。公司整体的经济价值是指将公司作为一个整体的公平市场价值。公司整体价值按照估价的角度不同，可以分成实体价值和股权价值。公司全部资产的总体价值，称为"公司实体价值"。公司实体价值是股权价值与债务价值之和。

$$公司实体价值=股权价值+债务价值 \tag{3.40}$$

公司实体价值与股权价值的差别在公司并购过程中表现得尤为突出。当一家公司收购另一家公司时，可以只收购对方的资产，而不承担其债务；或者在购买对方公司股份的同时承担其债务。例如，A 公司以 40 亿元的价格买下了 B 公司的全部股份，并承担了 B 公司原有的 5 亿元的债务，则 A 公司本次收购行为的经济成本就是 45 亿元。对于 A 公司的股东来说，他们不仅需要支付 40 亿元现金(或者以价值 40 亿元的股权换取 B 公司的股权)，而且还要以书面契约的形式承担并偿还 5 亿元债务。实际上他们需要支付 45 亿元，40 亿元现在支付，另外 5 亿元将来支付，意味着他们共使用 45 亿元购买了 B 公司的全部资产。由此可知，公司的实体价值与股权价值是不等同的。

公司财务中的股权价值不是会计意义上的所有者权益的账面价值，而是股权的公平市场价值。同样，债务价值也不是它们的账面价值，而是债务的公平市场价值。大多数公司购并是以购买股份的形式进行的，因此评估的最终目标和双方谈判的焦点是卖方的股权价值。但是，买方的实际收购成本等于股权成本加上所承接的债务。

三、公司价值评估方法

目前公司价值评估方法有很多种，仅美国官方推荐投资者分析上市公司所采用的评估方法就至少有 17 种(Lajox＆FosterReed，1999)。依据公司内在价值的定义，理论上最理想的评估方法应是现金流量折现法，但由于所需信息太多且要求准确预测，在实际操作中人们并不仅仅受限于该方法。总结起来，现有公司价值计量方法主要分为三大类，即成本法、市场法、收益法(亦称折现法)，以这三种计量方法为基础，又组合变换形成了各种具体的评估方法。每种方法都有其各自的适用范围和局限性。

(一)成本法

成本法也称重置成本法，是用现时条件下重新购置或建造一个全新状态的被评资产所需的全部成本，减去被评估资产已经发生的实体性陈旧贬值、功能性陈旧贬值和经济性陈旧贬值后，得到的差额作为被评估资产的评估值的一种资产评估方法。根据重置成本法的定义，其基本计算公式为

评估值=重置价值-实体性陈旧贬值-经济性陈旧贬值-功能性陈旧贬值　　　(3.41)

成本法是从企业资产的历史成本的角度来计量企业价值,这种方法考虑的是单个资产之和。成本法所获得的公司价值实际上是对公司账面价值的调整数值,它起源于对传统的实物资产的评估,如土地、建筑物、机器设备等的评估,着眼点是成本。

运用成本法进行企业价值评估应具备的前提条件有三个:一是进行价值评估时目标企业的表外项目价值,如管理效率、自创商誉、销售网络等,对企业整体价值的影响可以忽略不计;二是资产负债表中单项资产的市场价值能够公允客观反映所评估资产的价值;三是投资者购置一项资产所愿意支付的价格不会超过具有相同用途的替代品所需的成本。

成本法以历史成本的账面价值为基础,相对于市场法和收益法,成本法的评估结果具有客观可靠性。一般情况下,在涉及一个仅进行投资或仅拥有不动产的控股企业,以及所评估的企业的评估前提为非持续经营时,适宜用成本法进行评估。但由于缺乏对资产未来收益的前瞻性,无法准确把握一个持续经营公司价值的整合效应,因而,在持续经营假设前提下,不宜单独运用成本法进行价值评估。

(二)市场法

市场法也称比较法或相对价值法,是利用类似企业的市场定价来估计目标企业价值的一种方法。它的假设前提是存在一个支配企业市场价值的主要变量(如净利等)。市场价值与该变量(如净利等)的比值,各企业是类似的、可以比较的。其基本做法是:首先,寻找一个影响企业价值的关键变量(如净利);其次,确定一组可以比较的类似企业,计算可比企业的市价/关键变量的平均值(平均市场价值比率);最后,根据目标企业的关键变量(如净利)乘以得到的平均值(平均市场价值比率),计算目标企业的评估价值,其基本公式为

$$市场价值比率=\frac{企业市场价值}{关键变量值} \tag{3.42}$$

相对价值模型的公式为

目标企业价值评估值=可比企业平均市场价值比率×目标企业的关键变量　　　(3.43)

市场法是用可比公司的价值衡量目标公司的价值。如果可比公司的价值被高估了,则目标公司的价值也会被高估。实际上,所得结论是相对于可比公司来说的,以可比公司价值为基准,是一种相对价值,而非目标公司的内在价值。

运用市场法评估目标企业价值时,选择什么公司作为参照物,起着决定性的作用。从理论上来讲,参照公司与目标公司应具有相似的未来现金流量模式,以及相近的经营或财务风险,但实务中要真正找到这样相似的公司并不容易。

采用市场法进行企业价值评估的前提条件包括:①要有一个活跃的公开市场,且市场是成熟、有效的;②在这个市场上要有与评估对象相同或者相似的参考企业或者交易案例;③能够收集到与评估相关的信息资料,目标公司和可比公司的财务数据是真实可靠的。市

场法在一些英联邦国家应用比较普遍。由于我国上市公司在股权设置、股权结构等方面还有许多特殊因素，市场发育也不尽完善，因此，国内企业整体评估一般将市场法作为辅助方法，或作为粗略估算企业价值的方法。

按照价值种类和关键变量选取的不同，相对价值模型分为两大类：一类是以股权市价为基础的模型，比如市盈率、托宾 Q 比率、市净率模型等；一类是以企业实体价值为基础的模型，比如实体价值/息税折旧摊销前利润模型等。通常，相对价值法是针对上市企业的，因此以股票市价作为基础的模型更为常用。其中，市盈率模型和市净率模型是最主要的方法。

(三)收益法

收益法也称收益还原法或收益资本化法，是把企业或其他资产综合体在未来特定时间内的预期收益还原为当前的资本额或投资额的方法。收益现值法对企业资产进行评估的实质是：将资产未来收益转换成资产现值，而将其现值作为待评估资产的重估价值，其公式为

$$P = \sum_{t=1}^{n} \frac{F_t}{(1+i)^t} \tag{3.44}$$

式中：

P——企业或资产的评估价值；

F_t——第 t 年的预期收益；

i——资本化率(贴现率)。

收益法以预期的收益和贴现率为基础，因而对于目标企业来说，如果目前的收益为正值，具有持续性，同时在收益期内折现率能够可靠的估计，则更适宜用收益法进行价值评估。通常，处于成长期和成熟期的企业可用收益法。

应用收益法评估资产的前提条件包括以下几项。

(1) 被评估对象必须是经营性资产，而且具有持续获利的能力。

(2) 被评估资产是能够而且必须用货币衡量其未来收益的单项资产或整体资产。

(3) 产权所有者所承担的未来经营风险也必须能用货币加以衡量。

会计利润(净利润)、现金流量都可以衡量资产收益水平，但现金流量比会计利润更能反映企业或资产的经济价值，且货币具有时间价值，因此，收益现值法逐渐演变为现金流贴现法。

现金流贴现法是理论上最为成熟的评估方法，它采用现金流量而非利润指标，排除了会计利润易受会计方法、会计政策等人为因素干扰的不利影响，目前已成为公司价值评估的一种基本方法。美国经济学家汤姆·科普兰等著的《价值评估》一书，是迄今为止被称为麦肯锡公司价值评估的精髓，作者对现金流贴现法推崇备至。下面我们将主要介绍公司价值评估中常用的现金流贴现法和相对价值法。

四、现金流贴现法

(一)常用的现金流贴现模型

现金流贴现法有时也称现金流贴现模型(discounted cash flow model)，是最基本的公司价值估算方法。运用现金流贴现法既可以评估实物资产的价值，也可以评估公司整体、债权和股权的价值。现金流贴现估价有两种方式。

第一种仅评估公司的股权价值，即评估公司权益的未来现金流量，包括股利贴现模型和股权自由现金流贴现模型(FCFE)。

第二种则是对公司实体价值进行评估，包括股权价值和其他权益(债券、优先股)等价值。比较典型的有公司自由现金流贴现模型(FCFF)，另外还有调整现值模型(APV)、经济附加值模型(EVA)。

两种方式虽然都是对未来现金流量进行贴现，但所运用的现金流量和贴现率是不同的。表 3-6 对两种方式常用的四种模型进行了比较。

表 3-6　常用的现金流贴现模型比较

项　　目	公司自由现金流贴现模型	经济附加值模型	股利贴现模型	股权自由现金流贴现模型
现金流量	公司自由现金流	EVA	股利	股权自由现金流
贴现率	加权平均资本成本(WACC)	加权平均资本成本(WACC)	权益资本成本	权益资本成本
估价对象	公司实体价值	公司实体价值	股权价值	股权价值

(二)公司未来增长方式

运用现金流贴现法评估公司的价值时，需要对公司未来现金流的增长方式进行预测和判断，以确定公司未来的价值。公司的现金流的未来增长方式主要包括以下几种类型。

(1) 自由增长模型，即公司未来的现金流的增长每期都不同。

(2) 零增长模型，即公司未来的现金流没有增长，每期值都和现在一致。

(3) 不变增长模型，即预期公司自由现金流将以一稳定比率增长的公司。

(4) 两阶段增长模型，即企业增长呈现两个阶段。第一个阶段为超常增长阶段，增长率明显快于永续增长阶段；第二个阶段具有永续增长的特征，增长率比较低，是正常的增长率。

(5) 三阶段模型，即基于假设所有的公司都经历三个阶段。在成长阶段，由于生产新产品并扩大市场份额，公司取得快速的收益增长；在过渡阶段，公司的收益开始成熟并且增长率逐期线性下降，直至达到成熟阶段的稳定增长率水平；第三阶段即为成熟阶段，公司收入继续以整体经济的速度增长，增长率合理且永久不变。

(6) 多元增长模型，是假定在某一时点 T 之后公司收益增长率为一常数 g，但是在这之前收益增长率是可变的。

在预测自由现金流时，必须明确公司未来的增长方式，同时要了解影响 FCFF 的各种因素的整体变化特征。FCFF 是由 EBIT、净资本性支出、营运资本变动额决定。公司的净资本支出、营运资本变动随着公司增长期的变化而变化。其中，净资本支出、营运资本变动与公司增长率成正比，债务比率与公司增长率成反比。当公司处于稳定增长时，净资本支出趋于零，营运资本发生较小的变动；当公司处于高增长期时，净资本支出较大，营运资本变动额也较大。

(三)公司自由现金流贴现模型

在最普遍的情形下，即在自由增长情况下，公司的价值可以用预期 FCFF 的现值来表示，其公式为

$$V = \sum_{t=1}^{\infty} \frac{\text{FCFF}_t}{(1 + \text{WACC})^t} \tag{3.45}$$

式中：

FCFF$_t$——公司在第 t 年的自由现金流；

WACC——加权平均资本成本。

稳定增长模型的公司估价公式为

$$V = \frac{\text{FCFF}_1}{\text{WACC} - g} \tag{3.46}$$

式中：

FCFF$_1$——下一年预期公司自由现金流；

WACC——以市场价值为权数计算得出的加权平均资本成本；

g——稳定增长率。

在两阶段增长模型下，如果公司在进行 n 年高速增长后进入稳定增长状态，那么公司的价值可以表示为

$$V = \sum_{t=1}^{n} \frac{\text{FCFF}_t}{(1 + \text{WACC})^t} + \frac{\text{FCFF}_n(1 + g)}{(1 + \text{WACC})^n(\text{WACC} - g)} \tag{3.47}$$

式中：

FCFF$_t$——高速增长期第 t 年预期公司自由现金流；

WACC——以市场价值为权数计算得出的加权平均资本成本；

g——稳定增长率。

(四)公司自由现金流贴现法的基本步骤

用公司自由现金流贴现模型估算公司价值或股票价格时，一般分为五个基本步骤。

(1) 分析公司的基本经营状况并预测公司的基本财务数据。对公司进行估值，首先要了解公司整体的财务状况，以及公司未来增长方式，并预测未来一段时间的财务数据，主要是预测财务报表中的一些关键数据，如公司增长率、营业净利率、折旧、资本性支出和营运资本等，这些内容在本章的前面部分有介绍。

(2) 预测公司自由现金流量(非杠杆自由现金流)。计算公司自由现金流时，应首先明确这一现金流的增长路径是怎样的，例如是二阶段增长模型还是多元增长模型？然后将相关预测数据代入自由现金流量公式，具体方法是计算税后的 EBIT，并加上折旧摊销等未发生实际现金流出的项目，减去资本支出、流动资金变化等得到公司自由现金流。

(3) 测算加权平均资本成本(WACC)。WACC 等于股权成本与债权成本的加权平均，权重为各自占总资产的比重。股权资本成本可以根据 CAPM 计算。WACC 是投资者做估值时采用的贴现率。第六章将详细介绍如何测算加权平均资本成本。

(4) 计算公司价值。将各项参数代入公司自由现金流相应的增长贴现模型，计算出公司价值。使用 ValuePro 2002 软件，程序会自动完成计算。

(5) 计算股票的内在价值。从公司价值中减去短期求偿权和高级求偿权，即负债以及优先股，就可以得到普通股股本。普通股股本除以总发行量就可以得出股票内在价值。下面用一个实例来演示估值过程。

[例 3-3] 运用不变增长的 FCFF 模型评估 ED 公司价值。

基本资料：假设 ED 公司是一家食品公司，该公司 2012 年 FCFF 的增长率为 5%，预计这一增长率将长期保持下去，理由是该公司所制造的食品有稳定的市场，其 2012 年的资本性支出被等额折旧所抵消，而且该公司的增长率与整个名义经济增长率相当。公司当前(2012 年)财务报表数据显示，2012 年息税前利润为 285 万元，资本性支出与折旧额都为 60 万元，营运资本 2012 年比 2011 年增加 24 万元，以后按 5% 增长。该公司目前 β 系数为 1.02，债务比率(总负债/总资产)为 40%，税前债务成本为 9%，所得税税率为 25%，无风险利率(长期国债利率)为 6%，市场风险溢价为 5%，试评估该公司的整体价值。

解：根据以上资料，可以判断该公司符合稳定增长模型的假设条件，因此运用稳定增长的 FCFF 评估模型来估计该公司的价值，具体计算步骤如下。

第一步，分析公司的基本经营状况并预测公司的基本财务数据(略)。

第二步，计算 ED 公司 2012 年和 2013 年的 FCFF。根据式(3.36)计算 FCFF，过程如表 3-7 所示。

第三步，计算加权平均资本成本。

(1) 根据 CAPM 计算出股权资本成本。

股权资本成本=6%+1.02×5%=11.1%

(2) 税后债务资本成本=9%×(1-25%)=6.75%

WACC=11.1%×(1-40%)+6.75%×40%=9.36%

表3-7 ED公司2012年和2013年的公司自由现金流 单位：万元

年 度 项 目	2012 年	2013 年
EBIT×(1-所得税税率)	285×(1-25%)=213.75	214×(1+5%)=224.4
净资本支出(资本性支出-折旧)	0	0
营运资本变动额	24	24×(1+5%)=25.2
公司自由现金流	189.75	199.2

注：①表中资本性支出、折旧、营运资本变动以及息税前利润增长率与FCFF增长率一致，均为5%。

②计算公式见表3-4。

第四步，计算公司整体价值。

不变增长模型的公司估价公式如式(3.46)所示：

$$ED的公司价值 = \frac{FCFF_1}{WACC - g} = \frac{199.92}{9.36\% - 5\%} = 4\,568.81(万元)$$

五、相对价值法

现金流贴现法是对公司内在价值的估计，该方法隐含的前提条件是，企业的未来预期收益和获得这种收益的相关联风险是可以预测的，因此，其准确性取决于因素的可预测性和预测的质量，这对实施评估的管理者提出了很高的要求。在数据资料不完备的情况下，相对价值法的优势就凸显出来了，实际的投资决策往往是根据相对价值做出的。相对估价法虽然看上去比较简单，但仍然具有十分重要的实用性。下面我们将介绍比较常用的市盈率模型。

(一)市盈率模型

1. 基本模型

$$市盈率 = \frac{每股市价}{每股净利润} \tag{3.48}$$

目标企业每股价值=可比企业市盈率×目标企业的每股净利

市盈率模型体现了公司每股市价与净利的比率，该模型表明股票市价是每股净利的一定倍数。每股净利越大，则股票价值越大。例如，如果投资者愿意支付其预期收益的10倍，那么他对下一年每股收益预期为2元的股票定价20元。同类企业有类似的市盈率，所以目标企业的股权价值可以用每股净利乘以可比企业的平均市盈率计算。市盈率模型同样可以根据股息的预期增长率g的变化，分成零增长、不变增长、可变增长(三阶段增长、多元增长)等几种情况进行讨论。

2．市盈率模型的影响因素

为了理解市盈率法的内涵，我们用稳定增长股利定价模型(即戈登模型)为例，来分析决定市盈率水平的基本因素有哪些。

根据戈登模型，当前的股价 P_0 可以表示为

$$P_0 = \frac{DPS_1}{k_e - g} \qquad (3.49)$$

式中：

k_e——权益资本成本；

g——股利的稳定增长率；

DPS_1——下一期预期每股股利。

它满足：

$$DPS_1 = EPS_0 \times d(1+g) \qquad (3.50)$$

式中：

EPS_0——当期每股收益；

d——股利支付率。

将式(3.50)代入式(3.49)，得到

$$P_0 = \frac{EPS_0 \times d(1+g)}{k_e - g} \qquad (3.51)$$

等式两边同除以 EPS_0，得到

$$P/E = \frac{P_0}{EPS_0} = \frac{d(1+g)}{k_e - g} \qquad (3.52)$$

式(3.52)表明，市盈率是股利支付率 d 和增长率 g 的增函数，同时是公司权益资本成本 k_e(表明了公司风险程度)的减函数。因此，在其他条件相同时，股利支付率越高，或公司未来增长越快，或公司风险越小，相应的市盈率就越高，即市场对公司当前每股收益的价值会给予较高的估计。这就是说，市盈率模型把握了影响公司权益价值的三个主要因素，即当前收益、增长和风险，因此具有一定的理论依据。

3．市盈率模型的特点

市盈率在股票估值中得到广泛应用，这是因为①它是一个将股票价格与当前公司盈利状况联系在一起的直观的统计比率；②对大多数股票来说，市盈率易于计算并很容易得到，这使股票之间的比较变得十分简单；③它能作为公司一些其他特征(包括风险性与成长)的参考值。

该模型也存在一些缺陷，主要表现在以下两方面。

(1) 参考市盈率的确定比较困难。行业平均市盈率通常是来自证券机构或刊物中提供的同行业股票过去若干年的平均市盈率，而行业平均市盈率未必能代表某公司特定的市盈率

水平。而且，经济周期的变化也会影响行业平均市盈率的水平。

(2) 每股盈利的计算存在被人为操纵的可能。一个公司的会计政策是否稳健直接影响每股盈利的计算，会计准则制定的滞后、形式的处理缺乏可比性和一致性等因素，都会对每股盈利的计算造成负面影响。因此，在运用市盈率法时，要特别关注被估公司 EPS 的质量，它表现为可持续性、可预见性和转化为现金的能力。

(二)相对价值法评估公司价值的基本步骤

(1) 确定影响公司价值的关键变量。通过分析公司的财务状况、经营业务的行业特点、公司的资本结构等，确定影响公司价值的关键因素。通常影响公司价值的关键因素为：净利润、净资产或销售收入。在上述三个关键因素中，绝大多数公司是受净利润的影响的。

(2) 确定公司价值评估的模型。由于存在上述三个影响公司价值的关键变量，相应地产生了三种市价比率模型：即市价/净利润比率模型、市价/净资产比率模型、市价/收入比率模型。市价/净利润比率模型最适合于连续盈利、并且 β 值接近于 1 的公司；市价/净资产比率模型主要适用于需要拥有大量资产、净资产为正值的公司；市价/收入比率模型适用于销售成本率较低的服务类公司或者销售成本率趋同的传统行业的公司。

(3) 依据影响关键变量的因素，选择一组可比公司。依据关键变量的驱动因素，选择一组可比的类似公司。例如选择市盈率模型，影响市盈率指标的驱动因素为增长潜力、股利支付率和股权资本成本。因此，在应用市盈率法时，选择可比公司应考虑这几个因素相似的公司。

(4) 计算目标公司价值。确定了目标公司价值评估的模型和可比公司后，分别计算目标公司的每股净利和可比公司的平均市盈率，进而得到目标公司的价值。

(5) 将目标公司价值与股价比较，并分析结果。将计算得到的目标公司价值与公司当期的股价进行比较，分析存在差别的原因和模型存在的问题、缺陷。

[例 3-4] A 公司是一个制造公司，其每股收益为 0.5 元，当前的股票价格为 25 元。假设制造业上市公司中，增长率、股利支付率和风险与 A 公司类似的有 5 家，它们的市盈率如表 3-8 所示。要求计算 A 公司的每股价值。

表 3-8 各公司市盈率表现

公司名称	市 盈 率
A	40
B	44.8
C	37.9
D	28
E	45
F	25

解：先计算可比公司平均市盈率

可比公司平均市盈率=(40+44.8+37.9+28+45+25)÷6=36.78

根据式(3.48)可得

目标公司每股价值=平均市盈率×目标公司每股收益

=36.78×0.5=18.39(元)

当前股票价格是 25 元，所以 A 公司的股票被市场高估了。

专栏 3-3：经济增加值模型

EVA 是 Economic Value Added(经济增加值)的英文缩写。从简单的计算来看，它是公司资本收益与资本成本之间的差别，即公司税后净利润与全部投入资本成本之间的差额，是所有成本被扣除后的剩余收入(Residual income)。EVA 的概念是由美国 Stern Stewart 管理咨询公司(Stern Stewart & Co.)提出的。它的核心思想是，一个公司只有在其资本收益超过获得该收益所投入的资本的全部成本时，才应被认为是为股东创造了额外的价值。

EVA 与股东价值同方向变化，追求未来 EVA 贴现值最大化就是追求股东财富最大化。而股东财富价值是企业价值的重要组成部分，股东财富价值的增减必然会引起企业价值的增减，所以可以将 EVA 引入价值管理，在计算 EVA 的基础上确定公司价值。

用 EVA 模型估算公司投资价值的基本原理是：公司价值应等于投资资本加上未来年份 EVA 的现值，即

公司价值=投资资本+预期 EVA 现值

其中，预期 EVA 现值的计算与公司自由现金流量贴现模型的原理相同，可采用单阶段、两阶段和三阶段模型。

第五节 财务杠杆和 β 值

一、财务杠杆

(一)概念

一般来说，公司在经营中总会发生借入资金。企业负债经营，不论利润多少，债务利息是不变的。于是，当息税前利润(EBIT)增大时，每一元息税前利润所负担的利息就会相应地减少，从而给投资者收益带来更大幅度的提高。反之，每一元盈余所负担的固定财务费用就会相对增加，从而大幅度减少投资者的盈余。这种由于固定财务费用的存在而导致普通股每股收益变动率大于息税前利润变动率的杠杆效应，称作财务杠杆。

财务风险是指全部资本中债务资本比率的变化带来的风险，它是财务杠杆作用的结果。当债务资本比率较高时，投资者将负担较多的债务成本，并经受较多的财务杠杆作用所引起的收益变动的冲击，从而加大财务风险；反之，当债务资本比率较低时，财务风险就小。

(二)财务杠杆的意义

财务杠杆有三个重要的意义。

(1) 通过债务融资，公司的股东可以在不增加投资的情况下，保持其对公司的控制权。

(2) 债权人依赖于股东或所有者提供的权益资金，为其资金提供安全边际的保障，所以在总资本中，股东提供的资金比重越高，债权人所面临的风险就越低。

(3) 如果公司通过借入资金投资，获得的投资收益超过所支付的利息，那么股权资本的收益就会得到放大，或者说产生了"杠杆效应"。

(三)财务杠杆对公司的风险和收益的影响

为了说明财务杠杆对公司的风险和收益的影响，我们以案例 3-1 为例，分析具有不同财务杠杆、相同资产规模的两家公司的风险和收益。

案例 3-2：财务杠杆的风险与收益

公司 U 和公司 L 为两家资产规模相同的公司。公司 U 不利用财务杠杆，公司 L 利用财务杠杆。这两家公司除了其融资方式的差别外，其他方面完全相同。公司 U(即不利用财务杠杆的公司)没有债务，而公司 L(即利用财务杠杆的公司)一半的资金通过股权融资，另一半的资金通过债务融资，其债务资本的成本为 10%。两公司的资本结构如表 3-9 所示。两家公司在正常情况下和不利情况下的相关财务指标如表 3-10 所示。试分析财务杠杆对两家公司的影响。

表 3-9　公司 U 和公司 L 的资本结构　　　　　　　　　　单位：万元

财务指标	公司 U	公司 L	财务指标	公司 U	公司 L
流动资产	500	500	负债	0	500
固定资产	500	500	普通股权益	1 000	500
资产合计	1 000	1 000	负债与权益合计	1 000	1 000

表 3-10　股东投资收益的财务杠杆效应　　　　　　　　单位：万元

财务指标	公司 U		公司 L	
	正常情况	不利情况	正常情况	不利情况
销售收入	1 000	825	1 000	825
经营成本	700	800	700	800
经营利润(EBIT)	300	25	300	25
利息 10%	0	0	50	50
税前利润(EBT)	300	25	250	−25
所得税(25%)	75	6.25	62.5	−6.25
净利润(NI)	225	18.75	187.5	−18.75
权益收益率	22.5%	1.875%	37.5%	−3.75%

1. 财务杠杆对股东收益的影响

两家公司都有 1 000 万元的资产，每年销售收入也都为 1 000 万元，两公司正常情况下预期的息税前利润 EBIT 为 300 万元。当出现不利情况时，息税前利润会下降，在表 3-10 中列示了不利情况，息税前利润降低到 25 万元。

从表 3-10 可以看到，虽然两家公司的资产创造出同样的息税前收益，但在正常的条件下，公司 L 为其股东创造的权益收益率为 37.5%，而公司 U 创造的权益收益率为 22.5%。这一差别是由于公司 L 采用了债务融资，通过"杠杆效应"提高了公司股东的收益率。造成杠杆效应的原因有以下两个。

(1) 由于利息可以抵减应税收入，采用债务融资降低了公司的税负，例如 U 公司的税负为 75 万元，L 公司的税负为 62.5 万元，节省的税负转嫁给了投资者。

(2) 当资产收益率超过了债务的利息率，那么公司利用债务购置资产产生的收益，在支付了债务利息后，就可以剩下一部分收益作为"股利"留给其股东。

由于这两个原因，使得公司 L 股权的期望收益率远远高于公司 U。因此说，债务的"杠杆效应"可以提升公司的权益收益率。

2. 财务杠杆带来的风险

公司在利用杠杆效应提升股东收益的同时，也要承当相应的风险，财务杠杆具有两面性。在表 3-10 中列示了未来市场出现不利的情况。相对于正常预期水平来讲，在不利情况下，销售收入下降到 825 万元，而成本上升到 800 万元，资产的收益率比预期低。从表 3-10 可以看出，在这种不利的情况下，无负债的公司 U 仍然会有盈利，但是公司 L 则出现亏损，其权益收益率降为负值。权益收益率之所以降为负值，是因为无论销售收入达到什么水平，公司 L 都需要为其债务支付 50 万元的利息。当资产收益远小于债务利息时，公司就会出现经营的亏损。

另外，公司 L 需要现金来偿付债务，而公司 U 则不需要，因此在经营不景气时，公司 L 的现金资源就将枯竭，公司就需要筹集更多的资金。由于权益收益率为负值，公司 L 很难通过销售股票来筹集资金，而公司的亏损情况也将使得贷款人提高利息率，这些都会使公司 L 的情况进一步恶化。而公司 U 凭借其强有力的资产负债状况，更容易挺过经济的衰退期。因此，当处于不利情况时，杠杆效应使负债公司承受了更大的财务风险。

到此为止，我们看到，在经济处于正常的情况下，相对负债比率较高的公司就有较高的期望收益率，但是一旦经济走向衰退，它们也会面临更大的亏损风险。因此，对于债务利用的决策要求公司在高收益与高风险之间做出权衡。最后做出最优负债额的决策是一个复杂的过程，我们将在第六章对这一问题作进一步的讨论。

二、β 系数

(一)概念

所有的投资者都持有市场投资组合，一项资产为一个投资者带来的风险就是该项资产为"市场投资组合"所增加的风险。在统计上，这一附加的风险用这项资产与"市场投资组合"之间的协方差加以衡量。协方差并不是市场风险的标准衡量指标。例如，迪斯尼股票同市场投资组合之间的协方差为 55%，我们并不能判断迪斯尼股票是否要比市场平均资产风险更大些或更安全些。因此，我们通过将每个资产与"市场投资组合"的协方差除以"市场组合"的方差将风险的衡量方法标准化，这就得到了该项资产的 β 值。

我们将 β 值定义为资产的协方差除以市场投资组合方差的值，通常可以直接通过对资产的历史收益率和市场投资组合的历史收益率，或代表其数据的一些指标(经常使用股票指数)加以回归直接得到。回归曲线的斜率就是 β 值。其公式为

$$\beta_i = \frac{\text{cov}(R_i, R_M)}{\sigma_M^2} \tag{3.53}$$

式中：

β_i——资产 i 的 β 值；

$\text{cov}(R_i, R_M)$——资产 i 与市场投资组合的协方差；

σ_M^2——市场投资组合的方差。

如果资产的 β 系数为 1，说明该资产的风险等于市场风险；如果资产的 β 系数大于 1，说明其风险大于市场风险；如果资产的 β 系数小于 1，则说明其风险小于市场风险。

(二)β系数的重要性

对于分析师、投资者和管理层而言，了解β系数是很重要的，其理由主要有以下两点。

(1) β系数是构建投资组合的前提条件。为了构建具有期望的风险和回报特点的投资组合，前提必须知道单个证券的β系数，在此基础上，才能计算出投资组合的风险回报。

(2) β系数是公司估价、资本预算和计算参数 WACC 的基础。

由此可见，我们在评价公司的价值或构建资产组合时，需要事先知道β系数或者知道下一期的β系数。由于β系数是不能直接观察到的，所以必须事先估计其大小。

(三)β值的估算

1．回归估算法

由于国内尚无比较权威的机构提供上市公司以及不同行业的β值，因此，我们常常使用历史数据，通过回归分析，计算β值。通过对股票的历史收益率与市场收益率进行回归分析，可以得到二者之间的线性关系，即

$$R_i = a + bR_M + \varepsilon \tag{3.54}$$

式中：

R_i——单一股票的历史收益率；

R_M——市场的历史收益率。

回归的斜率 b 相当于股票的β值，衡量了股票的风险。在进行上述回归分析的时候，投资分析者必须对预测历史区间的长度、收益间隔、回归分析中使用的市场指数进行决策。因为基于历史数据的β值会随着选择的区间长度和收益间隔而改变。在其他条件既定的情况下，回归中应使用较多的观察值作为样本，但同时，在较长历史区间内，公司的风险特性可能会发生变化。在具体实践中通常使用公司 2～3 年的日收益率计算β值。

2．分解估算法

一家公司的β值是由三个变量决定的，即公司所从事的行业、公司经营杠杆的大小、公司的财务杠杆水平。

(1) 业务类型。既然β是通过市场指数来衡量一个公司风险的，所以业务越容易受市场波动影响的公司，β值就越高。这就是说，在其他因素相同的情况下，周期性公司的β值会比非周期性公司高。例如，从事房地产业的公司就会比从事食品加工的公司有更高的β值。而一个在多个领域经营的公司，也可以按照不同业务的市场价值，用加权平均的方法来计算其平均的β值。

(2) 经营杠杆度。经营杠杆度是公司成本结构的函数，通常以固定成本与总成本的关系来定义。一个经营杠杆较高的公司，就是说，固定成本比重较高的公司，其息税前利润(EBIT)的波动性，与生产同类产品但经营杠杆较低的公司相比，要高出一些。而

在其他情况类似时，由高经营杠杆引起的经营收入高波动性会导致较高的β。

(3) 财务杠杆。在其他情况一样时，财务杠杆的扩大会提高一个公司的权益β。从直觉上来说，债务的利息费用提高也会扩大净收入的波动幅度。在公司经营状况良好时净收入会大大提高，在经营困难时则大大降低。

将β值的成因分解为公司所从事的行业、经营杠杆和财务杠杆三个组成部分，为我们提供了估计β值的另一种方法。用这种方法，无须得知个别公司或资产的历史价格，就能估计出β值。对于资产组合的β值，可以先求出每种资产的β值，再进行加权平均。这样，一家公司、资产或投资项目的β值可以按下面的方法进行估计。

第一，确定组成公司、资产或投资项目的行业。

第二，估计该公司所从事行业(一个或几个)的无杠杆效应的β值。

第三，用该公司从事的业务的市场价值，对以上无杠杆效应的β值进行加权平均，得出公司的无杠杆效应的β值。

第四，如果可能的话，用市场价值计算公司的杠杆水平。如果不可能，就用公司管理层制定的目标杠杆水平或行业典型的负债比率。

第五，用第三步得到的无杠杆效应的β值和第四步得出的公司杠杆水平估计公司(及其所从事的每一项业务)的有杠杆效应的β值。

很显然，这个过程依赖于是否能界定不同业务的无杠杆效应的β值。具体如何将有杠杆效应和无杠杆效应的β值进行调整，我们将在本节第三部分内容中具体讲解。

三、财务杠杆调整β系数

具有财务杠杆的公司β系数既反映了公司的经营风险，又反映了公司的财务风险。在用可比公司的β系数去估计目标公司的β系数时，或在公司资本结构发生改变时，不同资本结构下的系数β会发生变化，因此，不同财务杠杆下，有必要对β系数进行调整。下面将提供一种用资本结构差别调整β系数的方法。这一调整是在考虑征税影响的资本资产定价模型的假定下进行的。

如果公司所有的风险都由权益方承担，而且对公司来说，增加债务就可以减少税收，那么

$$\beta_L = \beta_U[1 + (1-t)(D/E)] \tag{3.55}$$

式中：

β_L——利用财务杠杆(即有负债，下同)公司的权益β；

β_U——不利用财务杠杆公司的β(即没有负债的公司β，下同)；

t——公司税率；

D/E——债务/权益比率。

不利用财务杠杆公司的β系数是由公司的业务类型和它的经营杠杆决定的。

[例 3-5] 假设甲公司的经营涉足多个领域，其每项业务的 β 值(无杠杆效应)和市场价值如表 3-11 所示，法定税率为 25%，债务/权益比率为 55%，试计算甲公司的 β 值。

表 3-11　甲公司各业务的 β 值和市场价值

公司涉足的业务	无杠杆效应的 β 值	业务市场价值(万元)
A	0.87	2 430
B	0.92	2 140
C	0.97	1 650
D	0.99	1 730
E	0.94	1 540

解：按照本节第二部分介绍的基本 β 值估算步骤如下：

(1) 甲公司是一家从事五项业务的多元化经营的企业。

(2) 每项业务的无杠杆效应的 β 值为 $\beta_A=0.87$，$\beta_B=0.92$，$\beta_C=0.97$，$\beta_D=0.99$，$\beta_E=0.94$。

(3) 公司的无杠杆效应的 β 值为

$$\beta_U=\beta_A \times 2\,430 \div 9\,490+\beta_B \times 2\,140 \div 9\,490+\beta_C \times 1\,650 \div 9\,490$$
$$+\beta_D \times 1\,730 \div 9\,490+\beta_E \times 1\,540 \div 9\,490$$
$$=0.87 \times 0.26+0.92 \times 0.23+0.97 \times 0.17+0.99 \times 0.18+0.94 \times 0.16$$
$$=0.93$$

(4) 公司的 D/E 为 0.55。

(5) 将(2)～(4)的数据代入式(3.55)可得

公司的 $\beta_L=\beta_U[1+(1-t)(D/E)]$
$$=0.93 \times [1+(1-0.25) \times 0.55]$$
$$=1.31$$

因此，甲公司的 β 值的估计值为 1.31。

本 章 小 结

本章是公司金融的基础，为后面的章节提供基本的财务分析和公司价值估算方法。

财务报表是对公司财务状况、经营成果和现金流量的结构性表述。财务报表至少包括资产负债表、利润表、所有者权益变动表、现金流量表和财务报表附注。

公司金融的基本目标是实现股东财富最大化，这主要反映在公司的股票价格上，会计数据会影响到公司的股票价格。管理者应该对公司财务报表所提供的会计信息进行分析，评价公司目前的财务状况和变化趋势并据此做好财务规划，以改善公司未来的业绩，从而提高公司价值。

公司的价值取决于公司目前以及在未来能够创造的现金流量。现金流量分析包括经营现金流量分析和自由现金流量分析。前者包括流动性分析、获取现金能力分析和财务弹性分析，后者是评估公司价值的基础。

公司价值评估广泛应用于投资组合管理、公司并购分析及公司价值管理实践中，本章介绍了公司价值的内涵和公司价值评估方法。对于公司价值评估方法除了概述成本法、市场法和收益法外，重点介绍了现金流贴现法和相对价值评估法。

财务杠杆具有两面性，公司负债经营在获取杠杠效应对权益收益的放大作用的同时，也要承担资产收益下降可能带来的财务风险。β系数是公司(或资产)市场风险的标准化衡量指标，由公司从事业务类型、经营杠杆和财务杠杆决定。在公司业务类型和经营杠杆相同时，可以用财务杠杆调整β系数。

思考与练习题

1. 构成资产负债表、利润表和现金流量表的主要内容有哪些？
2. 什么是财务分析？企业为什么要进行财务分析？
3. 反映企业盈利能力的比率有哪些？如何计算？
4. 财务分析方法主要有哪几种？
5. 什么是杜邦分析法？其主要作用是什么？
6. 常用的现金流量表分析指标有哪些？根据伊利股份公司 2012 年现金流量表计算其各种现金流量表分析指标。
7. 从公司管理者角度出发，其财务分析的重点应当包括哪些内容？
8. 什么是公司自由现金流？它的计算原理是什么？
9. 财务规划的主要内涵是什么？
10. 简述成本法、市场法和收益法三种价值评估方法的优缺点？
11. 已知某公司 2012 年会计报表的有关资料如下表所示。

单位：万元

资产负债表项目	年初数	年末数
资产	8 000	10 000
负债	4 500	6 000
所有者权益	3 500	4 000
利润表项目	上年数	本年数
主营业务收入净额		20 000
净利润		500

要求：

(1) 请计算杜邦财务分析体系中的净资产收益率、总资产净利率、主营业务净利率、总资产周转率和权益乘数五个指标。

(2) 用文字列出净资产收益率与上述其他各项指标之间的关系式，并用本题数据加以验证。

12. 假设 A 公司估值基准日为 2012 年 1 月 1 日，A 公司终值的永续增长率为 2%、WACC 为 11%，公司 2012—2016 年预测数据如下。

单位：万元

年份 项目	预测数据				
	2012	2013	2014	2015	2016
EBIT	1 000	1 400	1 600	1 680	1 780
税率(%)	25	25	25	25	25
折旧摊销	60	70	75	80	85
资本支出	200	100	60	40	20
运营资本增加	40	40	40	40	40

试计算：

(1) 公司 2012—2016 年的公司自由现金流。

(2) 用现金流贴现法计算 A 公司的公司价值。

13. 简述相对价值评估法如何选择可比公司。

14. A 公司 2014 年的每股净利是 0.5 元，分配股利 0.35 元/股，该公司净利润和股利的增长率都是 6%，β 值为 0.75。国债利息率为 7%，股票的风险附加率为 4%。D 公司与 A 公司是类似公司，2014 年实际净利为 1 元，则该公司的本期股利支付率、股权资本成本率、预期股价和市盈率各是多少？D 公司预期明年净利是 1.6 元/股，根据 A 公司的市盈率对 D 公司估价，其股票价值是多少？

15. 东翔公司 2008 年到 2013 年以市场价值为权数而估计的平均债务-股权资本的比率为 15%。假设根据从 2008 年到 2013 年投资报酬针对市场指数报酬的回归分析，东翔公司目前债务-股权比率下的杠杆性 β 系数为 0.83。当前的无风险利率为 7%，风险溢价为 8%。试求当东翔公司的债务-股权比率上升至 25% 时的 β 系数是多少？

拓展阅读：实物期权估价法

自从 1973 年，费希尔·布莱克(Fisher Black)与迈伦·斯科尔斯(Myron Scholes)共同发表了具有奠基意义的论文《期权定价与公司债务》(*The pricing of options and corporate liabilities*)之后，期权定价公式已经被投资者、经纪人和其他使用者广泛地用于计算股票期权、利率期权和其他类型的期权的理论价值。期权定价公式的现实意义在于，运用该公式计算出期权的理论价格之后，将计算结果与期权现行的市场价格相比较，就可以判断出市场中某期权的价值究竟是被低估还是高估了。金融期权是一种选择权，是指其持有者能在规定的期限内按交易双方约定的价格购买或出售一定数量的某种基础资产(如股票、债券和一定数量的黄金等)的权利，但不承担必须履约的义务。购买期权时需支付期权费。

实物期权与金融期权类似，实物期权是指因标的资产的未来价格不确定而具有一定的价值。例如，一个公司拥有对某个项目的投资机会(这就如一个购买期权)，该期权赋予公司在6个月的时间内有权利按执行价格(投资成本)购买标的资产(取得该项目)。同金融期权一样，该约定资产(项目)的市场价值(项目的净现值)是随市场的变化而波动的。在6个月的时间内，如果市场价格(项目的净现值)大于执行价格，意味着有利可图，公司便执行该期权(即投资选择)。但如果市场价格(项目的净现值)小于执行价格，意味着无利可图，公司便放弃执行该期权(即投资选择)，这时只是损失了已支付的期权费而已。

将期权定价公式作为标准的净现值评价指标的替代方法，用于评估真实市场中的投资机会以及作为评估一个公司或项目的工具，是从最近几年才开始的。实物期权估价的关键之处在于考虑到了项目(或整个公司)在时间上的延迟和选择性以及投资后的各种变动弹性，但现金流量估价法则未考虑这些因素。在实物期权估价法中，决定执行该期权(即投资选择)之后，仍有各种选择权，如可以扩大规模、暂停或歇业等，这种选择权也被赋予了恰当的价值。对一个投资项目来说，可能会出现这样一种情况，使用实物期权估价法计算出的净现值大于零，而使用传统的现金流贴现法计算出的净现值却可能小于零。导致这种情况的原因就是，传统的现金流贴现法忽略了投资项目决策在时间上可以延迟，以及投资后可以实施各种调整的选择权所具有的价值。

当然，实物期权估价法在某些行业中的作用比其他行业更显著一些。由于资本密集型的行业需要在高度不确定的经济环境中开展投资活动，因此实物期权估价法已成为此类行业的一个强有力的决策工具。在决定是否进行大规模投资或放弃投资之前，先进行一次小规模的投资，这种做法与股票期权非常类似，因为在股票期权中，需要先支付一定数额的期权费购得股票期权，之后再依据实际情况决定是否执行股票期权。适用实物期权估价法的行业具体包括：能源行业(尤其是石油和天然气行业)、所有的研发密集型的行业(如生物技术、药品、高科技)和需要高额营销投资的行业。最近，许多金融界的权威人士都指出，实物期权估价法几乎适用于对任何类型公司的价值进行评估，是一个很有价值的决策工具。所有可以创造未来现金流量的或有收益的(如可能出现的新产品、新业务或新市场)投资价值都可能(或可以)通过实物期权估价法进行准确估计。他们认为公司价值的组成部分可以有两种表达方式：

企业价值=现有业务的价值+未来潜在业务的价值

企业价值=未来现金流折现法+公司实物期权投资价值

现有业务的价值可以通过使用本章提及的其他估价模型进行计算，如选用现金流贴现模型。由于我们将未来潜在业务的价值从总价值中分离出来作为一个单独的部分考虑，因此使得我们可以更加容易地预计未来自由现金流量的状况，从而提高了使用现金流贴现模型评估现有业务价值的准确性。未来潜在业务的价值可以使用实物期权估价法评估。最后，我们将以上两方面的估价结果相加，合计额即为公司的市场价值。

通常，在使用实物期权估价法评估项目和投资机会时，我们不只是把它当作一种实用的估价方法来使用，更将其作为一种可以指导我们如何认识事物的思维方式。

(资料来源：作者编写)

第四章

投 资 管 理

学习目标：掌握投资管理的相关概念；掌握投资管理的含义；掌握投资回收期法、净现值法和内部收益率法的计算方法；掌握股利贴现模型(DDMs)及其股价评估方法；掌握各种债券的价值评估方法；了解连续复利的计息方法；了解常见金融衍生品的投资。

> **引入案例：雅戈尔公司如何进行投资？**
>
> 在许多公司经营中，往往有一部分流动资金需要从银行贷款，但也有一些公司流动资金充足，甚至出现资金闲置。例如，雅戈尔公司是一家以纺织服装为主业的公司，其纺织服装和房地产业务都已成为全国或地区性行业龙头。作为一个著名的服装品牌，雅戈尔衬衫和西服在国内市场享有较高声誉，市场综合占有率稳居前列。由于公司具有较多闲置资金，基本上每年闲置资金近 10 亿元，那么，雅戈尔公司是怎样利用这些闲置资金的呢？
>
> 对于这些在短期用不上，但也不可以长期占用的闲置资金，雅戈尔公司主要进行证券方面的投资。一方面，可以通过证券投资使资金升值，另一方面，也可以在必要的时候将证券出售变现，不会影响资金的长期用途。我们可以从本章后面的案例介绍中看到，从 1993 年以来，雅戈尔公司的证券投资是比较成功的。
>
> (资料来源：作者根据公开资料编写)

第一节　投资管理概述

投资是有风险的，如何取得收益、规避风险是企业财务管理的重要内容。企业在进行投资决策时，必须对投资项目做一个充分的评估，即要对投资项目进行资本预算，或者投资管理。

一、投资的概念

经济学和金融学对投资有不同的理解。经济学的理论认为，投资(Investment)既是单个经济主体经济活动的起点，也是整个宏观经济运行的源头和启动力量。投资形态的基本特征可以概括为两方面。

(1) 来源渠道和存在形态的多样性。投资者可以用于投资的经济资源包括以下几点。

① 货币;

② 有形资产(如固定资产、流动资产);

③ 无形资产(如专利、非专利技术、商标使用权、土地使用权等)。

(2) 产权形式的多样性。投资主体用于投资的经济资源的产权形式可以是投资者拥有其所有权或使用权。因此,投资者可以通过以下方式筹措资金。

① 资本积累;

② 发行股票;

③ 发行债券;

④ 向金融机构举债;

⑤ 实物资产投入或租赁;

⑥ 无形资产投入或租赁。

如果说经济学对投资的理解主要侧重于投资是一种生产性寻利活动的话,即以实物资本或货币资本的形式投入企业,通过生产经营活动取得一定利润。那么,金融学对投资的理解主要侧重于投资是一种非生产性寻利活动,即主要以证券投资的形式以货币购买企业发行的股票和公司债券,间接参与企业的利润分配。这也可以说是一种寻租活动,它的主要目的是寻找利润分配的机会,实现方式主要是借助于资金在金融市场的流动产生租金,这种租金是广义的租金,包括利息、股息以及套利收益等。因此,金融学所言及的投资概念可以定义为在金融市场中,自然人、法人或政府为实现其预期的资本增值目标而将其资金投入到目标方案的寻找、拟定、决策、实施和回收过程中的行为。本书所提到的投资一般指的是金融学意义上的投资。

二、投资与投机的区别

在金融学中,还区分了投资和投机(Speculation)的含义。以上对投资的定义既包括投资,又包括投机,可以说是一种一般性的定义,因为在一般情况下,我们无须区别投资和投机,但如果我们要对投资者投资行为,或者对金融市场异常现象进行分析时,这种区分是必要的。投资和投机的区别主要有以下三点。

(1) 以投资时间长短来划分。投资时间短,在市场上频频买入或卖出有价证券为投机;长期保留证券,不轻易换手,按期坐收资本收益为投资。

(2) 以风险大小来划分。投资追求正常回报,而投机追求高额回报。相对应的是,投资的风险较投机小。

(3) 以是否重视证券实际价值来划分。投资者着重对各种证券所代表的实际价值、公司的业绩和创利能力进行分析,然后选择投资对象;而投机者主要注重市场的变化,注意证券市场行情的变化,频繁买进卖出,以获市场差价为主。投资者注重证券的内在价值,而投机者则注重证券的市场价格。

价值投资是市场稳定的基础，市场需要大量的价值投资者，这样价格才不会偏离价值很远。虽然如此，从金融市场的健康发展看，适度的投机对金融市场是有好处的，如果没有一定数量的投机者，市场交易就不活跃，交易品种就缺少流动性，因此，正常的投机对平衡证券价格，增强证券的流动性，加速资金周转，维持证券市场正常运转具有积极作用。从某种意义上说，没有投机就没有证券市场。但过度投机会扭曲价格，对证券市场、金融市场，甚至整个经济造成危害。

三、投资的目的

企业进行证券投资最基本的品种是债券和股票。随着一些金融部门理财产品的发展，企业证券投资有了更多的选择，如金融远期、期货、期权等衍生金融品。企业进行证券投资主要出于以下目的。

(一)资金的保值和增值需要

企业因计提折旧，留存盈余等原因，往往会有一笔沉淀资金，它们不是在近期正常生产经营所需的现金。如果存放在银行，则其收益很小，可能还不能抵消通货膨胀的影响，会使资金贬值。因此，企业需要为这笔资金寻找投资出路，让资金保值和增值。其中，投资证券是一项方式灵活的选择，企业在资金闲置时随时可买入证券，在需要资金时随时将证券变现，并不影响资金的长期用途。

(二)获取其他企业控制权的需要

企业从自己的经营战略出发，为了扩大自己产品的市场份额，或进行多元化发展，需要进行横向或纵向并购，以获取相关企业的控制权，通常通过买进相关公司的股票以达到并购的目的。

四、投资管理的概念

投资管理是对寻找投资目标、拟定投资方案、做出投资决策、实施投资方案和回收投资收益这一系列的连续过程进行的管理活动。在对投资的五个阶段进行管理中，拟定投资方案和投资决策最为重要。拟定投资方案就是根据公司的财力和投资经验的实际情况，对投资目标做出详细的投资计划，一般情况是做出几份备选的投资方案，以备评估。投资决策就是对所选定的投资方案的可行性进行客观、科学的分析评估，如果可行；则进入实施阶段；如果不可行，则又回到寻找目标方案的阶段，图 4-1 为投资管理的流程图。

对投资方案进行可行性评估，其方法就是通过指标分析法来测算投资方案的各项指标，再与投资目标相比较，看是否达到投资目标，以做出投资还是不投资的决定。如果达到或超过投资目标，则投资，否则不投资。

对于债券、股票等存在利息或股息的证券，投资决策的分析评估方法，按照其是否考虑货币的时间价值，可分为非贴现现金流量法和贴现现金流量法。非贴现现金流量法不考虑货币的时间价值，主要有投资回收期法、平均报酬率法；贴现现金流量法考虑货币的时间价值，包括净现值法、现值指数法、内部收益率法和外部收益率法。贴现现金流量法也称收入资本化法，是证券价值分析的主要方法，我们将在股票和债券的投资价值分析中运用以上方法，进行具体说明。

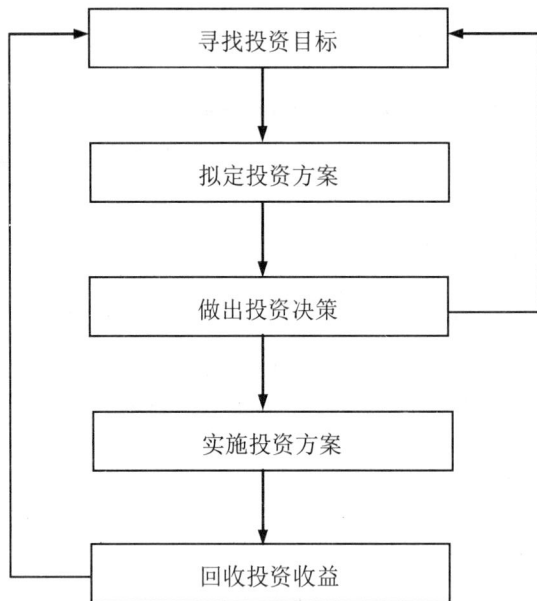

```
┌─────────────────────┐
│      寻找投资目标      │ ◄──┐
└─────────────────────┘    │
          │                │
          ▼                │
┌─────────────────────┐    │
│      拟定投资方案      │    │
└─────────────────────┘    │
          │                │
          ▼                │
┌─────────────────────┐    │
│      做出投资决策      │ ───┘
└─────────────────────┘
          │
          ▼
┌─────────────────────┐
│      实施投资方案      │
└─────────────────────┘
          │
          ▼
┌─────────────────────┐
│      回收投资收益      │
└─────────────────────┘
```

图 4-1　投资管理的流程图

同时，本章也讨论常见的金融衍生品投资，它们的投资价值表现为执行价格与市场价格之间的价差收益，减去投资期间的利息损失和其他成本，该类投资决策的分析评估方法，主要是评估其理论价格与实际价格的差异，从而指导投资决策，我们将在第四节金融衍生品投资中运用此方法。

第二节　股票投资

对股票的投资管理始于股票投资价值的判断。投资价值是一只股票未来的期望收益。如果一只股票的未来期望收益高于投资额，投资可行；否则不可行。因此，判断一只股票是否具有投资价值，需要对拟投资的股票的价值进行判断。投资价值的判断是股票投资的核心。因此，本节我们主要讲述股票投资价值的判断，解决了投资价值问题，股票投资就迎刃而解——我们只需选择有价值的股票投资即可。

在长期持股的情况下，投资人每期能获得的现金流量是股息，通过计算未来总的股息收益，就可以得出一只股票的总的投资价值。按照是否考虑投资的时间价值，股票投资价值的判断又分为非贴现现金流量法和贴现现金流量法。前者不考虑投资的时间价值，后者考虑了投资的时间价值。

一、非贴现现金流量法

非贴现现金流量法主要有投资回收期法、平均报酬率法。由于证券价值评估很少使用平均报酬率法，因此，这里只介绍投资回收期法。投资回收期法(payback period method)又称"投资返本年限法"，是计算项目投产后在正常生产经营条件下的收益额和计提的折旧额、无形资产摊销额用来收回项目总投资所需的时间，与行业基准投资回收期对比来分析项目投资财务效益的一种静态分析法。

投资回收期法既可以用于实物投资的价值评估，也可以用于证券投资的价值评估。证券的投资回收期明显与生产性投资的投资回收期不同，它没有折旧、无形资产摊销等费用的产生，但基本计算原理是一样的。我们可以说，证券的投资回收期是在正常情况下，计算购买证券后的收益来回收证券投资所需要的时间。因此，本书以证券投资为例，介绍投资回收期法一般原理。

我们在讲第三章第四节公司价值评估时，将公司未来的增长方式分为五种，即自由增长、零增长、不变增长、二阶段增长、三阶段增长和多元增长等。最常见、最普通的增长方式是自由增长方式，即每期收益都不同。本节我们将选择几种常用的增长形式，来探讨股票回收期的计算方法。

(一)股票投资回收期的一般模型

一般情况下，股票的投资回收期的计算公式为

$$P = \sum_{t=1}^{T} E_t \qquad (4.1)$$

式中：

P——某股票当前的市场价格；

E_t——第 t 年某股票的每股收益；

T——投资所需的时间。

以上模型为股票投资回收期的一般模型。其中，每股收益(Earning Per Share，EPS)，又称每股税后利润、每股盈余，指税后利润与股本总数的比率。它是测定股票投资价值的重要指标之一，是分析每股价值的一个基础性指标，是综合反映公司获利能力的重要指标，但每股收益并不完全成为股利。将 P 和 E_t 代入式(4.1)，可计算出股票投资回收期 T。由于每期的每股收益 E_t 是不确定的，需要对式(4.1)进一步处理才能进行回收期评估，我们以 g_t

表示 t 时期每股收益增长率，则有

$$E_t = E_{t-1}(1+g_t) \qquad (4.2)$$

根据对 g_t 不同的假定，就会有不同的股票投资回收期模型。

(二)收益零增长条件下的股票投资回收期模型

如果每期收益固定不变，即 $g_t=0$，每期每股收益都为 E，则 $P=TE$，从而股票投资回收期为

$$T = \frac{P}{E} \qquad (4.3)$$

收益零增长的股票主要是公用事业类股票，还有一些蓝筹股的股票。

[例 4-1] 某公用事业类股票价格为 10 元/股，每股收益为 0.5 元/年，计算该股票的投资回收期。

解：$T = \dfrac{P}{E} = \dfrac{10}{0.5} = 20(\text{年})$

从以上分析可以看出，收益零增长股票投资回收期模型与市盈率模型是一样的。虽然如此，市盈率与投资回收期在对每股收益的估算上的假设是不一样的，市盈率要么以上一年的每股收益作为不变的现金流量，计算值为静态市盈率；要么以估计的下一年的每股收益，或未来的每股收益作为不变的现金流量，计算的值为动态市盈率。而投资回收期公式中，根据对每股收益增长的假设，每股收益可为固定，也可变化。

(三)收益不变增长条件下的投资回收期模型

如果 $g_t=g$，其中 g 为不变常数，即 $E_t = E_{t-1}(1+g)=E_0(1+g)^t$，表示未来每股收益以固定比例增长，则根据式(4.1)得到

$$T = \sum_{t=1}^{T} E_t = E_0 + E_0(1+g) + \cdots + E_0(1+g)^{T-1}$$

此等比数列的简化形式为

$$T = \frac{\ln\left(1+\dfrac{P \times g}{E_0}\right)}{\ln(1+g)} + 1 \qquad (4.4)$$

收益不变增长的股票主要是行业成长性好，股本扩张能力强的股票。公式中的每股收益增长率是根据经验或统计数据加以确定，一般在行业平均利润增长率的基础上，根据该股份公司未来发展进行估计。

[例 4-2] 某公司的股票市价为 10 元/股，去年每股收益为 0.5 元，预计每股收益每年以 10%的速度增长，计算该股票的投资回收期。

$$解：T = \frac{\ln\left(1+\dfrac{P \times g}{E_0}\right)}{\ln(1+g)}+1 = \frac{\ln\left(1+\dfrac{10 \times 0.1}{0.5}\right)}{\ln(1+0.1)}+1 \approx 13（年）$$

(四)收益不变递减条件下的投资回收模型

收益不变递减是指每股收益以一个常数 g 保持逐步降低，或者说每股收益以$-g$的速度增长，根据式(4.1)可得

$$P = \sum_{t=1}^{T}E_t = E_0 + E_0(1-g) + E_0(1-g)^2 + \cdots + E_0(1-g)^{T-1} \tag{4.5}$$

此等比数列的简化形式为

$$T = \frac{\ln\left(1-\dfrac{P \times g}{E_0}\right)}{\ln(1-g)}+1 \tag{4.6}$$

在式(4.6)中，只有 $g<P/E_0$ 时，才能求出 T；当 $g>P/E_0$ 时，T 趋向于无穷大，该股票以现在的条件是没有投资价值的。

收益不变递减的股票主要是那些处于行业生命周期的衰退期的公司股票和经营条件不断恶化的公司的股票。公式中的每股收益增长率是根据经验或统计数据加以确定，一般在行业平均利润增长率的基础上，根据该股份公司未来发展进行估计。

[例 4-3] 某公司的股票市价为 10 元/股，去年每股收益为 0.5 元，预计每股收益每年以 2%的速度递减，计算该股票的投资回收期。

$$解：T = \frac{\ln\left(1-\dfrac{P \times g}{E_0}\right)}{\ln(1-g)}+1 = \frac{\ln\left(1-\dfrac{10 \times 0.02}{0.5}\right)}{\ln(1-0.02)}+1 \approx 26（年）$$

上例题中，当 $g>P/E_0=5\%$，即每股收益以 5%保持逐步降低时，该股票是没有任何投资价值的。

(五)收益复合型股票投资回收期模型

收益复合型股票的收益处于不断的变化之中。我们在第三章公司增长方式中所列出的自由增长模型是最典型的复合型，它每期的收益都不同，处于不断变化之中。运用式(4.1)基本计算模型，将每期的收益代入公式计算非常麻烦，而且往往也难以取得未来的每期数据，在现实工作中往往通过以下两种方法来近似估算。

(1) 由于股票投资收益的变化难以把握，可以不考虑每股收益以后的变化情况，只根据当前的情况计算投资回收期，一年以后再依据每股收益的变化情况，重新计算股票投资回收期。

(2) 对每股收益增长率的变化情况进行预测，得出其持续的时间，分阶段按不同的增长

模型计算出投资回收期，如根据估算，套用两阶段、三阶段或多元增长模型。这种方法较为精确，计算起来较复杂。它适用于亏损类企业股票投资回收期的确定，如 ST 股票和 PT 股票。

(六)股票标准投资回收期的确定

在股票市场中，标准投资回收期的确定可依据一年期的银行存款利率来确定，具体计算方法为

$$T_0 = \frac{1}{I_0} \tag{4.7}$$

式中：

T_0——股票市场中的标准投资回收期；

I_0——一年期银行储蓄存款年利率。

之所以采用银行存款的年利率，是由于银行付息时间正好与股票的分红派息时间相同。

将每股股票的投资回收期与标准的投资回收期相比较，就可以判断出该股票是否具有投资价值。如果 $T \leqslant T_0$，则可以买入股票；如果 $T > T_0$，则该股票不具有投资价值。

除了通过与标准投资回收期的比较，如果有几份备用方案，可以比较这几种方案的投资回收期，投资回收期最小的方案是最优的方案。投资回收期法的特点如下所述。

(1) 容易理解，容易计算。因此，投资回收期法长期以来为许多公司财务管理人员所推崇。

(2) 回收期法完全忽视了回收期以后的现金流量，那些在回收期后仍有现金流量的项目可能被否决，而现金流量集中在前几年并达到标准年限的方案可能被采纳，这可能导致错误的投资决策。

(3) 它没有考虑现金流量的时间，而只衡量回收期内现金流量的数量。

尽管回收期法存在着严重的缺陷，但它仍可适当地适用于以下几种场合。

(1) 在评估投资环境不稳定、风险较大的投资项目时可使用回收期法，此时早日回收投资，可避免政治、经济等不利因素的影响；

(2) 流动资金短缺，而又无法筹集外部资金的企业，可利用回收期短的投资项目，快速回收投资成本，以缓解流动性危机。

总之，回收期法更适合作为投资项目流动性的衡量指标，而不是投资项目盈利性的衡量指标。

专栏 4-1：普通股

本章所提及的股票都是指普通股股票，所谓的普通股是指在公司的经营管理和盈利及财产的分配上享有普通权利的股份，是满足所有债权偿付要求、优先股东的收益权与求偿

权要求后对企业盈利和剩余财产的索取权，它构成公司资本的基础，是股票的一种基本形式，也是发行量最大，最为重要的股票。目前在上海和深圳证券交易所中交易的股票，都是普通股。

(资料来源：作者编写)

二、贴现现金流量法

股票投资价值的贴现现金流量法包括净现值法、现值指数法、内部收益率法和外部收益率法。对股票投资价值评估时，常用的是净现值法和内部收益率法，下面通过几种不同的股利贴现模型来解释这两种方法。

(一)股利贴现模型

股利贴现模型(dividend discount model，DDM)是通过股利收入资本化方法所建立的模型。在长期持股的情况下，股利是投资者所能获取的唯一现金流量。在下面的各种估价模型中，我们将运用收入(股利收入)的资本化方法来计算普通股的现金流量的现值。其一般公式为

$$PV_n = \sum_{t=1}^{T} \frac{A_t}{(1+K_t)^t} \tag{4.8}$$

式中：

PV_n——股票未来现金流量的现值(在理论上称为内在价值)；

A_t——第 t 期的股票当期现金流量，即股利；

K_t——第 t 期的考虑风险的贴现率。

在式(4.8)和后面的公式中，我们用 K 来表示贴现率，K 的含义与第二章的贴现率有些不一样，它是考虑了风险的贴现率，一般为

$$K_t = i_t + r_t \tag{4.9}$$

式中：

i_t——无风险的贴现率；

r_t——证券风险补偿率(一般而言，风险越大，就需要越高的风险补偿率)。

在一般分析中，我们假定每期的贴现率相同，则股票的内在价值为

$$PV_n = \sum_{t=1}^{n} \frac{A_t}{(1+K)^t} \tag{4.10}$$

1. 净现值法

如果股票市场价格为 P，则 P 也是投资者的投资成本，用 NPV 表示净现值，它表示股票的内在价值减去投资成本，即

$$\text{NPV} = \text{PV}_n - P = \sum_{t=1}^{n} \frac{A_t}{(1+K)^t} - P \tag{4.11}$$

净现值的意义在于，如果 NPV>0，则内在价值大于投资成本，即股票价值被低估，出现了投资机会，应该投资该股票；相反，如果 NPV<0，则内在价值小于投资成本，即股票价值被高估，股价存在泡沫，不应该投资该股票。

净现值法有以下几个特点。

(1) 充分考虑了货币的时间价值，不仅估算现金流量的数额，而且还考虑现金流量的时间。

(2) 它能反映投资项目在其整个经济年限内的总效益。

(3) 使用净现值法，可以根据需要来改变贴现率(资本成本)，因为项目的经济年限越长，贴现率(资本成本)变动的可能性越大，在计算净现值时，只需改变公式中的分母就行了。

(4) 与其他投资评估方法相比，不易理解，不能揭示投资项目本身可能达到的实际报酬率是多少。

2. 内部收益率法

我们也可以以内部收益率来判断股票的投资价值。内部收益率是净现值 NPV = 0 时的贴现率，即

$$\text{NPV} = \text{PV}_n - P = \sum_{t=1}^{n} \frac{A_t}{(1+K^*)^t} - P = 0$$

此时

$$P = \sum_{t=1}^{n} \frac{A_t}{(1+K^*)^t} \tag{4.12}$$

根据式(4.12)可计算出内部收益率 K^*，表示未来股息贴现率恰好等于股票市场价格的贴现率。假定同等风险水平的股票的平均收益率为 K，当 $K^* > K$ 时，购买该股票将会获取比平均收益更高的收益，则购买该股票；当 $K^* < K$ 时，购买该股票获取的收益将低于平均收益率，则不应该购买该股票。

内部收益率法有以下几个特点。

(1) 充分考虑了货币的时间价值，能反映投资项目的真实收益率。

(2) 内部收益率的概念易于理解，容易被人接受。

(3) 计算过程比较复杂，通常需要一次或多次测算。

(4) 当现金流量出现不规则变动时，即未来年份既有现金流入又有现金流出时，项目可能出现一个以上内部收益率，其计算结果难以确定。

在以上分析中，我们已经对式(4.8)的贴现率进行了简化，得到式(4.10)，在实际应用中，我们会发现每期的现金收入流 A_t 是不确定的，需要对式(4.10)进一步处理才能进行股票估

价，我们以 g_t 表示 t 时期现金收入流的增长率，则有

$$A_t = A_{t-1}(1+g_t) \tag{4.13}$$

根据对 g_t 不同的假定，就会有不同的股利贴现估价模型。

(二)零增长条件下的股利贴现估价模型

如果 $g_t = 0$，即 $A_t = A_0$，表示未来股利以固定数量支付，则根据式(4.10)得到股票内在价值为

$$PV_n = A_0 \sum_{t=1}^{n} \frac{1}{(1+K)^t} \tag{4.14}$$

如果期数 n 趋向于无穷大，根据无穷级数的性质，由式(4.14)可得

$$PV_n = \frac{A_0}{K} \tag{4.15}$$

同样，此时的内部收益率也可根据式(4.12)求得

$$K^* = \frac{A_0}{P} \tag{4.16}$$

[例 4-4] 某公司股票的市场价格为 20 元，每股股利为 3 元，公司所在行业的资本平均收益率为 12%。如果投资者预计该公司今后每年股利和行业资本平均收益保持不变。计算该股票的内在价值，并根据净现值法和内部收益率法判断该股票的投资价值。

解：
$$PV_n = \frac{A_0}{K} = \frac{3}{0.12} = 25(\text{元})$$

股票的市场价格为 20 元，小于其内在价值 25 元，则该股票价值被低估了，说明该股票具有投资价值。我们也可以通过内部收益率来判断其投资价值，即

$$K^* = \frac{A_0}{P} = \frac{3}{20} = 15\%$$

由于 K^* 大于 12%，说明该股票具有投资价值。

(三)不变增长条件下的股利贴现估价模型

如果 $g_t = g$，即 $A_t = A_{t-1}(1+g) = A_0(1+g)^t$，表示未来股利以固定比例增长，则根据(4.10)式得到股票内在价值为

$$PV_n = A_0 \sum_{t=1}^{n} \frac{(1+g)^t}{(1+K)^t} \tag{4.17}$$

如果期数 n 趋向于无穷大，根据无穷级数的性质，假定 $K > g$，可得不变增长模型为

$$PV_n = \frac{A_0(1+g)}{K-g} = \frac{A_1}{K-g} \tag{4.18}$$

同样，此时的内部收益率也可根据式(4.12)求得

$$K^* = \frac{A_1}{P} + g \tag{4.19}$$

[例 4-5] 某公司股票的市场价格为 50 元,每股股利为 3 元,公司所在行业的资本平均收益率为 12%。如果投资者预计该公司今后每年股利以 5% 的水平递增,并且行业资本平均收益保持不变。计算该股票的内在价值,并根据净现值法和内部收益率法判断该股票的投资价值。

解: $PV_n = \frac{A_0(1+g)}{K-g} = \frac{3 \times (1+0.05)}{0.12-0.05} = 45(元)$

该股票的市场价格为 50 元,大于其内在价值,则该股票价值被高估了,说明该股票没有投资价值。我们也可以通过内部收益率来判断其投资价值,即

$$K^* = \frac{A_0(1+g)}{P} + g = \frac{3 \times (1+0.05)}{50} + 0.05 = 11.3\%$$

由于 K^* 小于 12%,说明该股票没有投资价值。

(四)多元增长条件下的股利贴现估价模型

现在我们假定股利增长率 g 在不同时间阶段具有不同的增长率,为了简化分析,我们假定只有两个连续的时间阶段,在时间 T 前的股利增长率为 g_1,在时间 T 后的股利增长率为 g_2,可建立二元增长条件下的股利贴现估价模型,即

$$\begin{aligned} PV_n &= A_0 \sum_{t=1}^{T} \frac{(1+g_1)^t}{(1+K)^t} + A_T \sum_{t=T+1}^{n} \frac{(1+g_2)^{t-T}}{(1+K)^t} \\ &= A_0 \sum_{t=1}^{T} \frac{(1+g_1)^t}{(1+K)^t} + \frac{A_{T+1}}{(1+K)^T} \sum_{t=T+1}^{n} \frac{(1+g)^{t-T}}{(1+K)^{t-T}} \end{aligned} \tag{4.20}$$

当 n 趋向无穷大时,根据无穷级数的性质,假如 $K > g$,可得二元增长模型,即

$$PV_n = A_0 \sum_{t=1}^{T} \frac{(1+g_1)^t}{(1+K)^t} + \frac{A_{T+1}}{(1+K)^T(K-g_2)} \tag{4.21}$$

在此模型中,用股票的市场价格 P 代替 PV_n,k^* 代替 k,可以计算出内部收益率 k^*。

[例 4-6] 某公司股票的市场价格为 50 元,每股股利为 3 元,公司所在行业的资本平均收益率为 12%。如果投资者预计该公司今后 5 年每年股利以 8% 的水平递增,5 年后每年股利以 4% 的水平递增,并且行业资本平均收益保持不变。计算该股票的内在价值,并根据净现值法判断该股票的投资价值。

$$\begin{aligned} PV_n &= A_0 \sum_{t=1}^{T} \frac{(1+g_1)^t}{(1+K)^t} + \frac{A_{T+1}}{(1+K)^T(K-g_2)} \\ &= 3 \times \sum_{t=1}^{5} \frac{(1+0.08)^t}{(1+0.12)^t} + \frac{3 \times (1+0.08)^5 \times (1+0.04)}{(1+0.12)^5 \times (0.12-0.04)} \\ &= 45.99(元) \end{aligned}$$

该股票的市场价格为 50 元，大于其内在价值，则该股票价值被高估了，说明该股票没有投资价值。

第三节　债券投资

债券是政府、金融机构、工商企业等机构直接向社会借债筹措资金时，向投资者发行，并且承诺按一定利率支付利息并按约定条件偿还本金的债权、债务凭证。债券的本质是债权证明书，具有法律效力。目前我国的债券主要有国债、金融债券、公司债券。

债券投资的内在价值等于投资者持有该债券预期的未来现金流量的现值。根据资产的内在价值与市场价格是否一致，可以判断该债券是否被低估或高估，从而帮助投资者进行正确的投资决策。因此，估算债券的内在价值是进行债券投资决策评估的核心。下面使用净现值法和内部收益法来评估两种主要债券——贴现债券和直接债券的投资价值。

一、贴现债券

贴现债券(pure discount bond)，又称零息票债券(zero-coupon bond)或贴息债券，是一种以低于债券面值贴现发行，不支付利息，到期按债券面值偿还的债券。债券发行价格与面值之间的差额就是投资者的利息收入。根据复利贴现式(2.6)，贴现债券在理论上应以现值为发行价格，以终值为债券面值，其内在价格即其现值，可写为

$$D = \frac{A}{(1+r)^n} \tag{4.22}$$

式中：

D——贴现债券的内在价值；

A——贴现债券的面值；

r——市场利率；

n——计息期数。

对于贴现债券，我们知道其发行价格和面值，但该债券有没有投资价值呢？我们可以以净现值法和内部收益率法来进行评估。

(一)净现值法

净现值法即通过债券的内在价值减去投资成本，得到净现值。如果净现值大于或等于 0，则有投资价值，否则就没有投资价值。贴现债券的内在价值为 D 即式(4.22)，其投资成本 P 为发行价格。则净现值为

$$\text{NPV} = D - P \tag{4.23}$$

[例 4-7] 某贴现债券的面值为 100 万元，发行价格为 20 万元，期限为 20 年，市场利

率为 10%，以净现值法评估该债券的投资价值。

解：$D = \dfrac{A}{(1+r)^n} = \dfrac{100}{(1+10\%)^{20}} = 14.86(万元)$

NPV $= D - P = 14.86 - 20 = -5.14(万元)$

因为 NPV < 0，则该债券没有投资价值。

(二)内部收益率法

内部收益率是净现值 NPV $= 0$ 时的贴现率，因此可得

$$\text{NPV} = D - P = \frac{A}{(1+r^*)^n} - P = 0$$

则有

$$r^* = \left(\frac{A}{P}\right)^{\frac{1}{n}} - 1 \tag{4.24}$$

如果 $r^* \geqslant r$，则表示该债券的收益率大于或等于市场利率，该债券具有投资价值；若 $r^* \leqslant r$，则表示该债券的收益率小于市场利率，没有投资价值。

[例 4-8] 某贴现债券的面值为 100 万元，发行价格为 20 万元，期限为 20 年，市场利率为 10%，以内部收益法评估该债券的投资价值。

解：$r^* = \left(\dfrac{A}{P}\right)^{\frac{1}{n}} - 1 = \left(\dfrac{100}{20}\right)^{\frac{1}{20}} - 1 = 8.37\% < 10\%$

由于该贴现债券的内部收益率小于市场利率，则该债券没有投资价值。

专栏 4-2：贴现债券

在国外，通常短期国库券(treasury bills)都是贴现债券。20 世纪 80 年代国外出现了一种新的债券，它是"零息"的，既没有息票，也不支付利息。实际上，投资者在购买这种债券时就已经得到了利息。零息债券的期限普遍较长，最多可到 20 年。它以低于面值的贴现方式发行，投资者在债券到期日可按债券的面值得到偿付。例如，一种 20 年期限的债券，其面值为 20 000 美元，而它发行时的价格很可能只有 6 000 美元。在国外还有一种由经纪公司经营的特殊的零息债券，经纪公司将这种零息债券的息票和本金相互剥离之后分别发行。例如美林、皮尔斯和佛勒·史密斯经纪公司就创造了一种零息债券，这种债券由美国政府担保，其本金和息票相分离，以很大的折扣发行。

(资料来源：作者编写)

二、直接债券

直接债券(level-coupon bond)，又称为定息债券、附息债券或固定利息债券，是一种按

照票面金额计息，票面上可附有作为定期支付利息凭证的息票，也可不附息票的债券。投资者不仅可以在债券期满时收回本金(面值)，而且还可定期获得固定的利息收入。所以，直接债券投资者未来的现金流量包括两部分，即本金与利息。直接债券的内在价值公式为

$$D = \frac{c}{1+r} + \frac{c}{(1+r)^2} + \cdots + \frac{c}{(1+r)^n} + \frac{A}{(1+r)^n}$$

即

$$D = \frac{c}{1+r} + \frac{c}{(1+r)^2} + \cdots + \frac{c}{(1+r)^n} + \frac{A}{(1+r)^n}$$

$$= c \times \frac{1-(1+r)^{-n}}{(1+r)^n} + \frac{A}{(1+r)^n} \tag{4.25}$$

式中：

D——直接债券的内在价值；

c——直接债券每期支付的利息；

A——直接债券的面值；

r——市场利率；

n——计息期数。

下面使用净现值法和内部收益率法来评估直接债券的投资价值。

(一)净现值法

根据式(4.23)和式(4.25)可得

$$\text{NPV} = D - P = c \times \frac{1-(1+r)^{-n}}{r} + \frac{A}{(1+r)^n} - P \tag{4.26}$$

如果净现值大于或等于 0，则有投资价值，否则就没有投资价值。

[例 4-9] 有一面值为 1 000 美元，附带 8%息票的 4 年期国债。债券利息分别在每年 5 月和 11 月支付一次，如果市场利率为 10%，使用净现值法评估该债券投资价值。

解：每年支付两次息，则计息基数 8 期，每期利息为(1000×8%)÷2=40(美元)，同样每期市场利率为 10%÷2=5%，发行价即债券面值。

$$\text{NPV} = D - P$$

$$= c \times \frac{1-(1+r)^{-n}}{r} + \frac{A}{(1+r)^n} - P$$

$$= 40 \times \frac{1-(1+0.05)^{-8}}{r} + \frac{1\,000}{(1+0.05)^8} - 1\,000$$

$$= -64.64(\text{美元})$$

因为 NPV<0，所以该债券没有投资价值。

(二)内部收益率法

内部收益率是净现值 NPV = 0 时的贴现率，因此可得

$$NPV = D - P = c \times \frac{1-(1+r^*)^{-n}}{r^*} + \frac{A}{(1+r^*)^n} - P = 0 \tag{4.27}$$

此公式在期数较多时，计算 r^* 就比较复杂。如果 $r^* \geq r$，则表示该债券的收益率大于或等于市场利率，该债券具有投资价值；若 $r^* \leq r$，则表示该债券的收益率小于市场利率，没有投资价值。

[例 4-10] 某种债券为 900 元，每年支付利息 60 元，3 年后到期偿还本金 1 000 元，市场利率为 8%，使用内部收益法评估该债券的投资价值。

解：$NPV = D - P = 0$，则

$$c \times \frac{1-(1+r^*)^{-n}}{r^*} - P = 0$$

即　　$$60 \times \frac{1-(1+r^*)^{-3}}{r^*} - 900 = 0$$

解得　　$r^* = 10.02\% > 8\%$

因此，该债券具有投资价值。

第四节　金融衍生工具投资

收益和价值依赖于其他金融资产预期价格变动的金融工具称为金融衍生工具。金融衍生工具的主要功能是管理与基础资产相关的价格波动风险。金融衍生工具具有跨期性、杠杆性、联动性等特征。金融衍生工具的种类繁多，估价比较复杂，会在《金融工程》教材中专门讲述，本节只讨论几种基本的金融衍生工具的投资问题，主要包括金融远期、期货、期权和互换。

一、远期与期货投资

(一)远期与期货的概念

金融远期合约是指双方约定在未来的某一确定时间，按确定的价格买卖一定数量的金融资产的协定，主要包括远期利率协议、远期外汇合约和远期股票合约。期货也称为期货合约(future contrast)，是指双方约定在未来某一个时间，按约定的条件(价格、交割地点、交割方式)买入或卖出一定标准数量的某项资产的标准化协议，主要包括商品期货和金融期货。

远期和期货都是约定在未来某一时间按约定的条件买卖一定数量的某种标的物的合

约，但是它们之间在标准化、交易场所、价格确定方式、履约方式、结算方式和双方关系上有所不同，其中最根本的区别在于两者的标准化程度不同，远期合约是非标准化的合约，而期货合约则是标准化的合约。虽然二者有所不同，但是这些不同并不影响对二者价值的判断，远期和期货的价值判断方法是相同的。因此，我们把远期和期货合并起来讲述。

(二)远期及期货的价值

Cox, Ingersoll & Ross(1981)的研究证明，当无风险利率恒定，且对所有到期日都不变时，交割日相同的远期价格和期货价格应相等。因此，以下对远期合约价值的分析，同样适用于期货合约。远期合约常见的有无收益资产(证券)的远期合约、支付已知现金收益资产的远期合约、支付已知收益率资产的远期合约等。它们的主要区别在于合约到期前所产生的现金流不同，其中最基本的是无收益资产(证券)的远期合约。我们以无收益资产(证券)的远期合约为例，探讨远期及期货的价值。无收益资产(证券)是指在到期日前不产生现金流的资产，如贴现债券，无收益远期合约最常见的品种是商品期货，其远期价格 F 与现价 S 的关系如下：

$$F = Se^{r(T-t)} \tag{4.28}$$

式中：

t——自合约开始至结束中间要评估的某一时间点；

F——t 时点合约标的资产的期货价格；

S——t 时点合约标的资产的现价；

T——期货合约到期的时间(年)；

r——对 T 时刻到期的一项投资而言，在 t 时点连续复利计算的无风险利率。

式(4.28)意味着远期价格 F 应该等于以连续复利计算的现价 S 的终值。如果不相等，则市场就存在套利行为。若 t 时刻 $F > Se^{r(T-t)}$，即交割价格大于现货价格的终值，套利者可以以无风险利率 r 借入 S 元用来购买该证券资产(融资)，同时以 F 的价格卖出该证券的远期合约(即持有该远期合约空头)，到 T 时刻履行远期合约，按合约价格 F 卖掉该证券资产，同时归还本息 $Se^{r(T-t)}$，则投资者实现了 $F - Se^{r(T-t)}$ 的无风险利润。

相反，如果在 t 时刻 $F < Se^{r(T-t)}$，即交割价格小于现货价格的终值，套利者可以卖空标的证券(融券)，将所得资金 S 以利率 r 借出，同时以 F 的价格买入该证券的远期合约(即持有该远期合约多头)，到时刻 T 时履行远期合约，按合约价格 F 购买标的证券，将证券归还经纪商，则其投资本息为 $Se^{r(T-t)}$，投资者实现了 $Se^{r(T-t)} - F$ 的利润。

因此，只要 $F \neq Se^{r(T-t)}$，则市场中就会存在套利者，这些套利者之间的竞争将会使套利利润减少。当利润减小到零，即 $F = Se^{r(T-t)}$ 时，则无套利空间，此时市场达到均衡。所以，F 与 S 的关系应为 $F = Se^{r(T-t)}$。

专栏 4-3：期货市场的发展历程

期货市场最早萌芽于欧洲。早在古希腊和古罗马时期，就出现过中央交易场所、大宗易货交易，以及带有期货贸易性质的交易活动。最初的期货交易是从现货远期交易发展而来。第一家现代意义的期货交易所 1848 年成立于美国芝加哥，该所在 1865 年确立了标准合约的模式。20 世纪 90 年代，我国的现代期货交易所应运而生。我国有上海期货交易所、大连商品交易所、郑州商品交易所和中国金融期货交易所四家期货交易所，其上市期货品种的价格变化对国内外相关行业产生了深远的影响。

(资料来源：作者编写)

(三)远期与期货投资的功能

进行远期和期货投资，主要出于两方面的考虑。

(1) 转移价格风险。在日常金融活动中，市场主体常常面临利率、汇率和证券价格的风险，而远期和期货交易则可以通过多头或空头合约把价格风险转移出去，从而实现避险的目的。这是远期和期货最主要的功能，也是远期和期货产生的最根本的原因。

对于单个投资者而言，通过投资于远期和期货，将资产的价格风险转移到风险承受能力更强的投资者身上，从整个社会来讲，风险并没有消失。但在某些情况下，远期和期货交易能够增大整个社会的价格风险。因为参与远期和期货交易的投资者并不都是套期保值者，还有投机者。投机者的交易平添了风险。适量的投机可以活跃市场交易，充当套期保值的媒介，加快整个市场风险转移的速度，而过度的投机则会给社会增加许多不必要的风险。

(2) 远期和期货的第二个主要的功能是价格发现。比起现货市场，远期和期货交易具有交易成本低、简便、市场集中、信息及时透明等诸多优势。另外，期货交易还具有流动性强的特征，因此，远期和期货市场的定价效率通常高于现货市场。投资者可以用这两种交易的价格发现功能，特别是期货的价格发现功能，影响甚至决定现货市场的价格。

案例：巴林银行投资股指期货破产案

1995 年 2 月 26 日，新加坡巴林公司期货经理尼克·里森投资日经 225 股指期货失利，导致巴林银行遭受巨额损失，合计损失达 14 亿美元，最终无力继续经营而宣布破产。从此，这个有着 233 年经营史和良好业绩的老牌商业银行在伦敦城乃至全球金融界消失。目前该行已由荷兰国际银行保险集团接管。

巴林银行集团曾经是英国伦敦城内历史最久、名声显赫的商业银行集团，素以发展稳健、信誉良好而驰名，其客户也多为显贵阶层，英国女王伊丽莎白二世也曾经是它的顾客之一。巴林银行集团的业务专长是企业融资和投资管理，业务网点主要在亚洲及拉美新兴国家和地区。1994 年巴林银行的税前利润仍然高达 1.5 亿美元，银行一度希望在中国拓展业务。然而，次年的一次金融投机彻底粉碎了该行的所有发展计划。

巴林银行破产的直接原因是新加坡巴林公司期货经理尼克·里森错误地判断了日本股

市的走向。1995年1月，日本经济呈现复苏势头，里森看好日本股市，分别在东京和大阪等地买进大量期货合同，希望在日经指数上升时赚取大额利润。天有不测风云，1995年1月17日突发的日本阪神地震打击了日本股市的回升势头，股价持续下跌。巴林银行因此损失金额高达14亿美元，这几乎是巴林银行当时的所有资产，这座曾经辉煌的金融大厦就此倒塌。巴林银行集团破产的消息震动了国际金融市场，各地股市受到不同程度的冲击，英镑汇率急剧下跌，对马克的汇率跌至历史最低水平。巴林银行事件对于欧美金融业的隐性影响不可估量。

事情表面看起来很简单，里森的判断失误是整个事件的导火线。然而，正是这次事件引起了全世界密切关注，金融衍生工具的高风险被广泛认识。从里森个人的判断失误到整个巴林银行的倒闭，伴随着金融衍生工具成倍放大的投资回报率的是同样成倍放大的投资风险，这是金融衍生工具本身的"杠杆"特性决定的。

从巴林银行倒闭案开始，欧美金融界人士开始关注如何约束机构内部成员的个人行为，从而避免由个人行为导致的无可挽回的巨大损失。业内关于完善监督机制、限制个人权限的讨论一直不曾间断。

（资料来源：作者根据公开资料编写）

二、期权投资

(一)期权的概念

期权也称为期权合约，它赋予合约的购买者在规定的期限内按买卖双方约定的价格(简称协议价格或执行价格)购买或出售一定数量某种金融资产(称为标的资产)的权利。

期权交易双方在成交后，买方以支付一定数量的期权费为代价，拥有在一定期限内以一定价格购买或出售一定数量某种金融资产的权利，而卖方必须无条件服从买方的选择并履行成交的允诺。期权交易仅仅是一种权利的单方面的让渡，这种权利仅仅属于买方。并且期权交易仅仅是一种权利的买卖，而不是实物资产的买卖。

期权分为美式期权和欧式期权。美式期权比欧式期权有"提前行使权利"的优势，所以投资者多付近1.5%的期权费。

(二)期权的价值构成

期权的价值包含两部分内容，即期权的内涵价值和期权的时间价值。期权的内涵价值，指的是期权价格中反映期权执行(敲定)价格与现行期货价格之间的关系的那部分价值。就看涨期权而言，其内涵价值是执行时标的物现货价格高出期权执行价格的那部分价值。如果期权执行时标的物现货价格低于或等于执行价格，这时期权的内涵价值就为零，但不可能为负值。就看跌期权而言，其内涵价值是执行时的现货价格低于期权的执行价格的那部分价值。如果执行时的现货价格高于或等于敲定价格，这时，期权的内涵价值为零。空头期权的内涵价值同样不能为负值。内涵价值是期权的实际价值，是一种价格发生的概率。当投资者买进期权(无论是买权还是卖权)时，实际上他们是在买一定时间内可能发生的价格变化的概率。买权反映价格上动的概率，卖权反映价格下动的概率。

期权的时间价值是期权投资者投资期权的时间成本。期权的时间价值既反映了期权交易期内的时间风险，也反映了市场价格变动程度的风险。在期权的有效期内，期权的时间价值的变化是一个从大到小、从有到无的过程。一般而言，期权的时间价值与期权有效期的时间长短成正比。

例如，某股票目前市场价格 100 元，股票价格看涨，某人以当时市价(100 元)买入 100 股该股票的看涨期权，协议价格为 102 元，期权费率为 2%，100 股期权佣金合计为 200 元，协定期为 3 个月。

如果在 3 个月内该股票价格果然上涨，并且超过 102 元，比如 110 元，那么期权购买者就可依据契约用 102 元的协议价格向期权卖方购得 100 股该股票，同时按市价 110 元出售，则可获利(110-102)×100=800 元，扣除 200 元期权佣金，净利 600 元。若 3 个月内股票价格未涨，则可以放弃期权，他的损失只是 200 元佣金。

(三)影响期权价值的因素

期权价值的影响因素主要有六个，这些因素通过影响期权的内在价值和时间价值来影响期权的价格。

1．标的资产市场价格

看涨期权在执行时，其收益等于标的资产当时的市价与执行价格之差。因此，在其他条件一定的情形下，看涨期权的价值随着标的资产市场价格的上升而上升；看跌期权的价值随着标的资产市场价格的上升而下降。

2．执行价格

在其他条件一定的情形下，看涨期权的执行价格越高，期权的价值越小；看跌期权的执行价格越高，期权的价值越大。

3．到期期限

对于美式期权而言，无论是看跌期权还是看涨期权，在其他条件一定的情形下，到期时间越长，期权的价值就越高。但注意该结论对于欧式期权而言未必成立，一是期限较长的期权并不会比期限较短的期权增加执行的机会；二是期限较长的买入期权，可能会由于标的股票派发现金股利，形成价值扣减。

4．标的资产价格波动率

标的资产价格波动率越大，期权价值越大。对于购入看涨期权的投资者来说，标的资产价格上升可以获利，标的资产价格下降最大损失以期权费为限，两者不会抵消，因此，标的资产价格波动率越大，期权价值越大；对于购入看跌期权的投资者来说，标的资产价格下降可以获利，标的资产价格上升最大损失以期权费为限，两者不会抵消，因此，标的资产价格波动率越大，期权价值越大。

5．无风险利率

如果考虑货币的时间价值，则投资者购买看涨期权未来履约价格的现值随利率的提高而降低，即投资成本的现值降低，此时在未来时期内按固定履行价格购买股票的成本降低，看涨期权的价值增大，因此，看涨期权的价值与利率正相关变动；而投资者购买看跌期权未来履约价格的现值随利率的提高而降低，此时在未来时期内按固定履行价格销售股票的现值收入越小，看跌期权的价值就越小，因此，看跌期权的价值与利率负相关变动。

6．预期股利

在除息日后，现金股利的发放引起股票价格降低，看涨期权的价值降低，而看跌期权的价值上升。因此，看涨期权的价值与期权有效期内预计发放的股利呈负相关变动，而看跌期权的价值与期权有效期内预计发放的股利呈正相关变动。

三、金融互换

(一)金融互换的概念

金融互换是两个或两个以上的当事人按照商定条件，在约定的时间内，交换一系列现金流的合约。

金融互换主要有利率互换和货币互换。利率互换是指双方同意在未来的一定期限内根据同种货币的同样的名义本金交换现金流，其中一方的现金流根据浮动利率计算出来，而另一方的现金流根据固定利率计算。互换的期限通常在2年以上，有时甚至在15年以上。

货币互换是将一种货币的本金和固定利息与另一货币的等价本金和固定利息进行交换，其主要原因是双方在各自国家中的金融市场上具有比较优势。

(二)互换价格的影响因素

互换的价格主要表现为互换时所愿意支付的利率、汇率水平。国际金融市场上，影响互换价格的因素主要包括以下五个方面。

(1) 互换进行时市场总体利率水平、汇率水平及其波动幅度与变化趋势。

(2) 互换本金数量、期限等。

(3) 互换双方自身的资金状况与资产负债结构。

(4) 互换伙伴的信用状况。

(5) 互换合约对冲的可能性。

(三)金融互换的功能

互换是比较优势理论在金融领域最生动的运用。根据比较优势理论，只要满足以下两种条件，就可以进行互换：一是双方对对方的资产或负债均有需求；二是双方在两种资产或负债上存在比较优势。

对于企业来说，金融互换的功能主要有：① 金融互换可在全球各市场之间进行套利，从而一方面降低筹资者的融资成本或提高投资者的资产收益，另一方面也促进全球金融市场的一体化；② 利用金融互换，可以管理资产负债组合中的利率风险和汇率风险；③ 金融互换为表外业务，可以逃避外汇管制、利率管制及税收限制。

本 章 小 结

金融学所言及的投资概念可以定义为在金融市场中，自然人、法人或政府为实现其预期的资本增值目标而将其资金投入到目标方案的寻找、拟定、决策、实施和回收过程中的行为。

投资管理是对寻找投资目标、拟定投资方案、做出投资决策、实施投资方案和回收投资收益这一系列的连续过程进行管理，当回收投资收益，完成一轮投资后，又开始寻找投资目标，进行新一轮的投资。

对于债券、股票等存在利息或股息的证券，投资决策的分析评估方法，按照其是否考虑货币的时间价值，可分为非贴现现金流量法和贴现现金流量法。非贴现现金流量法不考虑货币的时间价值，主要有投资回收期法、平均报酬率法；贴现现金流量法考虑货币的时间价值，包括净现值法、现值指数法、内部收益率法和外部收益率法。

本章也讨论了四种常见金融衍生工具的投资问题，它们的投资价值表现为执行价格与未来市场价格价差收益，减去投资期间的利息损失和其他成本，这种研究方法体现在对期货价值评估中。其核心是，在无套利市场(市场均衡时)，期货的价格 F 与现货价格 S 之间的关系可用所谓的持有成本来描述。期货价格应等于融资购买资产所支付的利息(连续计息)加上存储成本，再减去资产的收益。

思考与练习题

1. 什么是投资管理？其主要内容是什么？

2. 非贴现现金流量法主要有哪些？其特点是什么？

3. 贴现现金流量法主要有哪些？其特点是什么？

4. 某股票价格为 12 元/股，每股收益为 0.5 元/年，预计其收益每年以 18%的速率增长。计算该股票的投资回收期，若银行储蓄存款的年利率为 3.5%，试评估该股票的投资价值。

5. 某公司股票的市场价格为 20 元，每股股利为 1 元，公司所在行业的资本平均收益率为 12%。如果投资者预计该公司今后每年股利以 8%的水平递增，并且行业资本平均收益保持不变。计算该股票的内在价值，并根据净现值法和内部收益率法判断该股票的投资价值。

6. 某公司股票的市场价格为 30 元，每股股利为 1 元，公司所在行业的资本平均收益率为 12%。如果投资者预计该公司今后 5 年每年股利以 10%的水平递增，5 年后每年股利以 6%的水平递增，并且行业资本平均收益保持不变。计算该股票的内在价值，并根据净现值法判断该股票的投资价值。

7. 有一面值为 800 美元，附带 8%息票的 2 年期国债。债券利息分别在每年 5 月和 11 月支付一次，如果市场利率为 8%，使用净现值法评估该债券投资价值。

8. 某股票目前市场价格 100 元，股票价格看跌。某人以当时市价(100 元)买入 100 股该股票的看跌期权，协议价格为 98 元，期权费率为 2%，100 股期权佣金合计为 200 元，协定期为 3 个月。若 3 个月到期股票市价为 90 元，他会行权吗？

拓展阅读 4-1：债券品种介绍

债券是政府、金融机构、工商企业等机构直接向社会借债筹措资金时，向投资者发行，并且承诺按一定利率支付利息并按约定条件偿还本金的债权、债务凭证。债券的本质是债的证明书，具有法律效力。目前我国的债券主要有国债、金融债券、公司债券和可转换公司债券。

一、国债

国债是由财政部代表中央政府发行的债券，以国家信用作为偿还的保证，因此国债在所有债券品种中信用等级最高，但票面利率最低，投资人购买国债的利息收入免征个人所得税。国债主要分为记账式国债、储蓄国债、凭证式国债三种，前两者为目前的主要形式，后者已不多见。

1. 记账式国债

记账式国债，是指没有实物形态的票券，而是在计算机账户中作记录。在我国，上海证券交易所和深圳证券交易所已为证券投资者建立计算机证券账户，因此，可以利用证券交易所的系统来发行债券。我国近年来通过沪、深交易所的交易系统发行和交易的记账式国债就是这方面的实例。如果投资者进行记账式债券的买卖，就必须在证券交易所设立账户。所以，记账式国债又称无纸化国债。

记账式国债具有成本低、收益好、安全性好、流通性强的特点。

2. 储蓄国债

所谓储蓄国债，是政府面向个人投资者发行、以吸收个人储蓄资金为目的的，满足长期储蓄性投资需求的不可流通记名国债品种。电子储蓄国债就是以电子方式记录债权的储蓄国债品种。与传统的储蓄国债相比较，电子储蓄国债的品种更丰富、购买更便捷、利率也更灵活。由于其不可交易性决定了任何时候都不会有资本利得，这一点与现有的凭证式国债相同，主要是鼓励投资者持有到期。

投资储蓄式国债只能获得利息收入，没有可能亏本，因此，老年人最好购买储蓄式国债。

3. 凭证式国债

凭证式国债是指国家采取不印刷实物券，而用填制"国库券收款凭证"的方式发行的国债。我国从 1994 年开始发行凭证式国债。凭证式国债具有类似储蓄、又优于储蓄的特点，通常被称为"储蓄式国债"，是以储蓄为目的的个人投资者理想的投资方式。

与储蓄相比，凭证式国债的主要特点是安全、方便、收益适中。因此，购买凭证式国债不失为一种既安全、又灵活、收益适中的理想的投资方式，是集国债和储蓄的优点于一体的投资品种。凭证式国债可就近到银行各储蓄网点购买。

投资凭证式国债除了利息收入，还有买卖差价收入。投资者如果持有到期就不会亏本，如果"中途"卖出就有可能发生亏损。投资国债面临的最大风险是利率风险，加息会使国债价格下跌，降息会使国债价格上升。个人投资者最好购买中短期国债(10年以内)，这样利率风险会小一些。

二、公司债券

公司债券是指由非金融公司发行的债券。公司债作为一种新的投资产品，为投资者带来了更多的投资选择，如何评估公司债券的价值实质上代表了投资者对公司债券的认可程度。公司债券直接反映了发债主体的基本面情况和信用等级的变化。它的投资价值应从以下几点分析。

首先，从信用相关内容进行分析，公司基本面直接影响着发债主体的发债规模、偿还能力和市场的接受度，并直观地反映在公司的资产结构、所处行业和公司的竞争力三个方面。

其次，从债券条款角度进行分析，债券条款是债券的主要内容，条款的变化将直接影响公司债券的收益。除了熟悉基本条款对收益率情况，甚至整个利率市场的影响外，还必须学会分析和了解特殊条款以便更好地评估公司债券的价值。

最后，从发行定价方面进行分析，它不仅决定了发行主体的成本，从另一个角度也明确了投资人的收益上限。以往公司债券发行利率由发行人和主承销商商定，且规定不得高于同期银行存款利率的 40%。

三、金融债券

金融债券是由银行和非银行金融机构(保险公司、证券公司等)发行的债券。金融债券票面利率通常高于国债，但低于公司债券。金融债券面向机构投资者发行，在银行间债券市场交易，个人投资者无法购买和交易。

四、可转换公司债券

可转换公司债券(可转债)是由上市公司发行的，在发行时标明发行价格、利率、偿还或转换期限，债券持有人有权到期赎回或按照规定的期限和价格将其转换为发行人普通股票的债务性证券。可转换债券具有公司债券的一般特征，其特殊性在于：持有人在一定期限内，在一定条件下，可将持有的债券转换成一定数量的普通股股份，它是一种介乎于股票和债券二者之间的混合型金融工具。可转换公司债券是一种"攻守兼备"的投资品种，如果股票市价高于转股价，投资人可以将持有的债券转换成股票，然后抛出股票获利；如果股票市价低于转股价，投资人可以选择到期兑付持有的债券。投资可转换公司债券同样面临着投资公司债券的风险。

五、政策性金融债

政策性银行金融债(又称政策性银行债)是我国政策性银行为筹集信贷资金，经国务院批准由中国人民银行用计划派购的方式，向邮政储汇局、国有商业银行、区域性商业银行、城市商业银行(城市合作银行)、农村信用社等金融机构发行的金融债券。

近年来，政策性金融债券品种的创新力度很大，为推动我国债券市场建设发挥了重大作用。

拓展阅读4-2：雅戈尔公司的证券投资和股权投资

雅戈尔公司是一家以纺织服装为主业的公司，其纺织服装和房地产业务都已成为全国或地区性行业龙头。作为一个著名的服装品牌，雅戈尔衬衫和西服在国内市场享有较高声誉，市场综合占有率稳居前列。由于公司具有较多闲置资金，基本上每年闲置资金近10亿元。那么，雅戈尔公司是怎样利用这些闲置资金的呢？

雅戈尔公司的选择是证券投资。公司1993年开始进入股权投资领域，随后进一步涉及证券、银行等金融领域。2006年，随着股权分置改革工作基本完成，公司持有的中信证券、宜科科技等股权投资价值逐步实现，公司净资产水平得以显著提高。股权投资取得了良好的投资收益。2007年，雅戈尔集团成立了专业投资公司，针对已上市和拟上市的金融企业、资源型企业、行业龙头企业进行股权投资方面的探索。

一、证券和股权投资情况

雅戈尔专门委托了投资管理公司对投资基金分析和决策，借助凯石投资的投资研究团队，以参与定向增发和PE投资为重点，进行投资战略布局。进一步深化对投资金融产业、资源型企业和行业龙头企业的探索。

(一)参与定向增发

2009年，经过深度调研与分析探讨。在已经公布定向增发预案，且较可行的263家公司中，雅戈尔确定其中的98家作为重点跟踪对象，并最终参与了9家上市公司的定向增发投资。截至报告期期末，全部实现浮赢。

(二)参与PE及其他投资

PE投资是指投资于非上市股权，或者上市公司非公开交易股权的一种投资方式。私募股权投资的资金来源，既可以向社会不特定公众募集，也可以采取非公开发行方式，向有风险辨别和承受能力的机构或个人募集资金。

序 号	代 码	简 称	股数(万股)	投资成本(万元)	期末市值(万元)
1	600030	中信证券	11 000.00	9 435.37	349 470.00
2	002142	宁波银行	17 900.00	18 155.00	313 071.00
3	601328	交通银行	70.54	89.94	659.54
4	002103	广博股份	3 264.62	983.20	32 352.38
5	000980	金马股份	2 340.00	16 380.00	16 871.40
6	600837	海通证券	1 000.00	17 940.00	19 190.00
7	600522	中天科技	900.00	7 740.00	22 293.00
8	600376	首开股份	4 290.00	59 888.40	84 427.20
9	002123	荣信股份	600	16 248.00	22 620.00
10	600408	安泰集团	2 000.00	13 000.00	17 020.00
11	600000	浦发银行	10 602.77	175 900.00	229 974.14
12	002177	御银股份	1 000.00	12 000.00	15 490.00
13	600875	东方电气	1 200.00	50 484.00	54 108.00
14	002024	苏宁电器	4 000.00	68 800.00	83 120.00
合计				467 038.91	1 260 666.66

报告期内，雅戈尔经审慎调研，参与海南天然橡胶集团股份有限公司股份转让竞价，与科技部科技型中小企业技术创新基金管理中心、无锡新区创业投资集团和上海尚理投资有限公司共同发起设立无锡领峰创业投资合作基金，并出资参与绵阳科技城产业投资基金。雅戈尔在报告期内向经济实体进行的PE及其他股权投资情况如下表。

序号	投资项目	投资成本(万元)	持股比例
PE 投资项目			
1	山西阳光焦化(集团)有限公司	9 240.00	6.00%
2	杭州创业软件股份有限公司	3 206.42	16.50%
3	宁波金田铜业(集团)股份有限公司	13 320.00	3.05%
4	海南天然橡胶集团股份有限公司	6 095.39	0.64%
其他投资项目			
5	深圳中欧创业投资合伙企业(有限合伙)	3 000.00	15%
6	无锡领峰创业投资有限公司	11 500.00	38.33%
7	绵阳科技城产业投资基金(有限合伙)	6 280.84	2.22%
8	浙商财产保险股份有限公司	18 000.00	18.00%
合计		70 642.65	

二、分析和评论

以上报告期内雅戈尔公司的投资可以说比较成功，这种成功是在我国社会主义市场经济体制的确立和发展的过程中取得的，因此与时代大背景分不开。雅戈尔公司发挥了其充足的资金资源，布局于证券、金融领域和经济实体，收获甚丰。雅戈尔 2007 年投资收益 27.54 亿元，占利润总额的 70%，传统主业纺织服装和房地产只贡献了 30%的利润。在 2008 上半年，雅戈尔出售证券净赚 19 亿元，其中出售中信证券赚 12 亿元。但随着 2007 年席卷世界的金融危机的出现，雅戈尔公司的证券投资也开始遭遇损失。2008 年，公司资产减值损失较上年度金额增加 6 254.33%，主要原因是公司持有的海通证券(600837)和金马股份(000980)的股价持续下跌。近年来，由于上海证券交易所和深圳证券交易所的股票持续下跌，雅戈尔公司证券投资呈现巨大的风险性。2012 年，公允价值计量的项目虽然对利润贡献 3 亿多元(如下表)，但 29 个项目有 10 个亏损，而 2011 年雅戈尔公司的公允价值计量的项目投资收益达 10 亿元，2012 年该项收益大幅下降。雅戈尔投资于 PE 和其他经济实体的效益，则需经过一段时间的持有，才能有所反映。

项目名称	期初余额	期末余额	当期变动	对当期利润的影响金额
交易性金融资产				
现金宝货币市场基金	1 000 000.00	0	−1 000 000.00	5 424.60
广百股份	73 819 797.48	38 148 000.00	−35 671 797.48	−9 138 655.79
海正药业	158 850 000.00	47 648 000.00	−111 202 000.00	−16 732 949.87
海利得	49 988 400.00	0	−49 988 400.00	−25 928 333.03
兴蓉投资	198 480 000.00	65 032 000.00	−133 448 000.00	−833 556.93
生益科技	151 620 000.00	63 150 000.00	−88 470 000.00	−11 545 451.42
精功科技	46 846 800.00	0	−46 846 800.00	−24 017 997.00
圣农发展	148 300 000.00	106 800 000.00	−41 500 000.00	3 300 000.00
云天化	164 410 295.52	110 160 000.00	−54 250 295.52	−2 991 766.46
东方锆业	107 712 000.00	108 385 200.00	673 200.00	374 000.00
新疆众和	85 680 000.00	73 554 000.00	−12 126 000.00	360 000.00
工大首创	190 524 441.94	305 612 562.25	115 088 120.31	978 051.55
杭州解百	3 314 248.30	0	−3 314 248.30	254 423.47
浦发银行	1 521 296 428.66	1 754 848 000.00	233 551 571.34	51 434 240.36
中信证券	514 630 000.00	641 280 000.00	126 650 000.00	63 923 259.90
宁波银行	2 082 984 000.00	2 227 940 000.00	144 956 000.00	164 247 235.67
广博股份	171 972 000.00	171 666 000.00	−306 000.00	3 060 000.00
中国国航	11 147 500.00	0	−11 147 500.00	−6 359 547.00

续表

项目名称	期初余额	期末余额	当期变动	对当期利润的影响金额
上汽集团	1 230 180 000.00	517 734 000.00	−712 446 000.00	80 365 689.29
黔源电力	70 689 318.84	0	−70 689 318.84	−9 202 348.78
海南橡胶	108 098 244.87	0	−108 098 244.87	44 235 670.15
金正大		1 065 771 195.03	1 065 771 195.03	13 576 640.17
徐工机械	820 494 000.00	69 180 000.00	−751 314 000.00	18 534 197.36
金种子酒	89 400 000.00	0	−89 400 000.00	8 297 822.75
凌云股份	77 520 000.00	0	−77 520 000.00	−38 282 682.02
华鲁恒升	103 057 500.00	38 750 000.00	−64 307 500.00	2 095 553.64
中金黄金	273 168 607.20	389 159 960.40	115 991 353.20	780 036.00
山煤国际	543 484 090.91	482 295 000.00	−61 189 090.91	7 110 000.00
华新水泥	363 998 030.14	154 734 000.00		3 299 315.75
可供出售金融资产小计	9 361 665 703.86	8 431 847 917.68	−720 553 756.04	321 192 847.76
交易性金融负债	15 209 990.42	0	−15 209 990.42	0
合计	9 377 875 694.28	8 431 847 917.68	−736 763 746.46	321 198 272.36

第五章

融 资 管 理

学习目标： 掌握公司融资管理的基本类型；掌握股权融资的概念、目的和优缺点；掌握贷款的程序、条件和优缺点；掌握债券融资的概念及优缺点；熟悉可转换债券的特点及优缺点；了解融资租赁的概念、种类、特征及优缺点；了解认股权证的概念、种类、特征及优缺点。

> **引入案例：国美电器的融资困境**
>
> 从 2008 年 11 月 19 日到 2009 年 6 月 23 日复牌，这七个月来国美经历了创业以来最严重的危机：①受金融危机影响国美业绩大幅下滑；②国美前任总裁黄光裕被警方带走。2008 年 10 月黄金周之后国美的销售业绩就像刀切一样直线下滑，下降了 20%，这让国美的高管们意识到引进新资金的重要性。但在双重危机的背景下，即便国美有融资的需求也没有任何融资的"窗口"，这个局面一直持续至 2009 年 3 月。
>
> 而融资主要是为了解决公司目前和未来一段时间客观存在的资金需求。公司需要多少钱，融资的金额是多少，在此基础上决定以何种方式，或者花什么样的代价去融资。根据国美公司内部的财务测算，以未来三年现金流作价为依据，确认大概需要 30 亿元左右的资金，足够满足公司营运开支，应付 2014 年到期的可转债提前赎回的风险。理论上这些钱今天还不需要，然而从一个企业稳健的财务政策角度来讲，应该有这个储备，因为环境依然存在变化的可能。
>
> 通过一定的融资安排，国美走过了最危急的时刻。停牌 7 个月的国美电器于 2009 年 6 月 23 日 9 点半在香港联交所恢复交易，在 6 月 23 日复牌当天上涨 69%。国美公司到底是通过什么融资方案来解决融资问题的呢？
>
> （资料来源：作者根据公开资料编写）

融资管理是指企业筹措和集中生产经营所需资金的金融活动。公司的增长要依靠不断融资，增长速度的高低决定了对融资规模的需求，成功的高成长性公司无一不是对融资方式与规模做了精确而合理的安排。

融资主要包括长期债务融资、股权融资等方式，随着金融创新的日益深化，与期权合约有关的认股权证、可转换债券和可转换证券也在企业融资中发挥着重要作用。要做到融资与公司增长环境相匹配，首先就要对各种融资方式有深刻和完整的认识，对各种融资方式的优缺点、适用条件有充分的了解。本章将从这些方面展开讨论，多角度为读者展现长期融资方式的特点。

第一节 股 权 融 资

一、股权融资概述

(一)股权融资的概念

所谓股权融资是指企业的股东愿意让出部分企业所有权，通过企业增资的方式引进新的股东的融资方式。股权融资所获得的资金，企业无须还本付息，但新股东将与老股东同样分享企业的盈利与增长。股权融资用途广泛，既可以充实企业的营运资金，也可以用于企业的投资活动。

(二)股权融资的特点

股权融资的特点主要表现为以下方面。

(1) 股权是企业的初始产权，是企业承担民事责任和自主经营、自负盈亏的基础，也是投资者对企业进行控制和取得利润分配的基础。

(2) 股权融资是决定一个企业向外举债的基础。

(3) 股权融资形成的所有权资金的分布特点、股本额的大小和股东分散程度，决定一个企业控制权、监督权和剩余价值索取权的分配结构，反映的是一种产权关系。

(三)股权融资的类型

股权融资按融资的渠道来划分，可分为公开市场发售和私募发售。所谓公开市场发售就是通过股票市场向公众投资者发行企业的股票来募集资金，包括我们常说的企业的上市、上市企业的增发和配股都是利用公开市场进行股权融资的具体形式。所谓私募发售，是指企业自行寻找特定的投资人，吸引其通过增资入股企业的融资方式。由于绝大多数股票市场对于申请发行股票的企业都有一定的条件要求，例如我国对公司上市除了要求连续 3 年盈利之外，还要企业有 5000 万的资产规模，因此对大多数中小企业来说，较难达到上市发行股票的门槛，私募就成为民营中小企业进行股权融资的主要方式。

按投资主体的不同，可分为国家股、法人股、个人股。国家股是有权代表国家投资的部门或机构以国有资产向公司投资而形成的股份。法人股是企业法人依法以其可支配的财产向公司投资而形成的股份，或具有法人资格的事业单位和社会团体以国家允许用于经营的资产向公司投资而形成的股份。个人股是社会个人或公司内部职工以个人合法财产投入公司而形成的股份。

按照股东权利和偿付等级不同，可分为普通股融资和优先股融资。优先股股东在企业支付税收和债务本息之后，按股票发行时规定的股息取得收益，偿付等级优于普通股，除特殊情况外，一般不享有企业投票权。普通股股东享有企业支付税收、债务本息、优先股股息之后的全部收益，拥有企业投票权。

二、普通股融资

(一)普通股的定义及特点

普通股是指在公司的经营管理、盈利和财产的分配上享有普通权利的股份，代表满足所有债权偿付要求及优先股东的收益权与求偿权要求后对企业盈利和剩余财产的索取权，它构成公司资本的基础，是股票的一种基本形式，也是发行量最大，最为重要的股票。目前在上海和深圳证券交易所中交易的股票，都是普通股。普通股具有以下基本特征。

(1) 持有普通股的股东有权获得股利，但必须是在公司支付了债息和优先股的股息之后才能分得。普通股的股利是不固定的，一般视公司净利润的多少而定。

(2) 当公司因破产或结业而进行清算时，普通股股东有权分得公司剩余资产，但普通股股东必须在公司的债权人、优先股股东之后才能分得财产。

(3) 普通股股东一般都拥有发言权和表决权，即有权就公司重大问题进行发言和投票表决，投票权与持有股票数量直接相关。

(4) 普通股股东一般具有优先认股权，即当公司增发新普通股时，现有股东有权优先(可能还以低价)购买新发行的股票，以保持其对企业所有权的原百分比不变，从而维持其在公司中的权益。比如，某公司原有1万股普通股，某普通股股东拥有100股，占1%，当公司决定增发10%的普通股，即增发1 000股时，普通股股东就有权以低于市价(增发价格通常低于股票的市场价)的价格购买其中1%(即10股)，以便保持持有股票的比例不变。

专栏5-1：A股、B股、H股、N股和S股

A股的正式名称是人民币普通股票。它是由我国境内的公司发行，供境内机构、组织或个人(不含台、港、澳投资者)以人民币认购和交易的普通股票。

B股的正式名称是人民币特种股票。它以人民币标明面值，以外币认购和买卖，在境内(上海美元计价、美元买卖；深圳港币计价、港币买卖)证券交易所上市交易的。2001年2月19日B股对国内投资者开放，之前它的投资人限于：外国的自然人、法人和其他组织，香港、澳门、台湾地区的自然人、法人和其他组织，定居在国外的中国公民，中国证监会规定的其他投资人。

H股，即注册地在内地、上市地在香港的外资股。香港的英文是Hong Kong，取其字首，在香港上市外资股就叫做H股。

依次类推，纽约的第一个英文字母是N，新加坡的第一个英文字母是S，纽约和新加坡上市的股票分别叫做N股和S股。

(资料来源：作者编写)

(二)股票上市

股票上市是指已经发行的股票经证券交易所批准后，在交易所公开挂牌交易的法律行为，是连接股票发行和股票交易的"桥梁"。在我国，股票公开发行后即获得上市资格。上市后，公司将能获得巨额资金，有利于公司的发展。新的股票上市规则主要对信息披露和停牌制度等进行了修改，增强了信息披露的透明性，尤其是重大事件要求细化持续披露，有利于普通投资者化解部分信息不对称的影响。

1. 股票上市的目的

股份有限公司上市的目的主要有以下几种情况。

(1) 股本公开化。股票上市后，会有更多的投资者认购公司股份，公司则可将部分股份转售给这些投资者，再将得到的资金用于其他方面，这就分散了公司的风险。

(2) 提高股票的变现能力。股票上市后便于投资者购买，自然提高了股票的流动性和变现力。

(3) 便于筹措新资金。股票上市必须经有关机构审查批准并接受相应的管理，执行各种信息披露和股票上市的规定，这就大大增强了社会公众对公司的信赖，愿意购买公司的股票；而且由于一般人认为上市公司实力雄厚，也便于公司采用其他方式(如负债)筹措资金。

(4) 提高公司知名度。

(5) 便于确定公司价值。股票上市后，公司股价有市价可循，便于确定公司的价值，有利于促进公司财富最大化。

2. 股票上市的优点

上市具有很多优点，其中最重要的是获取资金、赢得声望、价值重估和流向所有者的财富转移，具体叙述如下。

(1) 获取资金。需要筹资的公司通过公开发售股票能募集到可用于多种目的的资金，包括增长和扩张、清偿债务、市场营销、研究和发展，以及公司并购。而且公司一旦上市，还可以通过发行债券、股权再融资或定向增发再次从公开市场募集到更多资金。

(2) 提高公司形象和声望。公司上市既有利于其产品和服务的营销，也能吸引潜在的合伙人和合并对象。

(3) 价值重估。上市会立刻给股东股票带来流动性，从而提高了公司的价值，而且对上市公司的财务透明和公司治理的要求也有助于提高其估值。

(4) 增强流动性。上市为公司的股票创造了一个流动性远好于私人企业股权的公开市场。流动性还为公司将来增发股份卖给投资者进行再融资提供了更大的机会，为投资者或所有者提供了退出渠道，有助于其提升投资组合多样性和资产配置灵活性。

(5) 上市公司可以使用股票和股票期权来吸引并留住有才干的员工。股票期权可以提高员工的忠诚度并阻止员工离开公司而成为竞争者。例如，2007 年上市的阿里巴巴(香港联交所上市)、巨人网络(纽交所上市)等中国企业,因员工持股而创造了数千名百万富翁、千万富翁,还有数名亿万富翁。

(6) 有助于公司内控机制的建立与完善。

专栏 5-2:高盛对中国工商银行的股权投资

2006 年 1 月,高盛斥资 25.8 亿美元买入工商银行 4.9%的股份,持股 164.76 亿股,股价约为 1.26 元每股,这宗股份买卖交易发生在当年 10 月工商银行 219 亿美元首次公开募股(IPO)之前。2009 年 6 月,高盛出售其所持工商银行约 20%的股份(30.33 亿股,每股 4.88 港元)。2010 年 10 月卖出 30.41 股,卖出价格每股 5.74 港元。2013 年 5 月 20 日收盘后,外资投行高盛通过场外大宗交易的方式,以每股 5.47～5.5 港元的价格出售了大约 15.8 亿中国工商银行 H 股,套现约 11.2 亿美元。至此,高盛已出清其在工商银行所有持股。高盛自 2006 年入股工商银行以来,经过五次减持最终获利逾 72.8 亿美元扬长而去,实现了近三倍的初始投资回报。

(资料来源:根据互联网收集整理)

---

3. 股票上市的缺点

上市带来的优势是巨大而深远的,但也必须考虑上市的重大不利因素和上市成本。这些缺点如下所述。

(1) 信息的披露要求。公司的上市过程包含了对公司和业务历史的大量的"尽职调查"。这需要对公司的所有商业交易进行彻底的分析,包括私人契约和承诺,以及诸如营业执照、许可和税务等的规章事务。不仅如此,监管现在可能还会要求对公司的环保历史和对环保条例和法规的遵守情况进行复查。违反这些标准的公司不仅会因此遭到处罚,而且还可能被禁止进行融资;上市公司还必须不断地向所在交易所和各种监管部门提交报告。在美国,上市公司不仅要向证券交易委员会(SEC)提交报告,而且还要遵守证券法的相关条款以及全美证券交易者协会的交易指南。公司抵制上市的一个主要原因就是上市需要披露公司运营和政策中的专有信息。公司的财务信息可以从公开途径获取,有可能给竞争者带来知己知彼的战略优势。因此,必须建立确保公司专有信息保密性的相关机制。

(2) 面临管理压力和失去控制权的风险。公司高管、管理层以及相关群体都对上市过程及公告文件中的误导性陈述或遗漏负有责任。而且,管理层可能还会由于违反受信责任、自我交易等罪名遭到股东的法律诉讼,无论这些罪名是否成立。上市公司的股东有权参与管理层的选举,在特定情况下甚至可以取代公司的建立者。即使不出现这种情况,上市公司也会受制于董事会的监督,而董事会出于股东的利益考虑,可能会改变建立者的原定战略方向或否决其决定。

(3) 上市花销巨大。公司将上市筹集所得资金的12%～15%用于海外上市进程的直接开销是很平常的。上市过程占用了管理层的大量时间并可能会打断正常的业务进程。而且,上市公司所面临的树立良好的公司法人形象的压力也会越来越大。上述压力会致使公司需要把钱用于履行社会责任和其他公益行为，而当公司是私营企业时这些都不是必要的。

(三)普通股融资的优缺点

1．普通股融资的优点

与其他筹资方式相比，普通股融资具有以下优点。

(1) 发行普通股筹措资本具有永久性，无到期日，不需归还，这对保证公司对资本的最低需要、维持公司长期稳定发展极为有益；

(2) 发行普通股筹资没有固定的股利负担，股利的支付与否和支付多少，视公司有无盈利和经营需要而定，经营波动给公司带来的财务负担相对较小；

(3) 发行普通股筹集的资本是公司最基本的资金来源，它反映了公司的实力，可作为其他方式筹资的基础，尤其可为债权人提供保障，增强公司的举债能力；

(4) 普通股的预期收益较高并可一定程度地抵消通货膨胀的影响(通常在通货膨胀期间，不动产升值时普通股也随之升值)，因此普通股筹资容易吸收资金。

2．普通股融资的缺点

运用普通股筹措资本也有一些缺点，主要表现为以下两点。

(1) 普通股的资本成本较高。首先，从投资者的角度讲，投资于普通股风险较高，相应地要求有较高的投资报酬率；其次，对于筹资公司来讲，普通股股利从税后利润中支付，不像债券利息那样作为费用从税前支付，因而不具抵税作用。此外，普通股的发行费用一般也高于其他证券。

(2) 以普通股筹资会增加新股东，这可能会分散公司的控制权。此外，新股东分享公司未发行新股前积累的盈余，会降低普通股的每股净收益，从而可能引发股价的下跌。

三、优先股

(一)优先股的定义及特点

优先股是相对于普通股而言在利润分红及剩余财产分配的权利方面，优先于普通股的股份。优先股的主要特征如下所述。

(1) 优先股股息收益率是固定的。由于优先股股息率事先固定，所以优先股的股息一般不会根据公司经营情况而增减，而且一般也不能参与公司剩余收益的分红，但优先股可以先于普通股获得股息。

(2) 优先股的权利范围小。优先股股东一般没有选举权和被选举权，对股份公司的重大经营无投票权，但在某些特殊情况下可以享有投票权，如公司股东大会需要讨论与优先股有关的索偿权。

(3) 优先股的求偿权先于普通股，而次于债权人。

(二)优先股的权利

优先股的优先权主要表现在以下两个方面。

(1) 股息领取优先权。股份公司分派股息的顺序是优先股在前，普通股在后。股份公司不论其盈利多少，只要股东大会决定分派股息，优先股就可按照事先确定的股息率领取股息，而普通股的红利却不固定，视公司盈利情况而定，利多多分，利少少分，无利不分，上不封顶，下不保底。

(2) 剩余资产分配优先权。股份公司在解散、破产清算时，优先股具有公司剩余资产的分配优先权。优先股的优先分配权在债权人之后，在普通股之前。只有还清债务后有剩余资产时，优先股才具有剩余资产的分配权。

(三)优先股融资的优缺点

优先股融资具有以下优点。

(1) 优先股筹集的资本属于权益资本，通常没有到期日，即使其股息不能到期兑现也不会引发公司的破产，因而筹资后不会增加财务风险，反而会使公司筹资能力增强；

(2) 优先股股东一般没有投票权，不会使普通股股东的剩余控制权受到威胁；

(3) 优先股的股息通常是固定的。

优先股融资具有以下缺点。

(1) 优先股筹资的成本比债券高，这是因为其股息不能抵冲税前利润；

(2) 有些优先股(累积优先股，参与优先股等)要求分享普通股的剩余所有权，稀释其每股收益。

案例 5-1：遵义钛业成为 A 股最大烂尾 IPO

从 2008 年 4 月通过证监会审核到 2013 年 1 月终止上市，遵义钛业历时 5 年过而不发，成为 A 股 IPO 最大的烂尾项目。究竟是什么原因导致遵义钛业最终殒命 IPO？

产品价格蹦极：遵义钛业的主营业务是生产钛产业链上的初级产品海绵钛。从 2006 年到 2011 年，市场上的海绵钛价格从当初每吨 25 万元下跌到最低的 5 万元左右，直到 2011 年左右才恢复到每吨 6 万元左右的水平。全球金融危机导致航空业增长放缓等外界因素和国内钛产业大跃进式的产能扩张是价格暴跌的主要原因。

过剩产能扩张：2005 年国内生产海绵钛的厂家只有 3 家，总计产能大约 13 000 吨，实际产量不过 9 510 吨；到 2007 年国内已经有 14 家企业从事海绵钛生产，合计产能已经达到 58 000 吨，实际产量为 45 200 吨。产能过剩导致各家企业相互压价，到 2007 年一季度时市场上的海绵钛价格已经跌破每吨 10 万元。2006 年遵义钛业就已经展开了募投项目的前期准备工作，项目征地、新增用电以及环保审核。2007 年 6 月份，投资规模高达 10 亿元的募投项目就正式开工建设了。2007 年 10 月份，遵义钛业通过其与宝钢股份等股东合资成立的遵宝钛业，以 4 200 万元的价格收购了东方钛业手中的海绵钛建设项目批文，收购完成后，公司将这个原本只有 5 000 吨产能的建设方案改成了 10 000 吨。

润悬崖：在 2009 年到 2011 年的三年间，公司生产海绵钛所需要的高钛渣、液氯、金属镁、四氯化钛和电力价格都在持续上涨，特别是生产海绵钛的主要原材料高钛渣，价格已经从 2009 年的 3 716 元涨到了 2011 年的 7 526 元，涨幅超过 100%，而同期公司海绵钛的价格只上调了不到 56%。再加上大量银行贷款导致的公司期间费用逐年增长，导致公司的毛利率逐年下降。进入到 2012 年，遵义钛业的业绩更加恶化，截至 2012 年上半年，公司的净利润亏损额为 4 762 万元；到了三季度末的时候，亏损额已经增加到了 8 308 万元。公司于 2013 年 1 月 4 日撤出 IPO 申请。

(资料来源：张学光.A 股最大烂尾 IPO 调查，华夏时报，2013-1-23)

第二节 贷款融资

一、贷款的概念与分类

贷款是指企业从银行或其他金融机构借入的期限在一年以上(不含一年)的贷款。我国股份制企业的贷款主要是从金融机构借入的各种贷款，如从各专业银行、商业银行取得的贷款，从财务公司、投资公司等金融企业借入的款项。

贷款融资按照用途的不同，可以分为基本建设贷款、技术改造贷款和生产经营贷款三类；按照偿还方式的不同，可以分为定期一次性偿还的贷款和分期偿还的贷款两类；按照付息方式与本金的偿还方式，可分为分期付息到期还本贷款、到期一次还本付息贷款、分期偿还本息贷款；按照涉及货币种类的不同，可以分为人民币贷款和外币贷款；按照来源的不同，可以分为从银行借入的贷款和从其他金融机构借入的贷款等。

二、贷款的程序

(一)企业提出贷款申请

企业向银行贷款，首先应向银行提出申请。申请的内容一般包括以下几项：贷款用途、贷款期限、贷款数额和还款方式。企业向银行贷款一般用于购置固定资产、增加流动资金、归还已到期的债权或贷款。贷款的期限不等，但一般不超过 10 年。贷款的具体数额，根据企业主观上的需要和客观上的可能来加以确定。银行贷款既可到期一次归还，也可以分期定额或不定额归还。

(二)银行审查贷款申请

银行接到企业的申请后，要按照有关政策和贷款条件，对企业进行审查，以决定是否对企业贷款。银行审查的内容主要有以下几项。

(1) 企业的财务状况，银行主要通过企业的财务报表审查企业的负债水平、资本结构等内容。

(2) 企业的信用情况，主要包括过去的偿债记录、信誉，以及主要经营者的品行等。

(3) 企业盈利的稳定性，主要包括企业一段时期以来的获利能力及其发展趋势。

(4) 企业的发展前景，主要包括企业的经营管理水平、技术力量、主导产品的市场份额等。

(5) 企业贷款投资项目的可行性，主要审查投资项目建成后所生产的产品是否具有竞争力。

(三)银企签订贷款合同

银行经审查批准贷款申请后，与贷款企业可进一步协商贷款的具体条件，签订正式的贷款合同，明确规定贷款的数额、利率、期限和一些期限性条款。

(四)企业取得贷款

贷款合同生效后，银行可在核定的贷款指标范围内，根据企业的用款计划和实际需要，一次或分次将贷款转入企业的存款结算户，以便企业支用。

(五)企业归还贷款

贷款期满，企业应按合同规定还本付息。如果贷款到期，企业不予偿还，银行可根据合同规定，从贷款企业的存款户中扣还贷款本息及加收的利息。贷款企业如因暂时财务困难，需延期偿还贷款时，应向银行提交延期还贷计划，经银行审查核定，续签合同。逾期贷款通常要加收利息。

三、贷款的信用条件

(一)信贷额度与信贷周转协定

信贷额度是贷款人与银行在协议中规定的允许贷款人贷款的最高限额。

信贷周转协定是银行从法律上承诺向企业提供不超过某一最高限额的贷款协定。在协定有效期内，只要企业累计贷款总额未超过最高限额，银行必须满足企业任何时候提出的贷款要求。企业享有周转协定，通常要对贷款限额的未使用部分付给银行一笔承诺费。

$$承诺费=(最高贷款限额-年度已使用贷款额)×承诺费率 \qquad (5.1)$$

[例 5-1] 某企业与银行商定信贷周转额为 1 000 万元，承诺费率为 0.5%，贷款企业年度内使用了 800 万元，余额为 200 万元，求承诺费为多少？

解：根据式(5.1)得，贷款企业应向银行支付承诺费的金额为

承诺费=200×0.5%=1(万元)

(二)补偿性余额

补偿性余额是银行要求贷款人在银行账户中，按贷款限额或实际借用额一定百分比(一般为10%～20%)，保持的最低存款余额。补偿性余额有助于银行降低贷款风险，补偿其可能遭受的风险；对贷款企业来说，补偿性余额则提高了贷款的实际利率，加重了企业的利息负担。考虑补偿性余额后，贷款的实际利率为

实际利率=年利息÷实际可用借款=名义利率÷(1-补偿性余额比率)   (5.2)

[例5-2] 企业采用补偿性余额贷款1 000万元，名义利率为12%，补偿性余额比率为10%。求企业实际可以利用的贷款及实际利率。

解：企业实际可以利用的贷款额为：1 000×(1-10%)=900(万元)

实际利率=名义利率÷(1-补偿性余额比率)

=12%÷(1-10%)=13.33%

(三)贷款抵押

银行向财务风险较大的企业或对其信誉不好把握的企业发放贷款，有时需要有抵押品担保，以减少自己蒙受损失的风险。抵押贷款的利率一般低于非抵押贷款的利率。

四、贷款的保护性条款

(一)一般性保护条款

一般性保护条款是对企业资产的流动性及偿债能力等方面的要求条款，这类条款应用于大多数借款合同，主要包括以下几项。

(1) 对借款企业流动资金保持量的规定，其目的在于保持借款企业资金的流动性和偿债能力。

(2) 对支付现金股利和再购入股票的限制，其目的在于限制现金外流。

(3) 对净经营性长期资产总投资规模的限制,其目的在于降低企业日后不得不变卖固定资产以偿还贷款的可能性，仍着眼于保持借款企业资金的流动性。

(4) 限制其他债务，其目的在于防止其他债权人取得对企业资产的优先求偿权。

(5) 要求借款企业定期向银行提交财务报表，其目的在于及时掌握企业的财务情况。

(6) 限制企业在正常情况下出售较多资产，以保持企业正常的生产经营能力。

(7) 要求企业如期缴纳税费和清偿其他到期债务，以防被罚款而造成现金流失。

(8) 不准企业以任何资产作为其他承诺的担保或抵押，以避免企业负担过重。

(9) 不准企业贴现应收票据或出售应收账款，以避免或有负债。

(10) 限制企业租赁固定资产的规模，其目的在于防止企业负担巨额租金以致削弱其偿债能力，防止企业以租赁固定资产的办法摆脱对其净经营性长期资产总投资和负债的约束。

(二)特殊性保护条款

特殊性保护条款是针对某些特殊情况规定的条款，只有在特殊情况下才能生效，主要包括以下几项。

(1) 贷款专款专用。

(2) 不准企业投资于短期内不能收回资金的项目。

(3) 限制企业高级职员的薪金和奖金总额。

(4) 要求企业主要领导人在合同有效期间内担任领导职务。

(5) 要求企业主要领导人购买人身保险等。

五、贷款利息

贷款利息是指贷款人让渡资金使用权的报酬，贷款利率是指借款人和贷款人约定的应当收取的利息的数额与所借出资金的比率。借款人应当按照合同约定的利率向贷款人支付利息和本金。

(一)贷款利率的确定

贷款利率是借款人使用贷款支付的价格，也是借款人生产或经营成本的重要组成部分。贷款人必须严格执行中国人民银行关于利率管理的规定，在中国人民银行利率浮动幅度规定的范围内确定每笔贷款的利率。这样既可维护国家统一利率的严肃性，又能兼顾每个贷款人的利益。

(二)利息的支付方式

(1) 利随本清法。利随本清法又称收款法，是指借款到期时，向银行支付利息的方法。采用这种方法，借款的名义利率等于实际利率。

(2) 贴现法。贴现法是指银行向企业发放贷款时，先从本金中扣除利息部分，而到期时，借款企业再偿还全部本金的借款方法。实质上是在借款时即把利息扣除，这将导致实际利率高于名义利率。实际利率的计算公式如下：

$$实际利率=本金×名义利率÷实际借款额$$
$$=本金×名义利率÷(本金-利息)$$
$$=名义利率÷(1-名义利率) \tag{5.3}$$

(3) 加息法。加息法是银行发放分期等额偿还贷款时采用的利息收取方法。在分期等额偿还贷款的情况下，银行要将根据名义利率计算的利息加到贷款本金上计算出贷款的本息和，要求企业在贷款期内分期偿还本息之和的金额。由于贷款分期均衡偿还，借款企业实际上只平均使用了贷款本金的半数，而却支付全额利息。这样，企业所负担的实际利率便大约高于名义利率的 1 倍。

六、贷款融资的优缺点

贷款融资的优点主要表现为筹资速度快、资金成本较低、筹资弹性大、可以获得财务杠杆利益、易于企业保守财务秘密；而这种融资方式的缺点主要表现为财务风险高、限制条件多、筹资数量有限等。因此，很多企业为了规避财务风险，喜欢采用股权融资的方式来筹集资金。

第三节　债 券 融 资

一、债券的概念及特点

(一)债券的概念

根据偿还期限的不同，债券可分为长期债券、短期债券和中期债券。一般说来，偿还期限在 10 年以上的为长期债券；偿还期限在 1 年以下的为短期债券；期限在 1 年或 1 年以上、10 年以下(包括 10 年)的为中期债券。中长期债券的发行者主要是政府、金融机构和企业。发行中长期债券的目的是为了获得长期稳定的资金。我国政府发行的债券主要是中期债券，集中在 3～5 年这段期限。1996 年，我国政府开始发行期限为 10 年的长期债券。

(二)债券的特点

债券具有偿还性、流动性、安全性和盈利性的特点。具体而言，偿还性是指债券有规定的期限，企业必须在约定的时间向债券持有人归还本金，以赎回债券。流动性是指债券具有转让变现的能力，无论债券到期与否，债券持有人若急需资金，可随时转让变现。当债券转让完成后，债券权利亦随之转让，因此，长期债券具有高度流动性。安全性是指债券具有避免市场价格波动引起价值损失风险的能力。债券持有人的收益稳定、安全可靠。盈利性是指债券是债券持有人向债券发行人的直接投资，不会产生中间利润，债券持有人可以按预先规定的利率定期或到期领取一定的利息收入，其收益一般高于同期储蓄存款的利息收益。

二、债券的种类

债券的种类繁多，且随着人们对融资和证券投资的需要又会不断创造出新的债券形式。在现今的金融市场上，债券的种类可按发行主体、发行区域、发行方式、期限长短、利息支付形式、有无担保、是否记名和是否可转换分类。

1．按发行主体分类

按主体的不同，债券可分为政府债券、金融债券和公司债券三大类。第一类是由政府发行的债券称为政府债券，它的利息享受免税待遇，其中由中央政府发行的债券也称国债或国库券，其发行债券的目的都是为了弥补财政赤字或投资于大型建设项目；而由各级地方政府机构发行的债券称为地方政府债券，其发行目的主要是为地方建设筹集资金，因此都是一些期限较长的债券；在政府债券中还有一类称为政府保证债券的，它主要是为一些市政项目及公共设施的建设筹集资金而由一些与政府有直接关系的企业、公司或金融机构发行的债券，这些债券的发行均由政府担保，但不享受中央和地方政府债券的利息免税待遇。第二类是由银行或其他金融机构发行的债券，称为金融债券。第三类是公司债券，它是由非金融性质的企业发行的债券，其发行目的是为了筹集长期建设资金，一般都有特定用途。按有关规定，企业要发行债券必须先参加信用评级，级别达到一定标准才可发行。

2．按发行区域分类

按发行的区域划分，债券可分为国内债券和国际债券。国内债券，就是由本国的发行主体以本国货币为单位在国内金融市场上发行的债券；国际债券则是本国的发行主体到别国或国际金融组织等以外国货币为单位在国际金融市场上发行的债券。由于国际债券属于国家的对外负债，所以本国的企业如到国外发债事先需征得政府主管部门的同意。

3．按偿还期限的长短分类

按偿还期限的长短，债券可分为短期、中期和长期债券。一般的划分标准是期限在 1 年以下的为短期债券，期限在 10 年以上的为长期债券，而期限在 1 年到 10 年之间的为中期债券。

4．按利息支付形式分类

按利息的不同支付方式，债券一般分为附息债券、贴现债券和普通债券。附息债券是在它的券面上附有各期息票的中长期债券，息票的持有者可按其标明的时间期限到指定的地点按标明的利息额领取利息。息票通常以 6 个月为一期，由于它在到期时可获取利息收入，息票也是一种有价证券，因此它也可以流通、转让。贴现债券是在发行时按规定的折扣率将债券以低于面值的价格出售，在到期时持有者仍按面额领回本息，其票面价格与发行价之差即为利息。除此之外的就是普通债券，它按不低于面值的价格发行，持券者可按规定分期分批领取利息或到期后一次领回本息。

5．按是否公开发行分类

按是否公开发行，债券可分为公募债券和私募债券。公募债券是指按法定手续，经证券主管机构批准在市场上公开发行的债券，其发行对象是不限定的。这种债券由于发行对象是广大的投资者，因而要求发行主体必须遵守信息公开制度，向投资者提供多种财务报表和资料，以保护投资者利益，防止欺诈行为的发生。私募债券是发行者向与其有特定关系的少数投资者发行的债券。该债券的发行范围很小，其投资者大多数为银行或保险公司等金融机构，它不采用公开呈报制度，债券的转让也受到一定程度的限制，流动性较差，但其利率水平一般较公募债券要高。

6. 按债券有无抵押担保分类

按债券有无抵押担保，可以分为信用债券和担保债券。信用债券亦称无担保债券，是仅凭债券发行者的信用而发行的、没有抵押品作担保的债券。一般政府债券及金融债券都为信用债券。少数信用良好的公司也可发行信用债券，但在发行时须签订信托契约，对发行者的有关行为进行约束限制，由受托的信托投资公司监督执行，以保障投资者的利益。担保债券指以抵押财产为担保而发行的债券，具体包括以土地、房屋、机器、设备等不动产为抵押担保品而发行的抵押公司债券，以公司的有价证券(股票和其他证券)为担保品而发行的抵押信托债券和由第三者担保偿付本息的承保债券。当债券的发行人在债券到期而不能履行还本付息义务时，债券持有者有权变卖抵押品来清偿抵付或要求担保人承担还本付息的义务。

7. 按是否记名分类

按是否记名，可以将债券分为记名债券和无记名债券。记名债券是指在券面上注明债权人姓名，同时在发行公司的账簿上作同样登记的债券。转让记名债券时，除要交付票券外，还要在债券上背书和在公司账簿上更换债权人姓名。而无记名债券是指券面未注明债权人姓名，也不在公司账簿上登记其姓名的债券。现在市面上流通的一般都是无记名债券。

8. 按是否可转换分类

按是否可转换，债券又可分为可转换债券与不可转换债券。可转换债券是能按一定条件转换为其他金融工具的债券，而不可转换债券就是不能转化为其他金融工具的债券。可转换债券一般都是指可转换公司债券，这种债券的持有者可按一定的条件根据自己的意愿将持有的债券转换成股票。

专栏 5-3：次级债券

次级债券(subordinated debentures)是对企业资产的索取权次于其他债券的无担保债券。企业清算时，次级债券持有人通常要在其他高级别债权人得到足额清偿后才有权要求清偿。当然，次级债券持有人的权益在清算时仍排在优先股和普通股股东的前面。次级债券的存在有利于优先债权持有人，因为他们可以侵占次级债券持有人的利益。例如，假设公司清算价值是 60 万美元，流通在外的不可转让债券是 40 万美元，流通在外的次级债券是 40 万美元，普通债务是 40 万美元。人们可能认为不可转让债券持有人与普通债权人享有同等的地位，都对清算资产享有优先索取权，即各自得到 30 万美元。事实上，法律规定不可转让债券持有人有权使用次级债券持有人的索取权。因此，不可转让债券持有人的索取权总额是80万美元。所以，公司清算价值的2/3(80万美元／120万美元)即40万美元属于不可转让债券持有人，而只有1/3(40万美元／120万美元)即20万美元属于普通债权人。由于索取权的上述特点，企业在发行次级债券时为吸引投资者不得不提供高于普通债券的收益率。次级债券经常能转换为普通股。因此，附加的期权特征可能使得可转换次级债券以低于普通债券的收益率发行。

(资料来源：作者编写)

专栏 5-4：垃圾债券

20世纪80年代，非投资级别债券市场(即我们所说的"垃圾债券"市场)出现并得到了迅速发展。这个市场中流通的债券都是 Ba 级别(穆迪公司)或以下的债券，被称为"垃圾债券"或"高收益率债券"。垃圾债券(junk bonds)市场是由 Drexel Burnham Lambert 投资银行一手培育起来的，它一直统治着该市场，直到1990年 Drexel Burnham Lambert 投资银行破产。很多公司通过垃圾债券市场筹集上亿美元以偿还先前从银行或私募得到的款项。此外，垃圾债券还用于企业购并和杠杆收购。垃圾债券的主要投资者是养老基金、高收益率债券共同基金以及一些直接投资的个人。垃圾债券的二级市场虽然存在，但当债券市场上出现任何金融恐慌或当投资者转而重视债券质量时，垃圾债券的流动性就会丧失。20世纪80年代后期，与杠杆收购有关的债券发行经历了一段困难时期，大量发行出现了违约。投资者对其丧失了信心，新债券的发行骤减。90年代初期以后垃圾债券市场有所复苏，尤其是较高质量债券的发行。尽管对一些公司来说，垃圾债券是一种可行的筹资方式，但必须认识到这种机会具有很大的不确定性，在一个不稳定的市场上很难找到投资者。

(资料来源：作者编写)

专栏 5-5：资产证券化

资产证券化(asset securitization)是指将能够产生现金流的同类资产合并，然后基于合并资产发行有价证券。资产证券化的目的是减少财务费用。例如，Acme Aglet 公司需要现金，但没有足够高的信用等级来发行成本较低的证券。因此它挑选了几种资产合并打包，将其从资产负债表中删除，销售给具有特殊目的、不太可能破产的经济实体(称为特殊目的实体，SPV)。通过这种方式，即使 Acme 公司有一天破产，其债权人也不能获得打包的资产。SPV反过来通过出售资产支持证券(asset—backed securities，ABS)筹集资金，即由从 Acme 公司购买的资产支持的证券。

(资料来源：作者编写)

三、债券的发行条件

债券发行条件是指债券发行者在以债券形式筹集资金时所必须考虑的有关因素，包括发行金额、票面金额、期限、票面利率、发行价格、信用评级、付息方式、偿还方式、发行费用、税收效应以及有无担保等内容。

(一)债券的发行金额

债券发行金额是发行债券的面值总额，一般是根据发行人对所需资金的数量、资金市场的供求情况、发行人的偿债能力和信誉、债券的种类以及该种债券对市场的吸引力等各种因素全面衡量后确定的。

(二)债券的期限

债券期限是指从债券的计息日起到偿还本息日止的时间，是在债券发行时就确定的债券还本的年限。债券的发行人到期必须偿还本金，债券持有人到期收回本金的权利受到法律的保护。

(三)债券票面利率

债券的票面利率是指在债券上标识的利率，是债券发行人每年应付给债券持有人的利息总额与债券总面值的百分比。票面利率的高低直接影响着证券发行人的筹资成本和投资者的投资收益，受债券本身的信用等级、市场条件、监管当局指导利率等因素影响。

(四)债券发行价格

债券的发行价格是指债券原始投资者购入债券时应支付的市场价格，它与债券的面值可能一致也可能不一致。理论上，债券发行价格是债券的面值和支付的年利息按发行当时的市场利率折现所得到的现值。票面利率和市场利率的关系影响到债券的发行价格。当债券票面利率等于市场利率时，债券发行价格等于面值；当债券票面利率低于市场利率时，企业仍以面值发行就不能吸引投资者，故一般要折价发行；反之，当债券票面利率高于市场利率时，企业仍以面值发行就会增加发行成本，故一般要溢价发行。

(五)债券的信用评级

债券的信用评级是指按一定的指标体系对准备发行债券的还本付息的可靠程度发出公正客观的评定。债券信用评级是对发债机构按时偿还债券的能力和意愿做出的评价，其作用有二：①债券信用评级帮助投资者进行债券投资决策；②债券信用评级减少信誉高的发行人的筹资成本。

一般来说，资信等级越高的债券，越容易得到投资者的信任，能够以较低的利率出售；

而资信等级低的债券，风险较大，只能以较高的利率发行。

目前国际上公认的最具权威性的信用评级机构主要有标准·普尔、穆迪和惠誉。以标准·普尔为例，它的长期债券信用等级共设 10 个等级，分别为 AAA、AA、A、BBB、BB、B、CCC、CC、C 和 D，其中长期信用等级的 AA 至 CCC 级可用 "+" 和 "-" 号进行微调。

(六)债券的付息方式

债券的付息方式大致可以分为两种：一种是一次性支付利息，另一种是分次定期支付利息。一次性支付利息又分为两种情况，第一种是待债券到期后，利息随本金一起支付；第二种是债券在发行时以本金折扣的方式 "贴现" 发行。对于定期支付利息的债券，发行人通常按会计期限支付利息，如按年、按半年、按季付息等。

(七)债券的偿还方式

债券的偿还有以下三种方式。

(1) 到期偿还。到期偿还指债券到期后还清债券所载明的义务。分为分批偿还和一次偿还两种方式。其中，到期一次偿还的债券是最为常见的。

(2) 提前偿还。提前偿还又称提前赎回或收回，是指在债券尚未到期之前就予以偿还，只有在公司发行债券的契约中明确规定了有关允许提前偿还的条款，公司才可以进行此项操作。提前偿还所支付的价格通常要高于债券的面值，并随到期日的临近而逐渐下降。具有提前偿还条款的债券可使公司筹资有较大的弹性。当公司资金有结余时，可提前赎回债券；当预测利率下降时，也可提前赎回债券，而后以较低的利率来发行新债券。

(3) 滞后偿还。滞后偿还指在债券到期之后来偿还债券，有以下两种形式：①直接以新债券兑换旧债券；②用发行新债券得到的资金来赎回旧债券。

四、债券发行定价方式

(一)公开招标定价

债券发行的定价方式以公开招标最为典型。按照招标标的分类，有价格招标和收益率招标；按照价格决定方式分类，有荷兰式招标、美国式招标和混合式招标。

价格招标是指以债券的票面价格为标的物进行的招标；收益率招标则是指以债券收益率为标的物进行的招标。

荷兰式招标又称单一价格招标。以募集满债券发行额为止的所有投标者报出的最低中标价格(或最高中标利率)作为最后中标价格，全体中标者以此价格为认购价格。

美国式招标又称多种价格招标。以募集完发行额为止的所有中标者各自报出的投标价格(利率)作为各中标者认购债券的价格(或利率)。在美国式招标规则下，所有中标者认购债券的价格(或利率)是不同的。

混合式招标具有荷兰式招标和美国式招标的双重特征。按照这种招标规则，以中标数量为权重计算全场加权平均中标价格，中标价格高于或等于全场加权平均中标价格的标位，按全场加权平均中标价格认购；中标价格低于全场加权平均中标价格一定限度以内的标位，按各自申报价格认购；中标价格低于全场加权平均中标价格一定限度以下的标位，全部落标。

(二)簿记建档式定价

簿记建档是一种系统化、市场化的发行定价方式，包括前期的预路演、路演等推介活动和后期的簿记定价、配售等环节。其具体流程为：首先进行预路演，根据反馈信息并参照市场状况，簿记建档人和发行人共同确定申购价格区间；然后进行路演，与投资人进行一对一的沟通；最后开始簿记建档工作，由权威的公证机关全程监督。簿记建档人一旦接受申购订单，公证机构即刻核验原始凭证，并统一编号，确保订单的有效性和完整性。簿记建档人将每一个价位上的累计申购金额录入电子系统，形成价格需求曲线，并与发行人最终确定发行价格。

五、债券融资的优缺点

(一)债券融资的优点

债券融资具有以下几个方面的优点。

(1) 债券融资的成本较低。从投资者角度来讲，投资于债券可以受限制性条款的保护，其风险较低，相应地要求较低的回报率，即债券的利息支出成本低于普通股票的股息支出成本；从筹资公司来讲，债券的利息是在所得税前支付，有抵税的好处，显然债券的税后成本低于股票的税后成本；从发行费用来讲，债券一般也低于股票。债券投资在非破产情况下对公司的剩余索取权和剩余控制权影响不大，因而不会稀释公司的每股收益和股东对公司的控制。

(2) 可利用财务杠杆。无论发行公司的盈利多少，债券持有者一般只收取固定的利息，若公司收益率大于债券利率，则会增加股东财富和公司价值。

(3) 保障公司控制权。债券持有者一般无权参与发行公司的管理决策，因此发行债券一般不会分散公司控制权。

(二)债券融资的缺点

债券融资具有以下几个方面的缺点。

(1) 债券融资有固定的到期日，必须按期支付利息和本金，如不能兑现承诺则可能引起公司破产。

(2) 债券融资具有一定限度。随着财务杠杆的上升，债券筹资的成本也不断上升，加大财务风险和经营风险，可能导致公司破产和最后清算。

(3) 公司债券通常需要抵押和担保，而且有一些限制性条款。这实质上是取得一部分控制权，削弱经理控制权和股东的剩余控制权，从而可能影响公司的正常发展和进一步的筹资能力。

专栏5-6：中国地方债的发行

2011年11月15日，上海市率先自行发行地方政府债券(简称"地方债")，揭开了此次地方债自行发行的序幕。随后，浙江省、广东省、深圳市相继完成自行发行的试点工作，总发行规模为229亿元。作为地方政府一种市场化融资的方式，地方债试点无疑会对地方政府的财政管理体制、我国债券市场、社会信用体系等诸多方面产生深远影响。

事实上，新中国成立后不久我国就允许地方政府发行债券，如东北生产建设折实公债、地方经济建设折实公债等。1958年4月，中共中央发布了《关于发行地方公债的决定》，决定自1959年起，在必要时允许发行地方建设公债，并规定了发债的条件；但在1985年，在各地方政府怀有强烈的投资冲动的情况下，为了控制投资规模，决定暂停发行地方债。此后，地方债的发行一直受到《中华人民共和国预算法》第28条规定的限制。该条指出："地方各级预算按照量入为出、收支平衡的原则编制，不列赤字。除法规和国务院规定的以外，地方政府不得发行地方政府债券。"可以看出，该规定本身含有"例外条款"。2008年国际金融危机对我国经济造成严重冲击，中央政府推出4万亿元经济刺激计划。为了缓解地方政府在刺激计划中的资金瓶颈，从2009年开始中央政府每年代地方政府发行一定数量债券。此次试点工作的推出是地方债发行方式的重大变革。

2009年起中央政府为地方政府代理发行地方债券以来，经过两三年的运作，地方政府已积累了一些债务管理的经验。此次地方政府在限额内自行发债，本质上具有应急和试验的性质，是由"代理发行"向"自行发行"的自然过渡。

(资料来源：宗宽广，周治富. 我国地方政府债券发展的路径与前景，国际金融，2012(2).)

第四节 融 资 租 赁

一、融资租赁的概念

(一)概念

融资租赁(financial leasing)又称设备租赁(equipment leasing)或现代租赁(modern leasing)，是指出租人根据承租人对租赁物件的特定要求和对供货人的选择，出资向供货人购买租赁物件，并租给承租人使用，承租人则分期向出租人支付租金。在租赁期内租赁物件的所有权属于出租人所有，承租人拥有租赁物件的使用权。租期届满，租金支付完毕并且承租人根据融资租赁合同的规定履行完全部义务后，对租赁物的归属没有约定的或者约定不明的，可以协议补充；不能达成补充协议的，按照合同有关条款或者交易习惯确定，仍然不能确定的，租赁物件所有权归出租人所有。

融资租赁的对象一般是寿命较长、价值较高的物品，如机械设备等。融资租赁是集融资与融物、贸易与技术更新于一体的新型金融产业。由于其融资与融物相结合的特点，出现问题时租赁公司可以回收、处理租赁物，因而在办理融资时对企业资信和担保的要求不高，所以非常适合中小企业融资。

(二)与传统租赁的区别

融资租赁和传统租赁一个本质的区别就是：传统租赁以承租人租赁使用物件的时间计算租金，而融资租赁以承租人占用融资成本的时间计算租金。融资租赁是市场经济发展到一定阶段而产生的一种适应性较强的融资方式，是 20 世纪 50 年代产生于美国的一种新型交易方式。由于它适应了现代经济发展的要求，所以在 20 世纪 60～70 年代迅速在全世界发展起来。已成为企业更新设备的主要融资手段之一，被誉为"朝阳产业"。我国 20 世纪 80 年代初引进这种业务方式后，二十多年来也得到了迅速发展，但比起发达国家，租赁的优势还远未发挥出来，市场潜力很大。

(三)与分期付款的区别

分期付款是一种买卖交易，买者不仅获得了所交易物品的使用权，而且获得了物品的所有权；而融资租赁则是一种租赁行为，尽管承租人实际上承担了由租赁物引起的成本与风险，但从法律上讲，租赁物所有权名义上仍归出租人所有。

融资租赁和分期付款在会计处理上也有所不同。融资租赁设备的所有权归出租人，在出租人资产负债表中列示，并对租赁物计提折旧；承租人则将租赁费用计入生产成本。分期付款购买的物品归买主所有，因而列入买方的资产负债表并由买方负责摊提折旧。

上面两条导致两者在税务待遇上也有区别。融资租赁中的出租人可将摊提的折旧从应计收入中扣除，而承租人则可将支付的租赁费从应税收入中扣除。在分期付款交易中，买方可将摊提的折旧费、所花费的利息成本从应纳税收入中扣除，此外，购买固定资产在某些西方国家还能享受投资免税优惠。

在期限上，分期付款的付款期限往往低于交易物品的经济寿命期限，而融资租赁的租赁期限则往往和租赁物品的经济寿命相当。因此，同样的物品采用融资租赁方式较采用分期付款方式所获得的信贷期限要长。

分期付款不是全额信贷，买方通常要即期支付货款的一部分；而融资租赁则是一种全额信贷，它对租赁物价款的全部甚至运输、保险、安装等附加费用都提供资金融通。虽然融资租赁通常也要在租赁开始时支付一定的保证金，但这笔费用一般较分期付款交易所需的首付款额要少得多。因此，同样一件物品，采用融资租赁方式提供的信贷总额一般比分期付款交易方式所能够提供的要大。

融资租赁与分期付款交易在付款时间上也有差别。后者一般在每期期末，通常在分期付款之前还有一宽限期，融资租赁一般没有宽限期，租赁开始后就需支付租金，因此，租金支付通常在每期期初。

融资租赁期满时租赁物通常留有残值，承租人一般不能对租赁物任意处理，需办理交换手续或购买等手续；而分期付款交易的买者在规定的分期付款后即拥有了所交易物品，可任意处理之。

案例5-2：盾构机出售回租

出售回租是简单融资租赁的一个分支，它的特点是承租人与租赁物件供货人是一体，租赁物件不是外购，而是承租人在租赁合同签约前已经购买并正在使用的设备。承租人将设备卖给租赁公司，然后作为租赁物件返租回来，对物件仍有使用权，但没有所有权。设备的买卖是形式上的交易，承租企业需将固定资产转为融资租入固定资产。出售回租强调了租赁融资功能，失去了租赁的促销功能，类似于"典当"业务。企业在不影响生产的同时，扩大了资金来源，是一种金融活动。

中国 A 建设有限公司(即承租人)及其子公司主要从事各类型工业、能源、交通、民用等工程项目施工的承包，工程材料与设备采购(含铁路专用设备)，工程技术开发与咨询，机械租赁，铁路临管运输与公路运输，铁路简支梁生产，仓储业务，房地产综合开发业务，于 2001 年在上海证券交易所挂牌交易，2010 年实现利润 36.20 亿元，是国有大型上市企业。由于承租人属于施工类企业，应收账款数额较大，为了补充企业流动资金，同时优化报表结构，配比多元化的融资模式，希望以出售回租的方式融资 8 500 万元。

B 租赁公司通过对承租人 A 的详细调研后认为：①承租人为国有大型上市公司，资产规模、现金流都较大，盈利能力较强；②承租人具有铁路工程施工总承包特级、公路工程施工总承包一级、市政公用工程施工总承包一级、隧道工程专业承包一级、桥梁工程专业承包一级、公路路基工程专业承包一级、城市轨道交通工程专业承包资质等多个专业承包一级资质，取得了中国建设工程鲁班奖、国家优质工程奖和詹天佑土木工程大奖等多项荣誉；③承租人资产负债规模偏高，单从报表看长期还债能力不强，但是实际分析其资产及债务构成，承租人长期负债并不高，主要是施工应付账款及预收款项等流动负债较多，同时其应收款及预付款数量较大，是施工企业所具有的特点，属于正常现象。

根据以上对承租人综合情况的判断，租赁公司提出以下租赁方案：以其自有设备盾构机为租赁物做出售回租，融资 8 500 万元，期限一年，每半年还租一次，无须任何抵、质押条件。

综上分析，该项目具有以下几个鲜明的特点：承租人为大型国有企业，资产规模大，盈利能力强，企业信誉良好，但是自身负债相对较高，融资租赁正是提供了一种"以物融资"的全新模式，不需要任何抵、质押，可以优化承租人的报表结构，为其提供多元化的融资渠道，有助于企业的健康良性发展。

(资料来源：http://blog.sina.com.cn/s/blog_5f3cc4e4010135ks.html)

二、融资租赁的特点

融资租赁的特点一般可归纳为五个方面：①租赁物由承租人决定，出租人出资购买并租赁给承租人使用，并且在租赁期间内只能租给一个企业使用；②承租人负责检查验收制造商所提供的租赁物，对该租赁物的质量与技术条件出租人不向承租人做出担保；③出租人保留租赁物的所有权，承租人在租赁期间支付租金而享有使用权，并负责租赁期间租赁物的管理、维修和保养；④租赁合同一经签订，在租赁期间任何一方均无权单方面撤销合同，只有租赁物毁坏或被证明为已丧失使用价值的情况下方能中止执行合同，无故毁约则要支付相当重的罚金；⑤租期结束后，承租人一般对租赁物有留购和退租两种选择，若要留购，购买价格可由租赁双方协商确定。

三、融资租赁的基本形式

融资租赁的形式主要有简单融资租赁、杠杆租赁、回租租赁、委托融资租赁、项目融资租赁、经营性租赁和融资转租赁等。

(一)简单融资租赁

简单融资租赁是指由承租人选择需要购买的租赁物品，出租人通过对租赁项目风险评估后购买并出租租赁物品给承租人使用。在整个租赁期间，承租人没有所有权但享有使用权，并负责维修和保养租赁物件。出租人对租赁物件的好坏不负任何责任。

(二)杠杆租赁

杠杆租赁是目前较为广泛采用的一种融资租赁方式，是一种利用财务杠杆原理组成的租赁形式。杠杆租赁至少有三方面的人参加，即贷款人、出租人、承租人。杠杆租赁的做法类似银团贷款，适用于超大型的租赁项目融资。杠杆租赁的流程是：成立一个脱离租赁公司主体的操作机构，作为融资项目的资金管理公司，为融资项目提供总金额20%以上的资金，其余80%资金通过吸收银行和社会闲散游资实现。杠杆租赁可享受税收好处、操作规范、综合效益好、租金回收安全、费用低，一般用于飞机、轮船、通信设备和大型成套设备的融资租赁。

杠杆租赁的优点包括：①某些租赁物过于昂贵，租赁公司不愿或无力独自购买并将其出租，杠杆租赁往往是这些物品唯一可行的租赁方式。②美国政府相关法律规定，出租人所购用于租赁的资产，无论是靠自由资金购入的还是靠借入资金购入的，均可按资产的全部价值享受各种减税、免税待遇。因此，杠杆租赁中出租人仅出一小部分租金却能按租赁资产价值的100%享受折旧及其他减税、免税待遇，这大大减少了出租人的租赁成本。③在正常条件下，杠杆租赁的出租人一般愿意将上述利益以降低租金的方式转让给承租人一部分，从而使杠杆租赁的租金低于一般融资租赁的租金。④在杠杆租赁中，贷款参与人对出租人无追索权，因此，它较一般信贷对出租人有利，而贷款参与人的资金也能在租赁物上得到可靠保证，比一般信贷安全。杠杆租赁的对象大多是金额巨大的物品，如民航客机等。

(三)回租租赁

回租租赁是指设备的所有者先将设备按市场价格卖给出租人，然后又以租赁的方式租回原来设备的一种方式。回租租赁的优点在于：①承租人既拥有原来设备的使用权，又能获得一笔资金；②由于所有权不归承租人，租赁期满后根据需要决定续租还是停租，从而提高承租人对市场的应变能力；③回租租赁后，使用权没有改变，承租人的设备操作人员、维修人员和技术管理人员对设备很熟悉，可以节省时间和培训费用。设备所有者可将出售设备的资金大部分用于其他投资，少部分用于缴纳租金，把资金用活。回租租赁业务主要用于已使用过的设备。

(四)委托融资租赁

委托融资租赁有两种方式。一种方式是拥有资金或设备的人委托非银行金融机构从事融资租赁，第一出租人同时是委托人，第二出租人同时是受托人。出租人接受委托人的资金或租赁标的物，根据委托人的书面委托，向委托人指定的承租人办理融资租赁业务。在租赁期内租赁标的物的所有权归委托人，出租人只收取手续费，不承担风险。这种委托租赁的一大特点就是让没有租赁经营权的企业，可以"借权"经营。电子商务租赁即依靠委托租赁作为商务租赁平台。第二种方式是出租人委托承租人或第三人购买租赁物，出租人根据合同支付货款，又称委托购买融资租赁。委托融资租赁的优点在于：委托人(第一出租人)将出租标的物整体委托给第二出租人，减少委托人寻找、管理承租者的成本，提高租赁效率。

(五)项目融资租赁

承租人以项目自身的财产和效益为保证，与出租人签订项目融资租赁合同，出租人对承租人项目以外的财产和收益无追索权，租金的收取也只能以项目的现金流量和效益来确定。租赁物品生产商通过自己控股的租赁公司，采取项目租赁方式推销产品，扩大市场份额。通信设备、大型医疗设备、运输设备甚至高速公路经营权都可以采用这种方法。项目融资租赁的优点在于：①从承租人来看，此项目产生的现金流偿还租金，解决了承租人进行项目建设时遇到的资金技术问题。②从出租人来看，项目融资租赁可以帮助出租人扩大市场份额，增加销售量。

(六)经营性租赁

在融资租赁的基础上计算租金时留有超过 10% 以上的余值，租期结束时，承租人对租赁物件可以选择续租、退租、留购。出租人对租赁物件可以提供维修保养，也可以不提供，会计上由出租人对租赁物件提取折旧。经营性租赁的优点在于：①承租人可以利用该种租赁方式规避设备购置风险。②承租人可以利用该租赁融资方式进行表外融资。③承担人可以利用经营性租赁取得某些税收优惠。

(七)融资转租赁

租赁公司将从其他租赁公司融资租入的租赁物件，再转租给下一个承租人，这种业务方式叫融资转租赁，一般在国与国之间进行。这种做法实际是租赁公司融通资金的一种方式，租赁公司作为第一承租人不是设备的最终用户，因此也不能提取租赁物件的折旧。融资转租赁优点在于：①租赁公司解决跨境租赁的法律和操作程序问题的重要手段。②帮助租赁公司融通资金。

四、融资租赁租金的计算

(一)租金的构成

通常情况下，由出租人消耗在租赁物上的价值构成租金，主要包括以下三部分：一是设备原价及预计残值，包括设备买价、运输费、安装调试费、保险费等，以及该设备租赁期满后，出售可得的市价；二是利息，出租人为购买租赁物向银行贷款而支付的利息，该利息按银行贷款利率的复利计算；三是手续费用和利润，其中手续费用是指出租方在经营租赁过程中所开支的费用，包括业务人员工资、办公费、差旅费等，因手续费用通常较小，一般均不记利息。

(二)租金的支付方式

融资租赁租金支付方式按不同的分类方法有不同的分类，按支付间隔期的长短，分为年付、半年付、季付和月付等方式；按在期初和期末支付，分为先付租金和后付租金两种；按每次支付额，分为等额支付和不等额支付两种。实务中，承租企业与租赁公司商定的租金支付方式，大多为后付等额年金。

(三)租金的计算

融资租赁租金的计算一般采用年金法，分为等额年金法和变额年金法。

等额年金法包括后付租金的等额年金法和先付租金的等额年金法。等额年金法指运用年金法，使各期租金均等的租金计算方法。我国融资租赁实务中，租金的计算大多采用等额年金法。等额年金法下，通常要根据利率和租赁手续费率确定一个租费率，作为折现率。按照年金法计算的基本原理，在租金先付的情况下，可依据先付年金的现值公式计算每期租金；在租金后付的情况下，可依据普通年金的现值公式计算每期租金。

变额年金法又包括等差变额年金法和等比变额年金法。等差变额年金法是指运用年金法，并从第二期开始，使每期租金比前一期增加(或减少)一个常数 d 的租金计算方法；等比变额年金法是指运用年金法，并从第二期开始，使每期租金与前一期的比值是同一个常数 q 的租金计算方法。这两种方法可以根据等差数列和等比数列的相关公式进行计算。

五、融资租赁的优缺点

(一)融资租赁的优点

从出租人角度看，融资租赁的优点有：①以租促销，大大地降低了购买的门槛，扩大产品销路和市场占有率；②保障款项的及时回收，便于编制资金预算，简化财务核算程序；③简化产品销售环节，加速生产企业资金周转；④出租方更侧重于项目未来现金流量的考察，从而使一些负债率高，但拥有好的项目的承租企业也能获得设备融资；⑤降低直接投资风险。

从承租人角度看，融资租赁的优点有：①手续简便，时效性强。中小企业由于自身原因向银行借贷缺乏信用和担保，很难从银行取得贷款；融资租赁的方式具有项目融资的特点，由项目自身所产生的效益偿还，融资手续简便。②到期还本负担较轻。银行贷款一般是采用整笔贷出，整笔归还；而租赁公司却可以根据每个企业的资金实力、销售季节性等具体情况，为企业定做灵活的还款安排，例如延期支付、递增和递减支付等，使承租人能够根据自己的企业状况，定制付款额。③能减少设备淘汰风险。由于融资租赁的期限一般多为资产使用年限的 75%左右，承租人不会在整个使用期间都承担设备陈旧过时的风险。④租赁期满后，承租人可按象征性价格购买租赁设备，作为承租人自己的财产。

(二)融资租赁的缺点

总体来说，融资租赁的缺点大致如下：资金成本较高；不能享有设备残值；固定的租金支付构成一定的负担；相对于银行借贷而言，风险因素较多，且风险贯穿于整个业务活动之中。

第五节 期权性融资

一、可转换债券

(一)可转换债券的概念及特点

可转换债券是指在一定条件下可以按照一定的转股比例转换成发债公司股票(普通股票)的债券。可转换债券是一种被赋予了股票转换权的公司债券，这种转换权是一种期权，因此，可转换债券是一种期权性融资。当投资者不太清楚发行公司的发展潜力及前景时，可先投资于这种债券。待发行公司经营业绩显著，经营前景乐观，其股票行市看涨时，则可将债券转换为股票，以受益于公司的发展。可转换债券对于投资者来说，是多了一种投资选择机会。因此，即使可转换债券的收益比一般债券收益低些，但在投资机会选择的权衡中，这种债券仍然受到投资者的欢迎。

可转换债券有三个特点，即债权性、股权性、可转换性。

债权性是指可转换债券与其他债券一样，有规定的利率和期限，投资者可以选择持有债券到期，收取本息；股权性是指可转换债券在转换成股票之后，原债券持有人就由债权人变成了公司的股东，可参与企业的经营决策和红利分配；可转换性是指债券持有人可按照发行时约定的价格将债券转换成公司的普通股票。如果债券持有人不想转换，则可以继续持有债券，直到偿还期满时收取本金和利息，或者在流通市场出售变现。如果持有人看好发债公司股票增值潜力，在规定的期限可以行使转换权，按照预定转换价格将债券转换成为股票，发债公司不得拒绝。正因为具有可转换性，可转换债券利率一般低于普通公司债券利率，企业发行可转换债券可以降低筹资成本。

(二)可转换债券的要素

可转换债券有若干要素，这些要素基本上决定了可转换债券的转换条件、转换价格、市场价格等总体特征。这些要素具体包括：有效期限与转换期限、票面利率、转换比例或转换价格、赎回条款和回售条款以及转换价格修正条款等。

(1) 有效期限与转换期限。可转换债券的有效期限与一般债券相同，指债券从发行之日起至偿清本息之日止的存续期间。转换期限是指可转换债券转换为普通股票的起始日至结束日的期间。大多数情况下，发行人都规定一个特定的转换期限，在该期限内，允许可转换债券的持有人按转换比例或转换价格转换成发行人的股票。我国《上市公司证券发行管理办法》规定，可转换公司债券的期限最短为 1 年，最长为 6 年，自发行结束之日起 6 个月方可转换为公司股票。

(2) 票面利率。可转换债券的票面利率是指可转换债券作为一种债券的票面载明利率。发行人根据当前市场利率水平、公司债券资信等级和发行条款确定票面利率，一般低于相同条件的不可转换债券(或不可转换优先股票)。可转换公司债券应半年或 1 年付息 1 次，到期后 5 个工作日内应偿还未转股债券的本金及最后 1 期利息。

(3) 转换比例或转换价格。可转换债券的转换比例是指一定面额可转换债券可转换成普通股票的股数。用公式表示为

$$转换比例=可转换债券面值÷转换价格 \tag{5.4}$$

转换价格是指可转换债券转换为每股普通股份所支付的价格。用公式表示为

$$转换价格=可转换债券面值÷转换比例 \tag{5.5}$$

(4) 赎回条款与回售条款。赎回是指发行人在发行一段时间后，可以提前赎回未到期的发行在外的可转换公司债券。赎回条件一般是当公司股票在一段时间内连续高于转换价格达到一定幅度时，公司可按照事先约定的赎回价格买回发行在外尚未转股的可转换公司

债券。

回售是指公司股票在一段时间内连续低于转换价格达到某一幅度时,可转换公司债券持有人按事先约定的价格将所持可转换债券卖给发行人的行为。

赎回条款和回售条款是可转换债券在发行时规定的赎回行为和回售行为发生的具体市场条件。

(5) 转换价格修正条款。转换价格修正是指发行公司在发行可转换债券后,由于公司送股、配股、增发股票、分立、合并、拆细及其他原因导致发行人股价发生变动,引起公司股票名义价格下降时而对转换价格所做的必要调整。

(三)可转换债券的投资价值

可转换公司债券具有股票和债券的双重属性,对投资者来说是"有本金保证的股票"。它的投资价值体现在以下三个方面。

(1) 可转换公司债券使投资者获得最低收益权。可转换公司债券与股票最大的不同就是它具有债券的特性,即便当它失去转换意义后,作为一种低息债券,它仍然会有固定的利息收入;这时投资者以债权人的身份,可以获得固定的本金与利息收益。如果实现转换,则会获得出售普通股的收入或获得股息收入。可转换公司债券对投资者具有"上不封顶,下可保底"的优点,当股价上涨时,投资者可将债券转为股票,享受股价上涨带来的盈利;当股价下跌时,则可不实施转换而享受每年的固定利息收入,待期满时偿还本金。

(2) 可转换公司债券当期收益较普通股红利高。投资者在持有可转换公司债券期间,可以取得定期的利息收入,通常情况下,可转换公司债券当期收益较普通股红利高,如果不是这样,可转换公司债券将很快被转换成股票。

(3) 可转换公司债券比股票有优先偿还的要求权。可转换公司债券属于次等信用债券,在清偿顺序上,同普通公司债券、长期负债(银行贷款)等具有同等追索权利,但排在一般公司债券之后,同可转换优先股、优先股和普通股相比,可得到优先清偿的地位。

(四)可转换债券的优缺点

可转换债券的优点主要表现为:①可转换债券是具有转换权的债券,即购买者预期债券或其对应股票有潜在增值。在可转换债券的有效期内,如果股票市价大幅上涨,可转换债券换股将获得很高利润。②换债券的损失是有限的,而获利没有上限,这是由其期权性决定的。

可转换债券的缺点主要表现为:①转换债券利率低于一般债券利率,甚至低于银行存款利率,如果不转换为股票,可转换债券的收益会很低。②转换债券市价与股价关系密切相关,因而持有可转换债券的风险比一般债券高得多。如果在可转换债券的有效期内,股票市价不能超过可转换债券换股价格,那么持有可转换债券必将蒙受损失。

案例 5-3：国美电器利用可转债和新股增发解决融资难题

在本章开始的引入案例中，作为国美电器新引入的战略投资者，贝恩投资除认购 15.9 亿元人民币的可转股债券外，还负责包销价值约 12.56 亿元人民币的国美新股。通过这两种方式，贝恩资本将获得国美电器扩大的已发行股份的 9.8%~23.5%(取决于现有股东认购新股的比例)。同时，还将得到国美董事会 3 个非执行董事的席位。国美电器通过向贝恩资本发行可转股债券，以及向所有老股东增发新股的方式，融资 32.36 亿港元(28.46 亿元人民币)。贝恩资本的进入，大大优化了国美股权结构，帮助国美缓解了资金压力，并彻底使国美转型为职业经理人权力结构。

贝恩投向国美的 15.9 亿元人民币，可以看为帮助国美"以新债还旧债"。这次新的可换股债券由贝恩投资全程认购，到期时间至 2016 年，初始转换价为每股 1.18 港元，较国美停牌前 1.12 港元有 5.4%的溢价，公开发售股份完成后，转换价格将调整为 1.108 港元。如果贝恩资本将来选择将换股债券全部转为公司股份，规模相当于国美现有发行股份的 12.8%，占扩大后发行总股本的 9.8%。为表示对国美投资的信心，作为一个长期投资的承诺，贝恩投资将受到 12 个月的禁售期限。为使现有股东一同分享企业发展成果，并继续支持公司未来的成长，因此将通过向合资股东增发新股的方式，希望能适度减低此次融资安排带来的股权摊薄的影响。公开发售为每 100 股现有股份扩发 18 股新股，认购价为每股 0.672 港元，为国美此前停牌价的 60%。

通过融资，国美电器至 2009 年 12 月 31 日，持有现金及现金等价物达人民币 60.29 亿元。2010 年 4 月 7 日，国美电器公布 2009 年年度业绩，公司净利润同比增长 34.45%。国美公司资本金充裕，资本结构稳健合理，为未来的发展奠定了稳固的基础。

(资料来源：作者根据公开资料编写)

二、认股权证

(一)认股权证的概念及特征

认股权证(warrant)是国际证券市场上近年来流行的一种最初级的股票衍生产品。它是由股票发行公司、股东或第三方公司发行的、能够按照特定的价格在特定的时间内购买一定数量该公司普通股票的选择权凭证，实质上它类似于普通股票的看涨期权。

认股权证一般具有融资便利、对冲风险、高杠杆等特点，具体表现为以下几个方面。①权证有期权的特征，权证的持有者有权利而无义务。在资金不足、股市形势不明朗的情况下，投资者可以购买权证而推迟购买股票，减少决策失误而造成的损失。②风险有限，可控性强。从投资风险看，认股权证的最大损失是权证买入价，其风险锁定，便于投资者控制。③权证为投资者提供了杠杆效应。投资人可用少量资金购买备兑权证，取得认购一定数量股份的权利，获得股份上市可能的价差，具有以小搏大的特性。④结构简单、交易方式单一。认股权证是一种个性化的最简单的期权。它的认购机理简单、交易方式与股票相同，运作成本相对较低，既可现金交割，又可以用实券交割，适合各种投资者的交易习惯。

(二)认股权证的基本要素

认股权证的基本要素如下所述。

(1) 发行人。股本权证的发行人为标的股票的上市公司；而备兑权证的发行人为标的公司以外的第三方，一般为大股东或券商。在后一种情况下，发行人往往需要将标的证券存放于独立保管人处，作为其履行责任的担保。

(2) 到期日。到期日是权证持有人可行使认购权利的最后日期。该期限过后，权证持有人便不能行使相关权利，权证的价值也变为零。

(3) 执行方式，分为美式和欧式。在美式执行方式下，持有人在到期日以前的任何时间内均可行使认购权；而在欧式执行方式下，持有人只有在到期日当天才可行使认购权。

(4) 交割方式。交割方式包括实物交割和现金交割两种形式，其中，实物交割指投资者行使认股权利时从发行人处购入标的证券；而现金交割指投资者在行使权利时，由发行人向投资者支付市价高于执行价的差额。

(5) 认股价(或执行价)。认股价是发行人在发行权证时所订下的价格，持证人在行使权利时以此价格向发行人认购标的股票。

(6) 权证价格。权证价格由内在价值和时间价值两部分组成。当正股股价(指标的证券市场价格)高于认股价时，内在价值为两者之差；而当正股股价低于认股价时，内在价值为零。但如果权证尚没有到期，正股股价还有机会高于认股价，因此权证仍具有市场价值，这种价值就是时间价值。

(7) 认购比率。认购比率是每张权证可认购正股的股数，如认购比率为 0.1，就表示每十张权证可认购一股标的股票。

(8) 杠杆比率。杠杆比率是正股市价与购入一股正股所需权证的市价之比，即

$$杠杆比率=正股股价÷(权证价格÷认购比率)$$

杠杆比率可用来衡量"以小博大"的放大倍数，杠杆比率越高，投资者盈利率也越高，当然，其可能承担的亏损风险也越大。

(三)认股权证的价值及价格

1. 认股权证的价值

认股权证的价值主要由其内在价值和时间价值组成，而在不同的时点，内在价值和时间价值对认股权证的价格影响是不一样的。内在价值是指其对应正股的价格减去行权价格的部分，如果正股价格低于行权价格则其内在价值为零。时间价值是指认股权证价格中超过内在价值的部分。

如何理解认股权证的时间价值呢？假设，有一只认购价高于或等于市价的认股权证于今天到期，该权证将会是一文不值。但是，假如认股权证距离到期日还有较长时间，在这段时间内，权证对应的正股价格还有可能出现有利于权证持有人的波动。上述波动主要受存续期的长短和权证对应正股价格的波动性的影响。随着到期日的临近，时间价值的损耗是无可避免的，越接近到期日，其时间价值损耗的速度将会增加。

由此可见，对于认股权证，投资者应重点判断该认股权证是否具有内在价值，即看其对应正股股价在权证到期前能否达到该认股权证行权价格之上。

2. 认股权证的价格

影响权证价格的因素有很多，主要包括正股价格、剩余期限、行权价格、正股价格波动率、无风险利率等。它们通过影响权证的内在价值和时间价值来影响权证的价格，下面逐一分析这些因素对权证价格的影响。

(1) 正股价格。权证是以正股为基础的衍生产品，正股价格成为权证价值最重要的影响因素。认股权证在行权时，其收益等于当时的正股市价与行权价格的差，因此，正股价格越高，认股权证的价格也越高。权证发行后，随着正股价格上升(下跌)，认股权证的二级市场交易价格也相应上升(下跌)。

(2) 剩余期限。权证的剩余期限越长，权证变为价内的概率就越大，因此，权证的价格也越高。对于美式权证而言，由于它可以在有效期内任何时间行权，剩余期限越长，权证持有人获利的机会就可能越大，而且剩余期限长的权证包含了剩余期限短的权证的所有行权机会，因此，权证的价格越高。对于欧式权证而言，由于它只能在期末行权，因此剩余期限长的权证就不一定包含剩余期限短的权证的获利机会。不过，在一般情况下，由于剩余期限越长，正股价格变动的风险就越大，因此，权证的价格也越高。

(3) 行权价格。认股权证的行权价格越高，意味着行权时获取收益的可能性越小；认股权证的行权价格越低，意味着权证行权获取收益的可能性越大，因此，权证的价格越高。

(4) 正股价格波动率。正股价格波动性越大，对于认股权证来说，意味着行权的概率越大，价格也就越高；正股波动率越小，意味着行权的机会越小，权证的价格越低。

(5) 无风险利率。无风险利率作为市场基准利率，对所有金融资产的定价都有影响，往往牵一发而动全身。而无风险利率对权证价格的影响较为复杂，在实际情形中，从不同的角度分析会得出不同的结论。

首先，从无风险利率本身对权证价格的作用而言，无风险利率水平越高，认股权证价格越高。这是因为，买进认股权证和买进相应的股票在某种程度上具有替代性。例如一支认股权证的有效杠杆水平是 5 倍，投资者就可以通过买入 100 元权证来代替 500 元正股，这样不仅可以获得相似的收益水平，而且还可以节省大量资金。当无风险利率上升的时候，资金未来的预期收益会上升，投资者倾向于利用认购权证来代替股票，所节省的资金可以用于再投资以获取较高的利息收益。

其次，如果从机会成本的角度来分析利率对权证价格的影响，则会有不同的结论。由于权利金是在权证交易初期以现金方式直接支付的，因而具有机会成本，而该机会成本明显取决于无风险利率水平的高低。当无风险利率水平较高时，买入权证的机会成本较高，投资者倾向于将资金从权证市场转移到其他市场，从而导致权证价格下降；反之，当无风险利率较低时，权证价格反而会有所上升。

最后，对于备兑权证来说，从发行商的成本角度考虑，认股权证价格和无风险利率成正比。因为当发行商发行认股权证时，为了在将来投资者行权时能提供足够的正股，发行商通常会购买正股进行风险管理。此时如果利率较高，发行商的利息成本就会较大，因此认购证的价格也会有所提高以反映增加的成本。

(四)认股权证的优缺点

认股权证的优点主要表现为以下三个方面。

(1) 认股权证是一种融资促进工具，它能促使公司在规定的期限内完成股票发行计划，顺利实现融资。

(2) 有助于改善上市公司的治理结构。采用认股权证进行融资，融资是分批实现的，上市公司及其大股东的利益和投资者是否在到期之前执行认股权密切相关，因此，在认股权证有效期间，上市公司管理层及其大股东任何有损公司价值行为，都可能降低上市公司的股价，从而降低投资者执行认股权证的可能性，这将损害上市公司管理层及其大股东的利益。因此，认股权证将有效约束上市公司的败德行为，并激励他们更加努力地提升上市公司的市场价值。

(3) 作为激励工具的认股权证有利于推进上市公司的股权激励计划。认股权证是常用的员工激励工具，通过给予管理者和重要员工一定数量的认股权证，可以把管理者和员工的利益与企业价值成长紧密联系在一起，建立一个管理者与员工通过提升企业价值实现自身财富增值的利益驱动机制。

认股权证的缺点主要表现为以下两个方面。

(1) 认股权证持有者行使认购权具有随机性，给公司资金带来不确定性。认股权证赋予持有者购买普通股的选择权，但公司无权规定投资者在何时行权，这样认股权证会给公司的资金带来很大的不稳定性。

(2) 稀释原有股东的收益和控制权。股本权证执行时，普通股股份增加，每股收益下降。同时，也稀释了原股东的控制权。

案例 5-4：南航权证为何清零退场？

从 2007 年 6 月 26 日至 12 月 26 日长达半年的时间里，中信证券等创新类券商共创设南航认沽权证 123.48 亿份。其中，中信证券创设 31.7 亿份，海通证券创设 8.2 亿份，国泰君安创设 7.9 亿份，创设最少的国都证券也有 0.43 亿份。在不断的创设过程中，又不断地回购和注销。截至 2008 年 6 月 10 日，创设的南航认沽权证均已注销完毕。

南航认沽权证最初是应全流通改造过程中大股东给予小股东补偿的需要设立的，后经券商创设、购回并注销，最终价格归零，失去行权价值。南方航空的大股东南航集团向南方航空 A 股流通股股东支付 14 亿份认沽权证作为股改对价，标准是每 10 股 A 股流通股获得 14 份认沽权证，流通股股东在 1 年以后可以凭持有的 2 份认沽权证，以 7.43 元的价格向南航集团出售 1 股南方航空股票。

南航认沽权证到期若为价内权证，则自动行权，投资者无须申报行权。2008 年 6 月 13 日为权证最后交易日，自动行权日为 2008 年 6 月 20 日。若南航认沽权证为价外权证，则不行权。南航认沽权证的标的证券结算价格为：南方航空股票在该权证到期日前(不含到期日)10 个交易日每日收盘价的算术平均数，其中，如果某一交易日南方航空股票停牌，则向前顺推至未停牌的交易日。若在上述 10 个交易日南方航空股票发生权益变动，则标的证券结算价格的计算做相应调整。每份南航认沽权证自动行权所得现金数额，为自动行权价格与标的证券结算价格之差同行权比例的乘积并扣减相应费用。

从性质上说，南航集团发行的南航认沽权证的标的不是本公司的股票，并且按照净额结算，权证持有人以行权价与标的资产的结算价格的差价收取现金，这样自然不会涉及股本的变化，因此初始创设的南航认沽权证和券商创设部分都属于备兑权证。南方航空正股价格随着大盘指数的拉升，曾达到 28.73 元的最高值，随后一路走低，最后 10 个交易日的股价虽然最终跌到 7.43 元以下，但是平均价格为 8.66 元。南航认沽权证已经失去行权的价值，最终价格归零。

(资料来源：财政部网站)

本 章 小 结

融资管理是指企业筹措和集中生产经营所需资金的金融活动。资金是企业的血液，是企业设立、生存和发展的物质基础，是企业开展生产经营业务活动的基本前提，任何一个企业，为了形成生产经营能力、保证生产经营正常运行，必须拥有一定数量的资金。所以，融资管理活动是企业一项重要的金融活动。如果说企业的财务活动是以现金收支为主的资金流转活动，那么融资活动则是资金运转的起点。

本章主要介绍了融资管理活动的不同融资手段，可以总结为债务融资、股权融资和期权性融资，这是企业融资管理活动最常见的分类方法。债务融资主要包括借款融资、债券融资和融资租赁，由于债务融资到期要归还本金和支付利息，对企业的经营状况不承担责任，因而具有较大的财务风险，但付出的资本成本相对较低。从经济意义上来说，债务融资也是债权人对企业的一种投资，也要依法享有企业使用债务取得的经济利益，因而也可以称为债权人权益。股权融资主要包括普通股和优先股，股权资本在企业持续经营期间内，投资者不得抽回，因而也称为企业的自有资本、主权资本或股东权益资本。股权资本是企业从事生产经营活动和偿还债务的本钱，是代表企业基本资信状况的一个主要指标。股权资本是企业的永久性资本，因而财务风险小，但付出的资本成本相对较高。期权性融资是包括期权特征的混合性融资，目前常见的期权类融资是可转换债券融资和认股权证融资。企业应结合自身的经营状况选用不同的融资手段。

思考与练习题

1. 长期债务融资、股权融资和期权性融资各自有何特征？各自的优缺点是什么？
2. 普通股和优先股各自包括哪些基本权利？各自的优缺点是什么？
3. 长期债券的种类有哪些？信用债券与抵押债券有何区别？
4. 什么是可转换债券？如何确定可转换债券的价值？可转换债券有什么优缺点？
5. 什么是认股权证？其基本要素是什么？认股权证有什么优缺点？
6. 在什么情况下，认股权证的持有者可能会执行认股权证的期权？
7. 租赁有哪些基本特征？经营性租赁与融资性租赁有何不同？
8. 直接租赁、杠杆租赁、售后租回和转租之间有什么区别？
9. 搜集几个公司公开发行股票上市的例子，讨论公司上市的时机选择、发行价格的确定方式和发行后公司的资本结构，以及公司发行股票的目的。
10. 某公司为了开拓新市场，打算采用配股筹资，每2股配1股，配股价为每股10元。公司现有股票100万股，每股价格为40元，假定新筹集的资金能够获得良好的回报，分别计算：

①新股的数量；②新投资总量；③发行后公司总价值；④发行后股票总数；⑤发行后股票价格。

拓展阅读：备兑权证

备兑权证是由标的资产发行人以外的第三方(通常为信誉好的券商、投行等大型金融机构)发行的权证，其标的资产可以为个股、一篮子股票、指数以及其他衍生产品。备兑权证可为欧式备兑权证和美式备兑权证，持有人的权利可以是买入或卖出标的资产。备兑权证的行使操作与股本权证基本一样，不同的是，交割方式可以是股票也可以是现金差价。如果是股票交割方式，当持有人行使购买股票的权利时，备兑权证发行人需要从市面上购买股票(或将自己原持有的股票)卖给权证持有人；当持有人行使卖出股票权利时，发行人必须按行使价格买下股票。因此，备兑权证的发行人承担着风险，需要一些对冲工具来避险。

对备兑权证发行商的规定：在香港市场约有二十家备兑权证发行商，这些发行商多为国际性的投资银行。为确保发行商受适当的监管从而保障与发行商交涉的各方权益，交易所的上市规则规定发行商必须符合指定的入门准则才可发行备兑权证，其中包括发行商的净资产必须达 20 亿港元或以上，及发行商须具备信贷评级(最低要达 A 级)或者受香港金融管理局、证券及期货事务监察委员会或被认可的海外监管机构监管。另外，为确保备兑权证上市后有足够流通量，发行商须为其所发行的每一只上市备兑权证委任一名流通量提供者。

备兑权证的交易：如同买卖股票一样，投资者可于交易时段内在交易所买卖备兑权证，交易须按完整买卖单位(即一手)或其倍数进行，并且负责该等交易的经纪须于交易日后两天(T+2)与结算所进行交收。备兑权证的交易费用包括经纪佣金、交易征费及交易费；买卖以现金交收、地区性或非以股本证券为相关资产的备兑权证则无须缴付印花税。为确保在最后交易日执行的交易也有足够时间进行交收及登记，备兑权证以到期日之前第四个交易日作为最后交易日，投资者只可在最后交易日或之前进行备兑权证买卖。

(资料来源：作者编写)

第六章

最优资本结构

学习目标: 掌握资本成本的概念; 掌握资本结构的概念; 掌握个别资本成本、综合资本成本的计算; 掌握资本结构理论的发展脉络; 掌握资本结构的影响因素; 掌握最优资本结构的决策方法; 了解资本结构理论的基本内容; 了解公司总价值比较法。

引入案例: 巴斯夫公司的加权平均资本成本

德国的巴斯夫(BASF), 在五大洲拥有超过 95 000 名雇员, 是较大的跨国公司。该公司涉及多个行业, 包括农业、石油和天然气业、化工业以及塑料工业。为了提升公司价值, 巴斯夫将发起 "巴斯夫 2015" 计划。该计划是一个包括公司所有职能, 并且鼓励所有员工挑战企业家风格的工作方式。该战略的主要财务组成部分, 是该公司期望在加权平均资本成本(WACC)之上获得一个溢价。那么, 究竟什么是加权平均资本成本呢?

加权平均资本成本是公司为了满足所有投资者(包括股东、债券持有人和优先股股东)所需要支付的最低资本报酬率。例如, 2007 年巴斯夫加权平均资本成本固定在 9%, 2008 年这一指标为 10%。在本节, 我们将学习如何计算公司的各类资本成本, 并了解它们的内涵以及何时使用。

(资料来源: 作者根据公开资料编写)

第一节 资 本 成 本

一、资本成本概述

(一)资本成本的概念

资本成本(cost of capital)是公司为筹集资金和使用资金而付出的代价。

公司进行各种投资活动所使用的资金主要有两类: 一类是通过权益筹资筹集的资金, 如公司的留存收益、发行普通股、发行优先股等筹集的资金, 公司可以长期使用这些资金, 不用还本付息, 因此, 财务风险低; 另一类是通过负债筹集的债务资金, 包括发行债券、银行借款等筹集的资金, 这些资金公司一般使用期限有限, 需要按期还本付息, 因此, 财务风险较高。不论公司以何种方式来筹集资金, 各种资本的成本均包括筹资费用和用资费用两部分。

1．筹资费用

筹资费用是指取得资本而发生的费用。例如，向银行支付的借款手续费用，因发行股票、公司债券而支付的发行费用，如印刷费、发行手续费、律师费、资信评估费、公证费、担保费、广告费等。筹集费用在筹资时一次性发生，在资本使用过程中不再发生，因此，通常情况下，在筹资总额的相关范围内，筹资费用相对固定。

2．用资费用

用资费用是指公司在生产经营、投资过程中因使用资本而付出的费用。例如，向投资者支付的报酬(股息或红利)、向债权人支付的利息等。用资费用是经常性发生的费用，是资本成本的主要内容。

资本成本可以用绝对数来表示，也可以用相对数来表示，但在公司理财中，我们着重讨论公司在融资过程中用相对数形式来表示的资本成本。资本成本中的筹资费用通常在筹资时一次支付，可视为筹集资本额的一项扣除，因此，资本成本率即用资费用与净筹资额的比率。其计算公式为

$$K = \frac{D}{P-F} \quad 或 \quad K = \frac{D}{P(1-f)} \tag{6.1}$$

式中：

K——资本成本率；

D——资金占用费；

P——筹资金额；

F——筹资费用；

f——筹资费用率，即筹资费用占筹资金额的比率。

(二)资本成本的作用

公司理财是围绕着实现股东财富最大化或公司价值最大化这一总体目标展开的，在其筹资、投资、经营和利润分配四种主要理财活动中，资本成本均有重要的作用，可以说资本成本是实现公司价值最大化的关键性因素。

(1) 成本是衡量筹资活动效率的主要指标。资本成本作为衡量筹资活动的指标主要表现在以下三个方面：第一，资本成本是影响公司融资总额的一个重要因素。随着筹资数量的增加，资本成本将随之变化。当筹资数量增加到增资的成本大于增资的收益时，公司便不能再追加资本。第二，资本成本是选择融资渠道的依据。公司的资金可以从多方面筹集。公司选用何种资金来源，首先要考虑的是资金成本的高低。第三，资本成本是确定最优资本结构所必须考虑的因素。不同的资本结构，会给公司带来不同的风险成本，从而引起股票价格的变动。在确定最优资本结构时，考虑的因素主要是资本成本和财务风险。

(2) 资本成本是投资决策的主要参考标准。国际上通常将资本成本视为投资项目的"最低收益率"或是否采用投资项目的取舍率，以资本成本作为比较、选择投资方案的主要标准。例如，在利用净现值指标进行投资决策时，以资本成本为折现率，当净现值大于零时，项目可行；反之，当净现值小于零时，项目不可行。利用内部收益率指标进行投资决策时，以资本成本作为基准利率。当内部收益率大于资本成本时，项目可行；反之，当内部收益率小于资本成本时，项目不可行。

(3) 公司的经营管理中，无论是流动资产的投资决策还是负债结构、资本结构的调整以及在存货、应收账款、现金余额决策中，均离不开资金成本。

(4) 公司利润分配中，利润的计算、资本结构与税收政策的协调及股利政策的制定等都与资本成本紧密相连。

在公司金融实务中，资本成本按其用途不同可以有多种形式。在比较各种筹资方式时，使用个别资本成本；在进行资本结构优化的决策时，使用加权平均资本成本；在进行追加筹资决策时，使用边际资本成本。

二、个别资本成本

个别资本成本是指各种长期资本的成本，用于比较各种筹资方式，是计算加权平均资本成本的基础。

个别资本成本主要包括长期借款成本、债券成本、普通股成本、优先股成本和留存收益成本。其中，前两种为债务资本成本，后三种为权益资本成本。

(一)债务资本成本

债务资本成本(cost of debt capital)包括长期借款或债券的利息和筹资费用，是公司承担债务所需的资本成本。按照各国惯例和各国所得税法的规定，债务的利息允许在公司所得税前支付，因此，公司负担的用资费用为：利息×(1-所得税率)。

1. 长期借款资本成本

长期借款资本成本(cost of long-term loans capital)主要包括筹资费用和借款利息。由于借款利息计入税前成本费用，可以起到抵税的作用，一般计算税后资本成本率。税后资本成本率与权益资本成本率具有可比性，因此银行借款资本成本的计算公式为

$$长期借款资本成本 = \frac{年利息 \times (1-所得税税率)}{长期借款筹资额 \times (1-筹集费率)} \times 100\%$$

即

$$K_1 = \frac{I_t(1-T)}{L(1-f)} \tag{6.2}$$

式中：

K_l——长期借款的税后资本成本；

I_t——第 t 期的借款利息；

T——所得税率；

L——长期借款筹资额，即借款本金；

f——长期借款筹资费用率。

如果该贷款属于固定利率贷款，那么 $i = \dfrac{I_t}{L}$，上式也可以改为以下形式

$$K_1 = \frac{i(1-T)}{1-f} \tag{6.3}$$

[例 6-1] 甲企业从银行取得一笔长期借款 3 000 万元，年利率 6%，手续费等筹集费率为 0.3%，企业所得税税率为 25%，求该笔借款的资本成本。

解：根据式(6.3)得

$$K_1 = \frac{6\% \times (1-25\%)}{1-0.3\%} \times 100\% \approx 4.51\%$$

如果忽略筹集费，则

$$K_1 = 6\% \times (1-25\%) \times 100\% = 4.50\%$$

上述计算长期借款资本成本的方法比较简单，缺点在于没有考虑货币的时间价值，因此这种方法的计算结果不是十分精确。如果对资本成本计算结果的精确度要求较高，可采用以下公式计算长期借款的资本成本。

$$L(1-f) = \sum_{t=1}^{n} \frac{I_t}{(1+K)^t} + \frac{P}{(1+K)^n} \tag{6.4}$$

$$K_1 = K(1-T) \tag{6.5}$$

式中：

P——第 n 年末应偿还的本金；

K——表示所得税前的长期借款资本成本；

K_1——所得税后的长期借款资本成本。

式(6.4)中的等号左边是借款的实际现金流入；等号右边为借款引起的未来现金流出的现值总额，由各年利息支出的年金现值之和加上到期本金的复利现值而得。

2. 债券资本成本

公司债券资本成本的计算与长期借款资本成本的计算基本相同，基本要素也包含债券利息的支付、公司债券筹资的费用以及债券履行还本的方式等。

债券利息亦在所得税前列支，具有节税作用，发行债券的筹资费用一般较高，应予全面考虑。债券的发行价格有平价、溢价、折价三种。债券利息按面额(即本金)和票面利率确

定，但债券的筹资额应按发行价格计算。因此，按照一次还本、分期付息的方式，债券资本成本的计算公式为

$$债券资本成本 = \frac{年利息 \times (1 - 所得税税率)}{债券筹资额 \times (1 - 筹集费用率)} \times 100\%$$

即

$$K_b = \frac{I_b \times (1 - T)}{B \times (1 - f_b)} \tag{6.6}$$

式中：

K_b——长期债券资本成本；

I_b——长期债券年利息；

T——所得税税率；

B——长期债券筹资额，按发行价计算；

f_b——长期债券筹资费用率，即发行费率。

[例 6-2] 某公司发行面额 1 000 万元的 10 年期债券，票面利率为 6.6%，发行费用率为 5%，公司所得税税率为 25%。若以平价、溢价(1 100 万元)和折价(900 万元)发行，分别计算三种情况下的资本成本。

解：根据式(6.6)得

平价发行：$K_b = \dfrac{1\,000 \times 6.6\% \times (1 - 25\%)}{1\,000 \times (1 - 5\%)} = 5.21\%$

溢价发行：$K_b = \dfrac{1\,000 \times 6.6\% \times (1 - 25\%)}{1\,100 \times (1 - 5\%)} = 4.74\%$

折价发行：$K_b = \dfrac{1\,000 \times 6.6\% \times (1 - 25\%)}{900 \times (1 - 5\%)} = 5.79\%$

式(6.6)计算债券资本成本，同样没有考虑货币的时间价值。如果将货币时间价值考虑在内，债券资本成本的计算与长期借款资本成本的计算一样，公式为

$$B(1 - f) = \sum_{t=1}^{n} \frac{I_b}{(1 + K)^t} + \frac{P}{(1 + K)^n} \tag{6.7}$$

$$K_b = K(1 - T) \tag{6.8}$$

式中：

K——所得税前的债券资本成本；

K_b——所得税后的债券资本成本。

在实际中，由于债券利率水平通常高于长期借款，同时债券发行费用较多，因此，债券资本成本一般高于长期借款资本成本。

(二)股权(或权益)资本成本

股权(或权益)资本成本(cost of equity capital)是优先股、普通股和留存收益股息(利)和发行费用,是公司发行普通股、优先股及使用留存收益所需承担的资本成本。按各国惯例和税法的规定,股息或股利要在所得税后支付,且股票的发行费用也较高,因此,股权(权益)资本成本一般高于债务资本成本。

1. 优先股资本成本

优先股是享有某种优先权利的股票,它同时兼有普通股与债券的双重性质。

公司发行优先股要每年按固定的股息率向优先股股东发放股息,而且股息是在税后先于普通股股东发放,本金不需要偿还。优先股资本成本包括公司支付的优先股股息和优先股发行费用。

因此,优先股资本成本的计算公式为

$$优先股成本 = \frac{优先股年股息}{优先股筹资额 \times (1-筹集费用率)} \times 100\%$$

即

$$K_p = \frac{D_p}{P_p(1-f)} \times 100\% \tag{6.9}$$

式中:

K_p——优先股成本;

D_p——为优先股年股息;

P_p——优先股筹资额,按发行价格确定。

[例 6-3] 某公司发行优先股股票,面额按正常时价计算为 200 万元,筹资费用率为 3%,股息率为 8%,则优先股的资本成本为多少?

解:根据公式(6.9)得

$$K_p = \frac{D_p}{P_p(1-f)} \times 100\%$$

$$= \frac{200 \times 8\%}{200 \times (1-3\%)}$$

$$= 8.25\%$$

故优先股的资本成本为 8.25%。

2. 普通股资本成本

普通股是构成股份公司原始资本和权益的主要成分。由于普通股的股利在税后发放,发不发、发多少,取决于税后利润的多少和董事会的决策,因此,每年普通股发放的股利是不确定的,这使得普通股的资本成本计算不能仿照债务筹资与优先股的资本成本计算。

按照资本成本实质上是投资报酬的思路,普通股的资本成本就是普通股投资的必要报酬率,其测算方法一般有三种,即股利折现模型、资本资产定价模型和债券收益率加风险报酬率。

(1) 股利折现模型,其基本形式为

$$P_0 = \sum_{t=1}^{n} \frac{D_t}{(1+K_e)^t} \tag{6.10}$$

式中:

P_0——普通股筹资净额,即发行价格扣除发行费用;

D_t——普通股第 t 年的股利;

K_e——普通股投资必要报酬率,即普通股资本成本。

用式(6.10)测算普通股资本成本 K_e 时,因采用的股利政策不同,计算公式也有所不同。当每年股利固定时,可以把每年的股利看作是永续年金,根据永续年金的现值公式,可得普通股成本的计算公式为

$$普通股成本 = \frac{普通股年固定股利}{普通股筹资额 \times (1-筹集费用率)} \times 100\%$$

即

$$K_e = \frac{D_e}{P_e(1-f)} \times 100\% \tag{6.11}$$

式中:

K_e——普通股成本;

D_e——普通股每年固定股利;

P_e——普通股筹资额,按发行价格确定。

当每年股利按固定比例 g 增长时,可以把每年的股利看作是永续增长年金,根据永续增长年金的现值公式,可得到普通股成本计算公式为

$$普通股成本 = \frac{预计普通股第一年股利}{普通股筹资额 \times (1-筹集费用率)} \times 100\% + 股利增长率$$

即

$$K_e = \frac{D_1}{P_e(1-f)} + g \tag{6.12}$$

式中:D_1——为预计第一年普通股股利,即为上一年股利(D_0)乘以($1+g$)。

(2) 资本资产定价模型(CAPM),普通股资本成本的计算公式为

$$K_e = R_e = R_F + \beta(R_m - R_F) \tag{6.13}$$

式中:

R_F——无风险报酬率;

β——股票的贝塔系数;

R_m——平均风险股票必要报酬率。

上式表明,某公司普通股的资本成本等于无风险报酬率加上适当的风险溢价。而适当

的风险溢价则等于经公司按β系数调整后的市场风险溢价(平均风险股票必要报酬率减去无风险报酬率)。β系数作为反映公司股票的收益相对市场上所有股票收益的变动幅度。

[例 6-4] 已知某股票的β值为 1.6,市场平均报酬率为 12%,无风险报酬率为 6%。计算该股票的资本成本。

解:根据式(6.13)得

$$K_e = R_F + \beta(R_m - R_F)$$
$$= 6\% + 1.6 \times (12\% - 6\%) = 15.6\%$$

故该股票的资本成本为 15.6%。

(3) 债券收益率加风险报酬率。一般而言,从投资者的角度,股票投资的风险高于债券,因此,股票投资的必要报酬率可以在债券收益率的基础上再加上股票投资高于债券投资的风险报酬率。它源于这样一个规律,市场上所有股票的平均收益率和债券的平均收益率的差额比较稳定。

3．留存收益资本成本

公司的留存收益是由公司税后利润形成的,属于权益资本。从表面上看,留存收益属于公司股东,使用这部分资本好像不需要任何代价。实际上,股东愿意将其留用于公司而不作为股利取出投资于别处,总是要求获得与普通股等价的报酬。因此,留存收益也有资本成本,不过是一种机会成本。留存收益资本成本的测算方法与普通股基本相同,只是不考虑筹资费用。

三、综合或加权平均资本成本

(一)综合资本成本的概念

我们知道,公司可以通过多种渠道筹集资本。例如,有些公司完全依赖普通股权益,有些公司会利用债务筹集一部分资本,也有许多公司使用优先股权益筹集资本。因此,对于大多数公司而言,其正常需要的资本实际上是不同来源资本的组合,因而要全面衡量一个公司的资本成本,公司需要计算综合资本成本。综合资本成本以个别资本成本为基础,以各种来源资本成本占全部资本的比重为权数来计算公司筹集的全部长期资金的总成本,故也称加权平均资本成本(weighted average cost of capital,WACC)。综合资本成本是由个别资本成本和个别资本在总资本中的比重两个因素共同决定,其计算公式如下:

$$K_w = \sum_{j=1}^{n} K_j W_j \qquad (6.14)$$

式中:

K_w——综合资本成本(加权平均资金成本);

K_j——第 j 种个别资本成本;

W_j——第 j 种个别资本占全部资本的比重(权数);

n——融资方式的种类数。

(二)综合资本成本的权数确定

要计算公司的综合资本成本,其中关键问题就是确定各种资本在全部资本中所占的比重,即权数。计算权数的基础可以是公司资产负债表上列示的账面价值,也可以是从资本市场中获得的市场价值,还可以是预计的目标价值。

(1) 使用账面价值作权数,即以债券、股票等个别资本的账面价值来确定的权数。使用账面价值确定各种资本权数的优点是易于从资产负债表中取得这些资料,计算比较方便简单;但当资本的账面价值与市场价值差别较大时,其计算结果与实际筹资成本有较大出入,从而影响公司筹资管理的决策。

(2) 使用市场价值作权数。市场价值权数是指以债券、股票等个别资本的市场价值来确定其资本比例,从而计算综合资本成本。按市场价值确定权数反映了公司现实的资本结构和综合资本成本水平,有利于筹资管理决策。但其不足之处在于证券的市场价格处于经常的变动之中,不易选定。为弥补证券市场频繁变动的不便,也可以选用平均价格作为基础。

(3) 使用目标价值作权数。不论是按账面价值还是按市场价值确定权数,都有一个共同的缺陷,那就是计算出的资本成本没有反映未来的资本变化,不利于公司未来筹资决策。为了弥补这一不足,可以采用目标价值。

目标价值权数是以公司预计的证券和股票的目标市场价值确定资本比例,从而计算综合资本成本。按目标价值确定权数反映了公司期望的资本结构,从理论上看,每个公司都有一个合理权衡风险与收益的资本结构,即公司的目标资本结构,因此,按目标价值计算权数是公司的最佳选择。然而,公司证券未来市场的变化趋势难以预测,个别资本的目标价值难以客观地确定,使这种方法的推广受到限制。

(三)综合资本成本的计算

综合资本成本的计算步骤如下。

第一,确定每种筹资方式的个别资本成本;

第二,确定各种资本占全部资本的比重,即确定加权平均的权数;

第三,计算综合资本成本。

[例 6-5] 公司拟筹资 2 500 万元投资一个收益率为 12% 的项目,其中,发行债券 1 000 万元,筹资费率为 2%,债券年利率为 10%,所得税税率为 25%;发行优先股 500 万元,年股息率为 8%,筹资费率为 3%;发行普通股 1 000 万元,筹资费率为 4%,第一年预期股利率为 10%,以后各年增长 4%。要求:计算综合资本成本。

解:

(1) 先计算个别资本成本。

债券资本成本：

$$K_b = \frac{I_b(1-T)}{B(1-f_b)} = \frac{1\,000 \times 10\% \times (1-25\%)}{1\,000 \times (1-2\%)} = 7.65\%$$

优先股资本成本：

$$K_p = \frac{D_p}{P_p(1-f)} = \frac{500 \times 8\%}{500 \times (1-3\%)} = 8.25\%$$

普通股资本成本：

$$K_e = \frac{D_1}{P_e(1-f)} + g = \frac{1\,000 \times 10\%}{1\,000 \times (1-4\%)} + 4\% = 14.42\%$$

(2) 确定债券、优先股和普通股的权数。

债券在全部资本中的权数为

$$W_b = 1\,000 \div 2\,500 = 40\%$$

优先股在全部资本中的权重为

$$W_p = 500 \div 2\,500 = 20\%$$

普通股在全部资本中的权重为

$$W_e = 1\,000 \div 2\,500 = 40\%$$

(3) 计算综合资本成本。

$$K_w = \sum_{j=1}^{n} K_j W_j = K_b W_b + K_p W_p + K_e W_e$$
$$= 7.65\% \times 40\% + 8.25\% \times 20\% + 14.42\% \times 40\%$$
$$= 10.48\%$$

因为综合资本成本为 10.48%，小于 12%，故筹资方案可行。

[例 6-6] 碧海公司资产负债表记录该公司共有长期资本 1 200 万元，其中长期借款 200 万元、债券 250 万元、优先股 150 万元、普通股 350 万元、留存收益 250 万元，其资本成本分别为 5.64%、6.25%、10.50%、15.70%、15.00%。

(1) 该公司的综合资本成本是多少？

(2) 如果碧海公司各种资本的市场价值分别为长期借款 150 万元、债券 200 万元、优先股 150 万元、普通股 600 万元、留存收益 500 万元，则该公司的综合资本成本是多少？

(3) 碧海公司经实际经营认为目标价值权数应为长期借款 15%、债券 25%、优先股 10%、普通股 30%、留用利润 20%，则该公司的综合资本成本是多少？

解：(1) 账面价值权数法。

$$K_w = \sum_{j=1}^{n} K_j W_j$$

$$=5.64\% \times \frac{200}{1\,200} + 6.25\% \times \frac{250}{1\,200} + 10.5\% \times \frac{150}{1\,200} + 15.70\% \times \frac{350}{1\,200} + 15.00\% \times \frac{250}{1\,200}$$

$$=0.94\% + 1.30\% + 1.31\% + 4.58\% + 3.13\%$$

$$=11.26\%$$

公司的综合资本成本为 11.26%。

(2) 市场价值权数法。

$$K_w = \sum_{j=1}^{n} K_j W_j$$

$$=5.64\% \times \frac{150}{1\,600} + 6.25\% \times \frac{200}{1\,600} + 10.5\% \times \frac{150}{1\,600} + 15.70\% \times \frac{600}{1\,600} + 15.00\% \times \frac{500}{1\,600}$$

$$=0.53\% + 0.78\% + 0.98\% + 5.89\% + 4.68\%$$

$$=12.87\%$$

公司的综合资本成本为 12.87%。

(3) 目标价值权数法。

$$K_w = \sum_{j=1}^{n} K_j W_j$$

$$=5.64\% \times 15\% + 6.25\% \times 25\% + 10.5\% \times 10\% + 15.70\% \times 30\% + 15.00\% \times 20\%$$

$$=0.85\% + 1.56\% + 1.05\% + 4.71\% + 3\%$$

$$=11.17\%$$

公司的综合资本成本为 11.17%。

专栏 6-1：业绩评价——WACC 的另一个用途

在这个领域里，最广为人知的可能就是 Stern Stewart 公司所开发出来的经济增加值 (economic value added，EVA)法。AT&T、可口可乐、Quaker Oats 和 Briggs and Stratton 等公司都采用 EVA 作为评价公司业绩的方法。

EVA 的基本观念，即假定我们投入 1 亿美元的资本(债务和权益)在公司中，公司的总体 WACC 是 12%。如果把这两个数字相乘，就可以得到 1 200 万美元。回忆一下第三章，如果来自资产的现金流量少于 1 200 万美元，那么，从总体上看，价值就减损了；如果来自资产的现金流量超过 1 200 万美元，那么我们就创造了价值。

公司金融实务中，像这样的业绩评价在实施过程中会面临一定的困难。大部分公司在计算资本成本时，都广泛地利用债务和权益的账面价值。通过关注价值创造，以 WACC 为基础的评价过程可以迫使员工和管理层把注意力放在真正的底线上：提高股票价格(即公司价值)。

(资料来源：作者根据公开资料编写)

四、边际资本成本

(一)边际资本成本的概念

在现实生活中，公司无法以某一固定的资本成本来筹集无限的资金，当其筹集的资金超过一定限度时，原来的资本成本就会增加。在公司追加筹资时，需要知道筹资额在什么数额上会引起资本成本发生怎样的变化，这就要用到边际资本成本(the marginal cost of capital，MCC)的概念。

边际资本成本是指资金每增加一个单位而增加的成本。边际资本成本也是按加权平均法计算的，是追加筹资时所使用的加权平均成本。

(二)边际资本成本的计算

在计算边际资本成本的时候需要使用资本成本分界点和筹资突破点。使某种筹资方式的某一资本成本发生变动的筹资金额，为该种筹资方式的资本成本分界点。而公司再追加筹资时，采用两种以上的筹资方式，筹资总额的分界点成为筹资突破点。准确来说，筹资突破点是指在既定资本结构下保持某资本成本不变时，公司可以筹集到的资本总额。

边际资本成本的计算步骤如下所述。

第一步，确定目标资本结构。

第二步，计算个别资本成本。

第三步，计算筹资突破点。筹资总额分界点是指在保持某资本成本率的条件下，可以筹集到的资金总限度。一旦筹资额超过筹资总额分界点，即使维持现有的资本结构，其资本成本率也会增加。

$$筹资突破点=\frac{某种筹资方式的成本分界点}{目标资本结构中该筹资方式所占比重} \tag{6.15}$$

第四步，计算边际资本成本。根据计算出的筹资突破点，可得出若干组新的筹资范围，对各筹资范围分别计算综合资本成本，即可得到各种筹资范围的边际资本成本。以下举例说明边际资本成本的计算。

[例 6-7] 申达股份公司目前拥有长期资本 1 000 万元，其中长期借款 200 万元、长期债券 200 万元、普通股 600 万元。为了满足追加投资的需要，拟筹集新的长期资本。要求：计算其边际资本成本。

解：

(1) 确定目标资本结构。公司经过分析研究发现目前的资本结构为适合公司的最佳资本结构，因此决定追加筹资后仍然保持目前的资本结构，即长期借款占 20%、债券占 20%、普通股占 60%。

(2) 计算个别资本成本及资本分界点。申达股份公司根据资本市场状况及自身条件，测定了各筹资方式的资本成本及资本成本分界点，如表 6-1 所示。

表 6-1 申达股份公司不同筹资方式的资本成本分界点

筹资方式	筹资金额(万元)	筹资成本(%)	资本成本分界点(万元)
长期借款	0～200	7	200
	200～500	8	500
	500 以上	9	
长期债券	0～100	10	100
	100 以上	11	
普通股	0～600	10	600
	600～1 500	12	1 500
	1 500 以上	15	

(3) 计算筹资突破点。根据上述资料,计算出各种筹资方式的筹资突破点。

长期借款: 200÷20%=1 000(万元)   500÷20%=2 500(万元)

长期债券: 100÷20%=500(万元)

普通股: 600÷60%=1 000(万元)   1 500÷60%=25 000(万元)

由此可得四组筹资总额范围:0～500 万元,500 万～1 000 万元,1 000 万～2 500 万元和 2 500 万元以上。

(4) 计算边际资本成本。根据筹资范围和目标资本结构以及个别资本成本,对各筹资范围分别计算综合资本成本,即可得到各种筹资范围的边际资本成本。计算结果如表 6-2 所示。

表 6-2 申达股份公司边际资本成本计算表

筹资范围(万元)	资本种类	资本结构(%)	个别资本成本(%)	综合资本成本(%)
0～500	长期借款	20	7	9.4
	长期债券	20	10	
	普通股	60	10	
500～1 000	长期借款	20	7	9.6
	长期债券	20	11	
	普通股	60	10	
1 000～2 500	长期借款	20	8	11
	长期债券	20	11	
	普通股	60	12	
2 500 以上	长期借款	20	9	13
	长期债券	20	11	
	普通股	60	15	

计算出筹资范围下边际资本成本后，就可以将筹资范围、边际资本成本与可供选择的各项目所需的投资额及投资收益进行比较。进行投资与筹资相结合的决策，判断项目可行性。

第二节 资本结构理论

20 世纪初期，公司制企业的迅速发展，进一步提出了如何为公司的生产和经营更好地筹措资金的问题。由此形成了以研究公司融资为中心的传统公司财务管理理论学派。20 世纪 50 年代后期，公司金融理论的重大进展是对公司整体价值的重视和研究。因此，资本结构问题，即资本结构变动对公司价值的影响问题，成为公司金融研究的重要议题。

资本结构理论研究大体可以分为三个阶段：一是以杜兰特(Durand, 1952)为代表的早期资本结构理论；二是经典的 MM 理论；三是 20 世纪 70 年代以来，以不对称信息理论、代理理论、交易成本理论和行为金融学理论为代表的新资本结构理论。

一、早期资本结构理论

习惯上，人们常把美国财务学家大卫·杜兰特(David Durand)在 1952 年提出的资本结构理论称为早期资本结构理论。早期资本结构理论可划分为三种类型，即净收益理论、净经营收益理论和传统理论。

(一)净收益理论

净收益理论(net income theory，NI)认为，由于债务资本成本比权益资本成本低，负债融资可以降低公司资本成本，负债程度越高，公司的价值越大。公司的最佳资本结构即是图 6-1 中 K_w 与债务资本的交点。

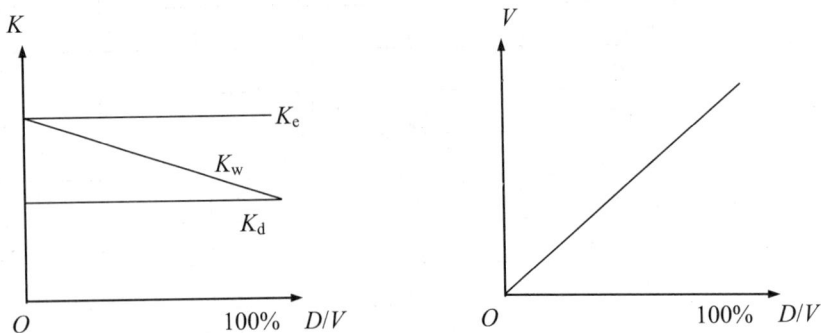

图 6-1　净收益理论下资本成本与公司价值变动

净收益理论假设投资者以固定的利率 K_e 计算公司的净投资，公司能够以固定利率 K_d

取得所需的全部负债，即债务资本成本和权益资本成本不变。

令权益资本成本为 K_e，负债资本成本为 K_d，$K_e > K_d$，从而公司资本成本 K_w 为

$$K_w = \frac{D}{V} \times K_d + \frac{E}{V} \times K_e$$

$$= \frac{D}{V} \times K_d + \frac{V-D}{V} \times K_e \qquad (6.16)$$

$$= K_e - \frac{D}{V} \times (K_e - K_d)$$

式中：

E——公司权益资本；

D——公司债务资本；

V——代表公司总资本，它为债务资本和权益资本之和。

从上式可以看出，负债越多，公司资本成本 K_w 就越低，当负债比率为100%时，公司资本成本降至最低，公司总价值达到最大。

由于该理论的立论假设没有充分考虑负债增加而引发的公司风险增加，实际上边际债务资本成本和权益成本会随着风险的增大而相应变化，从而导致该理论对资本结构的认定难以令人信服。

(二)净经营收益理论

净经营收益理论(net operating income theory，NOI)认为，增加成本较低的债务资本，同时会增加公司的风险，使权益资本成本 K_s 提高，公司资本成本 K_w 保持不变，因而公司总价值保持不变。该理论认为资本结构对公司价值没有影响，公司不存在最优资本结构。

净经营收益理论假设：①公司资本成本 K_w 及负债资本成本 K_d 固定不变；②权益资本成本会随债务比率的提高而增加。

净经营收益理论下资本成本与公司价值变动如图 6-2 所示。

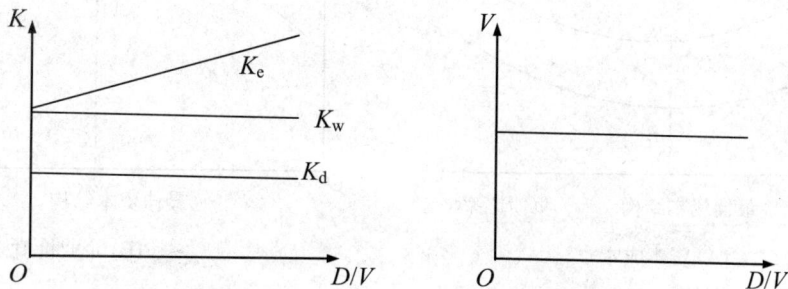

图6-2　净经营收益理论下资本成本与公司价值变动

公司资本成本不会随着债务比率增加而发生变化，是因为债务增加带来的低成本融资的好处被权益资本成本的增加所抵消，下式显示了这一过程。

$$K_{\mathrm{w}} = \frac{D}{V} \times K_{\mathrm{d}} + \frac{E}{V} \times K_{\mathrm{e}} \Rightarrow$$

$$K_{\mathrm{e}} = \left(K_{\mathrm{w}} - \frac{D}{V} \times K_{\mathrm{d}} \right) \bigg/ \frac{E}{V} = \frac{V}{E}(K_{\mathrm{w}} - K_{\mathrm{d}}) + K_{\mathrm{d}} \qquad (6.17)$$

由于 K_{w} 与 K_{d} 固定不变，且 $K_{\mathrm{w}} > K_{\mathrm{d}}$，随着负债比率的增加，$K_{\mathrm{e}}$ 不断增加。负债融资的成本节约完全被权益资本成本上升所抵消。负债融资的这种完全的"成本替代效应"致使公司价值并不随着资本结构的变化而变化。依据净营业收益理论，公司融资并不存在最优资本结构。

该理论虽承认筹资风险对权益资本成本的影响，但过分地夸大了财务风险的作用，并忽略了资本成本和资本结构的内在联系。

(三)传统理论

传统理论(traditional theory)是一种介于净收益理论和净经营收益理论之间的折中理论。

传统理论认为，适度的负债经营并不会明显地增加公司负债和权益资本的风险。公司资本成本随着债务比率的增加而下降，公司价值随之增加；但当公司负债超过一定比例时，公司面临的风险增大，公司的负债和权益资本的成本随之增大，从而公司资本成本就会上升。公司资本成本线呈现为 U 形结构，公司资本成本从下降变为上升的转折点，是公司资本成本的最低点，其所对应的负债比率就是公司最佳的资本结构，具体如图 6-3 所示。

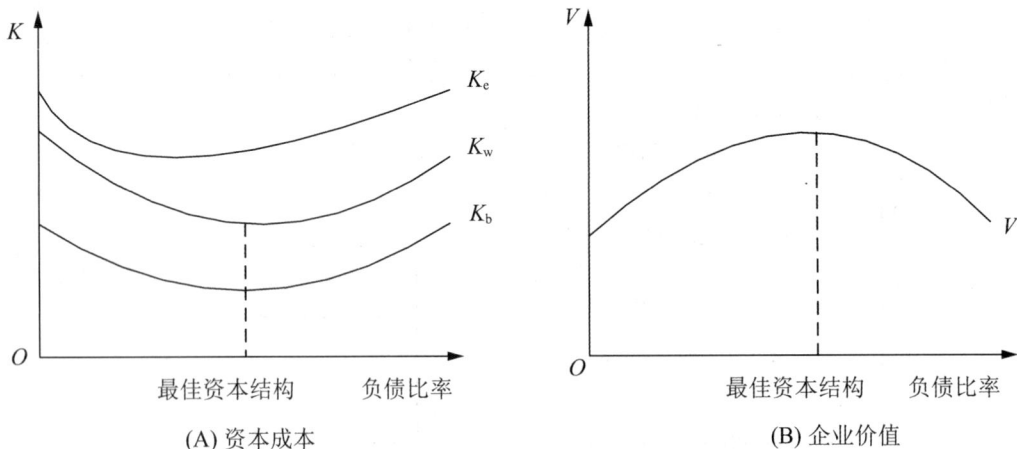

图 6-3　传统理论下资本成本和公司价值变动

传统理论假定：①在公司债务比率较低的情况下，债务资本成本和权益资本成本不会随债务比率增加而发生变化；②债务比率增加到某一数值，随着债务比率提高，债务资本成本和权益资本成本都会迅速增加。

从图 6-3 中可知，债务资本成本 K_d 只是当财务杠杆作用明显后才随财务杠杆的增加而上升。对于公司资本成本 K_w，首先随着负债的增加而下降，因为权益资本成本的提高还没有抵消成本较低的负债成本所带来的利益。当负债比率超过某点时，权益资本成本上升抵消了债务资本成本带来的利益，结果导致公司资本成本的增加。当债务资本成本开始上升时，公司资本成本上升的趋势得到加强。在这个过程中公司的价值先开始上升，直到最高点，然后随负债比率的增加而下降。因此公司存在一个最佳的资本结构，最佳资本结构点就出现在公司资本成本的最低点。

上述三种理论都是在公司和个人所得税为零的条件下提出的，同时考虑了资本结构对资本成本和公司价值的双重影响。由于缺乏行为意义和实证，虽然在经济理论界没有得到认可和进一步发展，但却为后来的资本结构理论的发展打下了基础。

二、MM 理论及权衡理论

(一)MM 理论假设

MM 理论是建立在严格假设基础上的，这些假设如下所述。

(1) 公司的经营风险可以通过其息税前利润(EBIT)的标准差加以衡量，且经营风险相同的公司处于同一风险等级。

(2) 所有投资者对公司未来风险和收益的预期是相同的。

(3) 股票和债券在完全的资本市场上交易，没有交易成本；投资者和公司以同等利率借款。

(4) 所有债务都无风险，债务利率为无风险利率。

(5) 公司永续经营，且预期各期的现金流量或息税前利润(EBIT)固定不变。

(二)无税 MM 定理

MM 理论在以上假设基础上，不考虑公司所得税情况下得出两个重要的命题。

命题 1：无论是负债经营还是无负债经营，任何公司的价值都等于其预期息税前利润除以适用于其风险等级的资本成本。用公式表示即为

$$V_L = V_U = \frac{EBIT}{K_w} = \frac{EBIT}{K_{eu}} \tag{6.18}$$

式中：

V_U——无负债公司的市场价值；

V_L——有负债公司的市场价值；

K_w——有负债公司的加权平均资本成本；

K_{eu}——无负债公司的权益资本成本(亦即股东要求的报酬率)。

这一命题的基本含义是：①公司价值不受资本结构的影响；②有负债公司的加权平均资本成本等于同一风险等级的无负债公司的权益资本成本，即 $K_w=K_{eu}$；③K_{eu} 和 K_w 的高低视公司的经营风险而定。

命题 2：有负债公司的权益资本成本等于同一风险等级的无负债公司的权益资本成本加上风险报酬，而风险报酬的多少由负债融资程度和无负债公司权益资本成本与债务资本成本之差决定。用公式表示即为

$$K_{el}=K_{eu}+(K_{eu}-K_d)\times\frac{D}{E} \tag{6.19}$$

式中：

K_{el}——有负债公司的权益资本成本；

K_{eu}——无负债公司的权益资本成本；

K_d——负债资本成本；

D——负债的市场价值；

E——权益资本的市场价值。

从式(6.19)中可以看出，有负债公司的权益成本会随着负债融资程度的提高而增加，所以，由于较低成本的负债所带给公司的利益会完全被上涨的权益成本所抵消，故公司的价值不会因负债的增加而上升。因此，在均衡时，有负债企业的加权平均资本成本会等于无负债企业的权益成本。

无税 MM 定理首次考察了公司资本结构和市场价值的关系，指出在完善的资本市场中，公司资本结构与公司的市场价值无关。MM 定理与当时流行的观点并不一致，它的模型条件也远非真实，但它为分析研究资本结构问题提供了一个有用的起点和框架(Stiglitz, 1997)。

(三)考虑税收的 MM 定理

无税 MM 定理的逻辑推理过程无懈可击，但其结论却在实践中遇到了严峻的挑战。为了进一步完善 MM 定理，1963 年，莫迪格利安尼(Modigliani)和米勒(Miller) 首先引入了公司所得税对 MM 定理进行修正。

根据税法，利息支付是在纳税前，股息支付和保留盈余在纳税后。因此，负债可以享受税盾效应，而股权融资无法享受税盾效应。故举债可以增加负债公司的价值。在这项修正中莫迪格利安尼和米勒提出了两个命题。

命题 1：有负债公司的价值等于风险等级相同但未使用负债公司的价值加上负债的税盾，而负债的税盾等于公司企业所得税率乘以负债总额。用公式表示为

$$V_L=V_U+T_c\times D=\frac{EBIT\times(1-T_c)}{K_{eu}}+T_c\times D \tag{6.20}$$

由此可见，考虑公司所得税后，使用负债时的公司价值比未使用负债时的公司价值高出 $T_c\times D$。在其他因素保持不变的条件下，公司举债越多，公司价值越大，当公司负债高达

100%时，其价值最大。

命题 2：有负债公司的权益资本成本等于无负债公司的权益资本成本加上负债风险报酬。负债风险报酬由财务杠杆与公司所得税决定，其基本公式为

$$K_{el}=K_{eu}+(K_{eu}-K_d)\times(1-T_c)\times\frac{D}{E} \tag{6.21}$$

式中符号含义与前面一致。

由于$(1-T_c)<1$，故考虑公司所得税时债务融资所造成的权益资本成本上升幅度低于不考虑公司所得税时的上升幅度。另外，由于负债利息可以抵税，因此公司所使用的负债越多，则它的加权平均资本成本就越低。

按照以上推论，公司的最佳资本结构应是 100%负债。可是 1965—1982 年间，美国公司的平均负债率只有 23%，观察到的现实和修正的结论仍有较大的差距。修正的 MM 定理虽然引入了税收因素，但是未考虑债务引起的风险和其他相关成本。

专栏 6-2：税盾效应

"税盾效应"，英文是 Tax shield(shield 是盾牌、保护物的意思)。它是诺贝尔经济学奖获得者美国经济学家费朗哥·莫迪格利安尼和默顿·米勒在研究资本结构时提出的一个避税理论。通俗来说，税盾效应是指公司为了减少税收，采用贷款方式替代募股方式进行投资或者融资，现在已经成为公司避税的一个主要手段。

由于债务成本(利息)在税前支付，而股权成本(利润)在税后支付，因此公司如果要向股东和债权人支付相同的回报，实际需要生产更多的利润。例如，设公司所得税率为 25%，利率为 10%，公司为向债权人支付 100 元利息，由于利息在税前支付，则公司只需产生 100元税前利润即可(公司完全是贷款投资)；但如果要向股东支付 100 元投资回报，则需产生100÷(1-25%)=133.33 元的税前利润 (设公司完全为股权投资)，因此"税盾作用"使公司贷款融资相比股权融资更为便宜。

(资料来源：作者编写)

(四)米勒模型

1977 年米勒在《财务学刊》上发表了一篇题为"负债与税"的论文，又一次放宽原有的假设条件，进一步将个人所得税也纳入模型之内，探讨了公司所得税和个人所得税同时存在时，对公司价值的影响。

无负债公司的市场价值可用下式表示：

$$V_U=\frac{EBIT\times(1-T_c)\times(1-T_e)}{K_{eu}} \tag{6.22}$$

式中：T_e——权益投资者的个人所得税税率。

由上式可以看出，个人所得税的存在降低了无负债公司的市场价值。

如果公司进行负债融资，公司现金流由权益投资者的现金流和债券持有者的现金流两部分构成，则其年度现金流量(CF_L)可用下式表示：

$$CF_L = (EBIT - I) \times (1 - T_c) \times (1 - T_e) + I \times (1 - T_d) \tag{6.23}$$

式中：

I——公司年度利息支出；

T_d——债权人的个人所得税税率。

上式中，$(EBIT-I) \times (1-T_c) \times (1-T_e)$ 为有负债公司权益投资者的年度现金流量，$I \times (1-T_d)$ 为债权人的年度现金流量。将股东的年度现金流量计算中的第一个括弧打开，有：

$$CF_L = EBIT \times (1 - T_c) \times (1 - T_e) - I \times (1 - T_c) \times (1 - T_e) + I \times (1 - T_d) \tag{6.24}$$

在公司持续经营的假设下，有负债企业的价值是一个永续年金的现值。因 $EBIT \times (1-T_c) \times (1-T_e)$ 同无负债公司的税后现金流完全相等，其现值可用 K_{eu} 进行贴现而得。$I \times (1-T_c) \times (1-T_e)$ 和 $I \times (1-T_d)$ 反映了公司负债情况，是与利息支付有关的现金流，可用 K_d 进行贴现，故负债公司的价值为

$$
\begin{aligned}
V_L &= \frac{EBIT \times (1-T_c) \times (1-T_e)}{K_{eu}} - \frac{I \times (1-T_c) \times (1-T_e)}{K_d} + \frac{I \times (1-T_d)}{K_d} \\
&= V_U + \left[1 - \frac{(1-T_c) \times (1-T_e)}{1-T_d} \right] \times \frac{I \times (1-T_d)}{K_d} \\
&= V_U + \left[1 - \frac{(1-T_c) \times (1-T_e)}{1-T_d} \right] \times D
\end{aligned}
\tag{6.25}
$$

这就是包含公司所得税和个人所得税的米勒模型。由上式中可以看出：

(1) 当 $T_c = T_e = T_d = 0$ 时，即在没有公司和个人所得税的情况下，$V_L = V_U$，米勒模型表现为初始的 MM 模型。

(2) 如果 $(1-T_c)(1-T_e) = 1-T_d$，即负债的减税好处正好被股票个人所得税抵消，这时，资本结构对公司价值和资本成本无任何影响，又回到 MM 定理的无税模型。

(3) 当 $T_c \neq 0$，$T_e = T_d = 0$ 或 $T_e = T_d \neq 0$ 时，即在有公司所得税而没有个人所得税，或者个人权益投资所得税与个人利息收入所得税适用相等的税率，$V_L = V_U + T_c \times D$，米勒模型表现为仅考虑公司所得税时的 MM 模型。

(4) 米勒模型中的 $\left[1 - \dfrac{(1-T_c)(1-T_e)}{1-T_d} \right] D$ 代表负债收益，代替了 MM 模型中的 $T_c \times D$。

(5) 若 $T_d > T_e$，即股票的个人所得税率低于债券的个人所得税率，这是因为一些国家税法对资本利得作了较有利的处理。这时米勒模型中括号内的项目小于 T_c，负债价值小于不考虑个人税收因素时的价值。

(6) 米勒确实认为存在最优资本结构，这时公司负债总额也将会达到最优水平，对任何公司而言，最优负债水平对公司总是有利的。

米勒模型通过引入个人所得税因素，重新分析了制约公司无限提高负债比例，追求免税好处的因素，指出整个债券市场上存在一个均衡值，决定了整个社会的负债比例，这个均衡值和负债比例是由公司所得税和个人所得税的不同税级决定的，随公司所得税税率增加而增加，随个人所得税税率增加而减少。债券市场实现均衡的同时，公司的资本结构和市场价值也被全社会整体地确定了，一旦市场实现总量均衡，单个公司的市场价值就与资本结构无关。

(五)权衡理论

MM 理论假定资本市场是完全的，没有考虑到财务拮据和代理成本。1966 年罗比切克(Robichek，1967)和梅耶斯(Mayers，1984)探讨了所得税和破产成本同时存在时对公司价值的影响，提出了"权衡理论"。

权衡理论认为公司的资本结构是权衡债务的利益和成本的结果。权衡理论的主要贡献是引入了均衡的概念，使资本结构有了最优解。早期的权衡理论是基于避税利益和破产成本的均衡。权衡理论后期的发展则主要是对债务成本的拓展。

早期权衡理论认为：最优资本结构就是在负债的税收利益与破产成本之间进行权衡，最优资本结构处于负债的预期边际税收利益等于负债的预期边际破产成本之处。其表达式为

$$V_L=V_U+T_c \times D-\text{PVC}_b \tag{6.26}$$

式中：PVC_b——企业破产成本现值。

该式表明负债公司的市场价值由无负债公司市场价值、负债的税收利益及破产成本现值确定。

戴蒙德(Diamond，1984)、梅耶斯等人进一步将负债的成本从破产成本扩展到代理成本、财务困境成本和非负债税收利益损失等方面；又将税收收益从原来单纯的负债税收收益扩展到非负债税收收益方面，因而大大扩充了成本和收益的内涵，公司最优融资结构实际上就是要在各类税收收益与负债相关成本之间实现平衡。这一理论通过对 MM 理论的再修正而更接近现实情况，一时间成为主流理论，被称为后期权衡理论。后期权衡理论可以用公式表示为

$$V_L=V_U+\left[1-\frac{(1-T_c) \times (1-T_e)}{1-T_d}\right] \times D + S_t - \text{PVC}_a - \text{PVC}_b \tag{6.27}$$

式中：

S_t——非负债税收收益；

PVC_a——代理成本现值。

所谓非负债税收收益是指公司所享有的固定资产折旧以及其他非税收利益。

代理成本的含义将在下文详细介绍，这里不予展开。

权衡理论长期以来一直局限在破产成本和税盾效应这两个概念的框架里，即仅仅考虑了破产成本、税盾效应等外部因素对公司资本成本和公司价值的影响，始终没有将内部因

素引入资本结构的决定机制中。20 世纪 70 年代末,信息不对称等新的经济学分析方法被引入资本结构研究,学术界和实业界开始重视公司内部因素对公司资本结构的影响。为此,资本结构理论进入了新资本结构理论时代。

三、新资本结构理论

(一)代理成本理论

詹森和麦克林(Jensen and Meckling,1976)最早将企业理论、产权理论和资本结构理论综合起来研究资本结构对公司价值的影响。他们分析了股份公司中存在的两类典型的利益冲突和代理关系——管理者和股东之间(股权代理成本)、股东和债权人之间(债权代理成本)的利益冲突和代理关系,认为公司最优资本结构是使两类代理成本之和达到最小值的资本结构,形成了资本结构的代理成本理论。

代理成本包括委托人的监督成本、代理人的担保成本和由于不当代理行为而招致的公司剩余损失。代理成本理论主要考查两类典型的利益冲突和代理关系。

1. 股东和管理者之间的利益冲突和代理关系

管理者和股东的冲突是由于现代公司的所有权、控制权分离引起的。只要管理者拥有的剩余索取权低于 100%(即存在外部股权)时,管理者的工作努力使他承担了努力的全部成本而仅获得部分收益,而当他减少努力时,他能得到全部好处而承担部分成本。因此,理性选择的结果是,管理者为追求自身利益的最大化,就不会总是根据股东的利益行动,而是热衷于追求在职消费等控制性收益。这时,公司的市场价值会低于管理者是完全所有者时的价值,这两者之间的差额就是外部股权的代理成本。让管理者成为完全所有者可以解决代理成本问题,但是这又受到管理者自身财富的限制,因此,增加债务可缓减管理者和股东之间的冲突,但是债务融资可能导致另一种代理成本。

2. 股东和债权人之间的利益冲突和代理关系

詹森和麦克林认为,当公司发行债务时,管理者有机会进行资产的替代,可能把公司财富从债权人转移给股东。即股东未经债权人同意,使管理当局投资于比债权人原先预期的风险高的新项目,由于新项目的风险较原先预期的风险高,从而使得负债的历史报酬率随之提高,使已流通在外的负债价值因而下降。如果高风险的新项目成功,债权人却只能得到固定报酬,所有额外的利益都归股东享有;反之,若新项目失败,债权人必须和股东共同分担发生的损失。理性的债权人也会预期到这种情况,提高信贷利率,因此,随着债务水平的提高,债务本身的代理成本也在提高。另外举债引起更多的现金流出,增大了破产的可能。詹森和麦克林将债权人和股东利益冲突以及与债务相伴随的破产成本等定义为债权的代理成本。

代理成本的存在使得公司只能在股权融资与负债融资之间寻找平衡点，公司采用股权融资还是负债融资可以影响管理者的工作努力程度和行为选择，合理的资本结构可以激励管理者积极工作，进而缓和公司内部的利益冲突，提高公司的价值。

詹森和麦克林关于资本结构的这一分析为我们理解资本结构的激励功能提供了一个理论基础。此后，很多学者借助于对管理层以及投资项目性质的不同假设，从利益冲突视角对资本结构设计，尤其是债务融资的成本与收益进行了分析。

(二)不对称信息下的资本结构理论

MM 定理的假设之一是充分信息假设。在实际中，公司管理者和投资者的信息是不对称的。公司管理者比外部投资者更多地了解公司内部经营活动，占据信息优势地位，在这种典型的不对称信息环境下，外部投资者往往根据公司的融资决策来判断公司的经营状况。

1. 利兰德-派尔信号理论

利兰德和派尔(1977)认为不仅管理者与外部投资者之间就公司投资项目收益问题存在着信息不对称情况，而且管理者是风险回避的。公司提高其杠杆率会使经营管理者的股权在公司总股权中所占的比率上升。由于股权资产是风险资产，同时经营管理者是风险回避的，持股比例的上升将使经营管理者的期望效用降低。但是持股比例的上升对拥有高质量项目的管理者的影响较小，而对拥有劣质项目的管理者影响较大。所以高质量项目的管理者可通过高财务杠杆率的方式向外部投资者传递其投资项目优良的信号。公司债务水平是反映投资项目质量的一种信号。

2. 罗斯的信号-激励理论

信号模型中最具代表性的是罗斯模型。罗斯(1977)把公司资本结构的选择作为向外部投资者传递有关公司价值信息的信号，建立了资本结构的信号模型。在罗斯的模型中，保留了完全信息以外的所有假定。假设公司管理者了解、而外部投资者不了解公司未来收益分布函数的情况；公司的收益服从一阶随机优势分布；如果公司的债券在市场被高估，经营管理者就会受到奖励，如果公司破产则他们会受到惩罚。因此，投资者将高杠杆比率作为公司高质量的信号。

如果低质量的公司模仿高质量公司提高杠杆比率，偏高的债务水平将提高期望破产成本，高破产成本迫使管理者降低债务水平，使其与公司的质量相符。因此，公司的负债水平主要取决于公司的价值和公司破产的概率，与公司价值正相关，而与破产惩罚负相关。信号传递理论明确了公司市场价值与资本结构有关，但在模型中却没有提出防止公司管理者向外输送错误信号的内在约束机制。

3. 新优序融资理论

1984 年梅耶斯(Mayers)和迈基里夫(Majluf)在《财务经济学刊》上发表了题为《企业有

信息而投资者没有信息时的投资和融资决策》的论文，系统地将不对称信息引入对公司资本结构的研究，建立了新优序融资理论(Pecking Order Theory，也称啄序理论)。

该理论主要观点为：①相对于外部融资而言，公司更偏好内部融资(留存收益或折旧)；②如果需要外部融资，公司首先选择最安全的证券，然后是有些风险的债券、可转换债券、优先股，最后才是普通股。

梅耶斯和迈基里夫指出，如果投资者对公司资产的价值知道的比公司内部人少，权益的价值就会被市场低估(阿可列夫的柠檬市场)。如果公司要发行权益证券为新项目融资，低估的权益使新投资者获得超过项目净现值的收益，却使原有的股东受到净损失。在这种情况下即便投资项目的净现值为正，也会遭到股东的拒绝。问题的实质在于，由于信息不对称，公司对外发行股权时被投资者误解了公司类型，从而导致公司价格的下跌。对于现代公司理财中普遍存在的这个问题，公司的解决办法就是保留充分的财务松弛，以在遇到净现值为正的投资项目时可以由内部提供资金。因此，公司为有价值的投资寻找资金时首先会在内部融资，或者如果他们不得不在外部融资的话，他们会发行风险最小的有价证券，只有在股票价格被高估的情况下公司才会发行股票来融资。

根据新优序融资理论，公司的优先融资顺序为内部融资—债务融资—股权融资。公司不存在最优资本结构和目标债务比例，债务比例是融资结果的积累。新优序融资理论的重要贡献是考虑到了"信息不对称"对公司投资决策和融资行为的影响。

(三)公司控制权理论

20 世纪 80 年代后期，有关资本结构的研究重点转向探讨公司控制权市场与资本结构的关系。由于普通股有投票权而债务没有，因此资本结构必然影响公司控制权的分配。

曼尼(1965)认为当公司经营不善时，公司股票价格下降，这时资本市场就会有人公开接管公司，更换现任管理者，这种接管被称为敌意收购。敌意收购给在职管理者带来了很大的威胁，成为股东约束不称职管理者的有效手段。

詹森和鲁巴克(1983)提出了公司控制权市场的定义：公司控制权市场是不同的管理队伍以现金或债务购买其他公司股票，或以代理权争夺管理公司资源权利的场所。

哈里斯和瑞里弗(1988)指出，当现有管理者面临收购竞争者时，如果管理者持有的股权比例过低，则他失去对企业的控制而遭受个人利益损失的可能性就较大；如果管理者持有的股权比例过高，潜在竞争者成功取代管理者的可能性会减少，从而公司股权的代理成本增加，导致公司价值下降，管理者也会因此遭受损失。上述两项因素之间的权衡决定了管理者持有的最优股权比例。因此，最优的所有权份额是掌握控制权带来的任何个人收益同自有股份的资本价值损失相权衡的结果。

阿格诺和波顿(1992)将控制权理论引入公司资本结构，在其模型中区别了三种情况：①如果公司只发行带有投票权的普通股，则投资者掌握剩余控制权；②如果公司只发行不带有投票权的优先股或债券，则企业家拥有剩余控制权，前提是公司能按期偿还债务，否则剩余控制权便由企业家转移到投资者手中；③破产，剩余控制权由债权人掌握。资本结构的选择也就是控制权在不同债券持有人之间分配的选择，最优杠杆率是在该负债水平上导致公司破产时能够将控制权从股东转移给债权人。

哈特(2001)对引入控制权的研究思路作了一个精彩的总结。这种研究的一个基本出发点是必须将企业家和投资者的关系视为动态变化的，而不是静止不变的。未来的不确定性使得企业家和投资者不可能签订完备的契约，虽然他们不能依据将来不可预料的偶然事件清楚地界定权力，但他们至少能选择一个决策过程，公司资本结构的选择就是其中的核心。哈特(2001)强调不完全合同和剩余控制权形式是决定公司资本结构的关键。

(四)资本结构的治理理论

公司治理结构是用来协调公司中利益相关者之间利益冲突的一系列制度安排。1988年，威廉姆森在《财务学刊》上刊登的一篇题为《公司财务与公司治理》的文章指出，债券和股票不应被简单地看成仅仅是"财务工具"，还应被看成是"不同的治理结构"。威廉姆森在分析了债权治理特点和股权治理特点的基础上，认为债权和股权既是可替代的融资工具，又是可替换的公司治理手段。至此，资本结构理论与公司治理理论相结合，形成了资本结构的治理理论。

(五)资本结构的产业组织理论

20 世纪 80 年代以来，伴随着产业组织理论的发展，资本结构理论与产业组织理论逐渐融合。布兰德和利维斯(1986)研究了公司的资本结构与产品市场上竞争战略之间的互动关系，提出由于股票的期权性质，负债率的上升可能会引致股东采取高风险的投资策略。他们假定寡头垄断者可以通过冒进的产出策略提高投资的风险。因此公司选择比竞争对手高的负债率水平表明在后续的竞争中它会采用更激进的产出策略。

波恩(1982)、布瑞德莱(1984)研究发现，同行业企业具有相似的资本结构，不同行业的资本结构则确有差别。

(六)机会窗口理论或市场时机理论

行为金融理论于 20 世纪 80 年代中后期获得了快速发展，同时被应用于公司资本结构研究中。行为公司金融关注资本市场在公司融资中的作用。

该理论认为，股票市场经常错误地估计公司的股票价格，市场时机是现实中影响公司融资决策的重要因素，西方将这种公司融资行为称为机会窗口理论(opportunities windows theory)或市场时机理论(market timing theory)。

贝克和沃根拉(2002)的研究表明，股票发行者能够把握市场时机，在公司价值被市场高估时发行股票，低估时回购股票，以得到较大的收益；公司资本结构是公司过去试图把握市场时机的累积结果。

如果具有相对不利的负债市场条件，那么公司将倾向于减少负债融资的使用。在经济衰退时期，公司可能倾向于使用更多的负债。以下是对上述西方资本结构理论发展演变的归纳总结，如表 6-3 所示。

表 6-3　西方资本结构理论发展演变时间表

发展阶段	主要的资本结构理论		代表人物
早期资本结构理论	净收益理论、净经营收益理论、传统理论		杜兰特(Durand, 1952)
MM 理论和权衡理论	MM 理论		莫迪格利安尼和米勒 (Modigliani and Miller，1958)
	修正的 MM 理论		莫迪格利安尼和米勒 (Modigliani and Miller，1963)
MM 理论和权衡理论	米勒模型		米勒(Miller，1977)
	破产成本	权衡理论	梅耶斯和罗比切克 (Mayers and Robichek，1966)
新资本结构理论	代理成本	资本结构的代理成本理论	詹森和麦克林 (Jensen and Meckling，1976)
	不对称信息	资本结构的信号理论	利兰德–派尔 (Leland and Pyle，1977)
		资本结构的信号-激励理论	罗斯(Ross，1977)
		资本结构的优序融资理论	梅耶斯和迈杰基夫 (Mayers and Majluf，1984)
	公司控制权理论	资本结构的控制权理论	詹森和鲁巴克 (Jensen and Ruback，1983)
	公司治理理论	资本结构的治理流派	威廉姆森 (Williamson，1988)
	产业组织理论	资本结构与产品要素市场相互作用理论	布兰德和利维斯 (Brander and Lewis，1986)
	行为金融理论	机会窗口理论或市场时机理论	贝克(Baker, 2000)

现代资本结构理论研究的重要内容是权衡资本成本和风险，建立最佳资本结构，实现公司价值最大化。尽管上述不同资本结构理论的认识视角不同，但都紧紧抓住了资本成本分析这一主线，产生了较为一致的认识。

(1) 各类资金来源的资本成本的高低各不相同且不固定，但它们的成本水平却存在一种规律性差异，即普通股的资本成本高于长期债券的资本成本。

(2) 公司在融资时应首选内部融资，若需外部融资，应首选举债，然后才发行股票。在这一规律的基础上，公司增大借入资本的比重，缩小普通股的比重，将使总资本成本下降，这一规律就是来自现代资本结构理论的"融资定律"。

总的来说，资本结构理论为公司进行融资决策提供了非常有价值的参考，可以指导公司的决策行为。

第三节　资本结构管理

资本结构是指各种长期资本来源占资本总额的比率。公司的长期资本来源主要有长期负债和所有者权益，故公司的资本结构可以用负债比率来反映。负债比率的高低将对公司的资本成本、股票市价和公司总价值产生不同的影响，故负债比率是确定最优资本结构的核心问题。

由于融资活动本身以及外部环境具有复杂性，目前仍然难以准确地揭示出存在于财务杠杆、每股收益、资本成本及公司价值中的关系，所以在一定程度上融资决策还要依靠有关人员的经验和主观判断。

案例6-1：南方黑芝麻集团如何优化资本结构？

南方黑芝麻集团拥有"南方"中国驰名商标，现已形成南方黑芝麻糊、南方黑豆奶、黑八珍、南方核桃粉等五大系列产品，其中南方黑芝麻糊在国内处于领先地位，是中国糊类第一品牌。目前公司是中国技术水平最高、产能最大的糊类食品生产企业。但是由于产品和渠道老化，公司销售费用率远高于同行，而借壳上市后的遗留问题更是一直困扰着公司的生产经营活动，从而导致公司财务费率和管理费率居高不下。2009—2011年公司资产负债率(合并口径)为85.12%、66.78%和65.34%，与同行业相比处于较高水平。公司发展依赖于银行资金的支持，近3年内，公司短期借款与净资产之比平均为89%，使公司的借款费用侵蚀公司扩张带来的规模效益所产生的净利润。

2013年南方食品终抛出非公开发行方案，拟向包括控股股东在内的5名特定对象，以6.65元/股的价格发行6 774.05万股，共筹集资金4.5亿元，扣除全部发行费用的净额为4.36亿元，全部用于补充流动资金和偿还银行贷款。其中，控股股东广西黑五类食品集团有限责任公司拟认购4 124.05万股。此次发行后，公司注册资本由1.78亿元变更为2.46亿元。分析人士指出，定增方案实施有望改善公司资本结构，减少财务费用，缓解公司面临的流动资金压力。

本节将分析公司资本结构的影响因素，介绍最优资本结构的决策方法。

(资料来源：作者根据公开资料编写。)

一、资本结构的影响因素

合理安排和规划公司资本结构，是公司融资管理的一个核心问题，对降低公司综合资本成本、增加公司总价值等具有十分重要的意义。资本结构受多种因素的制约和影响，除了受资本成本、财务风险、经营风险等因素的影响外，还要受其他内外部因素的影响。公司在进行资本结构决策时，必须充分考虑这些因素。

(一)公司内部因素

1．公司所有者与管理者的风险态度

资本结构决策在很大程度上取决于公司所有者与管理者的风险态度。如果公司所有者和管理者喜欢冒险，可能会安排比较高的负债比例；反之，如果公司所有者和管理者是风险规避者，则会较少利用财务杠杆，尽量降低债务资本的比例。

2．公司综合财务状况

公司综合财务状况可以分为获利能力、现金流量状况和成长性三个方面。

(1) 公司的获利能力和发展潜力。公司的获利能力和发展潜力是资本结构决策中的两个重要因素。公司获利能力越强，息税前利润就越大，还本付息就越容易，财务风险就越小，进而债务融资就越便利；反之相反。在其他因素相同的条件下，如果公司的发展潜力很强，公司就会设计较高的资产负债率，更多地利用债务资本；如果公司没有发展潜力，则公司会更多地利用留存收益弥补资本。

(2) 公司的现金流量状况。一般来说，债务的利息和本金通常用现金支付，需要公司有充足的现金流量作保证。公司产生的现金流量越大，举债筹资能力就越强。因此，现金流量状况对提高资本结构中债务资本的比重有着重要作用。

(3) 公司成长性。公司成长性一般可用销售增长率来度量。一般来说，公司成长性越强，预期利润增长越快，就越可以更多地负债。不过，公司成长过程的稳定性或波动性，也是影响企业资本结构形成的一个重要方面。如果公司成长过程的波动性较大，应对负债持慎重的态度。

3．公司的资产结构

公司的资产结构会以多种形式影响其资本结构。考虑公司资产结构，重点是公司流动资产与固定资产的比例关系。一般而言，固定资产比重较高的公司，通常通过长期负债和发行股票来筹集资本；而流动资产比重较高的公司，更多地依赖流动负债来筹集资本。

4．公司的股利政策

公司的股利政策对公司的留存收益有着重要的影响，因此股利政策也是一种融资政

策。不同的股利政策会导致不同的资本结构。一般来说，如果公司实行高股利政策和剩余股利政策，那么该公司持续经营的负债比率就高；如果公司实行低股利政策和不规则股利政策，那么该公司就会对风险较高的资本结构比较慎重。

5. 公司治理结构

公司的股票如果被众多投资者所持有，谁也没有绝对的控制权，可能会更多地采用发行股票的方式来筹集资本，因为所有者并不担心控制权的旁落。反之，若公司被少数股东控制，股东们很重视控制权问题，一般会尽量避免普通股筹资，而是更多地采用优先股或负债的方式筹集资本。

(二)公司外部因素

1. 宏观经济环境

宏观经济环境对公司的生存、发展有着重要的影响，这就要求公司在不同的宏观经济环境下采取不同的财务策略。当宏观经济状况良好时，适当增加债务比率，充分利用债权人的资本；反之，当宏观经济状况处于不利时，应当压缩负债比率，减少遭受损失和破产的风险。

2. 金融市场的完善程度

金融市场的完善程度，对公司的融资活动影响巨大。如果货币市场比资本市场发达、完备、健全，公司就可以适当提高流动负债比率；如果货币市场不完善、不健全，公司就应当减少流动负债比率，扩大长期资本规模，以降低筹资风险。

3. 税收因素

由于债务利息可以在公司税前利润中扣除，具有抵税的作用，因此公司进行资本结构决策时，一定要考虑税收因素。一般来说，公司所得税率越高，在其他因素既定的条件下，公司就越倾向于高负债。

4. 公司的信用等级和债权人的态度

公司如何安排资本结构，还要取决于公司的信用等级和债权人的态度。公司的资信状况对公司筹资具有十分重要的作用，因为信用等级关系到公司的偿债能力，关系到债权人的风险大小。如果公司的信用等级较低，则会降低公司的举债能力；反之相反。

公司的债权人主要有两类：一是债券投资者；二是以银行为代表的信贷机构。一般而言，债权人不希望公司的负债比例太高，过高的负债意味着公司的经营风险将更多地由股东转嫁给债权人承担，银行等金融机构会考虑贷款的安全性、流动性与收益性。此时，债权人的态度对公司的资本结构起着关键的作用。

5.行业差别

不同行业所处的经济环境、资产构成及运营效率、行业经营风险等都不尽相同。因此，上述各种因素的变动直接导致行业资本结构的变动，从而体现其行业特征。在资本结构决策中，应掌握本公司所处行业的特点以及该行业资本结构的一般水准，以此做出正确的资本结构决策。一般来说，钢铁、金融、地产等行业投资风险较小，因此可以保持较高的资产负债水平；而电子、化工等高科技行业投资风险较大，不应当保持高的资产负债率。

此外，利率水平也是影响公司资本结构管理的一个重要因素。利率水平偏高，公司会将负债比例降低。

二、最优资本结构决策

由于不同公司的最佳负债比率不同，判断最优资本结构的标准有三个：①综合资本成本最低；②股票市价和公司总价值最大；③普通股每股收益最高。

实际上，对于一个公司而言，最优资本结构是一个理论值，无法精确计算，但是，可以分析影响资本结构的因素、分析其融资原则，尽可能去获得一个优化的资本结构。

(一)综合资本成本比较法

公司对拟定的筹资总额，可以采用多种筹资方式筹资，每种筹资方式的筹资额亦可有不同安排，由此会形成不同资本结构或筹资组合方案。综合资本成本比较法是指在适度财务风险的条件下，通过计算和比较可供选择的不同资本结构或筹资组合方案的综合资本成本，以综合资本成本最低为标准来确定最优资本结构。

公司筹资可分为创立初期的初始筹资和发展过程中的追加筹资两种情况。与此相应地，公司的资本结构决策也分为初始筹资的资本结构决策和追加筹资的资本结构决策。

1.初始资本结构决策

进行初始资本结构决策时，可先计算各种筹资方案的综合资本成本，然后比较不同筹资方案的综合资本成本，选择综合资本成本最低的筹资方案作为最佳方案。

[例 6-8] 某公司初创时需要资本总额 5 000 万元，有三个筹资方案可供选择，有关资料见表 6-4。要求：用综合资本成本比较分析法确定该公司最佳的资本结构。

表6-4 公司初始筹资组合方案

单位：万元

筹资方式	A 方案		B 方案		C 方案	
	筹资额	个别资本成本	筹资额	个别资本成本	筹资额	个别资本成本
长期借款	400	6%	500	6.5%	800	7%
长期债券	1 000	7%	1 500	8%	1 200	7.5%

续表

筹资方式	A方案		B方案		C方案	
	筹资额	个别资本成本	筹资额	个别资本成本	筹资额	个别资本成本
优先股			1 000	12%	600	12%
普通股	3 600	15%	2 000	15%	2 400	15%
合计	5 000		5 000		5 000	

解：根据综合资本成本比较法，首先计算各个筹资方案的综合资本成本。

A方案：

$$K_w=6\%\times\frac{400}{5\,000}+7\%\times\frac{1\,000}{5\,000}+15\%\times\frac{3\,600}{5\,000}=12.68\%$$

B方案：

$$K_w=6.5\%\times\frac{500}{5\,000}+8\%\times\frac{1\,500}{5\,000}+12\%\times\frac{1\,000}{5\,000}+15\%\times\frac{2\,000}{5\,000}=11.45\%$$

C方案：

$$K_w=7\%\times\frac{800}{5\,000}+7.5\%\times\frac{1\,200}{5\,000}+12\%\times\frac{600}{5\,000}+15\%\times\frac{2\,400}{5\,000}=11.56\%$$

然后比较上述三个筹资方案的综合资本成本。B方案的综合资本成本最低(11.45%)。在适度财务风险的条件下，应选择B方案的筹资组合作为最佳筹资组合方案，由此形成的资本结构为最佳资本结构。

2. 追加筹资的资本结构决策

在追加筹资的资本结构决策中，可以采用两种方法：一是直接比较追加筹集资金的综合资本成本，二是比较追加筹资后全部资本的综合资本成本。

[例6-9] 某公司目前拥有资金2 000万元，其中，长期借款800万元，年利率10%；普通股1 200万元，上年支付的股利每股2元，预计股利增长率为5%，发行价格20元，目前市场价格也为20元。该公司计划筹集资金100万元，企业所得税率为25%。有两种筹资方案：甲方案增加长期借款100万元，借款利率上升到12%，假设公司其他条件不变；乙方案增发普通股40 000股，普通股市价增加到每股25元，假设公司其他条件不变。要求根据以上资料：(1) 计算该公司筹资前WACC；(2) 用综合资本成本比较分析法确定该公司最佳的资本结构。

解：(1) 该公司筹资前WACC计算如下。

目前资本结构为长期借款40%，普通股60%。

长期借款资本成本：

$$K_l=i(1-T)=10\%\times(1-25\%)=7.5\%$$

普通股资本成本：

$$K_e = \frac{D_1}{P_0} + g = \frac{D_0(1+g)}{P_0} + g = \frac{2 \times (1+5\%)}{20} + 5\% = 15.5\%$$

$$WACC = \sum_{j=1}^{n} K_j W_j = K_1 W_1 + K_e W_e$$

$$= 7.5\% \times 40\% + 15.5\% \times 60\%$$

$$= 12.3\%$$

(2) 根据甲方案计算 WACC。

原长期借款资本成本 K_l=7.5%

新长期借款资本成本 $K_l = i(1-T) = 12\% \times (1-25\%) = 9\%$

普通股资本成本 K_e=15.5%

甲方案筹资后

$$WACC = \sum_{j=1}^{n} K_j W_j = K_1 W_1 + K_e W_e$$

$$= 7.5\% \times \frac{800}{2\,100} + 9\% \times \frac{100}{2\,100} + 15.5\% \times \frac{1\,200}{2\,100}$$

$$= 12.15\%$$

根据乙方案计算 WACC。

原长期借款资本成本 K_l=7.5%

普通股资本成本

$$K_e = \frac{D_1}{P_0} + g = \frac{D_0(1+g)}{P_0} + g = \frac{2 \times (1+5\%)}{25} + 5\% = 13.4\%$$

乙方案筹资后

$$WACC = \sum_{j=1}^{n} K_j W_j = K_1 W_1 + K_e W_e$$

$$= 7.5\% \times \frac{800}{2\,100} + 13.4\% \times \frac{1\,200+100}{2\,100}$$

$$= 11.72\%$$

因为乙方案的综合资本成本小于甲方案的综合资本成本(11.72%＜12.15%)，所以在选择筹资方案时，该公司应选择普通股筹资。

(二)每股收益分析法(EPS 分析法)

资本结构是否合理，可以通过每股收益的变化来进行分析。公司金融目标(股东财富最大化)决定了凡是能提高每股收益的资本结构就应该是合理的，因为每股收益最大意味着股东财富最大，即公司价值最大。因此当公司面临是采用债务筹资方式还是权益筹资方式时，可以先计算不同筹资方式下的每股收益，然后采用每股收益大的筹资方式。普通股每股收

益的计算公式为

$$EPS = \frac{(EBIT - I)(1 - T) - D_p}{N} = \frac{(S - VC - F - I)(1 - T) - D_p}{N}$$ (6.28)

式中:

EBIT——息税前利润;

I——年利息;

D_p——年优先股股息;

N——流通在外的普通股股数;

T——公司所得税税率;

S——销售额;

VC——年可变成本;

F——年固定成本。

每股收益分析法的测算原理比较容易理解,测算过程较为简单。但这种方法只考虑了资本结构对每股收益的影响,而没有考虑资本结构对风险的影响,是不全面的。

[例 6-10] 公司现有资本结构是长期负债 1 000 万元,债券利息率为 9%,普通股 7 500 万元。公司计划扩大规模,筹资 1 500 万元,使息税前收益到达 1 600 万元。所得税率为 40%。现有两个方案:A 方案是全部发行新普通股;B 方案是全部发行长期债券,债券利息率为 12%。其有关资料如表 6-5 所示。要求利用每股收益分析法进行决策。

表 6-5 公司融资方案

单位:万元

项目	融资前		方案A:发行股票		方案B:发行债券	
	金额	比重(%)	金额	比重(%)	金额	比重(%)
资本来源						
长期负债	1 000	11.8	1 000	10	2 500	25
普通股	7 500	88.2	9 000	90	7 500	75
资本总额	8 500	100	10 000	100	10 000	100
其他资料						
年利息	90		90		270	
发行在外的普通股股数	100		120		100	

解:将上述数据代入式(6.28)得

$$EPS_1 = \frac{(EBIT - I_1)(1 - T) - D_{p1}}{N_1} = \frac{(EBIT - 90)(1 - 40\%) - 0}{120} = 7.55$$

$$EPS_2 = \frac{(EBIT - I_2)(1 - T) - D_{p2}}{N_2} = \frac{(EBIT - 270)(1 - 40\%) - 0}{100} = 7.98$$

当 EBIT 为 1 600 万元时，A、B 两方案的每股收益分别为 7.55 元和 7.98 元，所以结论是应选择 B 方案，即全部发行长期债券。

(三)公司总价值分析法

公司金融的根本目标在于追求公司价值最大化或股价最高化。前述每股收益分析法是以每股收益的高低作为衡量标准对筹资方式进行选择。其缺陷在于没有考虑风险因素，只有在风险不变的前提下，EPS 的增长才会直接导致股价的上升，公司价值增大。但实际上风险与收益是同向变动，随着每股收益的增长，风险通常也会加大。因此，公司的最佳资本结构应当是使公司的总价值最大(而不一定是每股收益最大)，同时综合资本成本最低时的资本结构。

1. 公司总价值的测算

公司总价值指公司的市场总价值 V，它等于股票的总价值 S 加上长期债务总价值 B。用公式表示为

$$V = S + B \tag{6.29}$$

式中：

V——公司的市场价值；

S——公司权益资产的市场价值；

B——公司债务资产的市场价值。

其中，

$$S = \frac{(EBIT - I)(1 - T) - D_p}{K_e} \tag{6.30}$$

式中：

EBIT——息税前利润；

I——年利息额；

T——公司所得税率；

K_e——权益资本成本；

D_p——优先股股息。

为简化测算起见，假定长期债务(含长期借款和长期债券)的价值等于其面值(或本金)，当然也可以利用债券的定价公式计算其市场价值，即

$$B = \sum_{t=1}^{n} \frac{Mi}{(1 + r)^t} + \frac{M}{(1 + r)^n} \tag{6.31}$$

式中：

M——债券或长期借款的面值(或本金)；

i——长期债务的利息率；

r——市场利率水平；

n——长期债务的到期期限。

2．公司资本成本的测算

在公司价值测算的基础上，如果公司的全部长期资本由长期债务和普通股组成，则公司的全部资本成本，即综合资本成本可按下式测算：

$$K_w=K_B \times (1-T) \times \left(\frac{B}{V}\right)+K_e \times \left(\frac{S}{V}\right) \tag{6.32}$$

式中：

K_w——公司综合资本成本；

K_B——公司长期债务的税前资本成本，可按长期债务的利息率计算；

K_e——公司普通股的资本成本。

在上面测算公司资本成本的公式中，为了考虑公司筹资风险的影响，普通股资本成本可运用资本资产定价模型来测算，即

$$K_e=R_f+\beta(R_m-R_f) \tag{6.33}$$

式中：

R_f——无风险报酬率；

R_m——所有股票的市场报酬率；

β——公司股票的贝塔系数。

3．公司最优资本结构的确定

首先，运用上述原理测算公司的总价值和综合资本成本；然后，以公司价值最大化为标准确定公司的最优资本结构。

[例 6-11]公司现有的全部长期资本均为普通股资本，股票账面价值为 2 000 万元。公司认为目前的资本结构不合理，准备通过举债、购回部分普通股予以调整。公司预计息税前利润为 500 万元，公司所得税税率为 25%。经测算，目前的长期债务和普通股资本成本如表 6-6 所示。

表 6-6　不同债务规模的债务年利率和普通股资本成本测算表

B(万元)	K_f(%)	β	R_f(%)	R_m(%)	K_e(%)
0		1.20	10	16	17.2
200	10	1.25	10	16	17.5

B(万元)	$K_B(\%)$	β	$R_f(\%)$	$R_m(\%)$	$K_e(\%)$
400	10	1.30	10	16	17.8
600	12	1.40	10	16	18.4
800	14	1.55	10	16	19.3
1 000	16	2.10	10	16	22.6
1 200	19	2.40	10	16	24.4

根据表 6-6 的资料，运用前述公司价值和公司资本成本的测算方法，测算在不同长期债务规模下的公司价值和公司资本成本，列入表 6-7 中，据此可以比较确定公司的最优资本结构。

表 6-7 不同债务规模下公司价值和公司资本成本测算表

B(万元)	S(万元)	V(万元)	$K_B(\%)$	$K_e(\%)$	$K_w(\%)$
0	2 180	2 180	0	17.2	17.2
200	2 057	2 257	10	17.5	16.68
400	1 938	2 338	10	17.8	16.04
600	1 745	2 345	12	18.4	15.99
800	1 508	2 308	14	19.3	16.25
1 000	1 128	2 128	16	22.6	17.62
1 200	836	2 036	19	24.4	18.42

在表中，当 B=200 万元，K_B=10%，K_e=17.5%以及 EBIT=500 万元时，

$$S = \frac{(500 - 200 \times 10\%) \times (1 - 25\%)}{17.5\%} = 2\ 057(\text{万元})$$

$$V = 200 + 2\ 057 = 2\ 257(\text{万元})$$

$$K_w = 10\% \times (1 - 25\%) \times \left(\frac{200}{2\ 257}\right) + 17.5\% \times \left(\frac{2\ 057}{2\ 257}\right) = 16.68\%$$

其余同理计算。

从表中可以看出，在没有长期债务资本情况下，公司的价值就是其原有普通股资本的价值，此时 $V=S=2\ 180$ 万元。当公司开始利用长期债务资本部分地替换普通股资本时，公司的价值开始上升，同时公司资本成本开始下降，直到长期债务资本达到 600 万元时，公司的价值达到最大，同时公司的资本成本最低；而当公司的长期债务资本超过 600 万元时，公司的价值又开始下降，公司的资本成本同时上升。因此，可以确定，该公司的长期债务资本为 600 万元时的资本结构为最优资本结构。此时，公司的长期资本价值总额为 2 345

万元，其中普通股资本价值 1 745 万元，占公司总资本价值的比例约为 74.4%；长期债务资本价值 600 万元，占公司总资本价值的比例约为 25.6%。

本 章 小 结

本章阐述公司融资决策的基本原理。围绕最优资本结构的决策，阐述了资本成本、资本结构理论、最优资本结构的决策方法等基本内容。

资本成本是公司筹集和使用资本所付出的代价。资本成本包括资金筹集费和资金占用费两部分。资金筹集费是指在资金筹集过程中支付的各项费用，资金占用费指占用资金支付的费用。个别资本成本是指公司使用各种长期资本的成本，包括长期借款资本成本、债券资本成本、优先股资本成本、普通股资本成本和留存收益成本，前两种为债务资本成本，后三种为权益资本成本。综合资本成本是指公司全部长期资本的总成本，它是以公司各种资本占全部资本的比例为权数，对个别资本成本进行加权平均而得出的，也称加权平均资本成本。综合资本成本是公司进行资本结构决策的依据。边际资本成本是指公司每增加一个单位量的资本而形成的追加资本的成本。边际资本成本也是按加权平均法计算的，是追加筹资时所使用的加权平均成本。个别资本成本，综合资本成本和边际资本成本都是在融资过程中需要计算的。

资本结构理论经历了早期的资本结构理论、MM 理论及权衡理论和新资本结构理论三个阶段，它探索了公司融资中债务和权益不同比率对公司价值的影响，以及影响的过程与途径。事实上，它是综合考虑了公司在融资中面临的风险和收益所做出的一种权衡。早期资本结构理论仅考虑到了资本成本的作用；MM 理论及权衡理论在考虑资本成本的同时，考虑到了税收，以及破产成本和代理成本等风险因素；新资本结构理论则考虑了非完备资本市场下各种因素对公司资本结构以及公司价值的影响作用。

考虑到现实的市场是非完备的市场，公司进行融资决策时应当考虑资本结构对公司价值的影响，做好资本结构决策。在公司金融实务中，公司内外部的多方面因素影响着其资本结构，因此，在最优资本结构决策时，应综合考虑这些因素。公司最优资本结构决策的方法主要有三种：综合资本成本比较分析法、每股收益分析法和公司价值分析法。

思考与练习题

1. 什么是资本成本？
2. 如何计算个别资本成本？

3. 简述三种资本结构理论和 MM 理论的主要观点。

4. 影响公司资本结构的内外部因素有哪些？

5. 试对正常情况下的各种筹资方式的成本按从高到低顺序排列，并说明理由。

6. 如何进行资本结构的决策分析？

7. 甲公司拟发行总面额为 1 000 万元的 10 年期债券，票面利率为 10%，发行费率为 2%，企业所得税率为 25%。根据市场环境的不同，公司采取平价发行 1 000 万元、溢价发行 1 200 万元和折价发行 800 万元。计算该债券的资本成本。

8. 某公司发行普通股共计 800 万元，预计第一年股利率为 14%，以后每年增长 1%，筹资费用率为 3%。该普通股的资本成本为多少？

9. 蓝翔公司需要筹集 200 万元长期资本，可以采用长期借款、发行债券、发行普通股三种方式筹集，其个别资本成本已测算，有关资料如下表所示。

%

筹资方式	资本结构			个别资本成本
	方案 A	方案 B	方案 C	
长期借款	40	30	20	6
债券	10	15	20	8
普通股	50	55	60	9

要求：(1)计算三个方案的综合资本成本；(2)最优资本结构是多少？

10. 某公司目前拥有资金 1 500 万元，其中长期借款 800 万元，年利率 7%；优先股 200 万元，年股息率 15%；普通股 50 万股，每股市价 10 元；公司变动成本率 40%，固定成本 60 万元。公司所得税率 25%。现准备追加筹资 360 万元，有两种筹资方式可供选择：发行债券 360 万元，年利率 9%；发行普通股 360 万元，增发 30 万股，每股发行 12 元。

要求：(1)根据以上资料计算两种筹资方式的每股息税前利润无差别点的销售收入；(2)如果该公司预计年销售收入为 400 万元，确定最佳筹资方案。

拓展阅读 6-1：观察到的资本结构

这个世界不存在两家资本结构完全相同的公司。尽管这样，当我们开始观察实际的资本结构时，我们会发现一些规则性的因素。接下来我们对它们进行讨论。

关于资本结构，我们所观察到的最令人惊奇的是，尤其是在美国，大部分公司的债务权益率看起来都相当低。事实上，大部分公司的债务筹资都少于权益融资。下表是根据 SIC 编码分类列示的美国各行业的负债比率和债务权益率的中位数。

行业	债务对总资本的比率[①](%)	债务权益率 (%)	公司个数	SIC 码	代表性公司
乳制品	25.88	34.92	5	202	Dean Foods，Lifeway Foods
服饰	15.56	18.43	25	23	VF Corp，Liz Claiborne
造纸	25.06	33.44	20	26	Kimberly-Clark Avery Dennison
制药	6.76	7.25	229	283	Pfizer, Merck
炼油	16.47	19.78	14	29	ExxonMobil, Chevron
钢铁	28.57	40.00	11	331	Nucor, US Steel
计算机	5.31	5.61	71	357	Apple, Hewlett-Packard(HP)
汽车	19.48	24.19	31	371	Ford, General Motors(GM)
航空	56.30	129.40	14	4 512	Continental, Southwest
有线电视	61.84	162.03	9	484	Comcast, Charter Communications
电力事业	49.40	97.65	46	491	Exelon Southern Co.
百货	38.90	63.66	7	531	Macy's J.C.Penney
餐饮	17.14	20.68	48	5 812	McDonald's, Starbucks

美国各行业的资本结构

① 债务是优先股和长期债务的账面价值，包括一年内到期的款项；权益则是流通股的市价。总资本是债务和权益的和，按值显示。

[资料来源：Ibbotson Cost of Capital. 2008 Yearbook(Chicago：Morningstar，2008)]

在该表中，最引人注目的是各个行业之间的差异非常大，从制药、计算机和制鞋公司的几乎没有债务，到有线电视和电力事业的高负债。请注意，有线电视和电力事业是仅有的两个债务超过权益的产业，大部分其他产业对权益的依赖程度，都远远高于债务，即使这些产业中的许多公司的税率都相当高，也依然如此。从表中可以清楚地看出，除非税盾已经被完全利用，否则公司不会轻易地发行债券。因此，我们可以推知：公司所能利用的债务金额必定有一个限度。

因为不同产业具有不同的经营特点，例如 EBIT 波动性和资产类型，这些特点和资本结构之间看起来有一定的联系。我们所讲的有关税额节省和财务困境成本的故事，无疑提供了部分理由，但是到目前为止，并没有完全令人满意的理论可以解释资本结构的这些规律。

当我们考察实际资本结构时，我们发现两个规律。第一，美国公司通常并不利用大量的债务，但是它们却交纳高额的税，这说明对于利用债务筹资来形成税盾是一个限制。第二，相似产业中的公司倾向于具有相似的资本结构，这意味着资产和经营的性质是资本结构的一个重要决定因素。

[资料来源：Ibbotson Cost of Capital. 2008 Yearbook(Chicago: Morningstar，2008)，作者略有删改]

拓展阅读6-2：保利地产债务融资

一、公司简介与概况

保利房地产(集团)股份有限公司成立于1992年，是中国保利集团控股的大型国有房地产企业，也是中国保利集团房地产业务的主要运作平台，国家一级房地产开发资质企业，国有房地产企业综合实力榜首，并连续四年蝉联央企房地产品牌价值第一名。2006年7月31日，公司股票在上海证券交易所挂牌上市，成为在股权分置改革后，重启IPO市场的首批上市的第一家房地产企业。2009年，公司品牌价值达90.23亿元，为中国房地产"成长力领航品牌"。2006年7月，公司股票在上海证券交易所上市，2009年获评房地产上市公司综合价值第一名，并入选"2008年度中国上市公司优秀管理团队"。2009年公司实现销售签约433.82亿元。截至2010年一季度，公司总资产已超千亿。自2007年1月起，公司入选"上证50"、"上证180"、"沪深300"和"中指100"指数样本股。截至2007年12月，公司总资产已达409亿元，比上年末增长148%。公司的主营业务是房地产开发、销售、租赁及其物业管理。公司秉承"务实、创新、规范、卓越"的经营理念，一贯主张与坚持"和谐、自然、舒适"的开发理念与产品特色，并将"和谐"提升至公司品牌建设战略的高度。公司多年来对和谐生活的孜孜以求和务实、高效、诚信的稳健风格赢得了广大消费者的赞誉与信赖。

二、资本结构的影响因素

(一)企业的资产状况

由于固定资产在清算变现时的价值损失低于无形资产，因此，总资产中固定资产所占比例较大的企业负债能力强、破产成本较小，故负债比率较高；反之负债比率较低。在保利房地产(集团)有限公司2009年度和2010年度披露的半年报、年报共四份财务报表中，数据显示该公司的固定资产比重较低且有继续下降的趋势。

(二)企业的盈利能力

盈利能力强的企业可以产生大量的利润，内部积累可以在很大程度上满足企业的资金需求，故这类企业的负债比率较低。

近五年保利地产的每股收益从2007至2009年小幅下跌，在2010年却增加，见下表。

再结合报表中披露的息税前利润的信息，可以看出近两年该公司的息税前利润有所增加(如2009 年到 2010 年净增加了约 2 025 527 187.51 元)，因此可以得出该公司盈利能力较强，故负债比率较低。

保利地产 2007—2011 年多股收益

年　度	年　度	三　季	中　期	一　季
2011	—	—	—	0.15
2010	1.08	0.50	0.36	0.16
2009	0.81	0.55	0.44	0.13
2008	0.91	0.52	0.42	0.11
2007	1.30	0.50	0.25	0.07

(三)资本成本

债务的资本成本通常低于权益的资本成本，但过多债务会加重企业的负担，从而产生不能按时还本付息的风险，不利于企业经营。

(四)企业的成长率

企业成长率对企业资本结构的影响并不确定，主要是有两方面因素作用：①成长率高的企业资金需求大，最适合的快速融资并且成本不高的就是债务融资；②这类企业的未来收益具有较大不确定性，债权人承担风险较大，故企业较难获得债务资金。保利地产作为成立 20 年的公司，理应已经进入稳步提升的阶段，但从下表可看出，公司的净利润增长率在近两年的波动还是比较大的，具有较大不确定性，因而获得债务资金具有一定难度。

2009—2010 保利地产净利润增长率

时　间	2009-6-30	2009-12-31	2010-6-30	2010-12-31
净利润增长率(%)	3.759 1	31.674 1	6.17	16.56

(五)企业的风险状况

在进行资本结构决策时，需要考虑企业的风险承受能力和由此带来的成本。如果企业的息税前利润稳定、营业风险低，那么相对来说可以承担较高的财务风险，故可以保持较高的负债比率。

(六)企业的控制权

这取决于企业所有者对控制权的掌握欲望。若发行新股会稀释股东的持股比例，降低企业所有者的控制权，所以他们可能会采用债务融资方式，此时负债比率会提高。

(七)企业的信用等级和债权人的态度

如果企业进行过多的债务融资，其财务风险将会上升，随之引起的财务危机成本就会影响债权人的利益，使得企业的信用级别下降。保利地产的信用评级在下面表中可以得到，为 AAA 级(即最高级)。较高的信用等级使得该公司较易获得债务融资。

(八)行业因素

不同行业在负债比率上一直有显著差异，因为不同行业的企业的经营风险、负债能力、折旧等非负债项目带来的避税可能性等方面存在着很大差异。由于房地产行业是近年来国内较热的行业，前景大好，因此承受风险的能力较强，故保利地产的负债能力也相应提升。

三、保利地产债务融资分析

为了偿还借款，优化公司债务结构，补充公司流动资金，2008 年 7 月 8 日保利房地产(集团)股份有限公司公布了有关公开发行公司债券的公告，公告中详述了本次公司债券发行的发行对象、发行总额、票面利率及发行方式等内容，具体见下表。

2008 年 7 月保利地产拟发债券情况一览表

债券类型	企业债券		
发行总额(万元)	430 000	期限(年)	5
起息日期	2008-7-11	到期日期	2013-7-11
最新信用评级	AAA	评级机构	中诚信证券评估有限公司
发行价格(元)	100	面值(元)	100
票面利率	7%	利率类型	固定利率
息票品种	附息	附息频率	每年付息一次
计息方式	单利	付息日说明	每年 7 月 11 日付息 节假日顺延
计息税率	20%	兑付手续费	
上市日期	2008-7-21	发行日期	2008-7-8
发行方式	网上面向社会公众投资者公开发行 网下面向机构投资者询价配售相结合	承销方式	余额包销
主承销商	中信证券股份有限公司		

2008 年 7 月 16 日，保利房地产(集团)有限公司公布了本次债券的发行结果，网上一般社会公众投资者的认购数量为 4.30 亿元人民币，占本期公司债券发行总量的 10%。网下机构投资者认购数量为 38.70 亿元人民币，占本期公司债券发行总量的 90%。

(一)债券融资优点分析

1. 资金成本低

与股票相比，企业发行债券的成本较低，一是债券发行的费用较低，二是债券利息在所得税之前支付，可以为企业带来节税收益，故企业实际负担的债券成本一般低于发行股票的成本。

2. 保证控制权

债券持有者不直接参与公司的经营管理，故债券筹资不会分散企业的控制权。

3. 降低代理成本

自由现金流表示的是公司可以自由支配的现金。如果自由现金流丰富，则公司可以偿还债务，回购股票，增加股息支付。当公司产生大量的自由现金流时，经理人从自身价值最大化出发，倾向于不分红或少分红，将自由现金流留在公司内使用。经理可以自由支配这些资金用于私人利益，或是进行过度投资，降低了资金的使用效率，由此产生代理成本。企业向债权人按期还本付息是由法律和合同规定了的硬约束。企业经营者必须在债务到期时，以一定的现金偿还债务本息，否则面临的将是诉讼与破产。负债融资对经营者的这种威胁，促使经理有效地担负支付未来现金流的承诺。因此，因负债而导致还本付息所产生的现金流出可以是红利分配的一个有效替代物，从而更好地降低自由现金流量的代理成本，提高资金使用效率。

(二)债券融资的风险分析

债务融资财务风险大。公司发行债券要承担定期还本付息的责任，若经营状况不佳，会影响到公司的偿债能力，从而使公司面临财务危机，甚至可能导致破产。

在《保利房地产(集团)股份有限公司债券上市公告书》中说明了本次债券的偿债保障措施。

1. 设立偿债准备金

发行人将于本期债券到期日的前12个月开始，设立偿债准备金，作为本期债券本息的偿付准备。偿债准备金的形态限定为现金、发行人获得的可随时提取的银行贷款授信额度。发行人将于债券到期日的前12个月开始，按相应比例留足偿债准备金。具体安排如下：债券到期日的前12个月，偿债准备金总额占债券总额20%；债券到期日的前6个月，偿债准备金总额占债券总额50%；债券到期日的前3个月，偿债准备金总额占债券总额100%；债券到期日的前1个月，偿债准备金总额占债券总额150%。

2. 设立专项偿债账户

发行人将于本期债券到期日的前3个月为支付本期债券的本金设立专项偿债账户，并通过该账户还本付息。在本金支付日前3个月，发行人将陆续把偿债准备金划入偿债专用账户。至本金支付日前第5个工作日，专项偿债账户中应有足以偿付本金及最后一期利息的资金。

3. 严格执行资金管理计划

保障偿债资金来源本次公司债券发行后，公司将根据债务结构情况进一步加强公司的资产负债管理、流动性管理、募集资金使用管理、资金管理、项目开发进度管理等，保证资金按计划调度，及时、足额地准备偿债资金用于每年的利息支付以及到期本金的兑付，以充分保障投资者的利益。

2011年5月9日,中诚信证券股份有限公司公布了对"08保利债"的信用状况分析,经过对保利房地产的行业关注、业务营运、财务状况及担保实力进行全面分析后,审定债券的信用等级为AAA,说明发行主体有一定能力对债券进行偿付。

另外债务融资还存在筹资数量有限和存在限制条件的不足,但是在本案例中发行的是一般债券,存在较少的限制性条款,对公司的经营决策不会产生较大影响。

(资料来源:上海财经大学金融学院《公司金融学》课程网站教学案例)

第七章

利润分配及股利政策

学习目标：掌握可分配利润的概念；了解公司利润分配的顺序；了解股利分配的相关理论；掌握股利分配的原则；熟悉股利分配政策；了解股利的种类；掌握股利发放程序；了解影响股利政策的因素。

引入案例：上海创兴资源开发股份有限公司应该如何进行利润分配和股利发放？

上海创兴资源开发股份有限公司，原名上海创兴置业股份有限公司，前身为厦门市杏林烤鳗有限公司，成立于1992年4月，1997年1月更名为厦门天农实业有限公司。公司主营矿业投资、实业投资及货物与技术的进出口业务。

上海创兴资源开发股份有限公司是上海证券交易所上市公司，截至2013年6月30日，公司总股本327 210 000股，为36 269名股东持有。2013年8月31日，公司公布2013年半年报，主要财务指标如表7-1所示。

表7-1　上海创兴资源开发股份有限公司2013年上半年主要财务数据

单位：元　币种：人民币

项　目	本报告期末	上年度末	本报告期末比上年度末增减(%)
总资产	1 214 276 372.29	1 086 538 324.65	11.76
归属于上市公司股东的净资产	653 879 989.03	519 477 329.13	25.87
经营活动产生的现金流量净额	-10 236 264.93	10 380 171.10	-198.61
营业收入	42 844 094.38	36 898 068.51	16.11
归属于上市公司股东的净利润	121 052 652.04	76 233 958.34	58.79
归属于上市公司股东的扣除非经常性损益的净利润	-4 039 904.45	37 956 891.15	-110.64
加权平均净资产收益率(%)	20.5	16.77	增加3.73个百分点
基本每股收益(元/股)	0.37	0.23	60.87
稀释每股收益(元/股)	0.37	0.23	不适用

该公司应该如何分配利润、发放股利呢？

（资料来源：上海证券交易所网站公开资料：http://www.sse.com.cn）

第一节　利润分配

利润分配是企业与企业所有者之间利益关系的集中体现，是正确处理消费与积累、眼前利益与长远利益关系的重要手段之一，也是实现企业资本结构优化的重要措施之一。它决定了流向投资者和留存公司再投资的资金数量，同时它还能向股东传递关于公司经营业绩的信息，从而对公司股票的价格产生影响。因此，公司经营者都十分重视利润分配。

一、利润的组成

利润是指公司在一定时期内从事各项生产经营活动所获取的成果，包括营业利润、投资净收益及营业外收支净额。利润总额可表示如下：

利润总额=营业利润+投资净收益+营业外收支净额

营业利润是公司在一定会计期间从事生产经营活动而取得的利润，是公司利润的最主要的来源，它由主营业务利润与其他业务利润之和减去存货跌价损失、营业费用、管理费用和财务费用构成。投资净收益是指公司对外投资收益扣除投资损失后的净额。对外投资收益包括投资股票分得的股利、投资债券取得的利息收入、投资于其他公司分得的利润和净资本利得。投资损失是投资净资本损失。营业外收支净额是指与公司生产经营没有直接关系的各种营业外收入减去营业外支出后的余额。营业外收入包括固定资产的盘盈和处理固定资产的净收益、罚款收入、因债权人原因确实无法支付的应付款项、教育附加返还款等；营业外支出包括固定资产盘亏、处理固定资产的净损失、非正常的停工损失、职工子弟学校经费和技工学校经费、非常损失、公益救济性捐赠、赔偿金和违约金等。

二、可分配利润

公司的利润总额并不是可以分配的利润，在进行利润分配之前，要计算可分配利润。公司的利润总额是未税的利润，而税收是强制的、无偿的，是企业应尽的义务，因此，可分配利润是税后利润，它由利润总额减去应缴税收，得出本年度税后净利润，再与企业年初未分配利润合并，支付各种税收的滞纳金和罚款，并弥补企业以前年度的亏损后，得出可供分配的利润数额。根据我国《公司法》规定，企业因违反法律、法规而被没收的财务损失、因违反税法而被税务部门处以滞纳金和罚款，只能从企业的税后利润中支付，不能在税前列支；企业以前年度的亏损，若未能在 5 年内用税前利润弥补完，则需要用税后净利弥补，不能用税前利润弥补，并且，以前年度亏损未弥补完之前，企业不能提取公积金和公益金，也不能向投资者分配利润。在引入案例中，我们摘录了上海创兴资源开发股份有限公司 2013 年半年报的部分财务数据，该公司 2013 年上半年的可分配利润是多少呢？

让我们来看看例 7-1 的计算。

[例 7-1] 上海创兴资源开发股份有限公司 2013 年半年度实现归属于母公司所有者的净利润为 121 052 652.04 元，年初未分配利润 148 265 590.90 元，计算该公司 2013 年上半年可分配利润。

解：可分配利润=净利润+期初未分配利润

=121 052 652.04+148 265 590.90

=269 318 242.94(元)

专栏 7-1：盈余公积金转增资本需交税

2013 年 7 月，某医疗器械股份公司经股东大会决议决定以 300 万元盈余公积金转增股本，张先生作为公司的个人股东需要按"利息、股息、红利所得"项目缴纳个人所得税。

根据国家税务总局《关于股份制企业转增股本和派发红股征免个人所得税的通知》的规定，股份制企业用盈余公积金派发红股属于股息、红利性质的分配，对个人取得的红股数额，应作为个人所得征税。根据国家税务总局《关于转增注册资本征收个人所得税问题的批复》的规定，公司将从税后利润中提取的法定公积金和任意公积金转增注册资本，实际上是该公司将盈余公积金向股东分配了股息、红利，股东再以分得的股息、红利增加注册资本。因此，对属于个人股东分得并再投入公司(转增注册资本)的部分应按照"利息、股息、红利所得"项目征收个人所得税。税款由股份有限公司在有关部门批准增资、公司股东大会决议通过后代扣代缴。

(资料来源：http://www.dongao.com/news/hy/tax/201311/127926_2.shtml)

三、利润分配的主体和项目

可分配利润是企业在生产经营和劳务服务活动中所创造的净增加值。与创造增加值相关的主体，均可参与利润分配，主要包括作为法人的公司、公司员工或经营者、优先股股东、普通股股东等。不同利益主体分得的利润，有不同的名称。

作为法人的公司，分得的利润称为盈余公积金。股份有限公司的盈余公积金由法定盈余公积金、任意盈余公积金两部分组成。盈余公积金属于普通股股东所有，可用于弥补公司亏损、扩大公司生产经营或者增加公司资本。符合规定条件的公司，也用盈余公积金分派股利。法定盈余公积金按抵减年初累积亏损后的本年净利润的 10%计提，当法定盈余公积金累计额达到公司注册资本的 50%时，可不再继续提取。任意盈余公积金的提取按照公司章程或股东决议根据需要决定。

公司员工或经营者分得的利润，以基金的形式留在企业，专门用于员工的福利设施支出，称为公益金。公益金提取的比例和金额由公司章程规定或股东会议决定，一般按照税后利润的 5%~10%的比例计提。

股东分得的利润称为股利，优先股股东分得的利润，称为优先股股利。优先股股利按照公司发行的优先股股数、面值和发行时承诺的股利支付率支付；普通股股东分得的利润，称为普通股股利。公司在弥补亏损和提取盈余公积金后的剩余利润，可以按普通股股东所持有的股份比例分配。无盈利不得支付股利。但若公司用盈余公积金抵补亏损以后，为维护其股票信誉，经股东大会特别决议，也可用盈余公积金支付股利，不过这样支付股利后留存的法定盈余公积金不得低于注册资本的25%。

四、利润分配的顺序

按照我国《公司法》的有关规定，如果可分配利润为负数(即亏损)，不能进行利润分配；如果可分配利润为正数(即本年累计盈利)，可以进行利润分配。利润分配按以下顺序进行：第一，计提法定盈余公积金；第二，计提公益金；第三，支付优先股股利；第四，计提任意盈余公积金；第五，支付普通股股利。公司股东会或董事会违反上述利润分配顺序，在抵补亏损和提取法定盈余公积金、公益金之前向股东分配利润的，必须将违反规定发放的利润退还公司。

[例 7-2] 某股份有限公司 2012 年实现利润总额 5 000 万元，所得税率为 33%。公司前三年亏损分别为 900 万元、1 200 万元、400 万元。法定盈余公积金的提取比例为 10%、任意盈余公积金的提取比例为 10%、公益金的提取比例为 5%；公司发行 2 000 万股面值为 1 元的优先股和 8 000 万股面值为 1 元的普通股，优先股股利支付率为 8%。公司决定支付普通股现金股利，每股 0.10 元。试计算该公司的年末未分配利润。

解：根据上述资料，该公司的利润分配如下所述。

(1) 计算可分配利润：可分配利润=(5 000-900-1 200-400)×(1-33%)=1 675(万元)

(2) 提取法定盈余公积金：法定盈余公积金=1 675×10%=167.5(万元)

(3) 提取公益金：公益金=1 675×5%=83.75(万元)

(4) 支付优先股股利：优先股股利=2 000×1×8%=160(万元)

(5) 提取任意盈余公积金：任意盈余公积金=1 675×10%=167.5(万元)

(6) 支付普通股股利：普通股股利=8 000×0.10=800(万元)

(7) 计算年末未分配利润：

年末未分配利润=1 675-167.5-83.75-160-167.5-800=296.25(万元)

该公司 2012 年度利润分配情况如表 7-2 所示。

表 7-2　某公司利润分配表　　　　　　　　　单位：万元

项　目	金　额
一、利润总额	5 000
减：前三年亏损	2 500
税收	825

续表

项　目	金　额
二、可供分配利润	1 675
减：提取法定盈余公积金	167.5
提取公益金	83.75
三、可供股东分配的利润	1 423.75
减：应付优先股股利	160
提取任意盈余公积金	167.5
应付普通股股利	800
四、未分配利润	296.25

第二节　股利政策的基本理论及类型

一、股利分配的相关理论

公司可分配利润在提取了法定盈余公积金和公益金之后，剩余部分就可以向股东分配股利了。股利是股东从公司所取得的利润收入，以股东投资额为分配依据。其中，按事先约定的股利支付率分配给优先股股东的利润称为股息，而在股息之后，向普通股股东分配的利润称为红利，股息和红利都是股东投资的收益，统称为股利。

股利的分配是否影响股票市价和企业的价值，是理论界一直探讨的问题。传统公司金融学、现代公司金融学和行为公司金融学三大理论流派，分别从不同的角度提出了不同的观点，其中较主要的观点有股利重要论、股利无关论、信号理论、代理成本理论、理性预期理论、自我控制理论和后悔厌恶理论。

(一)股利重要论

股利重要论是学者们从传统公司金融学的角度对股利分配问题的研究结果，其代表人物是戈登和林特纳。股东购买公司的股票后获得三个基本权利：一是公司经营决策权，二是剩余财产分配权，三是股利请求权。在现代公司中，中小股东越来越多，大部分的中小股东都没有参与企业经营的打算，购买股票也不是为了参与公司剩余财产的分配，股东购买股票的目的在于获得股利和资本利得。与未来的资本利得所带来的收益相比，投资者更喜欢现在发放的现金股利。因为现金股利是投资者确定的、已实现的收益，是"手中之鸟"，而将利润留在公司再投资所产生的资本利得是不确定的，是"林中之鸟"，随时可能飞走。既然把利润留在公司不一定能为未来带来收益，从投资者的角度来看，公司分配的股利越多，公司的市场价值越大。因此，股利分配与企业价值是密切相关的，且股利支付水平与股价成正相关。因此，企业若要追求股价最大化，则必须保持高股利支付政策。M.H.米勒和 F.莫迪格列安尼把这种理论称为"在手之鸟(Bird-in-the-hand)"理论。

(二)股利无关论

与股利重要论截然不同的理论是"股利无关论"。这个理论是由 F.莫迪格列安尼和 M.H.米勒以现代金融学的视角分析股利分配与公司价值之间的关系而提出的。因米勒和莫迪格列安尼两人姓氏的首字母均为 M 而被简称为"MM 理论"。"MM 理论"奠定了现代公司金融学股利理论基石，成为现代公司金融学的重要理论。

"MM 理论"是建立在一系列严格的假设之下得到的，这些假设包括：①完美市场假设(perfect capital market)，指在资本市场上任何投资者都不能影响证券价格、所有人都可以同等免费地获取任何可能影响股票价格的信息、不存在股票发行和交易费用、不存在税收；②理性行为假设(rational behavior)，指投资者都是理性的，是个人财富最大化的追求者，对实现个人财富最大化的途径无偏好；③充分确定假设(perfect certainty)，指投资者对未来投资机会和利润完全有把握。上述假设描述的是一种完美无缺的市场，因此"MM 理论"又称为完全市场理论。

"MM 理论"的假设让我们在研究股利时不考虑税收，不考虑股票发行和交易的费用，且股利政策与投资政策相互独立，及所有信息对所有投资者都是公开透明的。在这些假设之下，"MM 理论"提出公司的股利政策无论是对公司股价还是对公司价值都不会产生影响。因此，公司的价值仅仅是由公司资产所产生的收益决定的，而与这些收益在股利和留存收益之间如何分配无关。下面我们通过案例来理解"MM 理论"。

案例 7-1：股利发放与公司价值

某公司为一家全权益公司，其净现值为 8 亿元，其中包括 1 000 万元现金可分配利润。目前公司的总股本为 1 亿普通股(无负债)。公司准备投入一个预期流入现金流现值为 2 000 万元的项目。公司为实现该项投资，不发放现金股利，公司股票的每股价值应为 $8.1 \times [(80\ 000 + 2\ 000 - 1\ 000) \div 10\ 000]$ 元。若公司将 1 000 万元的现金全部用于发放股利而不进行投资，公司股票的每股价值应为 $7.9 \times [(80\ 000 - 1\ 000) \div 10\ 000]$ 元。

由此可见，进行项目投资对公司的股东更为有利。如果公司既要投资于该项目，又要向股东支付 1 000 万元的现金股利(即用掉所有可用的现金)，它就需要重新融资。假定公司保持资本结构不变，它需要发行价值相当于所支付的现金股利的新股。这样公司在进行项目投资和股利发放后的价值就为 8 亿元，新股的发行价格就为每股 8 元(需要发行 125 万股以满足 1 000 万元的资金需求)。

这也意味着原始股东将通过股利发放获得每股 0.1 元的现金股利，同时因公司价值由未支付股利的每股 8.1 元下跌至支付股利后的每股 8 元而遭受每股 0.1 元的损失。总体来说，股利支付并没有引起股东财富的变化。

值得注意的是，只要公司进行新的投资，原始股份的价值就将提高到每股 8.1 元。如果不考虑公司支付股利的数量，个别股东可以选择他们需要多少股利。假定，该公司不发放股利，一个持有 10 000 股股票的股东希望获得 8 100 元的现金，他就可以以每股 8.1 元的价格在股票市场上卖掉 1 000 股股票，以产生"自制股利"。相反，假定公司向股东发放每股 0.1 元的现金股利，同时增发 125 万新股筹集 1 000 万元的资金，那些不希望获取股利而愿意保持在公司投资比例的股东，可以用收到的现金股利购买新股以抵消发放股利对其在公司投资比例的影响。这样，一个持有 10 000 股股票的股东在获得 1 000 元的现金股利后，可以每股 8 元的价格购买 125 股新股，使他在公司中的总股份增加到 10 125 股，其总价值为 81 000 元，相当于不发放股利时 10 000 股的价值。此外我们也可以看到，使用全部的现金股利购买新股时，原始股东的股权不会稀释，即购买新股的股权比例(持有 10 000 万股中的 10 000 股)和购买新股后的股权比例(持有 10 125 万股中的 10 125 股)保持不变。

(资料来源：作者根据实例编写)

这个例子阐释了"MM 理论"的核心，即投资决策问题。任何留存收益，在满足所有的股东投资的机会成本(权益资本成本)折现后净现值为正的投资需求后，都应该支付给股东，以保证他们寻找其他机会。这种股利发放政策被称为剩余股利政策。MM 理论认为通过资本市场来评价两个仅仅是因为股利政策而导致差异的公司是不合理的。假如一个公司希望通过增发新股筹集资金以发放股利，对个别不喜欢该公司股利政策的股东而言，他们可以以产生"自制股利"的方式来满足自己的需求，并因此抵消股利政策的影响。

(三)信号理论

信号理论是现代公司金融学关于股利的另一个主要理论。当莫迪格利安尼和米勒提出他们的股利无关理论时，他们假设投资者与管理者之间不存在信息不对称，他们对公司未来的收益的预期是相同的，所有投资者掌握与公司管理者相同的信息。然而，现实并非如此，不同的投资者对公司未来的收益的预期是不同的，每个投资者所知道的信息也是不同的。公司未来的股利支付存在很大的不确定性，管理者掌握的公司未来的信息比投资者更多，投资者和管理者之间存在信息不对称。

在信息不对称的情况下公司可以通过股利政策向市场传递有关公司未来盈利能力的信息，一般来说，高质量的公司往往愿意通过相对较高的股利支付率同低质量的公司区别开来，以吸引更多的投资者。对市场上的投资者来说，股利政策的差异或许是反映公司质量差异的极有价值的信号。如果公司保持较稳定的股利支付率，投资者可能对公司未来的盈利能力与更多的现金流量抱有较为乐观的预期。一般情况下，股利的增加往往导致股价的上升，而股利的下降则伴随着股价的下跌，这表明投资者从整体上来说，更加偏好股利而不是资本利得。但是，公司以支付现金股利的方式向市场传递信息，通常也要付出较高的代价，如较高的所得税负担、减少的现金流及由此可能丧失的投资机会等。

尽管信号传递理论已经被广泛接受，但有些学者则认为由于信息不对称的存在，对于投资者来说，公司目前的股利分配不具备信号传递功能。因为：第一，公司目前的股利分配并不能帮助投资者预测公司未来的盈利能力。公司为了掩盖真实的盈利能力，可能刻意保持一个稳定的或较高的股利水平。第二，高派现公司向市场传递的并不是公司具有较好的前景的利好消息，相反则是公司没有净现值为正的投资项目，或公司缺乏较好的投资机会的利空消息。当然，上述观点缺乏实证支持，未能引起人们过多的关注。

(四)代理理论

代理理论也是现代公司金融学关于股利的一个主要理论。代理理论认为，股东与经营者之间的利益并不相同。作为外部人的股东无法轻易地观察或控制经营者的行为，导致经营者在满足自身利益最大化动机的驱使下，做出不惜牺牲股东利益来实现自身利益的事情。股利政策体现了作为公司内部人的经营者和作为公司外部人的股东之间的问题。适当的股利政策，有助于经营者按照股东的利益行事，即公司的利润应该更多地支付给股东。否则，这些利润就有可能被公司内部人所滥用。较多地派发现金股利具有以下好处：一是公司经营者要将公司很大一部分盈利返还给股东，经营者自身可以支配的"闲余现金流量"就相应地减少了，从而保护了股东的利益；二是较多地派发现金股利，可能迫使公司重返资本市场进行新的融资，如再发行股票。这一方面使得公司受到更广泛的监督，另一方面再次发行股票不仅为外部投资者借股份结构的变化对内部人进行控制提供了可能，而且再次发行股票后，公司的每股利润被摊薄，公司要维持较高的股利支付率，则要付出更大的努力。这些有助于缓解代理问题。

此外，一些学者还从法律的角度来研究股利分配的代理问题，提出了一系列的观点，这些观点主要包括：利润分配是法律对股东实施有效保护的结果，即法律使得小股东能够从公司"内部人"那里获取股利；在法律不健全的情况下，股利分配可以在一定程度上替代法律保护，即在缺乏约束的情况下，公司可以通过股利分配这一方式来建立起善待股东的良好声誉；受到法律保护的股东，愿意耐心等待当前良好投资机会的未来回报，而未受到法律保护或法律保护不足的股东则没有这种耐心。

(五)理性预期理论

20 世纪 80 年代，学者们开始将行为科学引入到金融学的研究中，从行为科学的角度研究公司金融问题。理性预期理论就是在这样的背景下产生的。理性预期理论是行为公司金融学研究股利分配的主要理论。理性预期理论认为市场对公司经营者的行为会做出反应，这种反应不单是对经营者行为的本身，还是对经营者决策行为预测结果的反应。在公司分配股利之前，市场参与者会根据自身掌握的情报，对影响股利分配的公司的内外部因素进行分析，以得出公司股利分配的预期，如果公布的股利分配方案与投资者的预期相同，则股价不会变化；若公布的股利分配方案高于或低于投资者的预期，即与投资者的预期存在差异，股票价格就可能发生波动。

(六)自我控制理论和后悔厌恶理论

自我控制和后悔厌恶理论都是从行为金融学的角度来解释投资者为什么会偏好现金股利。自我控制理论认为，人类的行为不可能是完全理性的，人们往往无法控制自己去做一些明知会带来不良后果的事情，如吸烟等。为了避免非理性的行为，人们只能通过两种方法来实现自我控制：一是运用个体自身的意志，克服不良诱惑，修正自己的行为；二是依靠外部规则约束自己的行为。现实生活中大多数人的意志力不足以对自己的行为进行自我控制，于是人们转而寻求通过外部规则来控制自己的行为。比如，人们将手中的资金用于购买股票，并限制自己只将股利用于消费，就可大大降低由于无法控制的消费欲望给自己带来的资本的损失。

后悔厌恶理论则认为投资者在不确定的条件下做决策时，会把现时的情形和已经选择的情形进行对比，如果他们认为当时放弃的选择比现在更好，则会感到后悔；相反，如果选择了较好的结果，则会感到高兴。由于股票股利的未来收益是不确定的，而现金股利的收益是确定的，为了避免以后的后悔，投资者往往偏好现金股利。

二、股利分配政策制定的原则

金融学家们从不同的角度对股利分配问题进行了持续不断的研究，形成了不同的股利分配理论，这些理论对公司的股利分配政策的制定具有指导意义。由于股利政策不仅影响股东的利益，还影响公司的正常运营及未来的发展。因此，公司在制定股利政策时，既要从股利理论出发，又要根据公司的实际情况，采取灵活的方式分配股利。具体来说，公司制定股利政策时应遵循以下原则。

(一)股东财富最大化原则

股东财富最大化是股份有限公司的财务目标，股利政策应与公司的财务目标相一致。当公司有较好的投资机会和经营效率时，向股东发放股票股利，有利于股东获得高于其他投资方式的回报，此时应发放股票股利；当公司缺乏有利的投资机会或经营效率较低时，向股东发放现金股利有利于股东去寻找更有利的投资机会，此时应当发放现金股利。另外，如果公司的现金流稳定，可以采取固定的股利政策；如果公司的现金流不稳定，应采取低股利政策，因为削减股利会传递出经营不良的信号，从而导致股价下跌，使股东财富受损。

(二)当前与长远兼顾原则

股利分配的重要任务就是平衡企业和股东的当前利益与长远利益、分配利益与增长利益之间的矛盾，增强企业发展的后劲，促进企业长期稳定发展。这涉及如何在股利与企业留存收益之间分配的问题。从企业层面上讲，提高留存收益的比重可以减少企业的外部融资，降低融资成本。但是，提高留存收益意味着降低股利支付率，减少股东的现金收入，这又影响了投资者信心和公司形象，进而影响公司的未来融资。因此，股利分配的原则是兼顾企业和股东当前与长远两方面的利益。

(三)优化资本结构原则

不同的股利分配政策对资本结构的影响不同。如果公司的负债较高则应分派股票股利，以增加权益资本的比重，降低财务风险；如果公司的负债较低，则应派发现金股利，并考虑增加负债，提高债务资本比重，降低权益资本比重，提高财务杠杆比率。当公司有较好的投资项目时，应按照最佳资本结构的要求确定留存在公司的盈余及相应的负债，以最大化股东的利益。

(四)股价合理定位原则

股利分配还要考虑股价的合理定位。股价过高或过低都不好。股价过高会影响股票的流动性，并为以后股价下跌埋下隐患；股价过低则影响公司声誉，不利于今后增资扩股或负债融资，还可能引发被收购和兼并；股价上下剧烈波动也不好，会动摇投资者的投资信心，不利于公司正常生产经营。

(五)连续性与稳定性原则

根据信号理论，在信息不对称的情况下，公司可以通过股利分配向外界传递公司未来盈利能力的信息；而外部投资者则根据公司股利分配所释放出来的信息，来决定是否持有某只股票。如果一个公司的股利政策经常调整，就会让处于外部的投资者难以对公司的盈利情况进行判断，并形成不利于投资的印象，从而导致股票价格的下跌。而且，根据自我控制理论和后悔厌恶理论，人们为了防止过度消费或防止后悔，往往采用只消费股利，不消费资本金的方法来约束自己，股利政策的不连续、不稳定会使得股利忽高忽低，从而影响了投资者的生产和生活安排，最终导致投资者放弃投资。

三、股利分配政策

股利分配政策是公司管理层对与股利有关的事项所采取的方针策略。广义的股利分配政策包括：股利发放比率的确定，股利支付方式的确定，股利支付日程的确定和发放现金股利所需要的筹资方式的确定。狭义的股利政策仅指股利发放比率的确定。一般情况下所说的股利分配政策是指狭义的股利分配政策，即根据股利发放比率的不同，来讨论股利政策。根据股利发放比率的不同，主要有以下四种股利分配政策。

(一)剩余股利政策

剩余股利政策是指公司生产经营所获得的盈余首先考虑投资的需要，然后才将剩余的盈余作为股利分配。当公司有良好的投资机会并希望保持最佳资本结构时，适合采用剩余股利政策。采用剩余股利政策，公司可以按照以下步骤来决定股利支付率：①选择最优投资方案及确定投资所需的资金；②根据最佳资本结构确定权益资本的数额；③尽可能使用保留盈余来满足投资方案中所需的权益资本；④当投资方案所需权益资本已得到满足后，若再有剩余，再将这些剩余作为股利发放给股东。

剩余股利政策的优点是将公司的留存收益优先用于再投资，降低了融资成本；缺点是会导致股利支付不稳定，影响公司的财务形象。

[例 7-3] 某公司现有资本结构为债务资本占 30%、权益资本占 70%；权益资本全部为普通股，共 1 000 万股。公司认为现有的资本结构为最优资本结构，并准备保持不变。2012 年提取了公积金、公益金后的税后利润为 1 000 万元，现在有一个投资项目需要资金 1 000 万元，公司按照剩余股利政策应向股东分配多少股利？

解：按现有资本结构，投资项目所需的权益资本为 1 000×70%=700(万元)

满足投资后剩余可分配利润为 1 000-700=300(万元)

则公司向普通股股东分配的股利为 300÷1 000=0.3(元/股)

(二)固定股利支付率政策

固定股利支付率是指公司首先确定一个股利占盈余的比率，每年从实现的盈余中按此固定比率计算发放给股东的股利。采用这种股利政策，公司每年所发放的股利数额会随公司盈余的波动而波动，从而使股利支付额不稳定。盈利较多的年份股利数额高，盈利较少的年份股利数额低。

这种政策的理由是：维持固定股利支付率，能使股利与公司盈余紧密地配合，多盈多分、少盈少分、无盈不分，既体现了投资风险与收益对等的原则，又不会增加企业财务的压力。但是，由于公司每年盈利水平不同，在这种政策下各年的股利波动较大，容易给投资者造成公司经营不稳定的感觉，会对公司股票价格产生不利影响。

(三)固定或稳定增长的股利政策

固定股利政策是公司将每年发放的每股股利固定在一定的水平上，并在一定时期内保持不变，只有当公司认为未来盈余的增加足以使股利能维持到一个更高的水平时，公司才会提高每股股利的发放额。稳定增长的股利政策是指公司发放的每股股利按照一定比率稳定上升。当公司预期利润持续上升，且公司的财务弹性较大时，公司就可以实行稳定增长股利政策，即按照预先确定的增长率来发放每年股利。

固定或稳定增长的股利政策的优点是：①固定或稳定增长的股利象征着公司健康发展，可增强投资者对公司的信心和安全感，有利于稳定股票价格；②公司能以一种有规律的方式发放股利，便于投资者对股利收入进行安排。

固定或稳定增长的股利政策的缺点在于：①股利的支付与盈余相脱节，当盈余较低时仍要支付固定的股利，这可能导致公司资金短缺，财务状况恶化；②公司为了将股利维持在稳定的水平，将大量的盈余用于发放股利，有可能失去有利可图的投资机会或者偏离目标资本结构，给企业埋下财务隐患。

(四)低正常股利加额外股利政策

在这种股利政策下，公司每年只支付固定的、数额较低的正常股利，在盈余较多的年份，再根据实际情况向股东发放额外股利。这种政策的优点是：①它给公司决策以较大的弹性。当公司盈余较少或投资需要较多资金时，由于原先设定的股利水平较低，公司仍然可以维持既定的股利发放水平，把大量的盈余用于投资；而当盈余量较多而投资需求不大时，则可在正常股利之外发放额外股利，有利于稳定股票价格。②向股东发放稳定的股利，可以增强股东对公司的信心，有利于吸引投资。

低正常股利加额外股利政策的不足之处是：①缺乏稳定性。盈利的波动使得每年的额外股利不断变化，时高时低，时有时无，给人漂浮不定的感觉。②当公司长时间发放额外股利后，会被投资者误以为是正常股利，额外股利一旦取消，容易给投资者造成财务状况恶化的错觉，影响公司财务形象。

专栏7-2：股份回购请求权

我国《公司法》在第75条规定了有限责任公司异议股东的股份回购请求权，作为股利分配请求权受到侵害的救济措施之一。异议股东股份回购请求权是指在股东大会就合并、解散、营业让与等公司重大事项进行表决前和表决时，如果股东明确表示了反对意见，而该事项获得决议通过，则该股东享有要求公司以公平价格收买其所持有的公司股份的权利。

《公司法》第75条的规定，公司连续5年不向股东分配利润，而公司该5年连续盈利，并且符合法定分配利润条件的，对股东会该项决议投反对票的股东可以请求公司按照合理的价格收购其股权。如果股东与公司不能达成股权收购协议的，股东可以自股东会会议决议通过之日起90日内向人民法院提起诉讼。

(资料来源：法律教育网 http://www.chinalawedu.com)

第三节 股利的类型

公司在确定股利分配政策之后，就要按既定政策对公司的股利进行分配。一般来说，股利主要有五种形式，即现金股利、财产股利、实物股利、负债股利和股票股利。公司可以根据自身情况，向股东发放不同形式的股利。股票回购和股票分割是公司两种资本运作方式，但经常起到与股票股利相似的作用，我们也把这两种资本运作方式放在这一节里讨论。

一、股利的种类

(一)现金股利

现金股利也称为红利，是公司将股东应得的股东收益以现金的形式直接支付给股东的股利形式。现金股利是最常见、最主要的股利，包括定期的股息和年终一次的分红。由于投资者一般都希望得到现金股利，而且现金股利的发放直接影响公司的股票价格，间接影响公司的筹资能力，公司一般会参照股利分配理论，谨慎制定现金股利的分配政策，如剩余股利政策、固定股利支付率政策、固定或稳定增长股利政策、低正常股利加额外股利政策等。发放现金股利的前提是税后净利润在弥补前五年的亏损并提取法定盈余公积金和公益金之后，仍然有剩余，且公司有足够的现金。

(二)财产股利

财产股利是指以实物或有价证券的形式向股东发放的股利，主要是以公司所拥有的产品或拥有的其他企业的有价证券，如债券、股票，或实物资产作为股利支付给股东。财产股利分为证券股利和实物股利两种。证券股利是公司用所持有的其他公司发行的债券、股票等证券资产来向股东支付股利的一种特殊股利支付形式。声誉好且经济实力强的大公司发行的证券流动性强，在资本市场上容易变现，股东对这种证券股利与现金股利的偏好没有多大的差别。而对于其他公司发行的证券，其流动性存在差异，当股东收到这种证券股利时，他们从中获得的利益则隐含着不确定性。因此，通常情况下，股东都愿意接受那些流动性强、易变现的证券。公司采用证券股利形式而不采用其他股利形式，主要是出于以下考虑。

(1) 公司所持有证券的市价比较低，并预期在不久的将来其价格有望上扬，如果现在把它们在证券市场上抛售换取现金发放股利，则可能损失一定的证券投资利益。公司为了不丧失这种可能的投资利益，就需要继续维持证券资产状态。公司在现金不足的情况下，以证券形式发放股利，意味着将公司的证券投资转化为股东的个人投资，从而使股东代替公司继续保持证券资产状态。而股东在接受公司发放的证券股利时，因证券的市场价位较低则可以分得较多的证券，在不久的将来，当这些证券市价上扬时，股东又会获得证券股利的资本利得。

(2) 公司为了避免证券投资收益的税收，而采取证券股利的支付方式。公司在支付股利时，如果公司持有的证券市场价格大于其账面价值，这时又不打算继续持有，准备把它们变现，公司则会获得投资利得，按照税法规定，这部分投资利得要交纳所得税。为了避免交纳这种所得税，公司采用证券股利形式，并按照证券的市价计算所发放的股利。股东获得证券股利后，如果预期其价格有望上升，则继续持有，以期获得投资收益。如果股东急需现金，则可以立即在证券市场上予以脱手。

(三)实物股利

企业有盈余但现金支付能力不足时，所采取的补救措施就是发给股东实物资产甚至企业所生产的产品，这就是实物股利。公司支付实物股利，通常掩盖了产品的销售过程，这也常常被一些不法公司当作逃避流转税的一种手段。股东收到公司发放的实物股利，一般会意识到公司经营欠佳，尽管实物股利不是他们所乐意接受的股利形式，但发放实物股利至少要比不发放的好。

专栏 7-3：实物发放 ≠ 实物股利

2013 年 4 月，随着我国上市公司年报及利润分配方案的披露，南方食品推出黑芝麻糊的另类"分红"，量子高科向股东分出龟苓膏，人福医药提出"安全套、感冒药、艾滋病自检试剂"三选一的分红派礼。有媒体将三家公司"分红"等同于实物股利，与现金股利进行比较，称为"实物分红"。南方食品等公司为此发出公告，否认其为分红，而是新产品的发放方案。因此，三家上市公司"实物分红"行为的属性是什么，到底属不属于严格意义上的股利，是一个值得讨论的问题。

一、上市公司实物发放公告方案对标分析

实物股利的要求包括：①非现金方式；②税收优先；③同股同权原则。其中，非现金方式比较好确认，三家上市公司发放的都为公司生产、销售或新开发的产品，属于非现金方式，条件①都符合。下文我们将从发放目的、发放对象、同股同权和税收优先几个方面进行分析。

1. 就发放目的而言

在三家上市公司披露公告中，对实物发放目的的描述大同小异，大体分为感恩股东和产品推广两类。南方食品公告指出，此次黑芝麻糊实物发放的目的，是感谢股东多年的关心和支持，同时希望对新开发的产品进行市场推广，提高新产品的影响，并征集股东对于新产品的意见。量子高科公告则对市场推广没有涉及，主要是感谢股东对公司的关心，并表达了公司对股东健康的关怀。人福医药公告对于实物发放目的的说明最为全面，包括感恩股东的关心支持、让股东更好地了解公司业务及产品和希望股东使用后推荐三类。

2. 就发放对象与同股同权原则的对标而言

同股同权和股东平等是股利发放的最基本特征。因此，对三家上市公司实物发放对象及原则进行分析，是发放方案对标的重点。

南方食品公告指出，此次黑芝麻糊发放对象为除了大股东之外的所有股东。从这个方案可以看出，第一，该次黑芝麻糊发放不包括全部股东，大股东被排除在外；第二，对于持股 1 000 股及以上股东按比例发放，而对于 1 000 股以下的则发放一包，两类股东发放计算方式不同。因此，南方食品此次实物发放没有符合股利发放的同股同权要求。

量子高科公告指出，此次龟苓膏发放对象为持股 5%以下的股东，每位股东发放一盒。方案中还提及，由于发放对象不包括持股 5%以上的股东，所以不算关联方交易。它的发放以人头为标准，所以也不符合股利发放的同股同权要求。

人福医药公告指出，此次实物发放的对象是持有公司 1 000 股及以上的股东，每位股东一份。人福医药实物发放不包含持股 1 000 股以下的股东，同时也是按人头发放，而不是按持股数量和比例发放。

3. 就税收优先原则而言

股利发放应该来自于公司税后利润的分配形成。南方食品信息披露指出，此次黑芝麻糊将按照销售相关费用进行会计处理，在税前扣除，不属于税后利润。量子高科信息披露指出，此次龟苓膏发放将纳入营业外支出，由于其与收入不直接相关，无法抵税，但同样不是税后利润。而人福医药则没有就其费用归属进行披露，无法进行评论。因此，三家上市公司实物发放大体归为税前费用，不属于税后利润的分配，不符合实物股利的定义。

二、上市公司的实物发放属于股东福利

对上述三家上市公司公告方案的分析可以发现，2013 年三家上市公司的实物发放，并不属于实物股利，媒体误读了上市公司的这一行为。

其实，三家上市公司实物发放行为在欧美国家上市公司中经常发生，是一个和实物股利很相似的概念，即"股东福利或者股东特权"(shareholder perks，以下简称"股东福利")。股东福利是公司发放给股东的一种特殊福利，它可以是一种特殊的礼物、服务或者折扣，其发放形式多半取决于公司的性质。

股东福利与股利是两个不同的概念，不可以与股利混淆在一起。股东福利发放的动机主要是希望能够鼓励股东购买产品，以刺激销售、增加现金流、推广新产品或者商业模式、提高品牌忠诚度，以及让股东对特定的股票有情感上的偏好。我们认为，将上述三家国内上市公司发放实物归属于股东福利，是比较贴切的。

2013 年，上市公司的实物发放在市场上引发的争议是很多人没有意料到的。这从一方面说明，我国资本市场的发展时间还比较短，在对上市公司股利政策的认识和理解上，还需要进一步加强。股利政策是上市公司向投资者进行利润分配的方式。同时，通过更深层次的分析可以发现，市场对上市公司实物发放的认可度很低，这与我国资本市场上市公司重融资、轻回报存在很大关系。上市公司股利主要有现金股利和股权股利，现金股利发放比例一直较低，为市场所诟病。上市公司的实物发放如果是在正常发放现金股利基础上进行的，其作为股东福利，会受到广大股东的支持和欢迎，同时，也可以实现公司清库存、打广告、新品促销等多方面的考虑和需求，是一个双赢的事件。

但是，如果公司实物分红的目的是掩盖其不分配现金股利的行为，则会引起股东强烈的反感和更大的反弹，实物发放将依然很难获得投资者的认可而继续有效地进行下去。

(资料来源：厦门大学会计系吴益兵. 中国社会科学报，2013-8-28)

(四)负债股利

负债股利是以负债支付的股利。公司有盈余但无现金可供分配股利时，以应付票据或领款凭条作为股利分配给股东，股东凭此于一定期间领取现金，这种股利称为负债股利。负债股利通常以应付票据支付给股东，也有发行公司债券来支付的。公司只有在必须支付股利而现金又不足的特定条件下，才采用这种权宜之策。负债股利可能附有利息，此种利息应作为费用而非股利的分配。年终时若负债股利尚未到期，应调整利息费用入账。

(五)股票股利

以增发股票的方式发放的股利称为股票股利。股票股利是把公司利润转化换成普通股，按一定的比例配发给所有股东股利的发放方式。股票股利并不直接增加股东的财富，股东只有通过出售股票才能得到现金。因此，不会导致公司资产的流出或负债的增加，也不增加公司的财产，但会引起所有者权益各项目的结构发生变化。股票股利对股东权益的影响见例 7-4，对股东收益的影响见例 7-5。

[例 7-4] 某公司 2012 年发放股票股利前，按规定提取法定公积金和公益金后，尚余可分配利润 1 000 000 元，股东权益情况见表 7-3。该公司宣布 2012 年度发放 10%的股票股利，公司股票当时的市价为 10 元/股。公司发放股票股利后的股东权益有什么变化？

表 7-3　某公司股东权益情况表　　　　　　　　　　　　单位：元

项　目	金　额
普通股(面额 1 元，已发行 500 000 股)	500 000
资本公积	600 000
未分配利润	1 000 000
股东权益合计	2 100 000

解：

(1) 公司发放 10%的股票股利为：500 000×10%=50 000 (股)

(2) 需要从未分配利润中转出的资金为：10×50 000=500 000 (元)

(3) 由于股票面额不变，发放股票股利后普通股项目下只增加：

$$1×50\ 000=50\ 000\ (元)$$

(4) 股票溢价部分需转入资本公积，则资本公积增加：

$$10×50\ 000-50\ 000=450\ 000\ (元)$$

(5) 未分配利润在发放股票股利后变为

$$1\ 000\ 000-10×50\ 000=500\ 000\ (元)$$

发放股票股利后，公司的股东权益如表 7-4 所示。

表 7-4　某公司发放股票股利后股东权益情况表　　　　　单位：元

项　目	金　额
普通股(面额 1 元，已发行 550 000 股)	550 000
资本公积	1 050 000

续表

项　目	金　额
未分配利润	500 000
股东权益合计	2 100 000

可见，发放股票股利对股东权益的总额不产生影响，但会在股东权益各项目之间重新分配资金。在本例中，以股票市价计算股票股利的价值，西方国家一般采用这种方法；而在我国，目前采用的是按股票面值来计算股票股利的价值。发放股票股利后，普通股总股数增加，引起每股盈利下降，导致普通股的市价下降。但由于股东持有的股票数增加，所以，股东持有的财富数量不变。股票股利对股东财富的影响见例7-5。

[例7-5] 假定上述公司有一个股东持有公司股票 50 000 股，且假定公司 2012 年度盈余为 550 000 元。请分析股票股利的发放对该股东的影响如何？

解：发放股票股利前：

(1) 每股收益为 550 000÷500 000=1.1 (元)

(2) 该股东的持股比例为 500 000÷50 000=10%

(3) 该股东所持股总价值 10×50 000=500 000(元)

发放股票股利后：

(1) 发放股票股利后每股收益为 550 000÷550 000=1 (元)

(2) 该股东的持股比例为 550 000÷55 000=10%

(3) 发放股票股利后该股东所持股总价值为

$$\frac{10}{1+10\%} \times 55\,000 = 500\,000(元)$$

可见，股票股利并没有增加或减少股东财富总量。对股东来讲，发放股票股利有以下好处：①如果公司在发放股票股利后同时发放现金股利，股东会因所持股数的增加而得到更多的现金。②有时公司发放股票股利后其股价并不成比例下降，这可使股东得到股票价值相对上升的好处。③发放股票股利通常由成长中的公司所为，因此，投资者往往认为发放股票股利预示着公司将会有较大发展，利润将大幅度增长，足以抵消增发股票带来的消极影响。这种心理会稳定住股价甚至反致股价略有上升。④在股东需要现金时，还可以将分得的股票股利出售。有些国家税法规定，出售股票所需交纳的资本利得(价值增值部分)税率，比收到现金股利所需交纳的所得税率低，这使得股东可以从中获得纳税上的好处。

对公司来说，发放股票股利主要有以下好处：①发放股票股利可使股东分享公司的盈余而无须分配现金，这使公司留存了大量现金，便于进行再投资，有利于公司长期发展。②在盈余和现金股利不变的情况下，发放股票股利可以降低每股价值，从而吸引更多的投资者。③发放股票股利往往会向社会传递公司将会继续发展的信息，从而提高投资者对公司的信心，在一定程度上稳定股票价格。但是，发放股票股利的费用比发放现金股利的费用大，会增加公司的负担。

案例 7-2：上海创兴资源开发股份有限公司 2013 年半年度经营分析

根据 2013 年上半年上海创兴资源开发股份有限公司的经营和投资情况，董事会对公司报告期内的经营情况分析如下。

2013 年上半年，随着国内经济增速放缓，下游产业对钢材需求减弱，而同期我国钢材生产产量再创新高，国内钢价持续下跌，钢铁企业对铁矿石的需求有所减弱。随着近年铁矿石供给量连续增长，全球铁矿石市场延续供大于求的局面。受前述供需因素影响，2013年上半年国内铁矿石产量和进口铁矿石呈量增价减的态势。报告期内，公司经营管理团队将在董事会的领导下，积极推动公司向矿产资源领域的战略转型，加强公司矿山投资项目的经营管理，降本增效，优化公司的资产结构。报告期内，全资子公司湖南神龙矿业有限公司采选比保持稳定，贫化率略有下降，入磨原矿 27.98 万吨，同比增长 5.56%；生产平均品位大于 63.00% 的铁精粉(干基)6.26 万吨，同比增长 19.51%。受行业影响，报告期内铁矿石销售均价同比下降 4.62%。报告期内，公司实现营业收入 42 844 094.38 元，较上年同期增长 16.11%，主要系湖南神龙矿业有限公司铁精粉产销量增长所致。实现归属于母公司所有者的净利润 121 052 652.04 元，较上年同期增长 58.79%，主要系报告期内本公司出售参股子公司上海振龙房地产开发有限公司 15.00% 股权实现股权转让的投资收益。

关于公司的核心竞争力，董事会分析如下：

(1) 神龙矿业拥有丰富的铁矿石储备。根据湖南省地质矿产勘查开发局四一七队编制的《湖南省祁东铁矿区庙冲-对家冲矿段(22-31W 线)老龙塘铁矿资源储量核实报告》，公司下属神龙矿业的老龙塘矿段(22-31W 线)探明的铁矿石储量为 10 607.4 万吨，磁铁矿最低工业品位为 TFe25%，赤铁矿、混合矿最低工业品位为 TFe28%。

(2) 神龙矿业现有的生产设备为国内较为先进的生产设备，工艺流程也相对较先进，品质控制也比较稳定，可继续通过生产工艺改造、完善配套及加强对设备维护提升产能。

(3) 神龙矿业自投产以来，逐步建立起了一套与矿山相匹配的采选生产体系、质量管理体系。

(4) 通过引进有丰富经验的专业人才，或是公司在运营中培养等方式，组建了一支熟悉矿山工作、了解矿业政策法规、适应矿山工作环境的矿业管理团队和一支涵盖地质、测量、采矿、选矿、安全管理、爆破、水利、质检化验、设备维护、环境保护等专业的矿山开发技术团队。

鉴于以上分析，公司董事会提出对 2013 年上半年利润每 10 股送 3 股红股、派发 0.4元现金红利(含税)的方式分配，不进行资本公积金转增股本的预案，并将该利润分配预案和资本公积金转增股本预案提交公司股东大会审批。

(资料来源：节选自《上海创兴资源开发股份有限公司 2013 年半年报》，作者略有删改)

二、股票分割和股票回购

(一)股票分割

股票分割是指将面值较高的股票拆分成数股面值较低的股票的行为。例如，将原来的一股股票拆分成两股股票。股票分割不属于某种股利方式，但其所产生的效果与发放股票股利近似。股票分割时，发行在外的股数增加，使得每股面额降低，每股盈余下降；但公司价值不变，股东权益总额、权益各项目的金额及其相互间的比例也不会改变。因此，股票分割与发放股票股利时的情况既有相同之处，又有不同之处。

[例 7-6] 某公司原发行面额 2 元的普通股 100 万股，若按 1 股换成 2 股的比例进行股票分割，分割前的股东权益项目见表 7-5 所示。若公司当年的可分配盈余为 200 万元，则股票分割前后每股盈余各是多少？股票分割后公司的股东权益情况如何？

表 7-5　某公司股票分割前股东权益情况表　　　　单位：元

项　目	金　额
普通股(面额 2 元，已发行 1 000 000 股)	2 000 000
资本公积	1 000 000
未分配利润	500 000
股东权益合计	3 500 000

解：

(1) 分割前的每股盈余为 2 000 000÷1 000 000=2 (元)

(2) 分割后的每股盈余为 2 000 000÷2 000 000=1 (元)

(3) 分割后的股东权益如表 7-6 所示。

表 7-6　某公司股票分割后股东权益情况表　　　　单位：元

项　目	金　额
普通股(面额 1 元，已发行 2 000 000 股)	2 000 000
资本公积	1 000 000
未分配利润	500 000
股东权益合计	3 500 000

对于公司来讲，实行股票分割的主要目的在于通过增加股票股数降低每股市价，从而吸引更多的投资者。由于股票分割往往是成长中公司的行为，所以，宣布股票分割后容易给人一种"公司正处于发展之中"的印象，这种有利信息会对公司有所帮助。

对于股东来讲，股票分割后股东持有的股票数增加，但持股比例不变，持有股票的总价不变。不过,只要股票分割后每股现金股利的下降幅度小于股票分割幅度,股东仍能多获现金股利。例如,假定某公司股票分割前每 10 股现金股利 2 元,某股东持有 10 000 股,可分得现金股利 2 000 元;公司按 1 换 2 的比例进行股票分割后,该股东股数增为 20 000 股,若现金股利降为每 10 股 1.1 元,该股东可得现金股利 2 200 元,仍大于其股票分割前所得的现金股利。另外,股票分割向社会传播的有利信息和降低的股价,可能导致购买该股票的人增加,反使其价格上升,进而增加股东财富。

股票分割与股票股利的实际效果非常接近,一般要根据证券管理部门的具体规定对二者加以区分。有的国家证券监管部门规定,发放 25%以上的股票股利即属于股票分割。虽然股票分割与发放股票股利都能达到降低公司股价的目的,但一般来讲,只有在公司股价有较大幅度的上涨且预期难以下降时,才采用股票分割的办法降低股价。而当公司股价上涨幅度不大时,往往通过发放股票股利将股价维持在理想的范围之内。相反,若公司认为股票的价格过低,为了提高股价,会采取反分割(股票合并)的措施。反分割是股票分割的相反行为,即将数股面额较低的股票合并为一股面额较高的股票。反分割成立,股票市价也将上升。

(二)股票回购

股票回购是股份公司出资将其流通在外的股票以一定的价格购买回来予以注销或作为库存股的一种资本运作方式。公司在股票市场上购回股票,使得流通在外的股票数量减少,每股收益提高,市盈率降低,从而推动股价上升或维持合理价格,使股东所持股票价值上升,相当于给股东发放现金股利。因此,股票回购又被看作现金股利的替代方式。与发放现金股利相比,股票回购具有较大的灵活性。股票回购与现金股利之间的区别,可以由例 7-7 说明。

[例 7-7] 某公司 2012 年年底相关财务数据如表 7-7 所示。该公司准备分配现金股利 100 万元。若公司不分配现金股利,而是用 100 万元回购公司的股票。那么回购对公司有什么影响?

表 7-7　某公司股票回购前财务数据表　　　　　　　　单位:元

项　目	金　额
计划股利	3 000 000
流通在外的普通股股数	1 000 000
股利发放后的预计利润	4 500 000
股利发放前每股市价	27
同类公司市盈率	6

解:

(1) 若公司发放现金股利 300 万元,则每股股利为 3 000 000÷1 000 000=3(元)

(2) 公司发放现金股利时，每股的实际收益为 27+3=30(元)

(3) 若公司不发放现金股利，而是用 300 万元现金在股票市场上回购公司股票，在不考虑佣金、税收和其他不完全因素下，若公司以每股 30 元回购股票，则可以回购：

$$3\ 000\ 000 \div 30 = 100\ 000\ (股)$$

(4) 公司的预期收益不变，每股收益变为

$$4\ 500\ 000 \div (1\ 000\ 000 - 100\ 000) = 5\ (元)$$

(5) 回购后公司的股价达到：5×6=30 (元)

由此可见，在完美市场上，股票回购与发放现金股利这两种策略对股东的总财富没有影响。但是，在考虑了税收和交易费用等因素后，股票回购对股东和公司的影响与发放现金股利是不同的。对股东来说，股票回购时，股东的收益是资本利得，需要交纳资本利得税，发放股利则是现金收益，需要交纳所得税。若资本利得税少于所得税，则股东可以得到少纳税的好处。但是，股票回购对股价的影响还要受到其他因素的影响，股票的价格往往不一定能完全反映股票的价值，因此，对股东来说，股票回购的收益是不确定的，但现金股利的收益是确定的。

对公司来说，股票回购既有有利的一面，也有不利的一面。股票回购减少了在外流通的股票数量，提高了公司的每股收益，因而可以稳定或提高公司的股价，增强市场信心，便于公司再融资和股东从提高的股价中获益。股票回购还可以在暂无好的投资项目的情况下，分配公司超额现金，改善公司的资本结构。并且，股票回购还是反并购的重要策略。但是，股票回购需要大量的现金来购买股票，会给公司带来资金压力。股票回购还可能会使公司利用内幕消息进行炒作，操纵股价。

专栏 7-4：联创光电以现金股利增资参股公司

联创光电 2013 年 8 月 20 日公告称，公司参股子公司联创通信全体股东拟以其享有的联创通信 2012 年度及 2013 年 1 月 1 日至 6 月 30 日应分现金股利，对联创通信进行同比例增资。增资完成后，联创通信的注册资本由 3 329.18 万元增加至 5 000 万元，公司持股比例仍为 33%。本次联创光电对其以现金股利增资，有利于强化其资本实力，扩大业务规模，为联创光电带来更多投资收益。

(资料来源：江西联创光电(600363)科技股份有限公司 2013 年半年报)

第四节 股利发放程序

公司董事会在决定向股东支付股利后，将对外宣布并按公布的日期向股东兑付股利。股利发放主要经历：股利宣告日、股权登记日、除息日和股利支付日。

一、股利宣告日

股利宣告日是公司董事会将股利支付情况予以公告的日期。公司董事会在股利发放之前召开股东大会，研究并确定本期股利的分配政策及分配方式和金额，经公司股东大会通过后，向外发布公告。公告中将宣布每股支付的股利、股权登记期限、除息日和股利支付日期等事宜。

二、股权登记日

股权登记日是有权领取本期股利的股东资格登记的截止日期。只有登记日在公司股东花名册上记录的股东才有权领取本次股利。在股权登记日后买入股票的股东，不管是在股利发放之前购买的，还是在股利发放之后买入的，均无权领取本次股利。

三、除息日

除息日是指领取股利的权利与股票相互分离的日期。在除息日前，股利领取权从属于股票，持有者享有领取股利的权利。从除息日开始，领取股利的权利与股票分离，新购入股票的投资者不能分享股利。由于股票的交易每天都在进行，而股票交易的登记、过户需要一定的时间，为了避免可能引发的股利领取权的冲突，以前规定股东登记日的前 4 天为除息日。随着计算机和网络技术的普及与发展，现在的除息日是在股权登记日的下一个工作日。自除息日起，股票的交易为无息交易，股票为无息股。

四、股利支付日

股利支付日是向股东发放股利的日期。上市公司在核实在册股东的名单和持有股票数后，要经过证券交易所的清算系统才能完成由公司向股东的股利划拨支付事宜。因此，股利支付日和除息日并不是一个日期，股利支付日要滞后于除息日。

第五节　影响股利政策的因素

股利分配政策是公司管理层在考虑各种因素之后做出的决策，与公司相关的各利益方都会对股利分配政策产生影响。从宏观的方面讲，公司的股利分配政策要符合国家相关的法律、法规的规定，顺应宏观经济形势的发展；从微观的方面讲，公司的股利分配政策要兼顾债权人、股东和公司需求，平衡公司需求与股东需求，长远发展与眼前利益之间的关系。具体来说，可以把影响股利分配政策的因素分为三个方面，即外部因素、股东因素、公司因素。

一、外部因素

(一)通货膨胀

通货膨胀会使货币的实际购买力下降，从而导致公司固定资产重置资金不足，公司往往考虑留用一部分利润用于弥补固定资产重置的资金缺口。因此，在通货膨胀的情况下，公司一般实行紧缩性股利政策。

(二)资本保全要求

资本保全是公司财务管理的一项重要原则。资本保全原则要求企业发放的股利或投资分红不得来源于原始投资(股本)，只能来源于企业当期利润和留存收益，其目的是为了防止企业任意减少资本结构中的所有者权益的比重，以维护债权人的利益。

(三)资本积累要求

资本积累规定公司必须按净利润的一定比例提取法定盈余公积金。我国公司法规定，税后利润在弥补五年前的亏损后，按余额的 10% 提取法定盈余公积金。除此之外，公司还可以根据公司章程，提取任意盈余公积金，提取比例由公司章程确定。

(四)净利润

公司法规定公司年度累计净利润必须为正数时才可发放股利，以前年度亏损必须足额弥补。前五年的亏损可以在税前弥补，超过五年的亏损要用税后净利润弥补完以后才能发放股利。

(五)超额累积利润

由于股东因分红利而缴纳的所得税高于其进行股票交易的资本利得税，因此许多企业通过积累利润使股价上涨的方式来帮助股东避税。于是许多国家规定公司不得超额累积利润，一旦公司的留存收益超过法律认可的水平，将被征收额外的税款。我国法律对公司累积超额利润尚未做出限制性规定。

(六)契约约束

契约约束是指公司在经营过程中订立的契约对股利发放形成的约束。公司的股利政策必须满足这些契约的约束。比如，公司在借入长期债务时，与债权人订立的债务合同对公司发放现金股利可能会有一定的限制，以保障债权人的利益。这些限制一般包括：①不能以企业留存收益发放股利；②营运资金低于一定金额时不得发放股利；③利润的一部分以偿债基金的方式留下来；④流动比率、速动比率、利息保障倍数等重要财务指标低于一定水平时不得发放股利等。

二、股东因素

(一)稳定收入和避税

依靠股利维持生活的股东，他们投资的目的是为了取得固定收入，因此，这部分股东往往要求公司支付稳定的股利，若公司留存较多的盈余，将会受到这部分股东的反对。而另一些股东出于避税的考虑(股利收入的所得税高于股票交易的资本利得税)，会反对公司发放较多的股利。

(二)对公司的控制

公司支付较高的股利，就会导致留存盈余减少，这又意味着将来发行新股的可能性加大；而发行新股必然稀释公司的控制权，这是公司原有的控股股东所不愿看到的局面。因此，若他们拿不出更多的资金购买新股，宁肯公司不分配股利。另一方面，当一个公司面临被其他公司或投资者收购的危险时，低股利支付率可能有助于"外来者"取得控制权。"外来者"拿低股利来游说公司的股东，使他们相信公司没能使得股东财富最大化，而"外来者"将会做得更好，这会导致面临被收购的公司不得不支付较高的股利来取悦股东。

(三)风险的规避

在某些股东看来，公司通过增加留存收益而推动股价上涨，使股东获得资本利得收益是不确定的，而公司分配的现金股利则是确定的收益。"林中之鸟，不如手中之鸟"。现在的确定性现金股利，要好于未来的不确定的资本利得。因此，股东们往往要求发放现金股利。

三、公司因素

(一)投资机会

有良好投资机会的公司，往往需要资金支持，因此较少发放现金股利，将大部分盈余用于投资。缺乏良好投资机会的公司，保留大量现金会造成资金的闲置，并可能由于超额累积利润而多交税，于是倾向于支付较高的股利。因此，处于成长中的公司多采取低股利政策，而陷于经营收缩的公司多采取高股利政策。

(二)资产的流动性

资产的流动性是公司资产转化为现金的难易程度。公司资产的变现是影响股利政策的一个重要因素。公司分配现金股利意味着现金从公司流出。如果公司的现金充足，资产变现能力较强，支付现金股利的能力也比较强。如果公司因扩充或偿还债务耗尽现金，那么，要想支付较多的现金股利是既不可能也不明智的举措。因为较多地支付现金股利，会减少公司的现金持有量，使资产的流动性降低，保持资产流动性，是公司经营所必需的。

(三)偿债能力

偿债能力是公司偿还债务的能力。偿债能力是股份公司确定股利分配政策时要考虑的基本因素。分配现金股利时支付的大量现金会影响公司的偿债能力。因此，公司在确定现金股利分配额时，一定要考虑对公司偿债能力的影响，要保证在支付现金股利之后仍能保持较强的偿债能力，以维护公司的信誉。

(四)举债能力

举债能力是公司快速筹措所需资金的能力。具有较强举债能力的公司能及时地筹措到所需的现金，可以采取较宽松的股利政策；而举债能力较弱的公司则需要保留较多的盈余以备不时之需，通常采取较紧的股利政策。

(五)资金成本

公司的资金成本是公司筹措各种资金所需支付的费用。不同资金的筹措费用不同。一般来说，普通股的筹资费用最高，而留存收益的筹资费用最低，不需要花费筹资费用，是一种经济的筹资渠道。所以，如果公司有扩大资金的需要，从资金成本考虑，应当采取低股利政策。

(六)盈余的稳定性

股利政策的连续性要求公司的管理者在制定股利政策时，不仅要考虑当前的盈利水平，还要考虑未来的盈利水平。公司是否能获得长期稳定的盈余，是股利决策的重要基础。盈余相对稳定的公司能够较好地把握自己，有可能支付比盈余不稳定的公司较高的股利；而盈余不稳定的公司一般采取低股利政策，以减少因盈余下降而造成的股利无法支付、股价急剧下跌的风险，还可将更多的盈余进行再投资，提高公司权益资本比重，减少财务风险。

(七)信息传递

股利分配是股份公司向外界传递关于公司财务状况和未来前景的一条重要渠道。公司确定股利分配政策时，必须考虑外界对这一政策可能产生的反应。

本 章 小 结

利润是指公司在一定时期内从事各项生产经营活动所获取的成果，包括营业利润、投资净收益及营业外收支净额。可分配利润是税后利润，它由利润总额减去应缴税收，得出本年度税后净利润，再与企业年初未分配利润合并，支付各种税收的滞纳金和罚款，并弥补企业以前年度的亏损后，得出可供分配的利润数额。当可分配利润为正数时，可照计提法定盈余公积金、计提公益金、支付优先股股利、计提任意盈余公积金、支付普通股股利的顺序分配利润。

不同的理论流派对股利提出了不同的股利分配理论。其中,较主要的理论有股利重要论、股利无关论、信号理论、代理成本理论、理性预期理论、自我控制理论和后悔厌恶理论。

股利重要论认为现金股利是投资者确定的、已实现的收益,而将利润留在公司再投资所产生的资本利得是不确定的,投资者更喜欢现在发放的现金股利。公司分配的股利越多,公司的市场价值越大。

股利无关论即"MM 理论",它认为公司的股利政策无论是对公司股价还是对公司价值都不会产生影响。公司的价值仅仅是由公司资产所产生的收益决定的,而与这些收益在股利和留存收益之间如何分配无关。

信号理论认为股利政策的差异或许是反映公司质量差异的极有价值的信号。

代理成本理论认为,股东与经营者之间的利益并不相同。公司的利润应该更多地支付给股东,有助于经营者按照股东的利益行事。

理性预期理论认为,公司分配股利之前,市场参与者会根据自身掌握的情报,对影响股利分配的公司的内外部因素进行分析,以得出公司股利分配的预期,如果公布的股利分配方案与投资者的预期相同,则股价不会变化;若公布的股利分配方案高于或低于投资者的预期,即与投资者的预期存在差异,股票价格就可能发生波动。

自我控制和后悔厌恶理论认为,人们为了借助外力进行自我控制或避免后悔,会偏好现金股利。

股利分配政策制定的原则包括股东财富最大化原则、当前与长远兼顾原则、优化资本结构原则、股价合理定位原则、连续性与稳定性原则。

主要的股利分配政策有:剩余股利政策、固定股利支付率政策、固定或稳定增长的股利政策、低正常股利加额外股利政策。

股利有现金股利、财产股利、实物股利、负债股利和股票股利五种类型。

股利发放主要经历:股利宣告日、股权登记日、除息日和股利支付日。

影响股利分配政策的因素分为三个方面,即外部因素、股东因素、公司因素。

思考与练习题

1. 股利支付的程序是什么?
2. 股票股利与股票分割有什么相同点和不同点?
3. 股利重要论和股利无关论的主要区别在哪里?
4. 公司制定股利政策的原则是什么?
5. 股利分为哪几种?
6. 股利发放受哪些因素的影响?

拓展阅读：上海创兴资源开发股份有限公司 2013 年半年度利润分配实施公告

证券代码：600193   证券简称：创兴资源   公告编号：2013-039 号

本公司及董事会全体成员保证公告内容不存在虚假记载、误导性陈述或者重大遗漏，并对其内容的真实、准确和完整承担个别及连带责任。

重要内容提示

每股分配比例及每 10 股分配比例，每股转增比例及每 10 股转增比例。

每 10 股股数	3 股
每股送股数	0.3 股

扣税前与扣税后每股现金红利。

(1) 每股现金红利(税前)：人民币 0.04 元。

(2) 每股派发现金红利(扣税后)：自然人股东和证券投资基金为人民币 0.023 元；合格境外机构投资者(QFII)股东为人民币 0.006 元；除个人股东、证券投资基金、QFII 以外自行缴纳所得税的股东为人民币 0.04 元。

股权登记日：2013 年 11 月 4 日

除权(除息)日：2013 年 11 月 5 日

新增无限售条件流通股份上市流通日：2013 年 11 月 6 日

现金红利发放日：2013 年 11 月 11 日

一、通过公司 2013 年半年度利润分配方案的股东大会届次和日期

公司 2013 年半年度利润分配方案和资本公积金转增股本方案已经公司于 2013 年 9 月 24 日召开的 2013 年第一次临时股东大会审议通过。

公司 2013 年第一次临时股东大会决议公告于 2013 年 9 月 25 日刊载在《上海证券报》、《证券日报》和上海证券交易所网站 http://www.sse.com.cn。

二、公司 2013 年半年度利润分配方案

(一)发放年度

2013 年半年度。

(二)发放范围

截止 2013 年 11 月 4 日下午上海证券交易所收市后，在中国证券登记结算有限责任公司上海分公司登记在册的全体股东。

(三)本次利润分配方案

以 2013 年 6 月 30 日总股本 327 210 000 股为基数，向全体股东每 10 股派送红股 3 股、派发现金红利人民币 0.4 元(含税)。

本次利润分配方案实施后，公司总股本增加至 425 373 000 股。

(四)股息红利所得税扣缴说明

(1) 对于持有公司 A 股股份的自然人股东及证券投资基金，根据《关于实施上市公司股息红利差别化个人所得税政策有关问题的通知》(财税(2012)85 号)规定，分红时暂由公司统一按 5%的税率代扣代缴个人所得税，扣税后实际发放现金红利为每股人民币 0.023 元。自然人股东及证券投资基金转让股票时，如其持股期限在 1 个月以内(含 1 个月)的，将按实际税负 20%补缴股息红利所得税；持股期限在 1 个月以上至 1 年(含 1 年)的，将按实际税负 10%补缴股息红利所得税；持股期限超过 1 年的，实际税负为 5%，无须再补缴股息红利所得税。中国证券登记结算有限责任公司上海分公司(以下简称"中登上海分公司")将根据其持股期限计算实际应纳税额，超过已扣缴税款的部分，由证券公司等股份托管机构从个人资金账户中扣收并划付中登上海分公司；中登上海分公司于次月 5 个工作日内划付本公司，由本公司在收到税款当月的法定申报期内向主管税务机关申报缴纳。

(2) 对于持有公司 A 股股份的合格境外机构投资者(QFII)股东，由本公司根据国家税务总局于 2009 年 1 月 23 日颁布的《关于中国居民企业向 QFII 支付股息、红利、利息代扣代缴企业所得税有关问题的通知》(国税函〔2009〕47 号)的规定，按照 10%的税率统一代扣代缴企业所得税，税后每股实际派发现金股息人民币 0.006 元。如相关股东认为其取得的股息、红利收入需要享受税收协定(安排)待遇的，可按照规定在取得股息、红利后自行向主管税务机关提出申请。

(3) 除前述 QFII 以外的 A 股法人股东及机构投资者的现金红利所得税由其自行缴纳，实际派发现金股息为税前每股人民币 0.04 元。

三、实施日期

股权登记日：2013 年 11 月 4 日

除权(除息)日：2013 年 11 月 5 日

新增无限售条件流通股份上市流通日：2013 年 11 月 6 日

现金红利发放日：2013 年 11 月 11 日

四、分派对象

截至 2013 年 11 月 4 日下午上海证券交易所收市，在中国证券登记结算有限责任公司上海分公司登记在册的全体股东。

五、利润分配实施办法

(1) 派送红股由中国证券登记结算有限责任公司上海分公司通过计算机网络，根据股权登记日所持股数，按比例自动计入账户。

送股过程中产生的不足 1 股的零碎股份，由中国证券登记结算有限责任公司上海分公司按照投资者零碎股份数量大小顺序排列，零碎股份数量相同的，由电子结算系统随机排列，按照排列顺序，依次均登记为 1 股，直至完成全部送股。

(2) 公司股东厦门百汇兴投资有限公司、厦门大洋集团股份有限公司和厦门博纳科技有限公司的现金红利由公司直接发放。

(3) 无限售条件流通股的红利委托中国证券登记结算有限责任公司上海分公司通过其资金清算系统向股权登记日登记在册并在上海证券交易所各会员单位办理了指定交易的股

东派发。已办理指定交易的投资者可于红利发放日在其指定的证券营业部领取现金红利，未办理指定交易的股东红利暂由中国证券登记结算有限责任公司上海分公司保管，待办理指定交易后再进行派发。

六、股本变动结构表

	本次变动前		本次变动增减(＋，－)				本次变动后	
	数量	比例(%)	送股	公积金转股	其他	小计	数量	比例(%)
一、有限售条件股份	无							
二、无限售条件流通股份								
1. 人民币普通股	327 210 000	100	98 163 000			98 163 000	425 373 000	100
2. 境内上市的外资股								
3. 境外上市的外资股								
4. 其他								
无限售条件流通股份合计	327 210 000	100	98 163 000			98 163 000	425 373 000	100
三、股份总数	327 210 000	100	98 163 000			98 163 000	425 373 000	100

七、本次公司实施送股方案后，按新股本 425 373 000 股摊薄计算，本公司 2013 年半年度每股收益为 0.28 元。

八、有关咨询办法

联系人：陈海燕 连福汉

联系电话：021-58125999

联系传真：021-58125066

联系地址：上海市康桥路 1388 号 2 楼 公司董秘办

邮政编码：201315

九、备查文件目录

公司 2013 年第一次临时股东大会决议及公告。

特此公告

上海创兴资源开发股份有限公司

2013 年 10 月 30 日

（资料来源：上海创兴资源开发股份有限公司 2013-039 号公告）

第八章

公司并购与破产清算

学习目标：掌握公司并购与破产清算的相关基本概念；掌握公司并购的动因和公司并购的主要步骤；了解如何选择目标公司；了解目标公司的基本估价方法和并购公司的支付方式；了解杠杆收购和管理层收购；熟悉基本的反收购防御性措施；熟悉公司破产清算的基本程序。

> **引入案例：百度为什么要收购 91 无线？**
>
> 2013 年 7 月互联网发生了一件大事：百度以 19 亿美元收购 91 无线。因阿里巴巴、360 等诸位大佬争相抢夺，91 无线坐地起价，从 10 万人民币飞升至 19 亿美元。那么 91 无线到底有什么魅力，引得百度出手如此大方呢？91 无线原本是一家制作网络游戏的公司，从 2007 年起开始介入无线互联网领域，核心产品有安卓市场、91 助手两大移动应用平台，以及 91 手机娱乐、安卓网两大门户网站。
>
> 这家公司最大的优势是控制了移动互联网的一个入口。百度收购 91 无线，为百度在移动互联网端口找到了入口。收购 91 移动，一方面扩充了百度的应用分发能力；另外一方面，91 手机助手在 WiFi、3G 未完全普及前对百度 PC 端也有了重要的补充。除此之外，91 无线的渠道运营能力结合百度的流量，在收购后对 360 产品推广压制、自身产品在预装市场上的议价能力提升、对开发者而言的渠道维护成本降低，都有着极大的促进作用。
>
> 2013 年是中国互联网并购活动异常活跃的一年，仅在上半年就发生多起并购活动，阿里巴巴 5.86 亿美元购入新浪微博 18% 的股份，2.94 亿美元购入高德地图 28% 的股份，百度 3.7 亿美元收购 PPS。
>
> （资料来源：互联网，由编者汇总）

最早的公司并购发生在 19 世纪末的美国，到目前为止，美国已经出现了五次并购浪潮，对美国各个阶段的经济发展做出了不可磨灭的贡献。纵观美国的五次并购浪潮，我们不禁要问，为什么并购会反复出现，而且一次比一次的数量要多，规模要大；这些公司并购的目的和动因是什么；他们是如何并购的，等等。本章的前半部分将会对这些问题进行说明，后半部分将介绍公司破产清算的相关知识。下面让我们先来学习关于公司并购的一些基本概念。

第一节 公司并购的概念和分类

一、公司并购的概念

现在我们所认为的并购(Merger & Acquisition)通常是指兼并和收购的合称,实施并购的一方被称做并购公司,而被并购的一方被称做目标公司。

兼并(Merger)是指两家或更多的独立的公司合并组成一家公司,通常有一家占有优势的公司吸收一家或更多的公司。这里的兼并有狭义和广义之分。狭义的兼并是指一家公司吸收另一家或者多家公司,兼并方继续保留其合法地位,而目标公司则不再作为一个独立的经济实体而存在,也叫吸收合并。广义的兼并包括吸收合并和新设合并,其中新设合并是指两个或两个以上的公司组成一个新的独立经营实体,原来的公司都不再以独立的经营实体而存在。

收购(Acquisition)是指一家公司在证券市场上用现金、债券或者股票等购买另一家公司的股票或者资产,以取得对目标公司的控制权,但被收购公司的法人地位不消失。

二、公司并购的分类

从美国的五次并购浪潮的实际情况来看,我们现在一般把并购分为横向并购、纵向并购和混合并购三种并购类型。

横向并购通常是指从事同一行业的公司所进行的并购。它是公司并购的最早形式,美国的很多垄断巨头就是在早期通过大规模的横向并购形成的,如摩根创建的美国钢铁公司收购卡内基钢铁公司以及其他 784 家独立公司,最终形成钢铁巨人。横向并购的最大好处就是可以扩大生产规模,节约管理费用,降低生产成本,从而获得规模效应。

纵向并购通常是指产业链上下游企业之间的并购,其最显著的好处就是可以获得更稳定的原材料供应或是产成品销售,降低交易费用,使得其在市场中具有更强的竞争优势,以取得更好的经济收益。

混合并购通常是指不同行业之间的公司的并购,这些并购的公司之间并不存在直接的联系。例如,2001 年 9 月,做家电的海尔集团收购鞍山信托。这种并购的发生,通常是因为公司想要能更快地进入某行业,或者是公司多元化战略发展的需要。实际上,那些著名的企业在扩张进入新行业时,多数都运用了混合并购。以可口可乐公司为例,1960 年可口可乐公司购进了密纽特·梅德冷冻果汁公司;1961 年,购进了邓肯食品公司(主要经营咖啡业);1977 年,又购进了泰勒啤酒公司,并且成功地对泰勒啤酒公司进行了运营,使之一跃成为美国第五大酒业公司。在 20 世纪 70 年代和 80 年代,可口可乐公司还通过并购将其业务扩展到了其他许多"无关联"的工业、文化娱乐、体育和社会公益等领域。

专栏 8-1：美国五次并购浪潮

从 19 世纪 60 年代开始，随着美国工业化进程的深入发展，企业形式逐渐从私人业主和家族企业形式演变为更先进、更合理，也更具有生命力的股份制。此后，包括资产转让、股票交易、协议组建新公司及兼并等系统的企业收购愈演愈烈，在美国近代的产业发展史上，掀起了一次又一次的浪潮。20 世纪，美国企业先后经历了横向并购、纵向并购、混合并购、融资并购和跨国并购五次并购浪潮。

1. 第一次公司并购浪潮

第一次并购浪潮发生在世纪之交，这一时期是一个经济迅速扩展的时期。在 1893—1903 年间达到高潮。在 1898—1902 年间，被并购的企业总数达 2 653 家，并购的资本总额达 63 亿多美元。此次并购运动主要是横向兼并，其结果导致了许多行业的高度集中。它是伴随着经济基础设施和生产技术的重大变革发生的，并且是紧随着横亘大陆的铁路系统的建成、电力的出现、煤炭用途的广泛扩展而出现的。铁路系统的修建促进了全国市场的发育，因此，兼并活动在一定程度上代表了地区性企业向全国性企业的转变。

美国企业在这次并购浪潮中，虽然先发端于石油工业，但其高潮却出现在铁路公司。这次并购还产生了一些日后对美国经济举足轻重的巨头公司，如杜邦公司、美国烟草公司、美国钢铁公司、美国冶炼公司、玉米产品公司、查默斯公司、阿纳康达制药公司。并购运动遍及社会经济的每个角落，在金属原料、食品生产、石油化工制品、运输设备、金属加工产品和烟草等行业更为猛烈。第一次并购浪潮促使美国工业结构出现了永久性变化，100 家最大公司的规模增长了四倍，并控制了全国工业资本的 40%。

2. 第二次公司并购浪潮

第二次兼并浪潮也始于 1922 年商业活动的上升阶段，而终结于 1929 年严重的经济衰退的初期。这段时间内，因兼并而从美国经济中消失的企业数目近 12 000 家。范围涉及公用事业、采矿业、银行和制造业，大约 60% 的兼并发生在食品加工、化学和采矿部门。20 世纪 20 年代的大部分兼并既包括 IBM、通用食品、联合化学兼并案中的产品扩张性兼并，也包括食品零售业、百货业、影院业的市场扩张性兼并以及采矿和金属业的纵向兼并。

这次兼并的促发因素是运输、通信事业和零售推销的重大发展。汽车的使用使生产者得以扩大其销售区域，使消费者具有更大的流动性，从而打破了狭小的地区市场。第二次浪潮，金融中介特别是投资银行起了重要作用。1928—1929 年期间，由于证券需求极度旺盛，从而鼓励和助长了股票投机的热潮，这样并购运动自然随之旺盛起来，在股票价格上升到最高点时，并购浪潮也达到了顶峰。在顶峰时期，许多投资银行雇用了一批受托人员，专门寻找可能进行并购的对象。因此，对规模经济即最大利润的追求是第二次并购发展的内因，外因主要来自投资银行对利益的追求。第二次并购浪潮在加强了第一次浪潮中所形成的高度集中的同时，也增强了市场上的竞争程度，同时，企业间的纵向兼并也有了较大的发展。

3. 第三次公司并购浪潮

第三次并购浪潮发生于1948—1964年,在20世纪60年代后期达到高潮。仅1967—1969年的三年高峰期就完成并购10 858起。和前两次浪潮相比,这次并购的特点之一是大规模的并购并不多,主要是中小规模的企业。这个时期,由于科学技术的进步及管理技术的发展,并购体现出另一个重要特点,即企业并购的形式朝混合兼并为主的方向发展。例如,1926—1930年间的混合兼并只占19.3%,1948—1964年混合兼并占63%。造成这种并购形式的另一个主要原因是:公司的经理们为了分散经营风险,有意识地促进他们公司产品种类的多样化。通过这次兼并,美国出现了一大批混合企业。例如,创建于1920年的国际电报电话公司最初只是一家经营电话业务的地方性公司,1925年买下了美国电话电报公司在法国、比利时等西欧国家的子公司。第二次世界大战后,又连续兼并了270多家公司,最终成为一个多种经营的混合公司,除经营电话业务外,还经营金融业、保险业、食品业、自然资源业、服务业及药品专卖业。

第三次并购浪潮使企业多元化发展战略得到实现,使企业的活动范围扩展到许多原来毫不相干的生产经营领域。企业本身的组织结构再一次发生重大转变,在美国企业发展历史上具有深远的意义。

4. 第四次公司并购浪潮

进入20世纪70年代,美国劳动生产率停滞不前。股票价格虽时涨时落,但总体来说公司的市场价格一直低于其资产的重置成本,因此在股票市场上收购公司要比新建企业合算得多。因此美国经济进入了一个长期扩张期,一些公司开始通过收购股票来推动企业的兼并。

1976年以来的并购主要集中于服务业(商业银行与投资银行、金融、保险、批发、零售、广播和医疗卫生事业)以及自然资源领域。服务业中的企业兼并增多反映了这些行业在美国经济中的重要性在不断增加,尤其是金融服务业的兼并占全部兼并的15%以上。由于政府放松了对金融业的管制,该行业也在进行着重组,包括行业内部的合并(允许开展跨州银行业务)、产品扩张型收购、市场扩张型收购以及纯粹的混合收购。庞大的规模可以使金融机构利用其在数据处理、后勤管理、信托管理以及贷款和融资上的规模经济。此外,一些工业公司由于其产品市场成熟或萎缩,需要寻求新的投资机会,于是也通过收购非银行金融机构进入该领域。而一些证券公司则向金融百货公司发展,如美林证券、泛美捷运。在政府管制放松及市场的驱动下,广播业、医疗卫生业、批发零售业及自然资源业都进行着并购。

此次并购中的资产剥离成为其特征之一。由于大部分收购是整体收购,被收购企业构成中既有收购者垂涎的部门,也有因不适合本企业或为了偿还债务而打算卖掉的部门。于是,与公司核心业务无关的业务部门被剥离掉。而且,本次兼并还广泛使用了以目标公司的资产为抵押的"杠杆收购"。

第四次并购的规模越来越大。不但在数量上远远超过前三次,在交易金额上,规模更是达到了空前的程度。第四次公司并购浪潮还有一个特点，即收购活动扩展到国际市场。以前的公司经营战略只局限于国内市场，随着国内市场的饱和、跨国公司的国际渗透，美国的公司也将目标瞄准国际市场，纷纷进行跨国并购。20 世纪 80 年代国际资本流动的一大特点是资本对流，在美国对日本、欧洲等国进行并购的同时，欧、日等国的企业也在并购美国的企业。

5. 第五次公司并购浪潮

美国第五次并购浪潮发生在 20 世纪的九十年代，具体来说可以认为是 1992 年至 2000 年，但真正并购交易迅猛增长的年份是 1996—2000 年，在此期间美国一共发生了 52 045 起并购案。无论是总量还是年平均量都大大超过了第三和第四次并购浪潮的情况，特别是 1996—2000 年五年共发生了 40 301 起并购案，平均每年达到了 8 060 起。从行业看，1997—2001 年间按照并购的美元价值排序的前五个行业分别为传播、金融、广播、计算机软件及设备、石油，在这些行业发生的并购案所涉及的并购金额占并购总价值的 49%。同期按照并购的数量排序的前五个行业占总的公告的并购的 45%，分别为计算机软件、服务业、经纪与投行(管理咨询业)、传播业与零售业。参与这一次兼并浪潮的企业都着眼于战略利益，以占有更大市场份额、提高公司效率、夺取核心产业价值控制权等为主要动机。他们在集中精力搞好主业的同时，选择行业相关或能与之形成互补优势的企业合并，并且将与企业发展不相适应的部门剥离掉。

(资料来源：作者根据公开资料整理)

通过对美国企业并购浪潮的分析，我们发现，每一次并购浪潮的出现都是和经济的周期波动密切相关，他们往往始于经济的复苏阶段，终于经济萧条阶段。而且，都得到政府的大力支持，得益于法律环境、政府监管的放松。并购是经济发展中的必然现象，它有利于生产的社会化，提高了劳动生产率，促进了资源的优化配置。

第二节　公司并购的动因

企业之所以选择并购，都有其背后的具体原因，但是最终的根本目的都是为了获得经济利益。并购只是为了达到这一目的的一种方法。本节将对公司并购基于不同动因的理论进行介绍。

一、经营管理协同效应理论

该理论认为，公司并购的内在动因是由于并购方拥有过剩的经营管理能力，而目标公司的管理能力比较缺乏，管理组织效率低，并购可以弥补目标公司的管理低效问题，提高目标公司的营运效率，进而提升目标公司的收益；也可能是另外一种情况，即并购方本身的管理水平低下，导致公司盈利低于其所能获得的正常水平，为了提高公司整体管理水平和盈利水平，就会通过并购管理资源比较丰富的目标公司，吸收高素质的管理人才和管理团队，进而达到并购方的目的。

二、财务协同效应理论

该理论认为，公司并购主要是为了使得并购方和目标公司的财务结构相互补充，进而提高两公司的资本营运效率。一般并购双方的财务结构是不相同的，要么可能会有资金短缺或者过剩的问题，要么可能会有债务比重过高或过低的问题。资金短缺会错失投资机会，资金过剩会造成资源浪费；债务过高会增加财务风险，债务过低会降低权益资本的报酬率。通过并购产生协同效应，既解决了资金短缺或过剩的问题，提升融资能力和投资能力，又能找到更合理的公司资本结构。

三、价值低估理论

该理论认为，由于某些原因，目标公司的市场价值被低估了，并没有反映出目标公司本身的真实价值，因此并购公司对其进行并购是有利可图的，从而导致并购的发生。而公司市场价值被低估的原因通常主要有以下几点。

(1) 目标企业的经营者由于管理能力的原因，未能充分发挥自己应有的潜能，因此该企业的实际价值被低估了。

(2) 并购企业拥有外部市场所没有的关于目标企业真实价值的内部信息。

(3) 由于通货膨胀造成资产的市场价值与重置成本的差异，造成企业的价值被低估。当某一股票的市场价值低于资产的重置成本时，它将成为被并购的对象，并购将会产生潜在的效益。

四、交易成本理论

该理论主要是运用经济学上的交易成本理论来解释公司并购的发生，即通过把市场交易成本和公司内部组织协调成本相比较，从而进一步决定是否需要并购。具体而言，当市场的交易成本远高于公司内部的行政协调成本时，上下游之间的公司就有可能合并成为一个单独的公司，使本来需要采用市场手段进行交易的环节直接转化为公司内部之间的行政指令，大大降低整体的交易成本，同时也就导致了纵向并购的发生。而交易成本通常都会受到交易中所涉及的资产专用性、不确定性和交易频率等因素的影响，这些因素存在强度越大，市场的交易成本就会越大，那么纵向并购发生的可能性就越大。

五、多元化理论

该理论认为并购可以分散公司的经营风险或者是帮助公司快速地进入到某个新的领域来实现公司的战略发展要求。对于公司而言，如果公司股东无法通过自身的投资行为来实现风险分散时，混合并购不仅能够帮助股东分散其投资风险，而且还能够帮助公司降低人力资本投资风险。对于一些适合采取多元化发展的大型公司，通过混合并购的方式进入新的行业是最有可能获得更高的进入效率，即并购方和目标公司只需达成收购协议，就能获得目标公司所在行业现成的厂房设备、生产技术和管理人员等资源，并购方只需要做相应的整合，就能够直接快速地进行生产销售。

六、代理人理论

该理论是从职业经理人的角度出发，来解释企业并购的发生的。我们知道现代公司的一个最基本的特点就是所有权和经营权相分离，公司的日常管理和决策都是由职业经理人来担任的，而每个职业经理人都有更高报酬的需求和追求自我价值实现的需求。通过并购能使公司的经营规模更大、经理人工资更高、权力更大，这是满足职业经理人需求的有效途径之一。所以，在某种程度上，公司并购是在为了满足某些职业经理人的个人自我需求的基础上发生的。

专栏8-2：多元化投资

多元化投资是指投资者(企业)在不同的领域、不同的产业(行业)开展投资业务，或在同一产业中投资生产不同的产品，用以扩大业务范围，开展多元化经营。多元化经营投资是企业集团增加收益机会，分散经营风险的必由之路，也是现代企业经营发展的一种趋势。

多元化投资的基本原则是：不进入没有可能形成新优势和不能形成新的利润增长点的行业或产品。而应依托原有的基础，逐步稳妥地拓展，先围绕原有产业及相关产业拓展，逐步传递到其他产业。这样，才能在每进入一个新的行业时，都形成新的优势。多元化可以分为相关多元化和非相关多元化，前者指企业所开展的各项业务之间有明显的有形关联，如共同的市场、营销渠道、生产、技术、采购、信用、人才等，相关业务之间的价值活动能够共享；后者则更多的是一种无形关联，主要是建立在管理、品牌、商誉等方面的共享。

(资料来源：作者编写)

第三节　公司并购的主要步骤

在我们了解并购的起因之后，自然要接着了解在实际操作中，并购是如何进行的，需要并购双方做些什么。下面我们就来介绍与之相关的具体内容。

一、公司并购的程序

(1) 并购公司利用自身自有资源，通过某些特定的方法来确定需要并购的目标公司。

(2) 并购方与目标公司展开首轮谈判，并签订并购意向书。

(3) 并购方对目标公司进行尽职调查。

(4) 并购方拟定全面的并购方案，并提交并购可行性报告。

(5) 并购方根据已掌握信息，制定合适的谈判策略，开始并购谈判，然后签订并购协议。

(6) 双方履行并购协议，办理产权转让的清算和相关法律手续。

(7) 进行并购后的整合工作。

二、目标公司的选择

某种程度上来说，公司并购是并购方的一种战略性投资，而这种投资的成败就在于并购是否成功，而并购成功的关键在于目标企业的选择。因此，并购方想要获得并购后的协同效应，为公司带来利益，就必须走好这重要的第一步。那么应该如何选择恰当的目标公司呢？我们可以从以下三方面因素作简化考虑。

(一)并购双方在经营战略上具有互补性

经营战略是公司面对各种内外环境，为求得生存和长期发展而进行的总体性谋划。它是企业战略思想的集中体现，是公司经营范围的科学规定，同时又是制订各种具体计划的基础。更具体地说，经营战略是在符合和保证实现公司使命的条件下，在充分利用环境中存在的各种机会和创造新机会的基础上，确定企业同环境的关系，规定公司从事的事业范围、成长方向和竞争对策，合理地调整公司结构和分配公司的全部资源。但是任何的经营战略本身又不是完美的，都会存在一定的局限性，或多或少会受到公司内部环境和外部环境的限制。如果公司想进一步提升自身经营战略的实行效率，为公司创造更大的效益，并购一家与自身经营战略互补的公司是一种行之有效的方法。

1998 年 5 月发生的戴姆勒-奔驰与克莱斯勒合并案，之所以获得成功，有一个重要条件就是并购双方在经营战略上具有互补性。其一，双方在生产和销售领域能形成有效的互补。在市场份额上，克莱斯勒销售额的 93%集中在北美，其他地区只有 7%；戴姆勒-奔驰公司在北美市场的销售额占其总销售额的 21%，大部分局限于欧洲市场，与克莱斯勒的合并能满足公司发展北美市场的需要。其二，在产品线方面，双方产品的互补性也很强。克莱斯勒的强项是中低档小型汽车、越野吉普和微型厢式汽车，而戴姆勒-奔驰的强势产品则是享誉全球的奔驰豪华小汽车。总之，双方合并，可以在采购、营销、技术合作及零部件互换方面开展协作，实现降低营销成本、提高技术研究与开发、发展生产、促进销售，从而扩大全球市场份额、提高全球竞争力。

(二)并购双方在整合过程中的可融性

并购双方在完成并购后的整合过程中的可融性也是并购成功与否的关键因素之一,因而也是并购公司选择目标公司的重要考虑因素之一。具体而言,并购方应该着重考虑与目标公司企业文化、组织结构、财务管理、营销管理、人力资源管理和具体业务等方面的融合性。如果以上各因素差异太大,就会加大并购之后整合的难度,那么并购失败的可能性就越大。比如目标公司中的原有员工不适应并购公司的企业文化,引发一定的文化冲突,进而导致了并购后公司的整体管理运行效率低下,或者导致人才的流失等问题,这些都会严重影响并购的效果,也是并购是否成功的关键要素。

例如,我国 TCL 兼并法国汤姆逊以后,盈利下降、市值缩水。同时与阿尔卡特共同成立的 T&A 也遭遇困境,2007 年 TCL 宣布其欧洲彩电业务破产,宣告 TCL 收购的失败。其失败当然是由很多方面的原因造成的,但从并购双方的可融性角度来看,文化整合上的失败便是其中一个重要因素。由于双方的思维相差较大,海外收购的合资公司成立后很长一段时期,双方仍存在沟通协调的障碍,运作不够顺畅。TCL 仍然按照在国内的惯例行事,导致法国方面的原有员工不配合 TCL 的管理指令,显得非常混乱。一部分法国方面的原有员工离职,剩余员工的不配合导致 TCL 对合资公司基本失控,生产无法转移到成本低廉的中国大陆生产,TCL 也对生产成本和销售运营成本失去控制,高昂的人力成本和管理、生产和营销方面的冲突,为 TCL 带来了沉重的负担,最终走向失败。

因此,在选择目标公司时,要对目标公司进行充分的尽职调查,全面、真实掌握目标公司的情况,分析其在文化、管理、人事、财务等方面与自身的可融性,尤其是双方公司文化的整合。

(三)目标公司的发展潜力

从并购的根本目的出发,并购方之所以选择某个公司作为并购目标,最终都是为了从并购行为中获得利益。在某种程度上而言,并购就是一种资本投资,而目标公司就是相对应的投资对象。目标公司的发展潜力越大,并购方获利的可能性就越大;发展潜力越小,并购方获利的可能性就越小,甚至是亏损。 因此,目标公司的发展潜力也是并购方选择目标公司的重要影响因素。目标公司价值受到多种因素的影响,主要包括所处行业、公司盈利能力、公司内部和外部环境等。如果目标公司处于一个夕阳产业中,那么其成长的空间就不大,发展潜力小,不适合成为并购方的选择对象;如果公司的盈利能力差,并购之后不仅会降低公司整体的盈利水平,而且会消耗公司大量的管理资源以改善目标公司的盈利水平,若不能产生较好的协同效应,则并购失败的可能性会大大提升。

在现实中,并购方不注重目标公司发展潜力的案例很多,最终导致并购的失败。这些并购方往往看到的是较低的并购价格,却忽略了并购对象的价值,导致并购后整合成本的增加,并购风险的增大。例如,TCL 于 2002 年收购的德国电视机制造商施耐德电子公司,当时已经宣布破产；2003 年并购的阿尔卡特手机部门，2001 年至 2003 年净亏损分别为 4 亿欧元、1972 万欧元和 7440 万欧元；2004 年与 TCL 合并彩电及 DVD 业务的法国汤姆逊公司，2003 年在彩电业务中就亏损了 1 亿欧元。很明显，在选择并购对象时，TCL 没有选取有发展前景而且有实实在在造血能力的企业，又加上市场巨变，使 TCL 没有时间赚取足够的利润来弥补并购的巨额成本。到 2006 年上半年，欧洲平板电视销售额已占彩电市场总销售额的 79%。面对剧变，TCL 在欧洲市场却无法迅速调整其产品结构，2006 年上半年便亏损 7.63 亿元人民币。TCL 是中国企业走向国际舞台的代表，并购知名跨国公司的亏损业务，希望通过对方的品牌、技术、渠道实现国际化的大步跨越，但其所并购的跨国公司的业务和品牌，都是跨国公司的"非核心业务"，或者是已经没有任何竞争力的业务。重整破产企业需要花费大量的资源，这使得并购价值大大缩水，最终还可能会导致并购失败。

选择一个合适的目标企业不能仅仅只从以上三个方面来考虑，此外还要考虑目标公司所处的政治、法律、经济、科技等环境因素，才能更好地选择出合适的目标企业。

三、目标公司的尽职调查

并购方在初步选定目标公司之后，需要对目标公司做进一步的具体了解，为并购方最终是否签订并购协议提供参考，这一过程便是尽职调查。

(一)尽职调查的基本概念

尽职调查(due diligence)通常是指在并购过程中，并购方对目标公司进行十分谨慎的调查和审计，以发现并购过程中存在的各种风险，并对其各种风险进行评估。其中，调查的主要内容包括：①目标公司财务的审查；②目标公司经营管理活动的审查；③目标公司合法性的审查；④并购交易过程的审查。

在实际工作中，尽职调查是在一定的时间和费用的限制条件下来完成的，只能在一定的范围内，对各种风险做一个合理的尽职调查，不可能做一个绝对的尽职调查。如果并购方想对目标公司各种可能存在的风险了解的更清楚，更大程度上地降低并购风险，那么并购方就得相应地投入更多人力、物力和时间。总之，一方面，尽职调查要做，但要把握详尽程度；另一方面，若在并购后发现了之前没有发现的风险，也不能说尽职调查做的不完善。

(二)尽职调查的具体内容

根据不同的调查对象，尽职调查的侧重点会有所不同，并购方的投入程度会有所差别。但是，对于一项并购活动来说，一般并购方会成立尽职调查小组，并拟定出一份调查文件清单。在清单中应该包括影响目标公司财务、经营管理、法律及并购交易状况的重要因素，其具体内容需结合并购方的审查侧重点和目标公司的实际情况来列出，此清单的具体内容便是尽职调查的主要对象。这里，我们还是从尽职调查概念提到的四项内容来进行说明。

1. 目标公司财务的审查

审查目标公司的财务情况是尽职调查中最重要的内容，其主要目的就是为了了解目标公司目前的经营业绩、盈利能力、偿债能力；了解过去的一段时间里发生的或者计划的各种股权，或者重大资产交易的相关情况，看看是否存在潜在的风险；了解目标公司有关其未来发展战略的财务文件，估计那些已规划的投资项目对目标公司的资金、债务和控制权可能造成的影响；查看分析近年来目标公司的审计报告，以便发现更多的潜在并购风险。

具体而言，审查的主要对象就是目标公司的财务报告，其核心内容就是资产负债表、利润表和现金流量表。然后，根据各表数据，运用多种财务指标，计算出目标公司的相关能力指数，从而可以更加准确地判断潜在的并购风险水平。

资产负债表反映的是目标公司某一个时点的全部资产构成情况，即目标公司负债和所有者权益的具体构成比例。在此表中，我们应该关注的主要财务比率通常包括流动比率、负债比率和营运资金净值。其中，流动比率是流动资产与流动负债的比值，反映的是目标企业短期偿债能力；负债比率是负债总额与资产总额的比值，反映的是目标公司所承担的财务风险的大小；营运资金净值是流动资产与流动负债的差额，反映的是目标公司可利用的资金水平。这一系列的财务指标，在某种程度上说明了目标企业目前的经营状况和可能面对的风险。

利润表反映的是目标公司在一定时期内的各种损益情况，主要显示目标公司当期的各种收入、各种费用和利润状况。从该表中，我们能清楚地看到目标公司的经营成果是亏损还是盈利。

结合资产负债表和利润表的数据来看，我们可以得到一些能更加具体地反映目标公司的经营情况的财务指标，具体包括资产周转率、负债利用率、资产收益率和偿付利息能力比率。其中，资产周转率是销售收入与资产平均余额的比值，其反映了目标公司使用资产的效率，即一元的资产可以产生多少销售收入；负债利用率是负债总额与销售收入总额的比值，反映的是目标公司利用负债产生效益的能力；资产收益率是息税前利润与总资产的比值，反映的是每一单位的资产所赚的息税前利润的数额，能够更准确地反映目标公司的盈利能力；偿付利息能力比率是息税前利润与利息费用的比值，反映的是目标公司负担利息的能力。

现金流量表是反映目标公司在一段时期内其经营活动和财务活动所产生的现金流入和现金流出的具体情况，比较准确地了解目标公司能够即时得到现金的实际情况，有助于并购方更合理地安排并购支付方式，降低并购风险。

由此看来，结合三表的数据，能够更准确地了解目标公司的经营、财务状况，有助于把握好其可能存在的风险。

在审查的过程中，我们还需特别注意相关情况，例如，目标公司管理层对其现状及其前景描述与公司财务报表中的数据有很大差距；目标公司报告的业绩成果与其计划收益非常一致；财务报表中的数据有异常的变化；公司存在着大量不符合正常商务程序的关联交易；在第三方会计师事务所提供的审计报告中，注册会计师是否持有保留意见或否定意见等。发现以上情况，并购方应做进一步的调查，以防掉入可能存在的并购陷阱。

2．目标公司经营管理的审查

要对目标公司有更加全面的了解，进一步降低并购风险，除了对目标公司财务方面的审查外，还需审查目标公司经营管理过程中无法用数据说明的部分，如企业文化、管理团队的管理能力和开展业务能力等。它能够反映出财务报告中所反映不出来的价值，同样影响着并购方的最终并购决策。

进行经营管理审查的主要目的是为了让并购方更深入地了解目标公司的经营理念、企业文化、业务能力等对公司业绩和价值的影响，把握并购之后的可能存在的风险。具体而言，审查的内容主要包括对公司管理层和相关人员进行访谈和问卷调查，以便更好地了解企业的实际运行状况。相关资料显示，公司的中层管理人员对公司的核心业务最为熟悉，也愿意揭露公司的不规范行为，而通过对高层管理层的访谈，则可以更好地把握公司的核心理念。审查的内容还包括目标公司的品牌、专利技术等相关知识产权、业务能力、相关设备情况和员工的整体素质等。对于这些资源的评估，并购方可聘请第三方专业机构来进行评估，如对目标公司的品牌价值和相关知识产权价值进行评估；有时还可聘请专业的调查公司对目标公司的管理层进行背景调查。

3．目标公司合法性的审查

在并购过程中，并购公司对目标公司进行合法性审查也是至关重要的。一般来说，合法性审查的主要目的包括两方面，一是确保收购的目标公司没有或者基本上没有相关的法律纠纷，其中基本上没有是指并购方不会因为目标公司可能存在的法律纠纷而遭受重大的财务损失和其他方面的损失。二是整个并购过程符合相关的法律、法规。具体而言，除了需要审查目标公司的章程和各种合同契约等法律性文件外，还需要检查目标公司及其子公司是否涉及重大诉讼或者相关的司法程序，公司的董事会或者高管是否涉及重大诉讼或者相关的司法程序，并且判断这类重大诉讼或者相关的司法程序可能给并购方造成的损失，这就是并购方在并购过程中需面对的合法性风险，而合法性审查正是让并购方更全面地了解其所带来的并购风险而进行的必不可少的一个重要环节。

4．并购交易过程的审查

这部分审查主要包括两部分内容：第一，审查并购交易是否触犯了相关法规，保障交易的合法性，具体包括有关证券的法律法规、税收方面的法律法规、反垄断方面的法律法规以及知识产权法、环境保护等方面的法律法规。第二，审查并购协议，主要目的是保障并购双方的合理利益，看并购协议中是否有并购方无法承担的风险。

四、目标公司的估价

所谓目标公司的估价，实质上就是对目标公司进行综合分析，以确定目标公司的价值，这也是整个并购过程中关键的一个环节，会直接影响到并购双方的交易价格。但是，目标企业的估价也不能盲目地进行，估价的最终结果是建立在一定的基础之上，如目标公司的经营管理、财务数据、公司业绩、市场地位和行业前景等，并采用一定的方法才能得到。

关于对目标公司的估价方法，目前已经有很多学者给出了各种不同的价值估算模型。其中，普遍被大家所接受的方法主要有三类，即收益法、市场法和资产法。

(一)收益法

收益法是根据目标公司收益而进行评估的一种方法，主要包括现金流贴现法、股利法和市盈率法等。其中，国际上评估目标公司价值最通用、最成熟的方法是现金流贴现法。下面以现金流贴现法为例，说明收益法的思路和步骤。

根据现金流贴现法，目标公司的价值取决于其未来可得到的现金净流量，为了能准确地判断该目标公司未来所产生的现金净流量的现值是多少，以便与并购方所支付的收购额或投资额相比较，需要确定一个合适的折现率来计算目标公司未来所产生的现金净流量的现值。这里需要引入一个净现值的概念，所谓净现值通常是指目标公司未来所产生的净现金流的现值与并购方所支付的收购额或者投资额之间的差额。如果净现值大于零，那么并购方的收购是有利可图的，反之则不利。因此，这可以作为是否并购的参考依据。但我们在运用现金流贴现法的时候，需要注意三个关键的因素：一是对目标公司未来所产生的现金净流量的预测；二是对目标公司期末终值的预测；三是折现率的选择。

现金流贴现法一般分为以下几个步骤。

(1) 选定预测期间。根据公司持续经营原则，预测期一般是一个较长的时间段。根据现有经验，一般为 5 到 10 年，且 5 年最为常见。

(2) 估计目标公司在收购前原管理模式下的未来各年的现金净流量。

(3) 估计目标公司期末终值水平。

(4) 选择合适的折现率，通常为全部资本的加权平均资本成本或者股权资本成本。

(5) 通过对目标公司未来产生的现金净流量进行折现，以确定目标公司的折现值。

(6) 比较并购方最初的投资额与目标公司的折现值。

现金流贴现法的基本模型为

$$P = \sum_{t=1}^{n} \frac{\mathrm{CF}_t}{(1+r)^t} \tag{8.1}$$

式中：

P——公司的评估价值；

n——资产(公司)的寿命；

CF_t——资产(公司)在 t 时刻产生的现金流；

r——反映预期现金流的折现率。

现金流量贴现法作为评估公司价值的科学方法更适合并购评估的特点，很好地体现了公司价值。但尽管如此，贴现现金流量仍存在一些不足：首先从折现率的角度看，这种方法不能反映企业灵活性所带来的收益，这个缺陷也决定了它不能适用于企业的战略领域。其次这种方法没有考虑公司项目之间的相互依赖性，也没有考虑到公司投资项目之间的时间依赖性。第三，使用这种方法，结果的正确性完全取决于所使用的假设条件的正确性，在应用时不可脱离实际。而且如果遇到公司未来现金流量很不稳定、亏损公司等情况，现金流量贴现法就无能为力了。

(二)市场法

市场法是利用产权市场上与目标公司相同或相似公司的交易及市场成交价作为参照，通过目标公司与参照企业之间的对比分析，进行必要的差异调整，修正市场交易价格，从而确定目标公司整体价值的方法。市场法应用的主要困难是可比公司的选择，在现实中，很难找到完全相同的公司，而看起来相似的公司可比性也不是那么好。其中，还隐含着一个前提条件，即计算可比公司的市盈率、市净值率等评价指标要求具备活跃、成熟、规范的证券交易市场条件。下面以公司可比法为例，简要说明一下市场法的具体应用。

(1) 选择比较公司。选择比较公司最基本的原则就是在公司营运上和财务上要与目标公司具有一定的相似度。如果在现实中难以找到具有以上两方面相似特征的可比较的公司，也可以选择一些一部分在营运上相似的和一部分在财务上相似的公司。

(2) 选择相关乘数并计算。这里所说的相关乘数就是指公司价值与公司业绩之间的比值。具体而言可分为股权乘数和总资本乘数，其中，股权乘数是比较公司的普通股每股股价乘以发行在外的普通股股数之后与可比公司的息税前利润的比值；总资本乘数是可比公司的股票市场价值和债务相加后与可比公司的息税前利润的比值。由于总资本乘数把债务资本对目标公司价值的影响考虑在内，所以通常在运用可比公司法时都采用总资本乘数来进行相关计算。

(3) 根据上一步骤所得到的多个可比公司的乘数来计算目标公司的价值。

(4) 对目标公司的各个已计算的价值进行加权平均。分析人员根据自身的经验和一定的客观依据，对于所计算出来的多种目标公司价值赋予不同的权重，然后进行加权平均，得到最终的目标公司的价值数据。

根据表 8-1 中所列数据，对目标公司进行估价。

由表 8-1 可知，我们用总资本乘数作为所选乘数，可计算出与目标公司相似的两个公司的总资本乘数，其中公司乙的总资本乘数为 $6 = [(10 \times 8 + 40) \div 20]$，公司丙的总资本乘数为 $6.3 = [(14 \times 10 + 50) \div 30]$。

表 8-1　经营特征和财务特征相似公司的部分财务资料

项　目	目标公司甲	公司乙	公司丙
息税前利润	25 万元	20 万元	30 万元
债务	30 万元	40 万元	50 万元
发行在外的普通股股数	10 万股	8 万股	10 万股
每股价格	16 元/股	10 元/股	14 元/股

从而，根据以上两个相似公司的总资本乘数，可分别算出目标公司甲的两种公司价值，分别为1140(即(16×10＋30)×6)万元和1197(即(16×10＋30)×6.3)万元。

根据实际情况，分析人员对各相似公司所做出的估值赋予一定的权重，如若可比公司乙的权重为 2，可比公司丙的权重为 1，那么目标公司价值的加权平均价值为 1 159＝(即 1 140×2＋1 197×1÷(2＋1))万元。最终目标公司甲的全部所有者权益价值为 1 129(即 1 159－30)万元。

(三)资产法

资产法是以目标公司所有资产为基础来估算目标公司价值的方法，该方法的主要步骤是先对各项资产进行公允价值的计算并加总，然后在减去各类负债的公允价值，最后得出净资产的公允价值，以此来评价目标公司的整体价值。其中，国际上常用的评估标准有账面价值、市场价值和清算价值。

账面价值是指会计报表中所记载的公司资产价值，其并没有考虑到市场的波动以及未来收益预期，一般适用于资产价格波动不大的情况；而市场价值是依据市场供需情况而确定的公司资产价值，它弥补了账面价值计算的不足，更加接近于目标公司的真实价值。根据所处行业不同，账面价值和市场价值确定的公司价值往往会有很大的差别，特别是从事信息、通信、计算机、能源和生物等高新技术行业的公司。例如，2013 年 8 月 15 日，东方财富网的每股净资产为 2.49 元，而每股股价为 15.40 元；同日中信银行的每股净资产为 4.44 元，而每股股价为 3.61 元。

清算价值是因目标公司出现财务危机而导致其破产或清算时资产的出售变现价值。在公司清算时，由于公司作为一个整体已经丧失了增值能力，所以清算价值一般是该目标公司的价值底线，是公司在最坏情况下的最小价值。因此，更进一步地说，清算价值是被并购方在并购过程中作为底价来参考的。

(四)其他估价方法

1. 托宾 Q 值方法

简单来讲，托宾 Q 值法是一种比率法，托宾 Q 值就是目标公司市场价值与其资产重置成本的比值，即托宾 Q 值＝目标公司市场价值÷目标公司重置成本。该比率通常可以用来反映那些被低估的目标公司,即当目标公司的托宾 Q 值小于 1 时,那么该目标公司的价值很有可能被低估了,如果不考虑其他并购风险,对其收购是有利的。然而,计算托宾 Q 值也是比较困难的,因为估计目标公司市场价值本身也是不容易的。一般而言,目标公司的市场价值就是指该公司所有资产的市场价值,对于某些资产是比较容易计算的(如股票),但是有些资产却是难以把握和估计的(如公司债务),因为公司债务往往是不易交易,流通性远远不如股票,其市场价值难以确定。

2. 资本资产定价模型

资本资产定价模型是在投资组合理论和资本市场理论基础上形成发展起来的,主要研究证券市场中资产的预期收益率与风险资产之间的关系,以及均衡价格是如何形成的。我们用资本资产模型来评估目标公司的价值,实际上就是用资本资产定价模型计算目标公司的理论价值。如果计算出的目标公司价值高于并购方的出价,那么并购方可考虑是否收购该目标公司;如果计算出来的目标公司价值小于并购方的出价,那么并购方可考虑是否放弃收购该目标公司。

五、并购公司的支付方式

在并购交易过程中,并购方需考虑用什么方式来完成整个并购交易,因为不同的并购支付方式会产生不同的影响。在现实中,并购方支付并购款项的方式一般有三种,即现金支付、股票支付和混合证券支付。

(一)现金支付

所谓现金支付是指收购公司支付一定数量的现金,以取得目标公司的所有权的一种支付方式。一般而言,凡不涉及发行新股票的收购都可以视为现金支付收购,即使是并购公司通过直接发行某种形式的票据而完成的收购,也是现金支付收购。在这种情况下,目标公司的股东可以取得某种形式的票据,但其中不含股东权益,只是某种形式的、推迟了的现金支付。一旦目标公司的股东收到对其拥有股份的现金支付,就失去了对原公司的任何权益,这是现金收购方式的一个鲜明特点。

现金支付是公司并购活动中最清楚而又迅速的一种支付方式,在各种支付方式中占有很高的比例。其本身具有非常鲜明的优缺点,其优点主要包括:①估价简单明了;②从收购方角度看,以现金作为支付工具的最大优势是速度快,可使有敌意情绪的目标公司措手不及,无法获得充分的时间实施反并购措施,同时也使与收购公司竞购的公司或潜在对手公司因一时难以筹措大量现金而无法与之抗衡,有利于收购交易尽快完成;③对于目标公司而言,现金收购可以将其虚拟资本在短时间内转化为现金,目标公司不必承担证券风险,日后也不会受到并购公司发展前景、利息率以及通货膨胀率变化的影响,交割简单明了,所以常常是目标公司最乐意接受的一种收购支付方式。

现金支付的具体缺点主要包括：①对于并购方而言，以现金收购目标公司，现有的股东权益虽不会因此而被稀释，但却是一项沉重的即时现金负担；②对于目标公司的股东而言，现金收购方式使他们无法推迟资本利得的确认，从而提早了纳税时间，不能享受税收上的优惠。

并购方在采取现金支付方式时，根据实际情况，需要考虑以下相关问题：①并购公司的现金短期流动性和中长期流动性。如果没有足够的即时付现能力和长期足够的、可持续的流动资金，该并购支付方式可能会给并购方造成财务危机。②目标公司所在地的所得税法。例如，伦敦的资本收益税税率高达 30%，而荷兰的荷属安地列斯群岛就不会有课征资本收益税的问题。因此，目标公司所在地的资本收益税的水平也是影响并购方是否现金支付的重要环节。

(二)股票支付

股票支付是指并购方不以现金为媒介，而是以发行自己公司新的股票替换目标公司的股票来完成收购的一种支付方式。通常在行业低迷的时候采用股票支付的方式收购公司较好。

与现金支付方式相比较，股票支付有自身的特点，主要包括：①并购方不需要支付大量现金，因而不会影响并购公司的现金状况；②收购完成后，目标公司的股东不会因此失去他们的所有者权益，只是这种所有者权益从目标公司转移到了并购公司，使他们成为并购后的公司的新股东，但并购方的股东在经营控制权上仍占主导地位；③目标企业股东不需要立刻确认因换股所形成的资本收益，直到他们出售股票时才确认并缴纳资本利得税，即获得了延期纳税的好处。

同时股票支付也存在一些明显的缺点，主要包括：①耗时耗力，手续烦琐。例如，在美国，并购方为并购而发行普通股股票需受证券交易委员会监督，完成整个发行过程的法律手续至少需 2 个月以上。②收购成本不易把握。因为股市总是处于波动之中，无法准确确认收购成本，也就无从确认收购的收益了。③收购的风险较大。普通股收购常常会吸引风险套利者，他们的大量卖出可能使并购方的股价大幅滑落。

在并购时，并购方在决定是否采用股票支付方式时，结合实际情况，需考虑以下因素：①并购公司的股权结构。由于股票支付方式会稀释并购公司中原有股东的股权比例，所以并购方应事先确定其主要的大股东能承受多大程度的股权稀释。②每股收益率的变化。一般增发新股会对每股收益产生不利的影响。③财务杠杆比例。发行新股可能会影响并购公司的资本结构，并购方需考虑是否能接受新的财务杠杆比。

(三)综合证券支付

综合证券支付是指在并购交易过程中，并购公司收购目标公司的支付方式不仅仅有现金、股票，而且还有认股权证、可转换债券和公司债券等多种混合形式。

并购公司在并购目标公司时采用综合证券支付方式将多种支付工具组合在一起，就可取长补短，从而满足并购双方的需要，这既可以少付现金，避免本公司的财务状况恶化，又可以防止控股权的转移。采用综合证券收购尽管会使并购交易变得烦琐，但它也增加了风险套利的难度，正因为如此，在各种出资方式中，综合证券支付呈逐年递增的趋势。当然，这种支付方式的风险也是显而易见的，如果搭配不当，也能适得其反。综合证券支付除了之前介绍的现金支付和股票支付外，还包括其他支付方式。

(1) 公司债券。与普通股相比，公司债券通常是一种更便宜的资金来源，而且向持有者支付的利息一般是可免税的；但公司债券作为一种出资方式，一般要求在证券交易所或场外交易市场上流通。

(2) 认股权证。认股权证是一种由上市公司发出的证明文件，赋予持有者的一种权利，即持有人有权在有效期内用指定的价格认购由该公司发行的一定数量的新股。对于并购公司而言，发行认股权证可以延期支付股利，从而为公司提供额外的股本。对于投资者而言，认股权证本身并不是股票，其持有人不能被视为公司股东，不能享受正常的股东权益。但投资者之所以乐意购买认股权证，是因为投资者认为该公司发展前景看好，且大多数认股权证比股票便宜，认购款可以延期支付，投资者只需出较少的款额就可以转卖认股权证而获利。

(3) 可转换债券。可转换债券向其持有者提供一种选择权，在某一给定时间内，可以某一特定价格将债券换为股票。对并购公司而言，采用这种支付方式不仅使公司能以比普通债券更低的利率和较宽松的契约条件出售债券，而且提供了一种能以比现价更高的价格出售股票的方式。对于目标公司股东而言，可转换债券兼顾了债券的安全性与股票的增值性，在股票价格较低时期，可以将它的转换期延迟到预期股票价格上升时期。

(4) 优先股。并购公司还可以发行无表决权的优先股来支付价款。优先股虽在股利方面享有优先权，但不会影响原股东对公司的控制权。

专栏 8-3：欧莱雅 65.38 亿港元收购美即

2013 年 8 月 16 日，全球最大的化妆品公司欧莱雅集团与美即控股国际有限公司发布联合公告，欧莱雅拟以每股 6.3 港元的价格全面收购美即，收购总额约 65.38 亿港元。

持有美即 62.3%股权的六位主要股东已经承诺将支持欧莱雅的提案，该交易需获得中国商务部的批准。该收购报价相当于在美即此前最新收盘价基础上溢价 25%。此前，美即股票已经在 8 月 12 日暂停交易。

对于为何收购美即，欧莱雅表示：美即专注生产化妆品面膜，其 2012 年的营业额约为 1.5 亿欧元。面膜是中国美容化妆品市场增长最快的领域之一，具有广阔的发展前景。美即旗下的 MG 美即是中国该品类的一个领导品牌。该收购交易的资金将来自欧莱雅的内部资源，以及法国巴黎银行的 6.5 亿欧元信用贷款。交易完成后，美即股票将从香港证交所退市。根据 AC 尼尔森的报告，2012 年美即品牌在中国面膜市场的份额为 26.4%，位于面膜行业第一的位置。

看上去发展如日中天的美即，为何"委身他人"？可能有三点原因，首先，面膜市场的竞争对手越来越多，这对以面膜为主打的美即来说形成了正面冲击，利润、增速都受到影响；其次，美即的销售渠道以屈臣氏、卖场超市等为主，随着渠道费用的增加，美即的毛利也随之降低；还有经过多年的打拼，创始人佘雨原本人也有功成身退的想法。

(资料来源：京华时报，2013-8-17)

第四节　杠杆收购和管理层收购

在并购交易过程中，存在两种比较特殊的并购形式，即杠杆收购和管理层收购，本小节将对该两种并购形式做简要介绍。

一、杠杆收购

(一)杠杆收购的概念和特征

杠杆收购(Leveraged Buy-out，LBO)是指并购公司利用债务筹资来收购目标公司的策略，在交易过程中，将并购方的现金开支降低到最小。本质上而言，杠杆收购就是以负债为主要手段来获取或控制目标公司的方法。

杠杆收购的主体一般是专业的金融投资公司。投资公司收购目标公司的目的是以合适的价钱买下公司，通过经营使公司增值，并通过财务杠杆增加投资收益。通常投资公司只出小部分的钱，资金大部分来自银行抵押借款、机构借款和发行垃圾债券(高利率、高风险债券)。杠杆收购以目标公司的资产和未来现金流量及收益作担保，以目标公司的现金流和收益还本付息。如果收购成功并取得预期效益，贷款者不能分享公司资产升值所带来的收益(除非有债转股协议)。在操作过程中可能要先安排过桥贷款(bridge loan)作为短期融资，然后通过举债完成收购。杠杆收购在国外往往是由被收购企业发行大量的垃圾债券，成立一个股权高度集中、财务结构高杠杆性的新公司；而在中国由于垃圾债券尚未兴起，收购方大都是通过用目标公司的股权作质押向银行借贷来完成收购的。

对于杠杆收购来说，其本身也有其独有的地方，主要包括以下几点：一是高杠杆的资本结构，其负债比例占并购所付资金中的绝大部分。一般具体而言，对公司具有最先求偿权的银行贷款约占收购资金的60%，垃圾债券约占收购资金的20%，并购方的权益资本仅约占收购资金的10%。二是并购方能拥有极高的净资产收益率。杠杆收购使得并购公司资本结构发生改变，债务比重大幅提升，进而发挥极高的财务杠杆效用，使得净资产收益率大幅提高。虽然随着公司每年债务偿还，会让公司的债务比重下降，减少财务杠杆效应，但是总体而言，杠杆收购下的净资产收益率还是比普通资本结构下的净资产收益率要高。三是税收优惠。在杠杆收购的融资中，由于债务资本所占比例很高，可以产生税盾效应。

(二)杠杆收购的融资

杠杆收购的融资往往是混合融资方式，主要包括银行信贷、抵押贷款、长期贷款、商业票据、高级债券、次级债券、可转换债券等多种融资方式。与多样性的融资方式相对应的参与融资机构也很广泛，通常包括商业银行、保险公司、投资基金和其他非银行金融机构等。

对于杠杆并购的融资而言，其本身具有不少的特点和优势：一是筹资公司只需要投入少量的资金便可以获得较大金额的银行贷款用于收购目标公司，即杠杆收购融资的财务杠杆比率非常高，十分适合资金不足又急于扩大生产规模的公司进行融资。二是以杠杆融资方式进行公司兼并、改组，有助于促进公司的优胜劣汰。并购是迅速淘汰经营不良、效益低下的公司的一种有效途径，同时效益好的公司通过并购其他企业能壮大自身的实力，进一步增强竞争能力。三是对于银行而言，由于有目标公司的资产和将来的收益能力做抵押，因而其贷款的安全性有较大的保障，银行乐意提供这种贷款。四是筹资公司利用杠杆收购融资有时还可以得到意外的收益，这种收益主要来源于目标公司的资产增值，因为在收购活动中，为使交易成功，目标公司资产的出售价格一般都低于资产的实际价值。

然而，并不是所有的公司都适合于杠杆并购，实施杠杆收购的并购公司一般应具备以下条件：①公司经营比较稳定，拥有持续稳定的现金流；②公司的经营管理水平比较高，主要是经营者的管理水平和能力，企业的综合管理水平；③公司具有比较明显的市场竞争优势，产品的市场占有率较高，能够抵御经济的周期波动；④并购前，公司财务状况比较良好，负债率较低，有比较充足的流动资金，在偿还收购负债期间，没有大的资产更新改造，其能够增强债权人的安全感；⑤并购公司拥有易于出售的非核心资产，其可以在必要的时候被出售，以此来偿还债务，从而增强对债权人的吸引力。

(三)杠杆收购的步骤

杠杆收购一般是按以下步骤进行。

第一阶段：杠杆收购的设计准备阶段，主要是由发起人制定收购方案，与目标公司进行谈判，进行并购的融资安排，必要时以自有资金参股目标企业，发起人通常就是并购方。

第二阶段：集资阶段。并购方筹集收购价 10%的资金，然后以目标公司的资产为抵押，向投资银行借入相当于整个收购价格的 50%～70%过渡性贷款，向投资者销售约占收购价20%～40%的债券。

第三阶段：监督公司的经营。由于实施杠杆收购后，并购方承受着巨大的债务压力，伴随着较高的财务风险，因此，常需要有一位管理经验丰富的经理人来监督公司经营，并在公司重组和经营方面给并购公司提供必要的指导。其中，指导重组的主要内容是出售一些不适当的资产和部门，指导经营的主要内容是迅速提高公司的净收益。

第四阶段：获取股权投资收益。杠杆收购的主要目的就是为了获得高额的投资收益，包括两条主要途径：一是公开招股上市，并购公司可以通过二级市场套现，从而获得高额回报；二是私下出售给其他的买家。

(四)杠杆收购的效益与风险

杠杆收购能够给并购双方带来很大的收益，但同时对并购方而言，也伴随着相关的并购风险。

关于杠杆收购的收益可以从两个角度来看：对目标公司的股东而言，他们可以从杠杆并购中得到明显的溢价收益，如莱恩和波尔森研究了 1980—1984 年间的 92 个杠杆收购的样本，目标公司股东所获得的平均溢价收益为 41%，这种收益水平还不算高，有的甚至高达 56%，这从某种程度上说明了收购方之所以愿意支付这么高的溢价来收购，是因为他们有信心在未来以更高的价格来出售目标公司；对于并购公司而言，美国学者迈克尔·詹森认为，由于杠杆收购的公司拥有高杠杆资本结构，高比例的管理者所有权和受到收购方的严格监督，于是其激励性的结构要优于收购前的公司，最终能拥有更优的业绩。

关于杠杆收购的风险，主要包括经营风险和利率风险两个方面。经营风险是指完成杠杆收购后公司无法赚取足够的收入去支付债务利息和本金，影响经营的一般因素包括经济的衰退、行业内部的竞争和产品市场的重大变化等；利率风险是指由于利率升高而导致公司偿债额度增加的风险。

专栏 8-4：中国首宗杠杆收购——PAG 收购好孩子

2006 年年底，一家在香港注册、专门从事控股型收购的私募基金——太平洋联合集团 (Pacific Alliance Group，PAG)以 1.225 亿美元购得好孩子集团(Goodbaby Group)67.6%股份的事宜终于交割。PAG 达到了一箭双雕的效果：一方面，它得到了中国最大的婴儿用品制造商；另一方面，成功完成中国大陆首宗杠杆收购(LBO)交易也让它名声大噪。

好孩子是中国第一宗遵循传统的杠杆收购方式完成的交易，即收购方以目标公司的资产为抵押，以负债形式筹措收购所需的大部分资金。此前一些交易的收购资金筹措环节与收购环节以及购后整合环节是分离的。

杠杆收购手段同样可以用于国企改革，好孩子集团对杠杆收购的尝试，对于管理层主导的国企，会有直接的启示。国有资产保值增值，实现全部或部分退出，管理层获得一定的股份，同时大牌投资人顺利进入，"一石三鸟"。国有企业的管理层将有可能通过杠杆收购的方式在银行的帮助下合法而正当地获得企业的部分股权，而类似 KKR 和黑石 (Blackstone)这样的金融收购公司(Buyout Firms)一定会在中国经济中扮演更加重要和醒目的角色，海外银行将有可能通过为境外收购方在境外提供杠杆支持而直接参与到中国企业的改制当中来。

什么样的企业适合杠杆收购？应具备以下几个条件：一是有稳定的、可预计的现金流(意味着通常是传统行业)，零售及制造行业或成为最受青睐的收购目标；二是有加大负债比例的空间(意味着现有的负债比例相对比较低)；三是有提高运营效率的空间(意味着目前的管理还存在改善的余地或者业务中有更多的协同效应可以榨取);四是行业中的知名企业(意味着有一定的规模、品牌和市场占有率)。

(资料来源:投资界网站)

二、管理层收购

(一)管理层收购的基本概念

管理层收购(Management Buy-Outs,MBO)是指公司的管理层利用借贷或股权交易收购该公司的一种行为。通过收购,公司的所有权、控制权、剩余索取权、资产及所有权结构发生变化,企业的经营者变成了企业的所有者。

2002年10月8日中国证券会发布的《上市公司收购管理办法》(2008年和2012年分别对部分条款进行了修改),虽没有对管理层收购进行定义,但是规定在聘请具有证券从业资格的独立财务顾问就被收购公司的财务状况进行分析的问题上,如果收购人为被收购公司的管理层或员工时,被收购公司的独立董事应当为公司聘请独立财务顾问等专业机构,分析被收购公司的财务状况,就收购要约条件是否公平合理、收购可能对公司产生的影响等事宜提出专业意见,并予以公告。这一规定表明了《上市公司收购管理办法》认可了管理层收购的存在,但是并没有就管理层收购所涉及的法律问题进行具体的规定。

由于管理层收购在激励内部人员积极性、降低代理成本、改善企业经营状况等方面起到了积极的作用,因而它成为20世纪70—80年代流行于欧美国家的一种公司收购方式。国际上对管理层收购目标公司设立的条件是:公司具有比较强且稳定的现金流生产能力,公司经营管理层在企业管理岗位上工作年限较长、经验丰富,企业债务比较低,企业具有较大的成本下降、提高经营利润的潜力空间和能力。

(二)管理层收购的特征和作用

管理层收购(MBO)是一种特殊的收购形式,也有学者把它隶属于杠杆收购,但它也有自身的一些特征,主要包括以下几点。

(1) MBO的主要投资者是目标公司的经理和管理人员,他们往往对目标公司非常了解,并有很强的经营管理能力。通过MBO,他们的身份由单一的经营者角色变为所有者与经营者合一的双重身份。

(2) MBO主要是通过借贷融资来完成的,因此,MBO的财务由优先债(先偿债务)、次级债(后偿债务)与股权三者构成。

(3) 管理层是公司全方位信息的拥有者,公司只有在具有良好的经济效益和经营潜力的情况下,才会成为管理层的收购目标,一旦收购后,目标公司潜在的管理效率被激发。

(4) MBO通常发生在拥有稳定的现金流量的成熟行业,因为成熟企业一般现金流量比较稳定,有利于收购顺利实施。

一般而言，管理层收购能起到以下几个作用。

(1) 公司管理层能通过 MBO 方式达到自身的目的，这些目的一般有：寻求大股东可能得到的利益；避免公司的控制权落入对现有管理层不利的收购人手中；并购后退市，消除上市公司信息披露的成本等。

(2) 一些多元化经营的集团公司在需要出售其业绩不佳或者不再需要的子公司时，会采用 MBO 形式。因为信息的不对称，该公司的管理层掌握了更多的有关公司价值的信息，他们有信心通过自身的有效管理和经营，获得更高的收益，因此是愿意收购的；而作为卖方的集团公司希望与剥离出的公司有一定的经济联系或者是作为一种经济负担处理掉，也是愿意卖给原公司的管理层的。

(3) MBO 只是特殊时期的一种过渡形态，最终公司管理还是会回归到更为规范的公司治理上来。

第五节　反收购防御措施

反收购行为是针对敌意收购而出现的，某种程度上来讲，敌意收购的存在是反收购存在的前提，在具体说明反收购防御措施之前，我们先了解有关敌意收购的相关概念。

一、敌意收购的概念

敌意收购(hostile takeover)，又称恶意收购，是指收购公司在未经目标公司董事会允许，不管对方是否同意的情况下，所进行的收购活动。

敌意收购的收购方一般会在不与对方管理层协商的情况下，在证券交易市场暗自吸纳对方股份，以突然袭击的方式发布要约。因为目标公司管理层会对此持不合作的态度，要么出具意见书建议股东拒绝收购要约，要么要求召开股东大会授权公司管理层采取反收购措施，因此敌意收购通常会使得收购方大幅度地增加收购成本。

通常，敌意收购者会高价购买被收购对象公司的股票，然后重组公司高层管理人员，改变公司经营方针，并解雇大量工人。由于被收购公司的股东可以高价将股票卖给收购者，他们往往同意"敌意收购者"的计划。而按照传统的公司法，经理必须并且仅仅对股东股票价值最大化负责，那么经理就有义务接受"敌意收购"。事实上，被收购公司的股东在 20 世纪 80 年代大都发了大财，因为收购者提供的价格一般都在原股票价格的 50%到一倍以上。

二、敌意收购双方在法律层面上的权利和义务

在敌意收购中，收购方、目标公司以及收购方和目标公司的股东、董事均参与其中，

他们虽然并非都是敌意收购的直接当事人，但是他们有各自的利益主张，都是敌意收购的利益关系人，而敌意收购的法律制度是以平衡各方关系人之间的利益为宗旨的，通过赋予处于弱势的当事人更多的权利，处于优势的当事人更多的义务，来对敌意收购这一经济行为予以法律规制。

(一)收购方及其权利和义务

敌意收购者一般都是经过对目标公司的经营状况、股票价格、股权结构、收购的成功概率作了大量的分析研究后，在股票市场上买入目标公司的股份，以达到控制该公司的目的。因此，在敌意收购中，收购者处于主动的优势地位，法律对其规定最主要的义务就是信息披露义务，以保障其他当事人的权益。在信息披露过程中，收购者应该对其收购的目的、收购要约内容及收购的股份递增过程等事实进行披露。

(二)目标公司及其权利和义务

由于目标公司与收购方是平等的民事主体，因此目标公司在敌意收购行为中有权获悉相关的信息；可以对其股东给出建议，表明对该收购的态度；可以对收购方的不合法行为提出抗辩，并且可以通过合法程序采取一定的反收购措施。对于目标公司来说，敌意收购的法律后果就是公司控制权的更换，这直接关系到目标公司股东的切身利益，因此目标公司的管理层在敌意收购中要对股东负有一系列义务，具体表现在：①目标公司董事会获悉收购人的收购意图后，有及时通知股东的义务。②禁止阻挠行为。当真正的要约已经向目标公司的董事会传送或目标公司董事会有理由相信即将收到真正的要约后，目标公司董事会不得在未经股东与股东大会予以批准的情况下，就公司事务采取任何行为，在效果上令要约受到阻挠或干扰股东根据要约的利弊作决定。③在出价结束或被宣布为无效以前，董事不得辞职。④董事们应当保留独立的财务顾问以向董事会提供咨询意见，说明出价是否公平合理，并将这种咨询意见通知股东。当收购要约结束后，目标公司董事会担有出具意见书的义务，此意见书应在公开收购股权期限届满前提出，披露方式与收购者的公告文书的披露方式相同。

三、反收购的概念和目的

反收购是指目标公司管理层为了防止公司控制权转移而采取的旨在预防或挫败收购者收购目标公司的行为。其中，反收购的主体是目标公司，反收购的核心在于防止公司控制权的转移。

反收购的根本目的是对抗收购者的收购行为，维护目标公司原有利益格局，防止收购者与目标公司的股东、管理者以及其他利益相关人的利益冲突发生，阻挠收购者收购目的的实现，将目标公司的控制权掌握在自己手中，防止对目标公司产生实质性的影响。

目标公司采取反收购的行为包括多种原因，主要有以下几点：

(1) 目标公司价值被低估。实证研究证实，市场并不一定是完全有效的，市场不一定能对目标公司做出正确、适当的评价。若目标公司有价值的信息未向外发布，市场可能低估目标公司的价值。基于此，为了获得这部分低估的价值，目标公司管理层依据理性原则，在不考虑其他因素的前提下，就会做出反收购的决策。

(2) 目标公司管理层维护自身的利益。实际上，公司被收购后，往往伴随着目标公司管理层的变更。因此，为了维护自身的优势利益，保证工作、荣誉、权利和收入，目标公司管理层也会做出反收购的行为。

(3) 避免短期行为。许多投机者利用收购行为，进行相应的投机炒作。收购目标公司后，通过各种方式将目标公司拆分后，再将目标公司出售给其他投资者，获取高额投资回报后退出。如此行为，将给目标公司的经营业务、企业文化、社会责任、公众形象和员工就业带来极坏的影响，为了减少这种行为带来的负面效应而反收购。

(4) 维护公司的独立性，保持公司战略的稳定性。在公司形成可行的独立战略过程中，公司和社会付出较大的成本和资源，而且在发展过程中，战略行为是连续性的，为了避免公司的战略中断甚至完全终止，获得公司的长久发展，就客观要求维持公司产权稳定性，防止恶意公司的收购行为。

(5) 维护公司相关利益关系体权益。目标公司的股东，目标公司的职员、供应商、债权人、战略合作伙伴等，都与公司有较大的关联，在一定程度上，相关利益关系体为维护其自身的权益不受影响，会促使目标公司管理层做出反收购的决策行为。

(6) 维护壳资源。在壳资源短缺的国家和地区，"壳"本身拥有较大的价值，为了维护壳资源，保证壳资源给控制者带来附加效益，壳资源的控制者们会采取各种措施，对抗恶意收购者。

(7) 其他原因，譬如政府的行为、收购公司的治理方式与目标公司发展不符、双方战略不符合等各种因素，都会促使管理层产生反收购动机，并进而实施相应的反收购行为。

四、反收购的防御性措施和主动性措施

(一)反收购的防御性措施

反收购的防御性措施的目的往往是为了增加收购方实施收购的难度，以打消其收购的意图，主要包括以下几点。

1. 股权结构安排

收购成功的关键在于有足够量的股权被收购，目标公司要想从根本上预防敌意收购，适当的股权安排是最佳的预防措施。参照反收购可能出现的结果，公司首先应该做到的是，建立合理的股权结构。最为有效和简单的方式是自我控股，就是公司的发起人或者大股东为了避免被收购，而在开始设置公司股权时就让自己拥有可以控制公司的足够的股权，或者通过增持股份增加持股比例来达到控股的目的。显然自我控股达到 51% 肯定不会出现恶意收购情况，理论上是低于 51% 就可能发生恶意收购。但实际上当股权分散后，一般持有 25% 的股权就可以控制公司，因此必须找到一个合适的点来决定控股程度，否则会出现控股比例过低无法起到反收购的效果，但也要注意控股比例过高造成套牢资金的问题。此外，交叉持股或相互持股也是反收购的一个重要策略，也就是关联公司或关系友好公司之间相互持有对方股权。

2. 毒丸计划

毒丸一般是指股东对公司股份或其他有价证券的购买权或卖出权。"毒丸计划"是公司分配给股东具有优先表决权、偿付权的有价证券，或者一种购买期权，当触发事件发生时，目标公司股东依该计划能够以较低价格购买公司的股票或债券，或以较高价格向收购人出售股份或债券。

毒丸计划可能产生以下可能性：①毒丸防御诱使收购要约人与目标公司管理层进行协商，从而确保公司卖出更高的价钱，如果没有毒丸防御，就不会卖出这种高价；②除表决权计划以外的其他毒丸计划可有效地阻止强迫性双重要约收购和部分要约收购；③减轻收购的威胁会通过引导管理者进行更多的专项投资，允许公司使用以业绩为基础的延迟补偿合同来激励管理者，最大化公司价值，但这种情况成立的前提条件是，保护股东免于强迫性要约的其他机制不能充分发挥作用、解雇费协议等安排不能满足公司要求。毒丸计划可能保护股东利益，所以采用毒丸计划将对股价产生正面影响。

3. 驱鲨剂条款

所谓驱鲨剂条款，是指在公司章程或附属章程中设计一些条款，目的是为公司控制权易手制造障碍，其主要作用在于增加公司控制权转移的难度。在公司法当中，公司章程的修订必须经股东大会做出决议，因此，在公司章程中加入驱鲨条款也必须由股东大会通过，而驱鲨条款是一把双刃剑，它虽然具有防御收购的功效，但同时也可能削弱董事会对收购的应变能力。驱鲨条款作为一种反收购策略有着各种类型，较为常用的驱鲨剂条款主要有：公平价格条款(fair price provision)、特别多数条款(super majority provision)、部分董事改选制条款(staggered board provision)等。

驱鲨剂条款曾引起学者的争议，有的学者认为，驱鲨剂条款可以提高收购溢价，增加股东的收益，是股东合作的产物，因此认为驱鲨剂条款是有益的，法律不宜限制。有的学者认为，驱鲨剂条款虽然可能提高公司的收购价格，但也增加了收购的风险，其结果是减少了收购的数量，使股东利益受损。

4. 降落伞计划

巨额补偿是降落伞计划的一个特点。作为一个补偿协议，降落伞计划规定在目标公司被收购的情况下，相关员工无论是主动还是被迫离开公司，都可以领到一笔巨额的安置费。

依据实施对象的不同，降落伞计划可具体分为金降落伞、灰降落伞和锡降落伞。

其中，金降落伞主要针对公司的高管，由目标公司董事会通过决议，公司董事及高层管理者与目标公司签订合同，规定当目标公司被并购接管，其董事及高层管理者被解职的时候，可一次性领到巨额的退休金(离职费)、股票选择权收入或额外津贴。金降落伞计划的收益视获得者的地位、资历和以往业绩的差异而有高低，该收益就像一把"降落伞"让高层管理者从高高的职位上安全下来，又因其收益丰厚如金，故名"金降落伞"计划。

(二)反收购的主动性措施

反收购的防御性措施只是一种被动的防守，如果要提高反收购的成功率，目标公司还需要采取更为主动的反收购措施，主要有以下几点。

1. 白衣骑士

白衣骑士(White Knight)措施是指在恶意并购发生时目标公司的友好人士或公司，作为第三方出面解救目标公司，驱逐恶意收购者，造成第三方与恶意收购者共同争购上市公司股权的局面。在这种情况下，收购者要么提高收购价格，要么放弃收购。在白衣骑士出现的情况下，目标公司不仅可以通过增加竞争者使买方提高购并价格，甚至可以"锁住期权"给予白衣骑士优惠的购买资产和股票的条件，这种反收购策略将带来收购竞争，有利于保护全体股东的利益。

2. 资本结构变化

目标公司还可以通过调整自身的资本结构来增强公司反收购能力，即通过增加债务、增发股票和股票回购来增强反收购能力。其中，增加债务可以增加目标公司的财务风险，进而增加并购方的收购风险，用增加债务来防止恶意并购，可以说是一种焦土策略；增发股票可以使得股权更加分散，使得收购的难度加大；股票回购是指目标公司或其董事、监事通过大规模买回本公司发行在外的股份来改变资本结构的防御方法。股份回购的基本形式有两种：一是目标公司将现金或公积金分配给股东以换回后者手中所持的股票；二是发售债券，用募得的款项来购回它自己的股票。股票一旦大量被公司购回，其结果必然是在外流通的股份数量减少，假设回购不影响公司的收益，那么剩余股票的每股收益率会上升，每股的市价也会随之增加。目标公司如果提出以比收购者价格更高的出价来收购其股票，那么收购者也不得不提高其收购价格，这样，收购计划就需要更多的资金来支持，从而导致其难度增加。

3. 收购"收购者"("帕克曼"防御)

"帕克曼"防御指当敌意收购者提出收购时，以攻为守，针锋相对地对收购者发动进攻，也向收购公司提出收购要约，或以出让本公司的部分利益，包括出让部分股权为条件，策动与目标公司关系密切的友邦公司出面收购公司，从而达到反收购的目的。

"帕克曼"防御可使实施此战术的目标公司处于进退自如的境地，既能使目标公司反过来收购袭击者，迫使袭击者返回保护自己的阵地，无力再向目标公司挑战；又可因本公司拥有部分收购公司的股权，即使最终被收购，也能分享到部分收购公司的利益。此战术尽管有这些优点，但其风险较大，目标公司本身需有较强的资金实力和外部融资能力，同时，收购公司也须具备被收购的条件，否则"帕克曼"防御将无法实施。

4. 法律诉讼

通过发现收购方在收购过程中存在的法律缺陷，提出司法诉讼，是反收购战的常用方式。目标公司提起诉讼的理由主要有三条：第一，反垄断。部分收购可能使收购方获得某一行业的垄断或接近垄断地位，目标公司可以此作为诉讼理由。反垄断法在市场经济国家占有非常重要的地位，如果敌意收购者对目标企业的收购会造成某一行业经营的高度集中，就很容易触犯反垄断法。因此，目标企业可以根据相关的反垄断法律进行周密调查，掌握收购的违法事实并获取相关证据，即可挫败敌意收购者。第二，信息披露不充分。目前各国的证券交易法规都有关于上市公司收购的强行性规定，这些强行性规定对证券交易及公司收购的程度、强制性义务做出了详细的规定，比如持股量、强制信息披露与报告、强制收购要约等，敌意并购者一旦违反强行性规定，就可能导致收购失败。第三，犯罪行为，例如欺诈。但除非有十分确凿的证据，否则目标公司难以以此为由提起诉讼。通过采取诉讼，迫使收购方提高收购价或延缓收购时间，以便另寻白衣骑士以及在心理上重振管理层的士气等。

第六节　破产与清算

一、基本概念

(一)破产的含义

一般而言，破产是指当债务人的全部资产不能清偿到期债务时，通过一定的法律程序，由法院强制将债务人全部财产公平地清偿给全体债权人，或者在法院的监督下，由债权人与债务人达成和解协议，整顿公司，清偿债务，避免其倒闭清算的法律制度。实质上，破产是一种法律手段和法律程序，通过这种手段和程序，概括性地解决债务人和众多债权人之间的债权、债务关系，同时意味着公司主体在法律意义上的消亡。

公司破产具备如下法律特征：①破产以法定事实的存在为前提，一般为公司作为债务人不能清偿到期债务。②债权人公平受偿。公平受偿是指将债务人的财产按照一定的程序和比例公平合理地分配给各债权人。③按诉讼程序处理。有关当事人的活动均应在法院的主持和监督下按照法定的程序进行。

我国的破产法采用的是概括式的立法方法，以不能清偿到期债务为破产界限。如我国

《企业破产法》中第三条规定："企业因经营不善造成严重亏损，不能清偿到期债务的，按照本法规定宣告破产。"具体而言，一般公司破产主要有以下两个原因，一是公司经营管理不善造成严重亏损；二是公司不能清偿到期债务，其中"不能清偿的到期债务"在司法中主要是指：①债务的清偿期限已经届满。②债权人要求清偿已判决生效和裁决确认的债务。③债务人明显缺乏清偿能力，不能以财产或信用等任何方式清偿债务。

在以上情况存在的情况下，债务人停止支付到期债务并成连续状态，则可推定为债务人不能清偿到期债务。

(二)破产清算的含义

破产清算是指宣告股份有限公司破产以后，由清算小组接管公司，对破产财产进行清理、评估和处理、分配。清算小组由人民法院依据有关法律的规定，由股东、有关机关及有关专业人士组成。其中，有关机关一般包括国有资产管理部门、政府主管部门、证券管理部门等。专业人员一般包括会计师、律师、评估师等。

二、公司破产的程序和内容

我国《公司法》未对公司破产做出具体规定，公司破产须执行有关破产法的规定。破产法是调整基于破产事件而发生的债权、债务关系的法律规范的总称。具体而言，破产法是调整债务人不能清偿债务时，对其宣告破产，并强制执行其全部财产，使各债权人得到公平受偿，或者与债权人达成和解协议进行整顿过程中所发生的各种关系的法律规范。一般来说，公司破产的处理程序包括以下几个方面。

(一)破产申请的提出与受理

破产申请的提出，是当事人请求法院宣告债务人破产所做的意思表示。根据法律规定，有权提出破产申请的当事人是指债权人和债务人。破产申请人提出申请，应向法院提交有关证据或资料，在法院接到破产申请后，应立即进行审查，其审查包括两方面的内容：一是审查一般破产要件，即债务人有无破产能力，申请人有无诉讼能力、申请权以及法定代表人和诉讼代理人资格，法院有无管辖权，破产申请提出时有无破产障碍等；二是审查破产界限存在与否，申请人所述情况是否属实等。

(二)和解与整顿

目前，我国与公司破产的和解、整顿相关的法律有两部，即企业破产法和民事诉讼法。根据其规定，和解是在债权人申请债务人破产的情况下，由债务人与全体债权人就企业整顿和延期清偿债务或者减少债务数额等达成协议，从而中止破产程序的一种法律程序。实行和解制度，往往对债务人和债权人双方都是有利的。

公司由债权人申请破产的，在人民法院受理案件后 3 个月内，被申请破产的公司的上级主管部门可以申请对该公司进行整顿；在提出整顿申请后，公司应当向债权人会议提出和解协议草案。

整顿是债务人为履行其与债权人会议达成的和解协议，在人民法院的监督和上级主管部门的主持下，采取必要的措施来恢复公司生机，以最终清偿债务，免遭破产的一种法律程序。经过整顿，公司能够按照和解协议清偿债务的，法院应当终结对该公司的破产程序并且予以公告；整顿期满，公司不能按照和解协议清偿债务的，法院应当宣告该公司破产，并且依法重新登记债权。

(三)破产宣告

破产宣告是受理案件的法院，依法裁定和宣布债务人破产的一项程序。公司被宣告破产，破产清算程序自宣告日开始，产生一系列法律效力。债务人成为破产人，债务人的财产成为破产财产，法院成立清算小组，接管破产公司；破产债权人所拥有的未到期债权视为已到期。

(四)破产清算

破产清算是破产宣告后，清算组在有关当事人的参加下，对破产公司的财产依法进行保管、清理、估价、处理和分配。法院如受理破产清算案件，通常按下列程序进行。

(1) 成立清算小组。法院应当自宣告债务公司破产之日起 15 日内成立清算组，接管破产公司。清算小组由法院从公司的主管部门、政府有关部门和专业人员中指定，也可以聘请中国注册会计师和律师参加。清算小组负责破产财产的保管、清理、估价、处理和分配。清算小组应对人民法院负责并报告工作，接受法院的监督。我国《公司法》规定，清算小组在清算期间行使七个方面的职权：一是清理公司财产，分别编制资产负债表和财产清单；二是通知或者公告债权人；三是处理与清算有关的公司未了结的业务；四是清缴所欠税款；五是清理债权、债务；六是处理公司清偿债务后的剩余财产；七是代表公司参与民事诉讼活动。

(2) 通知债权人申报债权。清算小组应当自成立之日起 10 日内通知债权人，并于 60 日内在报纸上至少公告三次，公告和通知中应当规定第一次债权人会议召开的日期。

(3) 召开债权人会议。所有债权人均为债权人会议成员。第一次债权人会议由人民法院召集，应当在债权申请期限届满后 15 日内召开。以后的债权人会议在人民法院或者会议主席认为必要时召开，也可以在清算小组或超过无财产担保债权总额的 1/4 的债权人要求时召开。

(4) 确认破产财产。破产财产指用以清偿债务的全部财产，主要包括：宣告破产时破产公司经营管理的全部财产、破产企业在破产宣告后至破产程序终结前所取得的财产、应当由破产公司行使的其他财产权利。已作为担保物所担保的债务数额的，超过部分属于破产财产。破产公司内属于他人的财产，应由该财产的权利人通过清算小组取回。

(5) 确认破产债权。破产债权指宣告破产前就已成立的对破产人发生的依法申报确认并从破产财产中获得公开清偿的可强制性执行的财产请求权，其主要包括：宣告破产前成立的无财产担保的债权和放弃优先受偿权利的有财产担保的债权；宣告破产时未到期的债权，视为已到期债权，但是应当减去至到期日的利息；宣告破产前成立的有关财产担保的债权，债权人享有就该担保物优先受偿的权利。如果该项债权数额超过担保物的价款的，未受清偿的部分作为破产债权。其中，债权人参加破产程序的费用不得作为破产债权。

(6) 拨付破产费用。破产费用指在破产程序中为破产债权人的共同利益而由破产财产中支付的费用，主要包括：破产财产的管理、变卖和分配所需要的费用，包括聘任工作人员的费用；破产案件的诉讼费用；为债权人的共同利益而在破产程序中支付的其他费用。破产费用应当从破产财产中优先拨付。

(7) 破产财产清偿顺序。破产财产在优先拨付破产费用后，按照下列顺序清偿：首先清偿破产企业所欠职工工资和劳动保险费用；接着是破产企业所欠税款；再就是清偿破产债权，破产财产不足清偿同一顺序的清偿要求的，按照比例分配。

如美国，在法律中规定了详细的债权清偿等级，有效抵押权所担保的债权，将在作为其担保物的财产变卖所得价款范围内首先获得清偿；如果所得价款不足以清偿有财产担保债权人的债权，不足金额作为无担保非优先债权，或一般无担保债权。无担保债权分为优先和非优先两级，其中无担保优先债权应在支付无担保非优先债权之前全数清偿，只有在所有债权人的债权均受清偿之后才能分配给股东(所有者)。

(8) 破产清算的结束。经过上述破产清算程序后，清算小组应当编制破产清算结束报告，并出具清算期内的各种报表连同各种财务账册，经中国注册会计师验证后，报授权部门审批。经批准后再向工商行政管理部门和税务部门办理注销登记并公告公司终止。

(五)破产终结

破产终结是指破产企业无财产可分或破产财产分配完毕，由破产清算小组提请法院结束破产程序，并向破产企业原登记机关办理注销登记的程序。

这里需要补充说明的是，在以上破产程序中，在宣布公司破产后，一般有两种结局，一种是破产清算，按照上面的程序走，另外一种是重组。如果说破产公司仍有一定的发展前途，且被认为其重组之后的价值大于破产清算的价值，可以考虑对公司进行重组。一般是按照以下程序进行：①提出重组计划，即确定如何改变公司的资本结构，恰当调整债权人、股东以及有关利益集团的关系。其中，重组方案要保证债权人、优先股股东和普通股股东权利上的先后次序。②提请相关单位批准，然后付诸实施。

本 章 小 结

本章主要分为两部分，即公司并购和公司破产与清算。

第一部分主要介绍了并购的基本概念。并购为兼并和收购的合称，其中兼并包括吸收合并和新设合并。同时，总结了并购行为在现实中出现的可能的各种动因，经营管理协同效应理论、财务协同效应理论、价值低估理论、交易成本理论、多元化理论和代理人理论等。

在此基础上，又介绍了公司并购的一般步骤，首先，着重介绍了如何选择目标公司以及如何评估目标公司的价值。在评价目标公司价值方法上，主要介绍了三种普遍被接受的方法，分别是收益法、市场法和资产法，同时也简要介绍了两种其他方法，分别为托宾 Q 值方法和资本资产定价模型法。在所有方法中，收益法中的现金流贴现法是最常用的，也是最科学的一种方法。其次，介绍了并购方的支付方式，主要包括现金支付、股票支付和混合证券支付。并购方可根据该三种支付方式的各种特点和自身的实际情况，适当地选择其中的一种或者几种来支付。然后，对比较特殊的两种并购形式做了一般的介绍，即杠杆收购和管理层收购。主要介绍了这两种并购的含义和特征，并购的融资等。最后，具体地介绍了反收购的相关内容，包括反收购的含义，产生反收购的动因以及反收购的防御性措施和主动性措施。

第二部分主要介绍了公司破产和破产清算的含义，公司破产的程序和破产清算的具体程序。

思考与练习题

1. 并购的基本含义是什么？结合现实，谈谈并购发生的原因有哪些？
2. 在进行并购时，你认为应该如何选择和评价目标公司？
3. 你是如何分析杠杆收购的风险和效益的？
4. 什么是管理层收购？
5. 反收购的防御性措施一般包括哪些？并对其进行简要评价。
6. 什么是破产和破产清算？各自的程序一般包括什么？

拓展阅读：2013 年上半年中国并购市场状况

2013 年上半年中国并购市场共完成交易 406 起，同比减少 10.6%，环比下降 24.4%；披露金额的并购案例总计 383 起，共涉及交易金额 403.42 亿美元，同比提高 24.1%，环比涨幅高达 121.0%，是中国并购市场历来交易总额最高的半年。其中国内并购 359 起，产生交易金额 127.40 亿美元；海外并购 34 起，涉及交易金额 178.90 亿美元；外资并购 13 起，交易金额共计 97.12 亿美元。并购中呈现的主要特点如下所述。

一、国内并购转暖，跨国并购风光渐失

2013 年上半年，中国企业国内并购行为的活跃度基本与 2012 年同期持平，并购总额明显上升。在这六个月的时间里，国内并购共完成 359 起，较 2012 年同期的 354 起微涨 1.4%，环比下降 25.7%；披露金额的 347 起案例共涉及交易金额 127.40 亿美元，同比大涨

73.2%，环比上涨 28.4%。国内并购在此呈现出的良好数据，主要是受到第二季度国内并购升温的推动。

从季度层面来看，第二季度国内并购共完成案例 182 起，环比第一季度微涨 2.8%，在活跃度上并没有什么优势；然而其涉及的交易总额高达 78.16 亿美元，较之第一季度大幅增长 58.7%，同比 2012 年第二季度其增幅过倍。此外，国内并购在中国并购市场的交易金额占比由第一季度的 15.8%大幅上升至第二季度的 86.1%。一方面是因为第一季度海外并购和外资并购的表现过于抢眼，另一方面也是由于国内并购于第二季度升温所致。清科研究中心认为，虽然目前中国经济的复苏力度仍然偏弱，且金融系统的稳定性也遭到质疑，但是相对于出现经济下行的 2012 年而言，不管是商业环境还是投资者信心都有所好转，因此国内并购仍有上升的空间。

2013 年上半年，海外并购和外资并购在第一季度的突出表现带来了较为优秀的半年度数据。其中，海外并购共完成 34 起，并购总额达 178.90 亿美元，虽然活跃度不及 2012 年同期的一半，但是其交易总额在半年度的数据中处于历史第二的高位；外资并购共完成 13 起，活跃度同样下滑，但是其半年 97.12 亿美元的并购总额仍高居历史首位。

然而单纯从第二季度的数据来看，海外并购和外资并购的表现却并不令人乐观。海外并购第二季度共完成 16 起，虽然活跃度并未显著下滑，但是整体的交易规模明显下降，交易总额仅为 12.40 亿美元，金额占比由第一季度的 53.3%大幅下滑至 13.7%；外资并购的情况更差，其第二季度完成的交易数量仅为 4 起，2 起披露金额的并购仅涉及 2 622.05 万美元的交易额，不管在活跃度还是并购总额方面都跌至近年的最低点。

自 2009 年以来，中国企业的海外并购迎来了火爆的四年。其中，企业的国际化需求、对海外资产的抄底心理、资源能源的战略性并购以及充裕的流动性是近年海外并购的四大推动要素。然而现在的情况是：国内的流动性有所趋紧，大宗商品的持续弱市令资源型并购的热情下降，美、欧资产价格的回升令抄底机遇逐渐消失，目前只有国内企业"走出去"的需求仍然较强。但是仅凭企业的国际化需求难以令中国企业的海外并购行为持续火爆，因此清科研究中心认为，2013 年中国并购市场的重心将由前两年的海外并购向国内并购转移。

对于外资并购而言，国际资本对中国经济发展的信心非常重要。然而进入 2013 年以来，随着第一季度宏观经济的表现未达预期，国际上不断出现唱衰中国的论调，这在一定程度上折射出国际资本对中国经济的信心有所下降，并反映为外资并购的趋冷。短期来看，这种情况难以得到显著的改善。

二、房地产并购依然走强，互联网行业引人注目

从行业分布来看，2013 年上半年中国并购市场完成的 406 起并购交易分布于房地产、能源及矿产、生物技术/医疗健康、机械制造、清洁技术等二十二个一级行业。从并购案例数来看，房地产以 55 起案例，总体占比 13.5%的成绩登顶；紧随其后的是能源及矿产行业，其并购案例数达 49 起，占比 12.1%；生物技术/医疗健康行业以 39 起并购，9.6%的占比位

列第三；机械制造行业由去年的第二跌至第四。

并购金额方面，能源及矿产行业以 173.41 亿美元的交易总额，43.0%的金额占比依然占据全行业第一的位置，这主要受益于第一季度完成的中海油并购尼克森一案；金融行业在上半年完成交易额 99.88 亿美元，金额占比 24.8%，与能源及矿产行业相似，金融行业受益于第一季度完成的正大集团收购中国平安一案，并占得第二；本季度活跃度最高的房地产行业共完成并购金额 35.91 亿美元，占比 8.9%，位居第三。

值得关注的是，虽然 2013 年上半年政府对房地产进行了较强的调控，但是房地产的并购行为并未出现明显的趋冷，甚至其活跃度于上半年仍居于市场首位。造成这个现象的主要原因是资本对于房地产行业的增长预期并未产生显著的改变：一方面，政府调控后房价没有出现大幅下滑，部分地区甚至仍有增长，在宏观经济较为低迷的情况下，政府调控短期内再度出手的可能性较小，因此房地产业的承压不大；另一方面，中国下一轮的城镇化进程仍为房地产行业带来较强的正面预期。

此外，互联网行业的并购同样引人注目。一方面，上半年互联网行业的大额并购较往常更多，包括阿里巴巴 5.86 亿美元并购新浪微博，浙报传媒 34.9 亿人民币收购边锋网络和浩方，百度 3.7 亿美元并购 PPS 等；另一方面，近期互联网巨头阿里巴巴和百度频频出手，令移动互联网和网络视频行业备受关注，并引发了业界广泛的猜想和讨论。

三、VC/PE 相关并购的金额及数量大幅上升

清科研究中心数据显示，2013 年上半年共发生 VC/PE 相关并购交易 163 起，同比大涨79.1%，环比上涨 39.3%；所有交易共涉及金额 175.22 亿美元，是去年同期的近 9 倍。VC/PE 相关并购在活跃度和并购金额方面均大幅上升，主要是受国内并购的走热影响。全部 163 起交易分布在生物技术/医疗健康、能源及矿产、房地产、机械制造、互联网等二十一个一级行业。其中，生物技术/医疗健康行业以 22 起案例，数量占比 13.5%的成绩在活跃度上排名首位。

(资料来源：投资界网站，http://research.pedaily.cn/report/pay/835.shtml)

第九章

风险管理

学习目标：了解公司风险的含义与种类；掌握公司管理风险的原则和流程；掌握风险测量的内容方法；了解投资组合的风险与收益测量；了解投资组合可行集、有效集的概念；掌握最优投资组合的确定。

引入案例：海湾国家实施分散投资计划

经济日报记者 2013 年 11 月 23 日报道：为了规避国际金融危机可能对其投资造成的负面影响，以沙特为首的海湾石油输出国计划在未来几个月内实施分散投资组合计划，扩大投资地域，将投资对象国向伊斯兰国家转移。

相关数据显示，目前沙特、阿联酋、卡塔尔、科威特、阿曼和巴林等海湾合作委员会国家海外投资的 75%左右集中在美国市场，各类投资投入和银行储备高达 1 600 亿美元。

(来源：人民网　2013-11-23 http://news.xnnews.com.cn/gjxw2/201311/t20131123_1528347.htm)

第一节　风险的概念与类型

公司在生产经营活动中，会遇到各种不确定性事件，这些事件发生的概率及其影响程度是无法事先预知的，这些事件将对经营活动产生影响。这种在一定环境下和一定限期内客观存在的、影响公司经营目标实现的各种不确定性事件就是风险(Risk)。在经济学中风险可以看作一个中性词，强调的是结果的不确定性，或者说风险实际上是结果的不确定性。

一、经济学中风险的概念

学术界对风险的内涵没有统一的定义，对风险的理解和认识程度不同，或对风险的研究角度不同，会对风险概念有着不同的解释。狭义的风险一般被定义为潜在亏损或者出现亏损的可能性。广义的风险一般被定义为特定资产实现收益的不确定性。

(一)风险是一种状态

当我们说风险是一种状态时，它的实际含义是指，不论人们是否意识到，风险都是客观存在的。例如，当两个赌徒进行抛硬币赌博时，每一次硬币落下的正反面都是不确定的，概率各为 50%，他们也很清楚面临的风险。2008 年 9 月在次贷危机加剧的形势下，美国第四大投行雷曼兄弟在最终宣布申请破产保护前，几乎没有人认识到这种风险存在，但并不是说这种风险就不存在。

(二)风险是与损失相关的状态

并非任何一种客观存在的状态都是风险，风险是与损失相联系的，离开了将发生损失的可能性，谈论风险就没有任何意义了。风险可以理解成为一种不确定性，如一个经济变量，像股指或者汇率的变动，往往向一个方向的变动会带来损失，而向另一个方向的变动会带来收益，我们这里关注的是带来损失的那种变动。

(三)风险是损失发生的不确定性

如果能够准确地预测到损失的发生及其程度，就不能算存在风险，因为其结果是确定的，人们可以采取准确无误的方法来应付它们。只有当损失的发生无法预料的时候，或者说，损失具有不确定性的时候，才有风险存在。同样，损失的实际结果偏离了预期结果，这也是一种风险。在实际生活中，没有不存在风险的投资，比如证券交易所经常这样提示投资者：股市有风险，入市须谨慎。实际上，不仅股市有风险，银行存款也会有风险，商业银行也有发生破产的可能性。在 2009 年欧债危机中甚至很多欧洲国家的主权债务也面临巨大的违约风险。

二、风险的主要特征

(一)风险的客观性和普遍性

风险的存在是不以人的意志为转移的，它们是独立于人的意识而客观存在的，不会因为人们没有认识到它的存在，它就不存在。因而，风险是客观的。

人们所面临的风险是无时不在、无处不在的。风险已经渗入社会、个人生活的方方面面。在经济活动中，原材料和产成品价格波动，市场利率、汇率变动等，都会产生风险。在科学研究和生产实践中，随时可能会遭受各种各样的意外和不测，即便是很有把握的事情，也会有意外发生。虽然人类一直在尝试认识和控制风险，但直到现在也只能在有限的空间和时间内，改变可控制的条件，降低风险发生的频率，减少损失程度，而不能完全消除风险。

(二)风险发生的不确定性

风险虽然是客观存在的，但就某一风险而言，它的发生却是偶然不确定的。在其发生之前，人们无法准确预测风险何时发生，以及发生的后果。这是因为导致某一具体风险的发生，必是诸多风险因素和其他因素共同作用的结果，而且每一因素的作用时间、作用地点、作用方向和顺序、作用强度等都可能不同，这就导致风险的发生在时间上具有突发性，在空间地点和损失程度上具有不确定性。

(三)风险的可测定性

个别风险事故的发生是偶然的、无序的、杂乱无章的，然而通过对大量风险的观察和统计，却呈现出明显的规律性。用统计方法去处理大量相互独立的偶发风险事故资料，就可以发现其固有的运动规律。因此在一定条件下，对大量独立的风险进行整体的统计处理，可以比较准确地反映风险的规律性。例如，在车辆保险中，根据精算原理，利用对各种车辆交通事故及损失的长期观察得到的大量记录，就可以测算不同城市各种车辆的保险费率。

(四)风险的潜伏性

有些风险的出现是一系列问题或矛盾显露和激化的结果，一般会经历一个问题或矛盾从小到大、由轻微到严重、由"良性"到恶化的发展过程。有些经济风险给人以突然爆发的感觉，似乎并没有明显的征兆和迹象，实际上，征兆和迹象肯定是客观存在的，只是在经济繁荣、泡沫高涨时不易为人们所觉察而已。经济风险潜伏期的长短，受经济环境的影响很大。一般而言，经济环境稳定，则问题和矛盾容易被掩盖，风险潜伏期较长；经济环境动荡、不稳定，风险的潜伏期就短。

(五)风险的可变性

风险的可变性是指在一定条件下风险可转化的特性。世界上的任何事物都是互相联系、互相依存、互相制约的，而且任何事物都处于运动和变化之中，这些变化必然会引起风险的变化。风险的可变性包含风险的质变或者量变、风险的消除、新风险的产生等会因时空各种因素变化而有所变化的情况。

三、风险的分类

(一)按风险的程度高低分类

按照风险程度的高低，风险可以分为轻度风险、中度风险和高度风险。程度越高的风险越应该引起重视。轻度风险，是指一种危害程度较低的风险，在一般情况下，即使风险发生，危害也不大；中度风险，是指一种介于轻度和高度之间的风险，其危害较大；高度风险，是指危害性很大的风险，也称重大风险或严重风险。

(二)按风险的可控制程度分类

按照风险的可控程度，风险可以分为可控风险和不可控风险。一般来说，随着社会的发展，不可控风险可以向可控风险转变。可控风险是指人们对其形成原因和条件已认识清楚，能采取相应措施控制其发生的风险；不可控风险是指由于自然环境或外部因素影响而形成的风险，人们对这种风险形成的原因认识不清或无力控制。

(三)按风险的载体分类

按照风险的载体不同，风险可以分为财产风险、人身风险和责任风险。财产风险是指财产所遭受的损毁、灭失与贬值的风险，如厂房、设备、运载工具、家庭住宅、家具等因自然灾害或意外事故而遭受的损失。人身风险是指给人带来疾病、伤残、死亡等的风险，这种风险往往会给家庭和单位带来很大的损失。责任风险是指由于团体或个人的行为违背了法律、合同或道义的规定而给他人造成财产损失或人身伤害的风险。按照法律规定，如果一个人的过失行为造成他人人身伤亡或财产损失，过失人必须承担法律上的损害赔偿责任。

(四)按风险产生的原因分类

按照风险产生的原因不同，风险可以分为自然风险和人为风险。自然风险是指因自然条件的变化所导致的物质损毁与人员伤亡的风险，如洪水、地震等造成的损害。人为风险是指由于人们的行为及各种政治、经济活动引起的风险，也有人将人为风险称为外在环境风险。人为风险一般包括经济风险、行为风险、技术风险和政治风险等。

(五)按风险能否被分散分类

按照能否被分散，风险可以划分为系统性风险与非系统性风险。系统性风险是指由于某种因素使证券市场上所有的证券发生价格变动，所有的证券投资者都会遭受损失的可能性。经济的、政治的和社会的变动是系统性风险的根源。系统性风险可以包括利率风险、市场风险、购买力风险、国际政治风险和外汇风险。

系统性风险的主要特点是：①由共同的因素所引起；②影响所有证券的收益，③不可能通过证券多样化来回避或消除，因此它又称为不可分散风险。

系统性风险对不同证券的影响程度是不一样的。例如，有的股票价格易为整个经济环境所扰，而另一些则抗干扰能力强一些。

非系统性风险是指由于某种因素仅使证券市场上的某一证券发生价格变动，给这一证券的投资者造成损失的可能性。它与系统性风险不同，专指个别证券所独有并随时变动的风险，主要包括经营风险和财务风险等。这种类型风险的主要特点是：①由于特殊因素所引起；②只影响某种证券的收益；③可以通过持有证券多样化来消除或回避，因此它又称为可分散风险。

(六)从公司经营的角度分类

公司是经营的主体，从经营企业的角度，公司面对的主要风险，是未来的不确定性对企业实现其经营目标的影响。企业风险一般可分为战略风险、财务风险、市场风险、运营风险、法律风险等。

战略风险是指国内外经济形势、行业状况、国家产业政策变化和相关科技进步、技术创新以及本企业发展战略和规划等影响企业战略的因素变动时产生的风险。

财务风险是指企业的负债、现金流、资金周转、产品存货及其占销售成本的比重、制造成本、管理费用和盈利能力等影响企业的财务管理因素产生的风险。

市场风险是指企业产品或服务的价格及供需变化、能源或原材料等物资供应的变化、主要客户和主要供应商的信用以及利率、汇率的变化等市场因素产生的风险。

运营风险是企业产品、市场开发，市场营销策略，质量、安全等易发生失误的业务流程或环节以及企业内、外部人员的道德风险致使企业遭受损失或业务控制系统失灵产生的风险。

法律风险是指与企业相关的政治和法律环境变化及法律纠纷案件、知识产权纠纷等因素产生的风险。

专栏 9-1：“风险”一词的由来

最为普遍的一种说法是，在远古时期，以打鱼捕捞为生的渔民们，每次出海前都要祈祷，祈求神灵保佑自己能够平安归来，其中主要的祈祷内容就是让神灵保佑自己在出海时能够风平浪静、满载而归。他们在长期的捕捞实践中，深深地体会到“风”给他们带来的无法预测、无法确定的危险。他们认识到，在出海捕捞打鱼的生活中，“风”即意味着“险”，因此有了“风险”一词的由来。

(资料来源：作者根据公开资料整理)

第二节　风险管理概述

一、风险管理的概念

风险管理是指人们对各种风险的认识、控制和处理的主动行为。它要求人们研究风险发生和变化规律，估算风险对社会经济生活可能造成损害的程度，并选择有效的手段，有计划、有目的地处理风险，以期用最小的成本代价，获得最大的安全保障。风险管理的对象是风险，作为人类社会对客观存在的风险的主观能动行为和经验总结，古已有之。但是，风险管理作为独立的管理系统而成为一门新兴的学科，到了 20 世纪 50 年代才在美国形成，迄今风险管理的科学方法尚在不断发展，它的一般原则已经形成，人们可以依据这些原则处理风险。

二、风险管理的基本程序

风险管理的基本程序包括风险识别、风险测量、风险评价、选择风险管理方案和风险管理效果评价等环节。

(一)风险识别

风险识别是风险管理的第一步，它是指对企业面临的以及潜在的风险加以判断、归类和鉴定风险性质的过程。企业风险多种多样、错综复杂，无论是潜在的，还是现实存在的，是静态的，还是动态的，是企业内部的，还是与企业相关联的外部的，所有这些风险在一定时期和某一特定条件下是否客观存在，存在的条件是什么，以及损害发生的可能性等，都是在风险识别阶段应予以回答的问题。识别风险主要包括感知风险和分析风险两方面的内容。

(二)风险测量

风险测量是指在风险识别的基础上，通过对所收集大量详细的损失资料加以分析，运用概率论和数理统计知识，估计和预测风险发生的概率和损失幅度。风险测量不仅使风险管理建立在科学的基础上，而且使风险分析定量化，为风险管理者进行风险决策，选择最佳管理技术提供了可靠的科学依据。

(三)风险评价

风险评价的含义是在风险识别和风险测量的基础上，把风险发生的概率、损失的严重程度，结合其他因素综合起来考虑，得出系统发生风险的可能性及其危害程度，并与公认的安全指标比较，确定系统的危险等级；然后根据系统的危险等级，决定是否需要采取控制措施，以及控制措施采取到什么程度。风险评价通过定性、定量分析风险的性质以及比较处理风险所支出的费用，来确定风险是否需要处理和处理的方法。

(四)选择风险管理方案

根据风险评价结果，为实现风险管理目标，选择并实施最佳风险管理方案是风险管理的第四步。风险管理方案分为控制型和金融型两大类。前者的目的是降低损失频率和减少损失幅度，重点在于改变引起意外事故和扩大损失的各种条件，后者的目的是以提供基金的方式，消化发生损失的成本，即对无法控制的风险所做的金融安排。

(五)风险管理效果评价

风险管理效果评价是指对风险管理方案适用性及其收益性情况的分析、检查、修正和评估。风险管理效益的大小取决于是否能以最小风险成本取得最大安全保障，同时，在实务中还要考虑与整体管理目标是否一致，具体实施的可行性、可操作性和有效性。

> **专栏 9-2：关键风险指标管理**
>
> 一项风险事件发生可能有多种成因，但关键成因往往只有几种。关键风险指标管理是

对引起风险事件发生的关键成因指标进行管理的方法。具体操作步骤如下。

(1) 分析风险成因，从中找出关键成因；

(2) 将关键成因量化，确定其度量，分析确定导致风险事件发生(或极有可能发生)时该成因的具体数值；

(3) 以该具体数值为基础，以发出风险预警信息为目的，加上或减去一定数值后形成新的数值，该数值即为关键风险指标；

(4) 建立风险预警系统，即当关键成因数值达到关键风险指标时，发出风险预警信息；

(5) 制定出现风险预警信息时应采取的风险控制措施；

(6) 跟踪监测关键成因数值的变化，一旦出现预警，即实施风险控制措施。

以易燃、易爆危险品储存容器泄漏引发爆炸的风险管理为例。容器泄漏的成因有：使用时间过长、日常维护不够、人为破坏、气候变化等因素，但容器使用时间过长是关键成因。例如，容器使用最高期限为 50 年，人们发现当使用时间超过"45 年"后，则易发生泄漏，该"45 年"即为关键风险指标。为此，制定使用时间超过"45 年"后需采取的风险控制措施，一旦使用时间接近或达到"45 年"时，发出预警信息，即采取相应措施。

(资料来源：作者整理)

三、风险处理方式及其比较

风险处理是指通过采用不同措施和手段，用最小的成本达到最大安全保障的经济运行过程。风险处理的方式很多，但最常用的是风险规避、风险承担、损失控制和风险转嫁等。

(一)风险规避

风险规避是指设法回避损失发生的可能性，即从根本上消除特定的风险单位和放弃某些既存的风险单位。它是处理风险的一种消极技术。采用风险规避通常在两种情况下进行：①特定风险所致损失频率和损失幅度相当高时；②处理风险的成本大于其产生的效益时。避免风险虽简单易行，但意味着利润的丧失，且避免风险的采用通常会受到限制。

有时试图避免某种风险也许是不可能的，如世界性经济危机、能源危机都是不可避免的；有时采用避免风险在经济上是不适当的，如无经营就无风险，但无经营就无利润，故从经济利益上看，采用避免风险技术是不适当的，而且有时虽避免了某一风险却有可能产生新的风险。

专栏 9-3：套期保值

套期保值是指把期货市场当作转移价格风险的场所，利用期货合约作为将来在现货市场上买卖商品的临时替代物，对其现在买进准备以后售出商品或对将来需要买进商品的价格进行保险的交易活动。其特征是在现货市场和期货市场对同一种类的商品同时进行数量相等但方向相反的买卖活动，即在买进或卖出实货的同时，在期货市场上卖出或买进同等数量的期货，经过一段时间，当价格变动使现货买卖上出现盈亏时，可由期货交易上的亏盈得到抵消或弥补。从而在"现"与"期"之间、近期和远期之间建立一种对冲机制，以使价格风险降低到最低限度。企业利用期货市场进行套期保值交易，实际上是一种以规避现货交易风险为目的的风险投资行为，是结合现货交易的操作。

(资料来源：作者整理)

(二)风险承担

风险承担是指对风险的自我承担，即企业或单位自我承受风险损害后果的方法。风险承担是处理风险的一种重要的技术。风险承担有主动承担和被动承担之分。通常在风险所致损失频率低和幅度小、损失短期内可预测以及最大损失对企业影响不大时采用。在这样的情况下采用承担风险方式，其成本要低于其他处理风险技术的成本，且处理方便有效。对于那些出现机会不多，损失金额不大，或者出现机会较多，但损失金额很小的风险，宜采用承担的方式。

(三)损失控制

损失控制不是放弃风险，而是制订计划和采取措施降低损失的可能性或者是减少实际损失。控制的阶段包括事前、事中和事后三个阶段。事前控制的目的主要是为了降低风险发生的概率，事中和事后的控制主要是为了减少实际发生的损失。例如，安装自动喷淋系统和火灾警报器属于事后控制。

(四)风险转嫁

风险转嫁是指一些单位或个人为避免承担风险损失，有意识地将损失或与损失有关的财务后果转嫁给另一单位或个人去承担的一种风险管理方式。转嫁风险的方式主要有两种，即保险转嫁和非保险转嫁。

在财务风险的管理上，保险也是一种重要的风险管理方法。因为财务风险是客观存在的，企业无论采取什么防范措施，也不可能完全消除风险事故所带来的不利后果，特别是经济损失。因此，企业迫切需要在损失发生后及时得到补偿，这是保险生存并发展的最基本要素。与其他风险转移技术一样，保险与被保险双方必须经过协商签订保险合同，规定各自的权利与义务。保险人具有收取保费的权利和承担赔偿被保险人损失的义务。被保险人具有缴付保费的义务和受损后按规定获得补偿的权利。

保险是企业处理财务风险的一种方式，但并非所有的财务风险保险人都愿承保。可保风险一般具备如下性质和条件：①必须是纯粹风险。具有投机性质或由心理、道德因素所引发的风险，都不属于保险理赔的范围。②风险必须是意外的。被保险人故意行为引起的损失不能得到赔偿。③风险发生的频率小。必须有大量的风险独立单位投保，且仅有少数单位受损。④预期损失是可用货币计量的。因此，对公司的风险而言，只有少数的风险可以通过保险的方式进行风险转移，大量的风险需要金融衍生品作为工具来管理规避。

非保险转嫁又具体分为两种方式：一是出让转嫁；二是合同转嫁。对那些出现机会很少，但损失金额巨大的风险，宜采用转嫁的方式。风险管理者会尽一切可能回避并排除风险，把不能回避和排除的风险尽可能地转嫁给第三者，不能转嫁的或损失较小的可以自留。

> **专栏9-4：风险对冲**
>
> 风险对冲是指通过投资或购买与标的资产(Underlying Asset)收益波动负相关的某种资产或衍生产品，来冲销标的资产潜在的风险损失的一种风险管理策略。例如，资产组合、多种外币结算、战略上的分散经营、套期保值等。
>
> 风险对冲是管理利率风险、汇率风险、股票风险和商品风险非常有效的办法。由于近年来信用衍生产品的不断创新和发展，风险对冲也被广泛用来管理信用风险。与风险分散策略不同，风险对冲可以管理系统性风险和非系统性风险，还可以根据投资者的风险承受能力和偏好，通过对冲比率的调节将风险降低到预期水平。
>
> （资料来源：作者编写）

第三节　风险测量与评价

一、风险测量内容

风险是公司经营活动中普遍存在的不确定性，正视风险，并准确地量化风险，是公司金融活动的重要内容。风险测量也是风险管理过程中最重要的步骤。由于风险是预期结果的一种不确定性，而预期结果的可能性只能通过估计，为了有效地进行风险管理，我们需要对风险导致的各种可能的结果以及每种结果发生的概率有所了解。所有可能的结果及其发生的可能性构成了"概率分布"。对于风险管理者而言，风险的测量可采用概率统计的方法，即计算收益发生的数学期望和方差。我们用期望收益来代表某项投资的预期平均收益，方差或标准差反映实际收益偏离期望收益的程度，即投资的风险，这就是风险测量的内容。

在风险测量中一般包含两种情况：单一投资项目(证券)风险的测量和投资组合风险的测量。本章将对这两种情况的投资收益与风险进行分析。

二、单一资产(证券)的收益与风险测量

(一)收益测量

由于投资的收益事先无法确切知道，投资者只能估计各种可能发生的结果，以及每种结果发生的概率。因此，投资的收益率通常用统计学中的期望表示。如果一项投资项目有 n 种可能的收益率，每种收益 R_i 发生的概率为 P_i，那么，这项投资的期望收益率就可以表

示为

$$\bar{R} = \sum_{i=1}^{n} R_i P_i \tag{9.1}$$

我们称 $\bar{R}$ 为期望收益率，期望收益率描述的是以概率为权重的平均收益率。它表示在既定概率分布下，投资的预期收益率。

(二)风险测量

1. 方差和标准差

期望收益反映的是可能的收益趋向，实际结果与期望值之间会有一定的离散度，这种离散度我们用方差来表示，即

$$\delta^2 = \sum_{i=1}^{n} (R_i - \bar{R})^2 P_i \tag{9.2}$$

为了理解方便，我们对方差开平方，得到标准差，即

$$\delta = \sqrt{\sum_{i=1}^{n} (R_i - \bar{R})^2 P_i} \tag{9.3}$$

标准差反映了实际收益与期望收益之间发生偏离的程度。实际收益率与期望收益率偏差越大，投资的风险越大。

当我们计算出了一项投资的期望收益和标准差之后，我们就可以对这项投资的收益和风险进行评价了。一般来说，在标准差一定的情况下，期望收益越大，投资的价值越高；期望收益越小，投资的价值越低。另一方面，在期望收益一定的情况下，一项投资的标准差越大，投资风险就越大，投资价值越小；一项投资的标准差越小，投资风险就越小，投资价值越大。

[例 9-1] 某种证券未来收益率的可能性如表 9-1 所示，它的期望收益率和风险是多少？

表 9-1　某证券可能的收益率、概率

可能的收益率 R_i	发生概率 P_i
−0.1	0.05
−0.02	0.1
0.04	0.1
0.09	0.3
0.14	0.2
0.2	0.1
0.28	0.05

解：根据式(9.1)和(9.3)计算，结果如表 9-2 所示。

表 9-2　某证券期望收益率和标准差

可能的收益率	发生的概率	期望收益率计算 R_iP_i	方差计算 $(R_i - \bar{R})^2P$
-0.1	0.05	-0.005	$(-0.1-0.09)^2×0.05$
-0.02	0.1	-0.002	$(0.02-0.09)^2×0.10$
0.04	0.2	0.008	$(-0.1-0.09)^2×0.2$
0.09	0.3	0.027	$(-0.1-0.09)^2×0.3$
0.14	0.2	0.028	$(-0.1-0.09)^2×0.2$
0.2	0.1	0.02	$(-0.1-0.09)^2×0.1$
0.28	0.05	0.014	$(-0.1-0.09)^2×0.05$
求和	1.00	0.090	0.007 03

标准差 $\delta = \sqrt{0.007\,03} = 0.083\,8$

2. 变差系数

当两个不同投资项目进行比较时，如果初始投资额差距较大，两个投资的期望收益和标准差也会有较大的差异，如一项投资的初始投资额为千万元，另一项的初始投资额为万元，那么它们的期望收益也可能分别是千万元级的和万元级的，标准差也是一样。这种情况下，我们仅仅简单比较两个投资项目的期望收益和标准差，可能无法准确反映投资项目的收益和风险情况。因此，我们引入变差系数指标，其公式为

$$V = \frac{\delta}{\bar{R}} \tag{9.4}$$

变差系数是衡量风险的相对指标，反映单位期望收益包含的风险度。当我们对不同量级的投资项目比较时，可以参考变差系数。变差系数大，说明单位期望收益蕴含的风险较大；变差系数小，说明单位期望收益蕴含的风险较小。

三、两种资产(证券)组合的收益与风险测量

任何一个企业都不可能把全部资金投资到一个企业中去。当企业有剩余资金时，往往面临多种选择。为了分散非系统性风险，企业会把资金投入多种项目或金融资产中，形成投资组合。对于由两种资产组成的投资组合的收益和风险，我们仍然可以用期望收益和方差来衡量。

(一)投资组合的期望收益

如果投资者将其资产投资于两种资产组成的投资组合，那么我们仍然可以算出这种投资组合的收益和风险。假定投资者的资金分别投资于证券 A 和 B，其投资的比重分别为

W_A 和 W_B，$W_A+W_B=1$，那么该投资组合的期望收益率 $\bar{R}_p$ 等于单个证券期望收益率与各自投资比重为权重的加权平均数，用公式表示为

$$\bar{R}_p = W_A\bar{R}_A + W_B\bar{R}_B \tag{9.5}$$

(二)投资组合的风险

1. 投资组合的方差和标准差

当一个投资组合中只有 A、B 两个证券时，投资组合的方差为

$$\delta_p^2 = W_A^2\delta_A^2 + W_B^2\delta_B^2 + 2W_AW_B\,\mathrm{cov(AB)}$$
$$= W_A^2\delta_A^2 + W_B^2\delta_B^2 + 2W_AW_B\delta_A\delta_B\gamma_{AB} \tag{9.6}$$

式中：

δ_p^2 ——投资组合的方差；

δ_A^2、δ_B^2 ——证券 A 和证券 B 的方差；

W_A、W_B ——证券 A 和证券 B 在投资组合中所占的比重；

$\mathrm{cov(AB)}$ ——证券 A 与证券 B 的协方差；

γ_{AB} ——证券 A 与证券 B 的相关系数，也是标准化的协方差。

2. 投资组合的协方差

从公式(9.6)可以看出，由两种证券组成的投资组合的方差，是两个证券方差之和的基础上，再加上两者的协变关系，即 $2W_AW_B\,\mathrm{cov(AB)}$ 或 $2W_AW_B\delta_A\delta_B\gamma_{AB}$。当 $\mathrm{cov(AB)}$ 或 γ_{AB} 为负数时，投资组合的方差小于两个证券的方差之和，此时的投资组合起到分散投资风险的作用。

公式(9.6)中的协方差是 A、B 两种证券一般变动关系的度量指标，用公式表示为

$$\mathrm{cov(AB)} = \sum_{i=1}^{n}(R_{Ai} - \bar{R}_A)P_i(R_{Bi} - \bar{R}_B) \tag{9.7}$$

式中：

$(R_{Ai} - \bar{R}_A)$ ——证券 A 的第 i 种可能的结果 R_{Ai} 与证券 A 期望收益 $\bar{R}_A$ 之间的离差；

$(R_{Bi} - \bar{R}_B)$ ——证券 B 的第 i 种可能的结果 R_{Bi} 与证券 B 期望收益 $\bar{R}_B$ 之间的离差；

P_i ——第 i 种情况出现的概率。

3. 两种资产的相关系数

式(9.6)中的 γ_{AB} 是投资组合中，A、B 两种证券的相关系数，反映了两种证券的变动关系，是标准化的协方差，用公式表示为

$$\gamma_{AB} = \frac{\mathrm{cov(AB)}}{\delta_A\delta_B} \tag{9.8}$$

一般来说，相关系数在-1 到+1 之间变化，当 $\gamma_{AB}=-1$ 时，A、B 两证券完全负相关；$-1 \leqslant \gamma_{AB} \leqslant 0$ 时，A、B 两种证券某种程度上负相关；$0 \leqslant \gamma_{AB} \leqslant 1$ 时，A、B 两种证券某种

程度上正相关；$\gamma_{AB}=1$ 时，A、B 两证券完全正相关。

4. 投资组合的变差系数

由两种资产组成的投资组合的变差系数等于投资组合的方差除以投资组合的期望收益率，用公式表示为

$$V_p = \frac{\delta_p}{\overline{R}_p} \tag{9.9}$$

投资组合的变差系数为我们提供了一个对比不同投资组合风险的工具。

[例 9-2] 某公司将其剩余资产平均投资于 A、B 两种证券，期望收益率如表 9-3 所示，试分析该公司投资组合的收益与风险。

表 9-3　某公司投资组合情况

发生的概率 P_i	A 收益率(%)	B 收益率(%)
0.4	15	8
0.5	12	10
0.1	10	11

解：某公司将剩余资产平均投资于 A、B 两种证券，所以 A、B 两种证券在投资组合中所占的权重均为 50%。

(1) 计算投资组合的期望收益率。

证券 A 的期望收益率 $\overline{R}_A = \sum_{i=1}^{n} R_{iA} P_{iA} = 0.4 \times 15\% + 0.5 \times 12\% + 0.1 \times 10\% = 13\%$

证券 B 的期望收益率 $\overline{R}_B = \sum_{i=1}^{n} R_{iB} P_{iB} = 0.4 \times 8\% + 0.5 \times 10\% + 0.1 \times 11\% = 9.3\%$

投资组合的期望收益率 $\overline{R}_p = W_A \overline{R}_A + W_B \overline{R}_B = 0.5 \times 13\% + 0.5 \times 9.3\% = 11.15\%$

(2) 计算 A、B 两种证券的方差。

证券 A 的方差为

$$
\begin{aligned}
\delta_A{}^2 &= \sum_{i=1}^{n} (R_{iA} - \overline{R}_A)^2 P_i \\
&= (15\% - 13\%)^2 \times 0.4 + (12\% - 13\%)^2 \times 0.5 + (10\% - 13\%)^2 \times 0.1 \\
&= 0.03\%
\end{aligned}
$$

证券 B 的方差为

$$
\begin{aligned}
\delta_B{}^2 &= \sum_{i=1}^{n} (R_{iB} - \overline{R}_B)^2 P_i \\
&= (8\% - 9.3\%)^2 \times 0.4 + (10\% - 9.3\%)^2 \times 0.5 + (11\% - 9.3\%)^2 \times 0.1 \\
&= 0.0121\%
\end{aligned}
$$

(3) 计算 A、B 两种证券的协方差。

$$\text{cov(AB)} = \sum_{i=1}^{n} (R_{Ai} - \overline{R}_A) P_i (R_{Bi} - \overline{R}_B)$$

$$= (15\% - 13\%)(8\% - 9.3\%) \times 0.4 + (12\% - 13\%)(10\% - 9.3\%) \times 0.5$$

$$+ (10\% - 13\%)(11\% - 9.3\%) \times 0.1$$

$$= -0.000\,19$$

(4) 计算 A、B 两种证券的相关系数。

$$\gamma_{AB} = \frac{\text{cov(AB)}}{\delta_A \delta_B} = \frac{-0.000\,19}{\sqrt{0.03\%}\sqrt{0.012\,1\%}} = -0.01$$

(5) 计算投资组合的方差。

$$\delta_p^2 = W_A^2 \delta_A^2 + W_B^2 \delta_B^2 + 2W_A W_B \text{cov(AB)}$$

$$= (50\%)^2 \times (0.03\%)^2 + (50\%)^2 \times (0.0121\%)^2 + 2 \times 50\% \times 50\% \times (-0.000\,19)$$

$$= 0.001\,025\%$$

(6) 计算投资组合的变差系数。

$$V_p = \frac{\delta_p}{\overline{R}_p} = \frac{\sqrt{0.000\,010\,25}}{11.15\%} = 0.028\,7$$

从本例可以看出，由于 A、B 两种证券的变化方向相反，公司投资于 A、B 两种证券后，投资组合的方差小于投资于单一证券 A 或证券 B 的方差，分散了投资风险。

投资组合中，两种证券的相关系数为-0.01<1，证券组合的标准差小于单个证券标准差的加权平均数。这意味着只要两个证券的变动方向不一致，即使是两个高风险的证券也能组成一个低风险的投资组合，这个原理也适用于 N 种资产组成的投资组合。

四、N 种资产(证券)组合的收益与风险测量

(一)N 种资产组合的收益

若一个投资组合中有 n 种不同的证券，我们要求这个投资组合的期望收益率，可以先根据(9.1)式算出每种证券的期望收益率，再分别乘以它们在投资组合中的比重，就可得到整个投资组合的期望收益率。用公式表示为

$$\overline{R}_p = \sum_{i=1}^{n} W_i \overline{R}_i \tag{9.10}$$

式中：

$\overline{R}_p$——投资组合的期望收益率；

$\overline{R}_i$——第 i 种证券的期望收益率；

W_i——第 i 种证券在整个投资组合中所占的比重；

n——该投资组合中证券的数量。

(二)N 种资产组合的风险

我们仍然用方差和标准差来衡量投资组合的风险，由于不同的投资组合到一起后会分散掉一部分风险，因此，投资组合的方差和标准差并不是单个投资方差和标准差的加权平均数，投资组合的方差和标准差要小于单个投资方差和标准差的加权平均。投资组合的方差和标准差与组合中各投资项目的关联性、变化方向和风险大小相关，并随着投资组合内证券的变化、证券数量的变化及证券在组合中比重的变化而变化。N 种证券投资组合的方差为

$$\delta_{\mathrm{p}}^2 = \sum_{i=1}^{n} \sum_{j=1}^{n} W_i W_j \operatorname{cov}(ij) \tag{9.11}$$

式中：

W_i 和 W_j——第 i 种证券和第 j 种证券在整个投资组合中的比重；

$\operatorname{cov}(ij)$——第 i 种证券和第 j 种期望收益率的协方差。

专栏 9-5：压力测试

压力测试是确立系统稳定性的一种测试方法，是巴塞尔协议 II 中与风险价值模型 VAR(99%, X)对应的概念，即对于置信度 99%以外突发事件的测试。在金融风险管理领域里，压力测试是指将金融机构或资产组合置于某一特定的极端情境下，如经济增长骤减、失业率快速上升到极端水平、房地产价格暴跌等异常的市场变化，然后测试该金融机构或资产组合在这些关键市场变量突变的压力下的表现状况，看是否能经受得起这种市场的突变。

2009 年 2 月 10 日，美国财政部长盖特纳提出对全美最大的 19 家银行进行压力测试。这 19 家银行截至 2008 年年底资产均超过 1 000 亿美元，共占美国银行系统 2/3 的资产和超过一半的贷款。这是美国政府旨在判定银行"缺血"程度而设定的一项调查，其最终目标是让这些金融机构在未来两年继续持有充足资本，同时仍能提供消费信贷。

约 180 位联邦监管官员、督察人员及经济学家参与了测试。假定两种情景：测试设定了当前危机之下和危机深化时两种情景。第一种情景中，测试方设定，美国 2009 年失业率为 8.4%；2010 年失业率达到 8.8%，房价继续下跌 14%。第二种情景中，美国 2010 年失业率达 10.3%，房价继续下跌 22%。

测试检验了 19 家银行在这两种情景中损失有多大、是否能生存下来、"弱者"需补充多少资本金等情况。

测试结果公布之前，有专家指出，如果美国银行业资金缺口超过 2 000 亿美元，那就说明这个行业遇到了大麻烦；如果不超过 1 000 亿美元，则说明情况不像想象的那么糟。

2009 年 5 月 7 日，美国联邦储备委员会正式公布对 19 家大型银行的"压力测试"结果，其中 10 家银行必须在今年 11 月月底前筹措到 746 亿美元新增资本金，以应对经济衰

退加深的形势。

其中，美国银行"缺血"最多，需要筹措 339 亿美元。接下来依次为富国银行 137 亿美元、通用汽车金融服务公司 115 亿美元、花旗集团 55 亿美元、区域金融集团 25 亿美元、太阳信托银行公司 22 亿美元、摩根士丹利 18 亿美元、科凯国际集团(KeyCorp)18 亿美元、五三银行 11 亿美元、匹兹堡国民商业银行 6 亿美元。

摩根大通、高盛、大都会保险、美国运通、美国银行公司、纽约梅隆银行、第一资本金融公司、道富银行、BB&T 银行控股公司因资产状态良好，顺利"过关"，无须另行筹措资金。

测试结果显示，假如经济衰退进一步加深，这 19 家银行在 2009 年和 2010 年的亏损额总计可能达到 6 000 亿美元。这一估算也被市场视为过于乐观。

(资料来源：http://www.nfmedia.com/nfjx/200905090038.asp)

第四节　风险分散与最优投资组合

一、风险管理的目标

风险管理的目标主要有两点，一是安全性，它是金融风险管理的基本目标，只有在资金安全的条件下，通过经营、运作、才能实现收益、实现企业的生存和发展。二是收益性，它是风险管理的最终目标。追求利润是企业的主要目标，安全性服从于并服务于这个目标。安全目标是收益目标的前提，收益目标是安全目标的归宿。

如何以最低成本即最经济合理的方法来实现最大安全保障、获得最大收益是企业进行风险管理的基本动机。投资界有一句名言"不要把鸡蛋放在一个篮子里"，也就是说不要把所有的资产投资于一种投资工具，通过分散投资可以降低投资风险。那么应该选择多少个投资工具组成投资组合，应该选择什么投资工具去投资呢？

专栏 9-6：频繁调整投资组合能带来良好回报吗？

从买入之后置之不理(买入共同基金后数十年置之不理)到大惊小怪(每时每刻都盯着自己的投资组合，准备在每次涨跌中买卖筹码)，投资者的行为可谓形形色色。有没有一条"中庸之道"，既能让投资者在看到切实的投资回报时就行动，同时又能避免事与愿违地忙忙碌碌呢？常识告诉我们，这样一个"恰到好处"的地带一定存在，但理论家确定这个地带却颇费周折。"那是个数学噩梦。"安德·B.亚伯(Andrew B.Abel)谈到。

2013 年亚伯与西北大学(Northwestern University)凯洛格商学院(Kellogg School of Management)的金融学教授贾尼斯·C.艾伯利(Janice C. Eberly)、芝加哥大学(University of Chicago)布斯商学院(Booth School of Business)的金融学教授斯塔夫罗斯·潘纳吉斯(Stavros Panageas)认为，他们的探求已经接近了答案。亚伯和两位同事发现，在一个会发生在现实世界的假设案例中，一位投资者可以在一段时间内对自己的投资组合置之不理，比如说一个月的时间，时间长短取决于这位投资者的时间价值、经纪佣金以及资产发生买卖时的其他交易成本等因素。他们的这项研究记述在题为《依据信息成本和交易成本无视股票市场的最优选择》(Optimal Inattention to the Stock Market with Information Costs and Transactions Costs)的论文中。

投资者可以将这一研究结论应用于自己经常遇到的问题上。比如，应该如何把握随着价格的波动买卖某个证券的频度；当一个投资组合偏离最初设定的股票、债券和现金构成比例时，应该如何把握重新平衡投资组合的频度等。研究者总结说，如果调整一个投资组合的时间成本和金钱成本过高，那么等到市场条件做出调整确实有价值时，进行调整就能获得良好的回报。表面上看来，如果调整的成本非常低，那么更频繁地调整投资组合，也就是根据更小的市场变化进行微调，就能获得良好的回报。可事实上，研究者发现了一个令人吃惊的结论：即便当交易成本很低的时候，根据间隔时间非常长的时间表操作更有意义。换句话说，大惊小怪、过于频繁地操作反倒达不到预期的目标，即使交易成本很低。

亚伯谈到，这个结论也适用于公司根据不断变化的市场条件进行价格调整的过程。过于频繁地调价只能事与愿违。

(资料来源：沃顿知识在线，2013-09-29　http://www.ceconline.com/financial/ma/8800068462/01/)

二、投资组合与风险分散

在上一节中我们不但分析了单一投资项目(证券)投资的风险和收益，还分析了两种资产(证券)组成的投资组合的风险和收益以及多种资产(证券)组成的投资组合的风险和收益。通过分析我们发现，投资组合的风险要小于组合内每种资产风险的加权平均数。更进一步，我们还发现，投资组合的风险不仅取决于组合内单个证券的风险和投资比重，还取决于这些证券收益之间的协方差或相关系数，并且协方差或相关系数起着特别重要的作用。因此，投资者建立的证券组合就不是一般的拼凑，而是要通过各证券波动的相关系数来分析。

如果我们把标准普尔500指数看作一个投资组合，在1989年1月到1993年12月间，标准普尔500指数的月平均收益率为1.2%，标准差为3.74%；同期的IBM股票的月平均收益率为-0.61%，标准差为7.65%。我们可以看到IBM股票的收益率低于标准普尔500指数，但是其标准差却高于标准普尔500指数。为什么收益率低的单个股票的风险反而大于收益率高的股票组合的风险呢？这就是投资组合的魅力所在。

从上节的分析可知，投资组合中每个证券的全部风险并非完全相关，在构成一个投资组合时，单一证券收益率的变动的一部分可能被其他证券收益率的反向变动所减弱或完全抵消。事实上，投资组合的标准差一般都低于组合中单一证券(资产)的标准差，因为各组成证券的总风险已经通过分散化而大量抵消。因此，期望收益率与总风险并不是一一对应的，与期望收益率相对应的风险是通过分散投资不能相互抵消的那部分风险，即系统性风险。

由式(9.10)和式(9.11)可知，无论投资组合中证券的数量是多少，投资组合的期望收益率是单个证券的期望收益率的加权平均数，分散不会影响投资组合的收益率。但投资组合可以降低收益率的波动，组合内各证券收益率变动的相关性越小，分散投资降低风险的效果就越明显。有效投资组合的任务就是找出相关关系为负或相关关系较小的资产(证券)，组成投资组合，在一定期望收益下，尽可能地降低风险。

理论上，一个投资组合只要包含了足够多的相关关系小的证券就完全可能消除所有风险，但事实并非如此。在同一市场环境下，各种资产的收益往往受到某些共同因素的影响，如经济发展形势、货币供应量、物价指数、利率等，这使得单个资产之间正的相关性较高，因此，分散投资只能消除投资组合的非系统性风险，并不能消除系统性风险。

为了验证分散投资风险的作用，瓦格纳和刘(Wagner & Lau，1971)对纽约证券交易所上市的股票进行了分析。他们根据标准普尔公司对股票质量的评级，将股票分为六组，质量最高的等级 A$^+$ 构成第一组，以此类推。从每组中随机抽出 1～20 只股票组成证券组合，计算每一个组合从 1960 年 7 月到 1970 年 5 月 10 日的月平均收益率。为消除对单一样本的依赖，这一工作进行了 10 次，然后对 10 次的数据进行平均，得到结果。表 9-4 是 A$^+$ 质量等级股票组合的一部分计算结果。

表 9-4　A$^+$ 股票组合的风险和分散效果(1960 年 7 月至 1970 年 5 月)

组合中股票数量	平均收益率(%/月)	标准差(%/月)	与市场的相关系数 R	与市场的可决系数 R^2
1	0.88	7.0	0.54	0.29
2	0.68	5.0	0.63	0.40
3	0.74	4.8	0.75	0.56
4	0.65	4.6	0.79	0.62
5	0.71	4.6	0.79	0.62
10	0.68	4.2	0.85	0.72
15	0.69	4.0	0.88	0.77
20	0.67	3.9	0.89	0.80

资料来源：Wagner W, Lau S. The effect of diversification on risk. Financial Analyst Journal, 1971, 53.

表 9-4 中的可决系数 R^2 为相关系数 R 的平方，取值从 0 到 1。它用来衡量投资组合的收益率变动风险(用方差表示)中，可归因于市场的比例，其余风险为组合特有风险。因此，一个证券组合的 R^2 越接近于 1，该组合的自有风险就越小，风险分散的越充分。Wagner & Lau(1971)通过分析发现如下现象。

(1) 一个证券组合的期望收益率与组合中股票的数量无关，证券组合的风险随着股票数量的增加而减少。当股票组合中的股票逐渐从一只扩大到 10 只时，证券组合的风险下降会很明显。但是随着组合中股票数量的增加，风险降低的效果却变得微乎其微。

(2) 平均而言，随机抽取的 20 只股票构成的股票组合的总风险降低到只包含系统风险的水平时，单个证券风险的 40% 被抵消，这部分风险就是非系统风险。

(3) 一个充分分散的证券组合的收益率的变化与市场收益率的变化密切相关，其波动性或不确定性基本上就是市场总体的不确定性。投资者不论持有多少股票都必须承担这一部分风险。

证券组合所包含的证券数量与组合的系统性风险、非系统性风险之间的关系，可用图 9-1 表示。

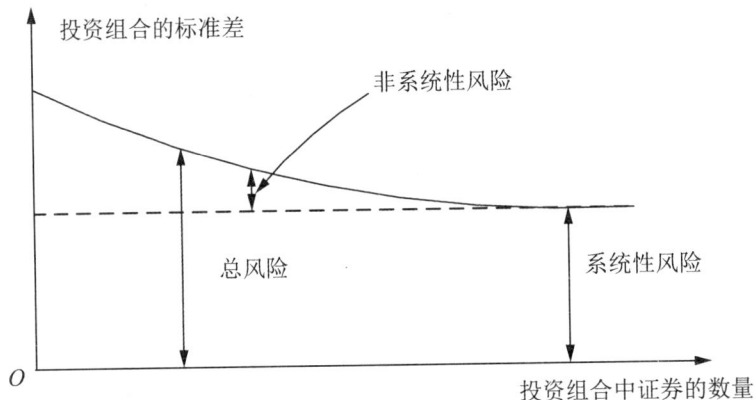

图 9-1　投资组合中的证券数量与风险关系

三、最优投资组合

(一)可行集与有效集

理性的投资者都是厌恶风险而偏好收益的。对于相同的风险水平，理性投资者会选择期望收益最大的投资组合；而对于相同的期望收益，他们会选择风险最小的投资组合。同时满足这两个条件的投资组合的集合就是投资组合的有效集(efficient set)，又称有效边界(efficient frontier)。处于有效边界上的投资组合称为有效组合。图 9-2 中 A、N、B、H 围成的类似伞形的区域为投资组合的可行集。可行集是由 N 种证券所形成的所有组合的集合，它包括了现实生活中的所有可能的组合。其中，N、B 两点之间的那段弧线位于可行集的最上方，弧线中的任意一点，在风险相同的情况下，是可行集中收益最高的点；在收益相同的情况下是投资组合风险最小的点。因此，弧线 NB 上的所有点构成了投资组合的有效集，弧线 NB 也称投资组合的有效边界。

从图 9-2 可以看出，有效集曲线 NB 具有如下特征：第一，它是一条向右上方倾斜的曲线，反映了"高收益、高风险的"原则；第二，有效集曲线是一条向上凸的曲线；第三，有效集曲线上不可能有凹陷的地方。

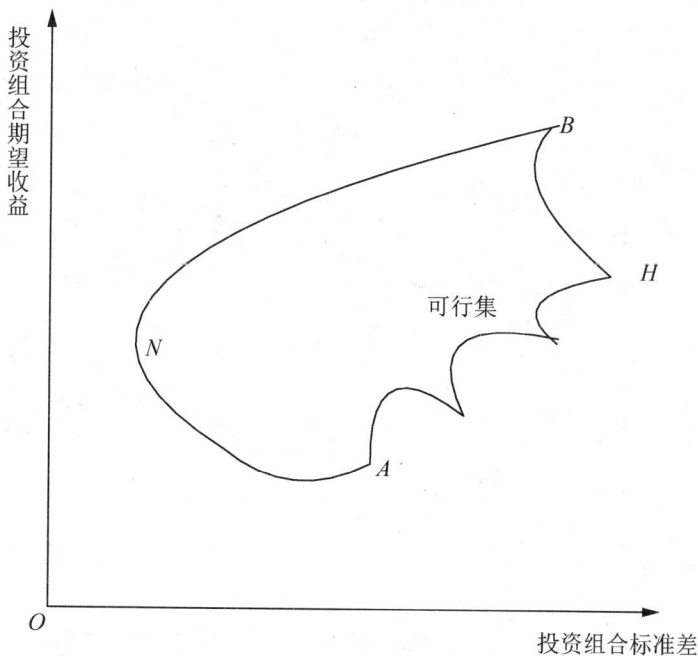

图 9-2 投资组合的可行集

(二)最优投资组合确定

确定了投资组合有效集的形状后，投资者就可以根据自己的无差异曲线选择效用最大化的投资组合了。这个组合位于投资者效用无差异曲线与投资组合有效集相切的点 P，如图 9-3 所示。

从图 9-3 可以看出，虽然投资者更偏好效用无差异曲线 I_3 上的投资组合，但是 I_3 与投资组合的可行集不相交，在可行集中找不到这样的组合，因此 I_3 上的投资组合是不可行的。至于 I_1 上的组合，虽然在可行集中可以找到，但是 I_1 位于 I_2 的下方，即 I_1 上的点所代表的投资组合的效用低于 I_2，因此 I_1 上的组合不是有效组合。I_2 上的点代表了可以实现的最高投资效用，而 I_2 只与有效集相切于一点 P，因此 P 点所代表的组合就是最优投资组合。

有效集上凸的特征和效用无差异曲线下凸的特征，决定了有效集和无差异曲线的切点只有一个，即最优投资组合是唯一的。对于投资者而言，有效集是客观存在的，它是由证券市场决定的。而投资效用无差异曲线是主观的，是由投资者自己的风险—收益偏好所决定的。风险厌恶程度越高的投资者，其无差异曲线越陡，其最优投资组合点越接近 N 点；风险厌恶程度越低的投资者，其无差异曲线越平缓，其最优投资组合越接近 B 点。

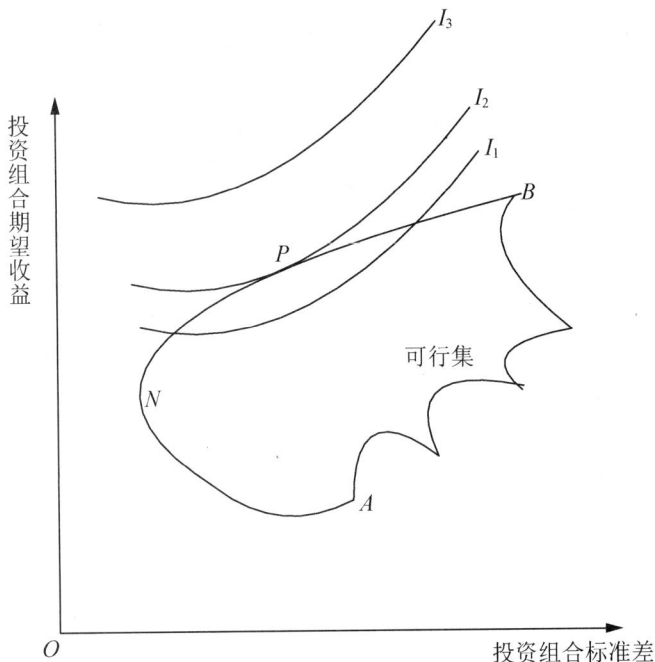

图 9-3　最优投资组合

本 章 小 结

风险的定义分为广义和狭义，广义的风险一般是指特定资产实现收益的不确定性；狭义的风险指潜在亏损或者出现亏损的可能性。风险具有客观性、普遍性、不确定性、潜伏性、可测性和可变性的特征。

风险管理是指人们对各种风险的认识、控制和处理的主动行为。风险管理的基本程序包括风险识别、风险测量、风险评价、选择风险管理方案和风险管理效果评价等环节。

风险处理是指通过采用不同措施和手段，用最小的成本达到最大安全保障的经济运行过程。风险处理的方式很多，但最常用的是风险规避、风险承担、损失控制和风险转嫁等。

由于投资的收益无法事先确切地知道，投资者只能估计各种可能发生的结果及每种结果发生的概率，因此，投资收益率通常用统计学中的期望值来表示，而投资的风险则用投资的方差或标准差来表示。在衡量投资组合的收益时，一般用投资组合中所有投资(证券)期望收益的加权平均数来表示；而投资组合的风险则用投资组合的方差来衡量。投资组合的风险不仅取决于组合内单个投资项目的风险，而且还取决于投资项目之间的协方差。

当投资组合中的投资项目的相关性呈负，或较小的正相关时，投资组合可以分散投资风险。

投资者个人投资效用曲线与有效投资组合曲线(投资组合的有效边界)相切的点,是最优投资组合。对于确定的投资者来说,在既定投资组合下,最优投资组合只有一个。

思考与练习题

1. 什么是风险? 风险的特征是什么?
2. 公司风险的种类有哪些?
3. 试述风险管理的基本程序。
4. 比较风险处理四种方式。
5. 怎样衡量投资的风险与收益?
6. 投资组合能够分散哪种风险? 为什么投资组合能够分散风险?
7. 怎样确定最优投资组合?
8. A 公司的股票收益率如下表所示,试分析 A 公司的收益与风险。你是否投资于 A 公司,为什么?

A公司股票各种可能的收益率、概率

可能的收益率 R_i	发生概率 P_i
-0.1	0.10
0	0.25
10	0.40
20	0.20
30	0.05

9. 证券A和证券B的收益率与概率分布如下表所示,计算两种证券的协方差和相关系数。

证券A、B的投资收益率与概率分布

发生的概率 P_i	A 收益率(%)	B 收益率(%)
0.4	18	8
0.5	12	12
0.1	8	15

10. 考虑两种证券 A 和 B,其标准差分别为30%和50%。如果两种证券的相关系数分别为0.9、0、-0.9,请计算等权重组合的标准差。

拓展阅读：风险管理的新角色——重建模型

风险经理们虽然手握当今事件最精密的量化工具，但仍然未能预测到这个时代里影响最大的一次事件——整个金融市场体系的崩溃及全球性灾难蔓延。在与沃顿知识在线的访谈中，奥纬咨询集团(Oliver Wyman Group)的总裁兼首席执行官约翰·德兹克(John Drzik)、沃顿金融学教授理查德·J.赫林(Richard J. Herring)和沃顿经济金融及统计学教授弗兰西斯·X.戴伯德(Francis X. Diebold)共同讨论了怎样建构一个信息更加充分的风险模型。他们三人都出席了近期举行的由沃顿金融研究中心与奥纬咨询联合主办的2009年第12届年度金融风险圆桌会议。以下是编辑后的访谈对话。

沃顿知识在线：今天，我们将与沃顿教授理查德·赫林、弗兰西斯·戴伯德以及奥纬咨询集团总裁兼首席执行官约翰·德兹克共同来谈一谈有关风险管理的话题。我想先从一个简单的问题开始。我们真的能精确地衡量风险吗？

赫林：我认为去年的事实告诉我们这是做不到的，有许多东西是我们无法量化的，并且我们对能够量化的东西过于自信了。我们在风险分析、风险管理及风险计算方面确实取得了巨大的进步。不过，我们的大部分精力都往往放在相对容易管理的事情上，但即使是这些事情也出现了问题。我们根本就没有足够的信息。我们的技术还不够发达，使用的第一线的信息也不够。不幸的是，这场危机波及体系内的所有环节，包括监管机构、证券市场的参与者以及风险经理自己，所有人都无法幸免于难。

戴伯德：我认为他说的没错。这让我想起我们在沃顿金融研究中心与斯隆基金会(Sloan Foundation)联合开展的一个有关已知、未知及不可知事件的项目。我们关注的焦点，以及我们最后越来越强烈地认识到的一个事实，就是风险的类型非常繁多，有市场风险、信贷风险、运作风险、法律风险、名誉风险以及除此之外的更多风险。其中一些相对而言比较容易建立模型，注意，我并不是说它们容易，而是相对容易。其他的一些风险量化起来非常有难度，并且根本就不在我们的能力之内。

沃顿知识在线：您能详细说说这都是哪些风险吗？

戴伯德：从风险的种类上来说，首先是市场(市场意味着与市场活动有关的风险)与价格，然后是信贷(这意味着与违约或破产等事件有关的风险)，再有就是运作(这意味着从电脑系统故障到恐怖分子袭击等一系列的风险)……

赫林：而且这些都是连锁反应的事件。

戴伯德：事实上，颇具讽刺意味但又让人无可奈何的是，比较容易建构模型的风险并不足以导致企业破产倒闭，它们只不过会影响到3%到5%的企业营收，那些难以量化的风险才是真正击垮企业的罪魁祸首。因此，在这方面我们应当表现得谦虚一点，即使我们已取得了某些的进展。

德兹克：我要补充几句，与已知风险的规则相比，我们对未知风险的规则关注得还不够。对于学术领域或专门跟踪风险的风险分析师或相关人员来说，他们关注的建模焦点往往是有没有数据，而不是有没有风险。你尽可以收集大量数据来构建最复杂的模型，但这并不意味着这一模型针对的就是能够危及企业生死存亡的问题，因为在这种问题上可用的数据往往很少，这时就需要你自行判断如何做决定。做分析做惯了的人通常都不太愿意遇到这种情况。但企业面临的许多重大风险恰恰就出现在这些情况下。

沃顿知识在线：也就是说，他们只顾在已知的世界里忙活，全然忘记了还有未知的世界，但终有一天他们会被抛进未知世界的深渊中。

戴伯德：就是这样。有一个老笑话，说的是有个人丢了车钥匙之后一直在路灯下寻找，别人问他为什么，他说因为只有那地方有光亮。

赫林：关于这份已知和未知的清单我还想再说一句，那就是它太令人困惑了，因为这一切都是在整个体系的层面上相互作用的，我们从局部很难把握清楚。它们是动态的，瞬息万变的。我甚至觉得，那些自认为参透了次贷危机的人也完全没有预料到它会把全球的金融体系拉下水。这些东西本身太过复杂，它们相互联系，相互影响，以至于根本就不可能完全了解它们。我们可能不得不多考虑一下如何将一些关键的环节从体系中分离。

戴伯德：我认为有两个主要问题，至少有两个，是非常困难并且紧密相关的。第一是了解清楚银行、金融机构等之间的相关性。

赫林：还有就是了解清楚这些相关性是怎样逐渐变化的。

戴伯德：没错，这是第二个问题。在不同的危机下银行的相关性不同，正如不同危机下体系内的动荡程度也不同。当然，这两种不同往往具有相反的特点。有时候，你不希望相关性增强，但它们却偏偏增强了，那这时你就会失败。例如，在你的投资组合最缺乏多元化的时候，恰恰是多元化能带来最优效益的时候。

赫林：多元化是让人难以掌握的奥秘之一，往往就是在你最需要它的时候，它却偏偏离你而去。在走低的市场上，唯一上升的东西就是相关性。

沃顿知识在线：这是否意味着我们必须摧毁一切，完全从零开始建构体系？在我们过去做事的方法中，有哪些是还能够补救的？

德兹克：我觉得这不是摧毁一切。我觉得这是为基础设施添加新的组成部件。在市场风险衡量及信贷风险衡量方面我们已经有了很大的进展。这些进展在体系内自有其意义所在。衡量日常的风险，并在管理交易或贷款业务的某些方面采用量化所得数据，这从本质上说并无任何不妥之处。

我想我们只是太过依赖于某一种风险衡量方法，并且有点自我感觉良好，认为那些复杂的量化模型已经涵盖了我们所要量化的所有因素，因此足以保证我们的安全。如今越来越多的人在统计数据分析之外，还把注意力放到了压力及情景分析上。统计数据分析看重的是历史数据，然而，如果分析对象存在的时间并不长，无法看出明显的历史规律呢？如果你从次贷存在之日起分析不同类型的次贷抵押之间的相关性，而我是在对房价变化这种所有有关因素都明明白白的情景下做压力分析，那我们最终从分析中看出的东西是完全不同的。因此，这种分析会告诉你一个不同的答案，而不是让你以自下而上的方式去精确测算相关性及波动性或是构建风险模型。

沃顿知识在线：也就是说我们有点毫无根据地过于信赖老的一套办法，而正是基于这种信赖我们似乎有理由去冒险，不过回过头来看，我们就知道这些风险实际上大大超出了我们的承受能力。那么，我们现在面临的情况是，知道我们不知道一些东西，或者是不知道我们知道一些东西？

戴伯德：在谈论这个问题之前，我们应当区别一下模型、模型的成功与失败，以及模型的用途与解释这三者之间的关系，这对我们接下来的研究是具有重要意义的。模型的使用者应当对这些模型适当存疑，这是很重要的事。换句话说，不要以为模型是尽善尽美的，一切问题都能解决，大家可以开庆功会相互颁奖了。正确的态度应当是："模型当然会出现错误。最可能在哪些地方出错？最可能在什么时候出错？我该怎样改善？"你必须适当存疑，而与之相反的态度就是约翰刚才给我们描述的那种飘飘然自鸣得意的感觉，"我们都搞定啦。我们了解了风险管理。我们计算出的风险只有5%，因此问题圆满解决啦。该干下一步的工作了。"但显然事实却并非如此，你必须尽一切可能提高你的警觉性和企业的警觉性，对模型存疑是非常必要的。

赫林：关于约翰的看法我还想说一句，那就是大部分风险分析技术都没有注意到前瞻性的指标，这些东西是存在的。我们都看到了，在贝尔斯登和雷曼兄弟以及其他许多公司倒闭之前，我们就看到了它们的危机，因为信贷违约掉期的息差在不断扩大。但是，在当时我们用于分析的那些统计数据中，我们却没有把这点提炼出来。去年倒闭的每家公司拥有的监管资本几乎都远超过所需的最低值，但它们最终还是倒闭了，这就意味着监管机构并未很好地考评过这些资本。

沃顿知识在线：谈到提前警报，在20世纪90年代，长期资本管理公司(Long-Term Capital Management)的灰飞烟灭与今日的危机在某些地方有类似之处。我们难道没从中吸取到教训吗？当时这仿佛只是件异常的个案而已，但现在回过头来看似乎并不只是如此。

德兹克：长期资本管理公司拥有全球最高明的一批风险模型构造者，因此这实际上是……

赫林：厄运来临的先兆。

德兹克：我觉得这一事件再次说明了我们的主要观点，那就是所有的模型都是有缺陷的。可能其中某些模型是有用处的，但你在使用时还是要牢记模型必有缺陷这一道理。在长期资本管理公司的问题上，我认为他们自信得甚至有些自大了，他们觉得自己的模型完美无瑕，市场总会按某种趋势运行，而他们就会在这一方向上押下了巨大的赌注。但最后模型却没能精确预测出市场发展的方向。当然，实际过程肯定比这复杂得多，但我认为其中有对精密模型和运算过于信赖的因素，但实际上它们并不能保证百分之百的正确。

赫林：一个主要问题是他们虽然依靠的是多元化，但在俄罗斯违约之后，所有不是绝对保险，没有完全质量保证的东西，都开始下跌。

戴伯德：麻省理工学院的史蒂夫·罗斯(Steve Ross)曾根据长期资本管理公司的案例，

阐述过怎样将决策判断更好地与模型结合起来。这件事说起来挺有意思。如果你去看那些数据,那些并未为风险模型所用的数据——这些模型采用数据有可能只是有关近10年来资产持有的信息,迪克和约翰刚才已经强调过这是非常不够的——你去看看俄罗斯近几个世纪以来发行国债的情况,你就会发现自从1840年——大概是那个年份吧——开始,没有一支国债能够最终走完发行期限。史蒂夫很恰当地指出,如果你想要做真正的风险管理,那就得注意更宏观的情况,更全面地来看待问题,并问问自己统计数据中有哪些地方可能出错,以及,怎样才能利用更广泛的信息来充实你的模型。当然,我们并不是说统计数据肯定有错或是应当完全放弃使用模型。我们肯定要使用。但我们必须将其放到一个大环境中,努力思考它有什么不完备的地方。

赫林:如今这样先进的体系中,这也是一个令人烦恼的问题。我们到底采用了多少历史数据?如果你从长期资本管理公司的角度来看息差——他们赌的是息差将缩小——你会发现他们只是看到了近5~10年内息差处于历史高位,但如果他们把目光放远一些,放到20年前,就会看到这其实是常规现象而已。

赫林:有个问题是,它是否只是件个案?以及,市场是否已经改变?我们有没有开发出新的维持稳定的办法?与之类似的是,在此次危机之前,我们都在谈论有节制的投资,而此时所有人都认为基本不存在波动,并且信贷信息水平完全合理。

德兹克:而且房价一直节节攀升。

赫林:没错。

戴伯德:我们再把紧张的局势放大一点来看,在过去的几个世纪中发生了不少类似的事件,将历史结合现实来分析是很有帮助的。随着企业、法律以及金融市场的复杂性不断演变,许多其他事情也在不停地繁衍和发展。因此,从一方面看,你需要一个历时长久的样本和观察角度,但另一方面,这又是难以获得的。但你必须朝这个方向努力,不过最终你能走多远,这是件很难判断的事情。

赫林:还有一个信息来源是人们经常忽视的,那就是跨国对比,在这一点上房地产危机很具代表性。虽然我们已经很久没有遇到这种危机了,但在其他类似于我们的国家中却已出现过几十次。通常在房价长时间持续攀高之后这种情况就会发生。虽然房价的增加快过应有的实际水平,但现实迟早是会赶上来的。

沃顿知识在线:您能说说具体都有哪些国家吗?

赫林:当然。事实上,几乎每个国家都遇到过这个问题。英国有一而再再而三地出现过类似问题。新西兰很久前有过,目前可能又会撞上这个问题。荷兰也有过,而且历史上出现过一系列的这类问题,这是非常宝贵的教训。这可以追溯到400年前绅士运河(Herengracht Canal)的沿河地带。绅士运河从建成到现在一直是荷兰国内非常高级的住宅区。荷兰人很擅长计算,这片地区每套房子的价格在过去的400年内都经历过多次起伏涨跌,基本上,每二三十年一个轮回。然而,如果你一开始买了一套房子,并一直持有了400年,那到头来你的投资回报还不如买国债。

沃顿知识在线：荷兰人总是能给我们带来宝贵的教训，郁金香热潮(tulip craze)是另一典型的泡沫案例。约翰，因为你完全是位企业界人士，因此我想问你一个问题，你觉得这在多大程度上可看作群体性行为心态？我们谈过的这些相关性，以及那些由于某种形式的哄抢，本不该发生但最终却发生的事情，还有那些无法预测的事情，你对此同意吗？

德兹克：群体性行为肯定是危机的部分原因之一。如果你看看闯进次贷市场的那些公司你就知道。这些公司一开始并没有进入该市场，但在外界压力或动力之下，最终还是进去了。

赫林：因为别人都参与了。

德兹克：是的，因为其他人都参与了。如果你孑然独立于外，外界的投资者、分析师，以及内部的压力会越来越大，让你没有选择只能跟着别人走。如果你不跟上竞争对手的收益增长步伐，那你的股价就会遭殃。并且，如果你不跟从大流，最终还可能会成为被收购的目标。因此，即便其他人走上的是一条风险极大的道路，但是由于短期内会有丰厚的回报，那么你也不得不冒险跟随，否则你就会以另一种方式被挤出市场。我认为就是这样的一种逻辑。

沃顿知识在线：更不用说很多高管的薪水还是与季度表现挂钩的。

德兹克：对。我们的目光都过于短浅了，我们不仅包括金融机构的人员，还包括分析师、投资者、媒体以及其他相关人士。这样庞大的一个群体，都过于关注某公司在某一特定时段的表现。这种态度进一步加剧了本就颇具影响的群体性心态。

赫林：有一天早晨我们有过一次很有意思的讨论，因为参与讨论的人中有负责一家共有机构的鲍勃·查贝尔(BobChappell)。他的公司是一家互助保险公司，已有150多年的历史了。他指出，因为他们是互助性机构，因此他能把目光放在远处，并且他也必须这样做。他不在乎收益，也不在乎对冲基金认为他应当持有更多资本。他所做的只是他认为能够保证保险客户安全的事情。我并不是建议所有公司都一下子成为这个性质，但这里肯定有一定的道理。我们讨论的另一个问题是，投资银行真的有必要上市吗？在目前这种情况下它们几乎已经快要灭绝了，它们实际上已成为了银行控股公司。

戴伯德：我们的观点也许就此得到了验证。

赫林：如果它们只是合伙企业，那它们对待风险的态度就会远比现在更加谨慎，虽然规模会比现在小。在恩斯·格林伯格(Ace Greenberg)还在场内关注所有交易员行动的那个年代，贝尔斯登显然更加安全。

戴伯德：在交易行为及其影响这个问题上，我想说的是，他们肯定对危机负有部分责任。我们很难相信当前的形势与他们毫无瓜葛。这样的观点就相当于是说市场永远都处在完全高效的状态，我想这肯定是错误的。但说到这，我认为危机的很大一部分原因是与那些非常精明且高度理性的中介机构有关，他们面对利益的刺激总是来者不拒。而在这场危机中，失衡的利益刺激扮演了重要角色。你每拨开一团迷雾，你都会发现要么是毫无资质的放贷者在大肆廉价放贷，要么是评级机构收受被评企业的贿赂，要么就是更普遍的情景，即各个公司都毫不掩饰，或者至少是心里明白，它们的收入是要落入私人腰包的，而当它们陷入麻烦时，则会被收归国有。因此，在许多情况下，这些并不是非理性的行为，它们完全清楚自己在做什么，只不过这样做很难让人接受罢了。

沃顿知识在线：我想拜托三位做件不可能完全的任务，花三四十秒的时间给我们说两三样最能帮助我们走出危机的事情。可以吗？

赫林：我认为最重要的是，针对那些对于体系而言举足轻重的大型金融机构，找出一种确保没有不可承受的连锁反应出现的机制。这就意味着要有快速纠错的行动措施，在它们完全破产之前介入干预。在某些情况下，我们或许得要求它们剥离一些非常难以管理的业务。并且，抑制那些机构变得"大而不倒"或是"过于复杂而不倒"。

沃顿知识在线：约翰，你同意这种看法吗？

德兹克：我觉得应当注意两个层面，即监管机构层面和个体机构层面。我认为两者都需要在治理上进行改善。在监管者层面，我赞成我们应当更加关注体系上的危机；在个体机构层面，我认为应当重新设计激励措施，并重新定位企业中风险管理的角色，使其在战略决策上具备更大影响力。因为，这两者目前的联系并不密切，我们可以通过以上两种方式来改善治理。

戴伯德：有效的重组程序在以后将是非常关键的，但我们现在没能办到，在这点上我同意迪克的看法。在我看来，并不是怎样度过危机的问题，我们总会磕磕绊绊地挨过去，我们现在就是这样做的。我们一直以来都是这样做的。我认为更大的问题是将来怎样避免出现类似的情况。现在怎样规划好方案，以便下一次受到的打击会轻一些，或者是降低下一次危机出现的可能性。因此，我认为关键是找到有效拯救金融机构的办法，并且同时找到能够处理涉及其中的道德风险(moralhazard)的办法。

沃顿知识在线：这是个相当艰巨的任务。让我们抓紧时间说说，这个问题怎样解决，道德风险这种长期存在的问题怎样处理？

赫林：我认为关键是在重组制度上下功夫。重组制度并不代表不挽救一家机构的某些业务，而意味着要为这些从体系上而言不那么重要的业务制订规则。例如，我们也许会发现我们必须保持外汇市场开放，并且要尽一切努力做到这一点。负责重组的当局机构需要资源。它不可能永远赶在公司破产之前介入干预。但至少我们能做到的是让债权人承受一定的风险，让他们来帮助监管机构监督企业，并提供一些我们在信贷违约掉期息差或其他东西上无法读出的危险信号。

沃顿知识在线：有一点我想再烦您阐明一下，当你谈到重组时，你说的是不是组建类似于 80 年代帮助我们走出储贷危机的重组信托公司(ResolutionTrust)？

赫林：事实上，我说的更像是联邦存款保险公司 (FDIC) 能够利用过渡型银行 (bridgebank)进行的操作。在当前的情况下，这至少可以帮助我们解决手头的大型银行问题，但麻烦的是相关法案制订时只给我们监管银行的权力，而没有监管银行控股公司的权力。它们可能要走破产这道程序，就像雷曼兄弟一样。因此你必须动态地去看待政府的监管，它不得不随着机构的演变而发展。

沃顿知识在线：这就像一场军备竞赛一样。

赫林：没错。并且我必须说这不是一场公平的军备竞赛。私有行业更加灵活，拥有更多资源，而监管机构则总是在后面追赶。

(资料来源：沃顿知识在线，2009-07-20)

第十章

国际企业金融

学习目标： 掌握外汇、外汇市场、汇率和汇率制度的概念和分类；了解汇率决定的影响因素以及汇率变动的影响因素；了解外汇风险的概念、种类、管理方法；了解国际企业的资金来源和筹资方式；了解国际企业资本成本和资本结构；了解降低融资风险的方法；了解国际企业投资的方式以及环境管理；了解国际双重征税的原因；了解避免国际双重征税的方法。

> **引入案例：阿迪达斯应如何应对国际投资风险？**
>
> 据北京商报报道，阿迪达斯继 2013 年 8 月后，再次下调了全年业绩预期，其给出的理由是一些国家货币兑欧元汇率贬值。2013 年 9 月阿迪达斯将全年营业利润率从之前预测的 9% 下调至 8.5%，集团预期净利润 8.2 亿～8.5 亿欧元，比此前预期的 8.9 亿～9.2 亿欧元减少了 7 000 万欧元。阿迪达斯方面解释称，俄罗斯卢比、巴西雷亚尔、日元和澳元等货币在八九月兑欧元的疲软走势将对三季度业绩造成显著负面影响。另外，俄罗斯和周边国家短期的物流问题以及高尔夫设备需求的疲软也是其调整全年业绩预期的原因。阿迪达斯代表了众多跨国企业面临的汇率风险，尤其是产品在国外销售并以外币计价的欧洲公司最为脆弱。按贸易权重衡量，欧元较今年低点已增长了 4%，对新兴市场货币汇率升值幅度更大，这使得以外币计价的盈利价值缩水。在汇率波动对跨国公司不利的情况下，如何规避风险，减少损失？这是包括阿迪达斯在内的国际企业要经常面对的问题。
>
> (资料来源：作者根据公开资料整理)

第一节 外汇市场与汇率理论

一、外汇市场

(一)外汇

外汇概念有广义和狭义之分。广义的外汇泛指一切以外国货币表示的资产，这一概念通常用于各国管理外汇的法令中。狭义的外汇是指外国货币或者以外国货币表示的可直接用于国与国之间结算的支付手段。外汇具有三个突出的特点，即普遍接受性、可偿性、可兑换性。普遍接受性是指作为外汇的外币在国际经济往来中被各国普遍接受和使用；可偿性是指作为外汇的外币是可以保证得到偿付的；可兑换性是指作为外汇的外币是可以自由兑换的。

(二)外汇市场

外汇市场是指进行外汇买卖的交易场所或网络，是由外汇供给者、外汇需求者以及买卖外汇的中介机构所构成的买卖外汇的交易系统的整体。其功能是进行国际清算、为投资者提供套期保值和投机交易规则与媒介。

外汇市场按组织形式可划分为无形市场和有形市场；按经营范围可分为国内市场和国际市场；按外汇买卖双方的性质可分为外汇批发市场和外汇零售市场。中央银行、外汇银行、外汇经纪人、外汇交易商、外汇投机者、进出口商及其他外汇供求者和贴现公司等是外汇市场的主要参与者。

外汇市场有三个交易层次：一是客户市场(零售外汇市场)；二是同业市场(批发外汇市场)；三是中央银行与外汇银行之间的交易市场。外汇市场上最基本的交易方式是即期交易和远期交易。

1994 年我国外汇体制发生了重大改革，实行银行结售汇制，建立以中国外汇交易中心为运行机构的全国统一的外汇交易市场。

二、汇率

(一)汇率的概念

汇率是指一国货币用另一国货币表示的价格，或以一个国家的货币折算成另一个国家货币的比率。汇率有两种表示方法，即直接标价法和间接标价法。前者以一定单位的外国货币为基准来折算折合多少单位的本国货币，如 1 美元=8.3 元(人民币)；后者以一定单位的本国货币为基准来折算折合多少单位的外国货币，如 1 元(人民币)=0.12 美元。

(二)汇率的种类

按照不同的划分标准，汇率可以分为不同的种类。

(1) 按汇率制定的不同方法划分，可分为基础汇率和套算汇率。基础汇率是一国所制定的本国货币与基准货币(关键货币)之间的汇率。套算汇率是在基础汇率的基础上套算出的本币与非关键货币之间的汇率。

(2) 按银行买卖外汇的角度，可分为买入价、卖出价和中间价。买入价即买入汇率，是银行从同业或客户那里买入外汇时使用的汇率。卖出价即卖出汇率，是银行向同业或客户卖出外汇时使用的汇率。中间价是买入价和卖出价的平均价。对于直接标价法，(买、卖外币)较低价格为买入价，较高价格为卖出价；对于间接标价法，(买、卖外币)较高价格为买入价，较低价格为卖出价。

(3) 按外汇交易中支付方式的不同，可分为电汇汇率、信汇汇率和票汇汇率。电汇汇率是经营外汇业务的本国银行在卖出外汇后，即以电报委托其国外分支机构或代理行付款给收款人的汇率。由于电汇付款快，银行无法占用客户资金头寸，同时，跨国的电报费用较高，所以电汇汇率较一般汇率高。但是电汇调拨资金速度快，有利于加速国际资金周转，因此电汇在外汇交易中占有绝大的比重。

信汇汇率是银行开具付款委托书，用信函方式通过邮局寄给付款地银行转付收款人所使用的一种汇率。由于付款委托书的邮递需要一定的时间，银行在这段时间内可以占用客户的资金，因此，信汇汇率比电汇汇率低。

票汇汇率是指银行在卖出外汇时，开立一张由其国外分支机构或代理行付款的汇票交给汇款人，由其自带或寄往国外取款所使用的汇率。由于票汇从卖出外汇到支付外汇有一段间隔时间，银行可以在这段时间内占用客户的头寸，所以票汇汇率一般比电汇汇率低。票汇有短期票汇和长期票汇之分，其汇率也不同。由于银行能更长时间运用客户资金，所以长期票汇汇率较短期票汇汇率低。

(4) 按成交后交割时间的长短不同，分为即期汇率和远期汇率。即期汇率也叫现汇汇率，是指买卖外汇双方成交当天或两天以内进行交割的汇率。远期汇率是在未来一定时期进行交割，而事先由买卖双方签订合同、达成协议的汇率。到了交割日期，由协议双方按预订的汇率、金额进行钱汇两清。远期外汇买卖是一种预约性交易，是由于外汇购买者对外汇资金需要的时间不同，以及为了避免外汇汇率变动风险而引起的。远期外汇的汇率与即期汇率相比是有差额的，这种差额叫远期差价，有升水、贴水、平价三种情况。升水是表示远期汇率比即期汇率贵，贴水则表示远期汇率比即期汇率便宜，平价表示两者相等。

(5) 按汇率制度不同，可分为固定汇率和浮动汇率。固定汇率是指由政府制定和公布，并只能在一定幅度内波动的汇率。浮动汇率是指由市场供求关系决定的汇率。

(6) 按是否扣除通货膨胀因素，可分为实际汇率和名义汇率。名义汇率是指在社会经济生活中被直接公布、使用的表示两国货币之间比价关系的汇率。实际汇率是用两国物价水平对名义汇率进行调整后的汇率，是在名义汇率的基础上，剔除了物价上涨，通货膨胀因素的汇率。

(三)汇率的决定

1. 影响汇率制度的经济因素

汇率作为一国货币对外价格的表现形式，既要受经济因素的影响，也会受到政治和社会因素的影响。这里主要介绍引起汇率变动的主要经济因素。

(1) 国际收支。一国国际收支发生顺差，就会引起外国对该国货币需求的增长与外国货币供应的增加，顺差国的货币汇率就会上升；反之，如一国国际收支发生逆差，它的货币汇率就会下降。

(2) 通货膨胀率差异。一国货币对内的价值是决定其对外价值的基础。货币对内的价值是以国内物价水平来反映的。在通货膨胀下，货币对内贬值，造成商品价格相对上涨，货币流通量增加，货币的币值下降，对外体现为外汇上涨，对外的汇率下跌。在纸币流通的条件下，两国货币之间的比率，从根本上说是由各自所代表的价值量决定的。国内外通货膨胀率差异是决定汇率长期趋势中的主导因素。具体来看，高通货膨胀率会削弱本国商品在国际市场上的竞争能力，引起出口的减少，同时提高外国商品在本国市场上的竞争能力，造成进口增加。

(3) 利率差异。如果一国的利率水平相对于他国提高，就会刺激国外资金流入增加，本国资金流出减少，由此改善资本账户收支，提高本国货币的汇价；反之，如果一国的利率水平相对于他国下降，则会恶化资本账户收支。

(4) 经济增长差异。一国经济增长率高，意味着收入上升，由此造成进口支出大幅度增长；一国经济增长率高，意味着生产率提高快，由此通过生产成本的降低改善本国产品的竞争地位而有利于增加出口，抑制进口；一国经济增长势头好，一国的利润率也往往较高，由此吸引国外资金流入本国，进行直接投资，从而改善资本账户收支。

(5) 中央银行干预。各国中央银行或货币当局为保持汇率稳定，或有意识地操纵汇率以服务于某种经济政策，都会对外汇市场进行直接干预。这种通过干预直接影响外汇市场供求的情况，虽无法从根本上改变汇率的长期走势，但对汇率的短期走向会有一定的影响。

(6) 市场预期。市场预期因素是影响各国资本流动的另一个重要因素。当交易者预料某种货币汇率今后可能贬值时，他们会大量抛出；而当他们预料这种货币的汇率今后可能升值时，则会大量买进。预期因素是短期内影响汇率变动的最主要因素。

2. 纸币流通下汇率的决定基础

在布雷顿森林体系瓦解后的浮动汇率制度下，由于黄金非货币化，各国货币间的汇率由外汇供求决定，完全自由浮动，各国纸币间的汇率就不再以其含金量来确定，而是以其国内价值(一般倾向于以各国货币在国内的购买力来衡量)来决定。因此，在纸币流通的情况下，一国货币的国内购买力是该货币对外汇率的基础。

专栏 10-1：金本位制的变迁

金本位即金本位制(gold standard)，它是以黄金为本位币的货币制度。在金本位制下，每单位的货币价值等同于若干重量的黄金(即货币含金量)；当不同国家使用金本位时，国家之间的汇率由它们各自货币的含金量之比—铸币平价(Mint Parity)来决定。金本位制于 19 世纪中期开始盛行。在历史上，曾有过三种形式的金本位制：金币本位制、金块本位制、金汇兑本位制。其中第一次世界大战前的金币本位制，是典型的国际金本位货币体系。这个国际货币体系大约形成于 1880 年，延续至 1913 年，它是在资本主义各国间的经济联系日益密切，主要资本主义国家实行金币本位货币制度之后自发地形成的，其形成基础是英国、美国、德国、荷兰、一些北欧国家和拉丁货币联盟(由法国、意大利、比利时和瑞士组成)等实行的国内金币本位制。第一次世界大战爆发后，各国停止银行券兑换黄金并禁止黄金输出，同时出现严重的通货膨胀。战争期间，各国实行自由浮动的汇率制度，汇价波动剧烈，国际货币体系的稳定性已不复存在，于是金币本位制宣告结束。第一次世界大战以后，在1924—1928年，资本主义世界曾出现了一个相对稳定的时期，主要资本主义国家的生产都先后恢复到大战前的水平，并有所发展。各国企图恢复金本位制，但是，由于金铸币流通的基础已经遭到削弱，不可能恢复典型的金本位制。当时除美国以外，其他大多数国家只能实行没有金币流通的金本位制，这就是金块本位制和金汇兑本位制。

(资料来源：作者根据公开资料整理)

3. 汇率决定理论

虽然国内购买力是汇率决定基础，但汇率的决定并不完全受国内购买力的影响，还要受到国际借贷、两国利率水平、国际收支和资本市场等方面的影响。学者们从不同的角度提出了不同的汇率决定理论。较为流行的有国际借贷说、购买力平价说、利率平价说、国际收支说、资产市场说等，这些理论从不同的角度，对汇率的决定进行了分析。国际借贷说认为汇率是由外汇市场上的供求关系决定，而外汇供求又源于国际借贷。购买力平价说认为两种货币间的汇率决定于两国货币各自所具有的购买力之比。利率平价说认为两国之间的即期汇率与远期汇率的关系与两国的利率有密切的联系。国际收支说认为一国汇率的变化，是由外汇供给和需求决定的，而外汇的供给和需求是由国际收支决定的。资本市场说更强调了资本流动在汇率决定理论中的作用，汇率被看作为资产的价格，由资产的供求决定。

(四)汇率变动对经济的影响

在外汇市场上，汇率是经常变动的。汇率变动的经济影响十分重大，并且可能波及一国社会经济生活的各个主要方面。这些影响主要反映在国际收支、国内特价和一国经济的增长方面。

1. 汇率变动对国际收支的影响

第一，汇率波动对贸易收支有影响。在理论上，本币汇率下调有利于出口，不利于进口，从而有利于贸易收支的改善。但从实际情况看，并不一定如此。许多国家货币贬值后，贸易收支不但没有改善，反而恶化了，主要原因是出口和进口的弹性变化。汇率下调对出口的促进作用要以足够大的出口的供给弹性为前提。在汇率下调初期，出口增加较少，而进口上升，国际收支恶化。当进口惯性消失以后，进口才能受到抑制，同时经过一点时间的调整，出口扩大，这时国际收支才得到改善。

第二，汇率变动对资本项目有影响，主要表现在以下方面，汇率波动对外商投资的影响是不确定的；汇率的波动对短期资金会产生影响；短期资金是为了投机、保值或盈利而发生的；为了避免货币贬值的损失，资金逃往国外，造成资金外逃。我国现阶段发生资金外逃问题比较严重，原因在于我国资本市场不发达，人民币不能自由兑换，但随着金融市场的发展以及人民币的可自由兑换，这一问题将会暴露出来。

第三，汇率变动对旅游收入有影响。国际旅游业从本质上说是以劳务为中心的出口行业。因此，汇率波动对旅游收入来说，同样有个弹性问题。也就是说，人民币贬值后，相同数量的外币可以换得更多的人民币，更多的外国人可以到我国来旅游，但每个外国人在国内的花费会减少，所以旅游外汇收入不一定增加。

2. 汇率变动对国内物价的影响

汇率可以从出口和进口两个方面对国内物价产生影响。从出口方面来看，汇率下调，使出口企业的本币收入增加，从而引起对国内出口货源的需求增加。在汇率下调后的一段时间内，生产能力还来不及形成，因此，国内市场的供求矛盾加剧，从而造成出口企业抬价抢购，造成物价上升。从进口方面来说，汇率下调，进口商品的价格上升，并在国内市场迅速扩散，引起国内同等商品或替代商品价格上升。如果汇率向上波动，物价不一定稳定。本币升值，出口产品外币价格降低，出口会下降，而进口需求增加。如果本币升值是在国际储备比较充裕的前提下发生的，那么对国内物价稳定是有利的。由于出口下降，进口增加，国际储备继续下降，并且逆差持续很长时间时，本币汇价会自动下降，从而物价将上升。

3. 汇率变动对经济增长的影响

由于汇率下降会起到增加出口的作用，这无疑会带动经济增长，因为出口是社会总需求中的重要部分。出口增加会带动投资、消费的增加，并且增加就业。但出口带动经济增长要受到国内供求关系的影响。若国内资源闲置，并有大量劳动力剩余的情况下，出口增加使闲置的资源和劳动力得到利用，从而有利于经济增长。若国内已经处于充分就业的情况下，出口增加意味着总需求的增加，过度需求造成物价上涨，结果要通过增加进口来缓和供求矛盾。若国内资源紧缺，本币贬值后，大量初级产品出口，从而加剧国内同类产品供给紧张，出口增长对经济增长的作用不大，而且造成物价上升，对长久的经济增长和充分就业不利。出口增加对经济增长的作用关键是出口的结构，如果出口商品中加工产品比重大，则有利于经济增长；反之，如果初级产品比重大，并且国内的供给也非常紧张，则出口对经济增长的作用不大。进口增加对经济增长的影响，要视一国的进口结构。如果进口商品是国内短缺的投资品，进口增加等于投资增加，无疑对经济增长有利；当进口商品是消费品，特别是高档的奢侈消费品时，进口增加等于消费增加，对经济增长的作用不大，甚至产生副作用。

第二节　外汇风险管理

一、外汇风险

汇率变动会对宏观经济主体产生影响，使其面临外汇风险，同样也会对微观主体譬如跨国企业产生很大影响。企业的外汇风险是指汇率变动对企业以外币计价的资产或者负债价值发生不确定的变化。外汇风险可能具有两种结果，或是获利，或是遭受损失。一个国际企业组织的全部活动中，即在它的经营活动过程、结果、预期经营收益中，都存在着由于外汇汇率变化而引起的外汇风险。这些风险主要包括三种类型，即经济风险、交易风险和会计风险。预期经营收益的风险为经济风险，经营活动过程中的风险为交易风险，经营活动结果中的风险为会计风险。

二、经济风险及管理

(一)经济风险的概念

经济风险，是企业面临的外汇风险的一种类型，它是指意料之外的汇率变动引起未来一定期间内企业资产、收益或现金流量变化的一种潜在风险。汇率的变动通过对企业生产成本、销售价格，以及产销数量等的影响，使企业的最后收益发生变化。外汇经济风险对企业影响很大。

(二)经济风险的特点

(1) 经济风险不能被准确识别和测量。经济风险在很大程度上取决于销售量、价格或成本的变动对汇率变动的反映程度。对跨国经营的企业来说，汇率变动引起的不仅是临时的价格变化，而且对一些环境变量(如利率、需求结构等)有长期的甚至永久性的影响。环境变量的变化，会引起公司产品价格、市场份额、生产成本等指标变化，从而引起收益波动，给企业带来经济风险。

(2) 经济风险在长期、中期和短期内都存在，而不像交易风险和折算风险是短期的、一次性的。

(3) 经济风险是通过间接渠道产生的，即汇率变化—经济环境变化—收益变化，即使是纯粹的国内企业也会面临经济风险。经济风险通过两种形式表现出来：一是资产风险，即汇率的波动对企业资产(负债)以母国货币表示的价值影响；二是经营风险，即汇率的波动对企业的现金流的影响。

(三)经济风险的管理

经济风险属于长期风险,涉及供产销各环节,需要采取措施进行分散。一是在不同业务领域经营,分散风险;二是在全球范围内分散原材料来源、生产和销售地点。对受到汇率变化严重影响的子公司的业务流程进行重新构建,降低整个业务的经济风险。不同项目对汇率变化具有不同敏感度,企业通过一些措施平衡这些项目由于汇率变动带来的现金流量的影响,从而避免现金流量的剧烈波动。如果销售收入比销售成本对汇率变动更敏感,则减少对其他国家的销售,增加经营所在国的销售;或者增加从其他国家原材料的进口,减少从经营所在地取得原料。

三、交易风险及管理

(一)交易风险的概念

交易风险是指在约定以外币计价成交的交易过程中,由于结算时的汇率与交易发生时(即签订合同时)的汇率不同,而引起收益或亏损的风险。交易风险是未了结的债权、债务在汇率变动后,进行外汇交割清算时出现的风险。这些债权、债务在汇率变动前已发生,但在汇率变动后才清算。汇率制度体系是外汇交易风险产生的直接原因。固定汇率体制将风险给屏蔽了,而浮动汇率体制增加了未来货币走势的不确定性,扩大了风险敞口。

外汇风险一般包括两个因素,即货币和时间。如果没有两种不同货币间的兑换或折算,也就不存在汇率波动所引起的外汇风险。同时,汇率和利率的变化总是与时间期限相对应,没有时间因素也就无外汇风险可言。交易日与清算日的时间跨度越大,汇率波动的幅度可能越大,货币间的折算风险也就越大。外币与本币间的兑换,成为外汇交易风险产生的先决条件,而时间因素则是外汇交易风险产生的催化剂。

(二)交易风险的种类

外汇交易风险主要分为三种类型,第一类是国际贸易信用买卖中的交易风险,是以即期或延期付款为支付条件的商品或劳务的进出口,在货物装运和劳务提供后,而货款或劳务费用尚未收付前,外汇汇率变化所发生的风险。第二类是外汇借款和投资中的交易风险,是以外币计价的国际信贷活动,在债权、债务未清偿前所存在的汇率风险。例如,某项目借入是日元,到期归还的也应是日元,而该项目产生效益后收到的是美元。若美元对日元汇率猛跌,该项目要比原计划多花许多美元才能兑成日元归还本息,结果造成亏损。第三类是远期和期货外汇交易中的交易风险,即远期外汇合同和期货合同中,约定汇率和到期参考汇率的差异产生的风险。

(三)跨国公司的交易风险

对于单个跨国公司而言,它所承担的交易风险并不是所有业务产生的交易风险的总和。

外汇债权、债务的交易风险可能相互抵消，企业实际承担的交易风险变小甚至没有。如果每个子公司分别对其外汇敞口的交易风险进行管理，会导致巨大的管理成本。其实，子公司间的外汇敞口也可能互相抵消，因此，跨国公司总体的交易风险由其所有子公司无法抵消的外汇敞口合并构成。

跨国公司交易风险的估算步骤是：首先，测算所有子公司的外汇敞口并加以合并，得到公司范围内的预期外汇净流量。其次，估计预期汇率变动幅度内，外汇净流量的本币价值变化范围，因为交易风险大小不仅取决于外汇净流量的多少，还取决于外汇汇率本身的变动幅度。第三，分析汇率变动的相关性，进一步确定交易风险，因为交易风险的大小还取决于各外汇汇率变动的相关性。如果两种外汇的净流量方向相反，它们的汇率变动是完全正相关的、可以获得最佳的风险分散效果；如果两种外汇的净流量方向相同，只要它们的汇率变动不是完全正相关，它们的组合都可以在一定程度上降低交易风险。第四，综合分析公司总体交易风险。

(四)交易风险管理

为了避免或者减小交易风险，跨国公司可以采取一些措施，这些措施主要分为两类，一类属于交易管理类，通过采用金融衍生工具进行金融市场操作；一类属于内部经营管理方面的策略。

1. 交易管理方法

(1) 利用远期外汇交易。利用远期外汇交易可以锁定未来汇率，但是会将汇率变动的有利影响和不利影响都消除。具体方法：拥有外汇债权，则出售远期外汇，锁定将来的本币流入金额；拥有外汇债务，则购买远期外汇，锁定将来需支付的本币金额。

[例 10-1] 某企业在 1 个月后将收到 1 000 万日元货款，即期汇率 J￥100=RMB ￥6.343 5。若担心日元贬值，该公司应如何规避风险？

解：该企业可以采用远期外汇交易，锁定 1 个月后外汇兑换成本币的汇率水平，与外汇银行签订以约定汇率 J￥100=RMB ￥6.343 5 出售 1000 万日元的远期外汇交易合同。在不考虑交易摩擦费用的情况下，无论 1 个月后市场汇率如何变化，汇率都被锁定在 J￥100=RMB ￥6.343 5。

若 1 个月后日元贬值，即期汇率为 6.342 0，按约定汇率出售 1 000 万日元，兑换为人民币 63.435 万元，比市场汇率兑换的 63.420 万元盈利 0.015 万元。

若 1 月后日元升值，即期汇率为 6.3450，按约定汇率 1 000 万日元兑换为人民币 63.435 万元，比市场汇率兑换的 63.450 万元亏损 0.015 万元。

(2) 利用外汇期货交易。利用外汇期货交易与远期外汇交易的操作原理相同。即拥有外汇债权，则出售外汇期货，锁定将来汇率和本币流入金额；拥有外汇债务，则购买外汇期货，锁定将来汇率和需支付的本币金额。

(3) 利用借款与投资方式。利用借款与投资方式主要是制造与外汇敞口相反的外币债权、债务，以抵消已有的外币债权和债务在收回或者清偿时因汇率变动导致的风险。具体操作：外汇敞口是债务，则制造外汇债权，即借入本币兑换成外币进行债权投资，本币借款本息不受汇率变动影响，可以固定偿还外汇债务所需要的本币价值；外汇敞口是债权，则制造外汇债务，即借入外币兑换成本币进行投资，本币投资的本利和固定。

(4) 利用外汇期权交易。利用外汇期权交易，则可以消除汇率变动的不利影响，但同时保留了汇率变动带来收益的可能性。企业可以通过购买看涨期权和看跌期权锁定外汇交易的汇率和本金。当市场价格与预期相同，就行权；否则就不行权。

(5) 利用掉期交易。企业还可以通过与外汇银行之间签订外汇的掉期交易合同规避交易风险。

[例 10-2] 国内某公司将在 1 个月后收到货款 100 万美元，3 个月后，又将支出 100 万美元，该公司应如何规避外汇风险？

解：该公司可与外汇银行签订一个掉期交易合同，以锁定汇率变动的风险，即公司可与银行签订掉期合约，卖掉 1 个月期的 100 万美元，买入 3 个月期的 100 万美元。

假设 1 个月期的远期汇率为 \$1 ＝￥6.367 0，3 个月期的远期汇率为 \$1＝￥6.267 0，则该公司在防范风险的同时，还获得了掉期收益：100×6.367 0−100×6.267 0=10(万)。

如果预计汇率变动将会给企业带来利益，企业可以不选择上述的保值手段。

2. 非交易管理方法(内部经营策略)

(1) 转嫁策略，即将原本可能由己方承担的风险转嫁给交易对方。在进出口交易中，选择对自己有利的货币计价，如在进口时尽可能选择软币计价；而在出口时尽可能选择硬币计价。当然，实务中经常需双方协商处理，顾及双方利益，转嫁了风险的一方主动在其他交易条件方面做出让步。或者调整国内合同，向国内厂家或消费者转嫁。如果交易的商品是国际商品，或者交易另一方在交易中处于有利地位时，转嫁策略较难实现。

(2) 配对策略。通过将供应地和出口地选择在同一个地区，从而使得进出口可以使用同一种货币。出口货款以及其他外币收入不转换成本币，把它们全部存放在外汇账户中，作为进口货款或其他外币支付款使用。由此，就无须进行买卖两个方面的外汇交易，可以节省银行手续费和买卖差价，而且可以消除汇率变动引起的汇率风险。

(3) 提前或推迟结算策略。独立公司之间的提前或推迟结算，受益一方需要向对方做出补偿；跨国公司内部使用提前或推迟付款策略的基本要求，最好在全股持有的子公司中使用，当然，这要求内部拥有良好的绩效评估技术，以便对子公司的经营业绩做出合理的评价。

(4) 设置再开票中心。跨国公司可以设置再开票中心。再开票中心专门负责管理跨国公司内部交易产生的交易风险，统一负责各子公司外汇收支的发票和结算，但不负责商品的流动。再开票中心对交易风险管理更为专业有效，但是要产生额外的专业费用，各子公司在交易中均以本币收付，不承担外汇交易风险，可以专心于自身的经营活动。

四、会计风险及管理

(一)会计风险产生的原因

会计风险(accounting risk)又称折算风险、账面风险、转换风险(translation risk)，指跨国公司在会计年末将境外子公司或其他附属机构以外币记账的财务报表，合并到母公司或总公司以本币记账的财务报表时，由于入账时的历史汇率与合并报表时换算所使用的现行汇率不同，致使有关会计项目出现账面上的外汇损益。会计风险只是账面价值的波动，并不是实际的损失和收益，但会影响到企业向股东和社会所公布的营业报告书的结果。

(二)主要折算方法

(1) 流动/非流动法。这种方法将流动资产、流动负债采用现行汇率折算，非流动资产、非流动负债采取历史汇率折算。流动资产主要包括银行存款、库存现金、应收账款、有价证券持有额、存货等，流动负债主要包括短期负债(银行短期贷款、应付账款、应付税金、应付利息等)；非流动资产主要包括土地、房屋、设备、长期证券投资等，非流动负债主要包括长期负债(长期债券、长期票据等)。

(2) 货币/非货币法。这种折算方法将货币性资产负债项目按现行汇率折算，非货币性资产负债项目按历史汇率折算。货币性资产主要包括现金、有价证券、各种应收款等，货币性负债主要包括应付款、长期负债等；非货币性资产主要包括存货、固定资产、长期投资等，非货币性负债主要包括递延款项等。

(3) 时态法。对货币性项目以及以现行成本计价的资产采用现行汇率，其他资产和负债项目按取得时的历史汇率折算，折算差额直接记入当期合并损益中。

(4) 现行汇率法，即普通股股东权益按历史汇率折算，其他资产负债表项目用现行汇率折算。目前世界上大多数国家均采用现行汇率法进行折算。

(三)会计风险管理

会计风险管理即折算风险管理，是通过调整资产负债表中资产与负债的构成，使以某种外币表示的资产总额与负债总额相等，从而使会计风险为零。

1. 会计风险管理的方法

会计风险管理的常见方法主要有缺口法和合约保值法。缺口法管理的核心思想是分别计算出风险资产和风险负债的大小，并调整其差额使其变为零缺口，从而避免汇率风险所带来的损失。合约保值法，先确定企业可能出现的预期折算损失，再采取相应的远期交易避免风险。

2. 会计风险管理的步骤

会计风险管理的具体步骤如下。

第一，弄清资产负债表中各账户、各科目上各种外币的规模，并明确综合折算风险的大小。

第二，根据风险头寸的性质确定受险资产或受险负债的调整方向。如果某种外币表示的受险资产大于受险负债，就需要减少受险资产，或增加受险负债，或者双管齐下。反之，如果以某种外币表示的受险资产小于受险负债，则需要增加受险资产，减少受险负债。

第三，在明确调整方向和规模后，要进一步确定对哪些账户、哪些科目进行调整。这正是实施资产负债匹配保值的困难所在，因为有些账户或科目的调整可能会造成新的其他性质的风险。因此，需要认真对具体情况进行分析和权衡，决定科目调整的种类和数额，这样才能使调整的综合成本最小。

第三节　国际融资管理

一、国际企业的资金来源和筹资方式

(一)国际企业的资金来源

国际企业的资金来源主要包括以下几个方面：一是公司集团内部的资金来源；二是母公司所在国的资金来源，如"走出去"项目，母公司所在国银行提供给国外子公司的贷款，由母公司担保；三是子公司所在国的资金，如子公司在当地的借款，既可以弥补投资不足，又是降低投资风险的有力措施；四是国际市场资金来源。

(二)国际企业的筹资方式

国际企业的筹资方式主要有以下几种：一是发行国际股票——境外上市，如我国一些互联网公司在美国纳斯达克上市。二是发行国际债券——发行外国债券和欧洲债券。三是利用国际银行信贷，如向外国银行借入资金，包括独家银行信贷和银团贷款。四是国际贸易信贷，即供应商、金融机构为国际贸易提供资金的一种信用行为。国际贸易中的中长期信贷的目的是扩大本国产品出口，因此，国际贸易信贷常称为出口信贷。五是通过国际租赁的方式筹资，这种方法我们在本书第五章第四节融资租赁的相关内容中已经介绍。

专栏 10-2：跨国公司

跨国公司(transnational corporation)，又称多国公司(multi- national enterprise)、国际公司或国际企业(international firm)等，是指由两个或两个以上国家的经济实体所组成，并从事生产、销售和其他经营活动的国际性大型企业。跨国公司的雏形最早出现在 16 世纪，成长于 19 世纪 70 年代之后，目前已经成为世界经济国际化和全球化发展的重要内容、表现和主要推动力，在国际贸易、国际金融等领域的影响举足轻重。

跨国公司的主要特征有：①一般都有一个国家实力雄厚的大型公司为主体，通过对外直接投资或收购当地企业的方式，在许多国家建立有子公司或分公司；②一般都有一个完整的决策体系和最高的决策中心，各子公司或分公司虽各自都有自己的决策机构，都可以根据自己经营的领域和不同特点进行决策活动，但其决策必须服从于最高决策中心；③一般都从全球战略出发安排自己的经营活动，在世界范围内寻求市场和合理的生产布局，定点专业生产，定点销售产品，以牟取最大的利润；④一般都因有强大的经济和技术实力，有快速的信息传递，以及资金快速跨国转移等方面的优势，所以在国际上都有较强的竞争力；⑤许多大的跨国公司，由于经济、技术实力或在某些产品生产上的优势，或对某些产品，或在某些地区，都带有不同程度的垄断性。

(资料来源：作者根据公开资料整理)

二、国际企业资本成本和资本结构

(一)国际企业资本成本

国际企业资本成本是国际企业取得各种资本的加权平均资本成本。在完善的市场上，不存在市场分割、信息不对称，并且资金能够自由流动，国内和国外市场筹资的资本成本是没有差别的；当市场不完善时，国际筹资可以在更广阔的市场、向更多的投资者筹资，减少信息不对称，因而能够降低资本成本。跨国公司的优势在于可以从不同的、分割的市场上筹资，从而在一个相当大的资本预算范围，保持边际资本成本不变。

专栏 10-3：丹麦 Novo 公司资本成本国际化

丹麦国内资金有限，国外投资者对丹麦证券市场不了解，Novo 公司 P/E 一般 5 倍左右，而国外竞争对手的市盈率超过 10 倍。为解决这一问题，Novo 公司首先发行了 2 000 万美元欧洲债券，同时其股票在伦敦股票交易所上市，增加信息透明度；之后向美国投资者推介，将其股票在纳斯达克上市。公司的股票得到国外投资者的大量购买，股价提高，降低了权益融资的资本成本。

(资料来源：作者根据公开资料编写)

(二)国际企业资本结构

1. 国际企业总体资本结构

国际企业的总体资本结构是整个国际企业资产负债结构。国际企业与国内企业的资本结构是否存在差别，主要有两种观点：一是认为国际企业可以承受更高的负债率(债务密集资本结构)，因为国际企业在地理分布和业务方面更加多元化，分散了风险，整体而言会具有更稳定的现金流。二是认为国际企业应该具有更多的权益资本(股权密集资本结构)，因为国际企业在国外的业务会受到汇率变动、外汇管制等因素影响，还可能面临政治风险，因此其现金流比国内企业更加变化无常，风险程度更高。现实中不同行业、不同国家国际企业的资本结构有较大差别，基本趋向于公司总部所在国的资本结构特征。调查发现，英联邦国家和美国的国际企业债务比率比总部在其他工业发达国家的要低。

2．子公司资本结构

子公司资本结构是国际企业子公司资产负债结构。在既定商业风险和资本预算水平下，合并资本成本最小化是国际企业资本结构目标。每个子公司的资本结构仅与其对总体目标的影响程度有关，子公司并没有自己完全独立的资本结构，而是受到母公司的操纵。母公司调整海外子公司的资本结构，使子公司资本结构有利于国际企业的整体经营战略。确定子公司的资本结构有三种方法：一是子公司资本结构与母公司保持一致，这种方式的优点是简单易行，并且投资者对国际企业的风险评价一致；但是这种确定子公司资本结构的方法忽视了子公司所处的特殊环境，没有因地制宜。二是子公司资本结构本地化，这种方法的优点是可以利用当地有利的融资环境，避免高负债情况受到当地的指责，并且利于用当地资本成本标准评价投资项目；但是当地的债务标准是依据当地不完善的资本市场、制度约束建立起来的，可能并不合理，因此这种方法放弃了国际企业资金来源多样化、风险分散的优势。三是折中、灵活确定子公司资本结构，即根据子公司具体筹资成本和风险状况灵活性确定。该方法允许债务成本低、投资收益汇出困难国家的子公司保持较高的债务比率，否则保持较高的股权比例。

3．母公司对子公司债务的责任

很多子公司的债务比率并不受到重视，债权人一般不会单纯依赖子公司收益作为还款来源，而是看重母公司和它的全球现金流。无论对子公司债务是否存在正式担保，母公司一般不会任子公司拖欠债务，避免子公司因违约而影响公司总体的信用级别和筹资能力，导致与各类债权人尤其是一些国际金融机构的关系恶化。

三、国际企业融资风险管理

(一)防范国家风险

国家风险主要是指东道国政治、法律及各种社会不确定因素给跨国公司经营活动带来的风险。在国家风险中，政治因素所引起的风险处于关键地位。通常，政治风险主要具有以下特点。

(1) 使该国经营环境急剧变化，具有不连续性。

(2) 难以预测经营环境的变化，具有很大的不确定性。

(3) 整个社会中的各种政治力量的权力与权威关系极为复杂。

由于上述原因，使跨国公司的利润或其他目标的实现受到了显著影响。

政治风险对跨国公司经营活动的影响主要有两种形式：一是"国有化"；二是变相"没收"。所以，可以采取的降低国家风险的措施包括：尽可能在政治稳定、法制健全的国家投资；在一些风险较高的国家引入国际金融机构的保险或担保，或利用当地负债筹资或多边金融机构贷款，坚持以国外投资项目的盈利归还贷款。

(二)管理外汇风险

通过外汇风险的管理降低国际企业筹资风险。全面衡量外汇的经济风险、交易风险和会计风险，并采取相应的措施来规避这些风险。例如，合理组合筹资货币的币种，使筹资货币与使用货币、偿还货币的币种尽量保持一致；在不同市场筹资要均衡、筹资期限要均衡等，并合理确定外汇暴露(风险头寸)，根据自身情况，选择不保留风险头寸或保留一定比例外汇风险头寸以控制风险。这部分的内容见本章第二节。

(三)保持和扩大现有筹资渠道

保持和扩大现有筹资渠道，筹资渠道多样化，可以保障资金来源的稳定。筹资渠道是国际企业的资金来源渠道，不同的筹资渠道有不同的风险。在世界经济一体化的情况下，各国的市场相互沟通，但又各具特征，受本国的自身政治、经济、文化、金融市场等方面的影响。例如，同样的股票市场，有些国家股票上市使用注册制，有些国家实行审批制，这就会给企业股权融资带来不同的影响，前者侧重于上市后的监管，后者侧重于上市资格的审查。前者上市较后者容易，但上市后的信息披露和监管较后者严格等。另外，以银行为主导的金融体系和以资本市场为主导的金融体系也有很大的不同，前者企业较容易获得贷款，后者则较容易获得股权融资。国际企业的跨国特征，使之可以全球视野来考查融资问题，以获得最低综合资本成本。

第四节 国际投资管理

一、国际投资的类型

国际投资(international investment)，又称国外投资(foreign investment)或海外投资(overseas investment)，是指跨国公司等国际投资主体，将其拥有的货币资本或产业资本，通过跨国界流动和营运，以实现价值增值的经济行为。国际投资按不同的分类方法，有不同的分类。

(一)按产品分类

按照生产产品的不同，分为横向型投资、垂直型投资和混合型投资。横向型投资也称水平型投资，是指母公司将国内生产相同或相似产品的生产经营扩展到国外子公司进行；

垂直型也称纵向型,是指到国外建立与国内产品生产相关联的子公司,母公司和子公司之间实行专业化协作;混合型是指到国外建立与国内生产和经营方向完全不同,生产不同产品的子公司。

(二)按时间长短分类

以时间长短为依据,国际投资可分为长期投资和短期投资。短期投资是指能够随时变现、持有时间不超过一年的有价证券投资及不超过一年的其他跨国投资。短期投资主要利用债券和股票等有价证券进行投资,具有投资风险小、变现能力强、收益率低等特点。

长期投资是指不准备随时变现、持有时间超过一年的有价证券投资及超过一年的其他跨国投资。长期投资可以利用现金、实物、无形资产、有价证券等形式进行,具有投资风险大、变现能力差、收益率高等特点。

长期投资与短期投资的划分并不完全取决于投资期限的长短,主要取决于投资的目的。在一年内不能随时变现的证券和其他资产通常用于长期投资,但可以随时变现的有价证券则可根据需要用于短期投资。

(三)按经营权分类

按照有无经营权,国际投资可分为国际直接投资和国际间接投资。直接投资是指投资者是能有效地控制投资对象的投资,即对国外企业的有效控制权;间接投资的投资者则不控制投资对象。投资者获取收益的性质和风险不同,国际直接投资的性质和投资过程比国际间接投资复杂。

(四)按是否新建分类

国际投资按照是否新建,分为绿地投资和跨国并购,这种分类方式是较常用的方式。绿地投资是指跨国公司等投资主体在东道国境内依照东道国法律设置的部分或者全部资产所有权归外国投资者所有的企业,也称作新建投资,主要采用国际独资企业和国际合资企业两种形式。跨国并购是指跨国企业为了某种目的,通过一定的渠道和支付手段,将另一国企业的一定份额的股权直至整个资产收买下来,主要有兼并和收购两种方式。

二、国际投资方式的优缺点

绿地投资需要的条件包括:①拥有最先进技术和其他垄断性资源。采取绿地投资策略可以使跨国公司最大限度地保持垄断优势,充分占领目标市场。②东道国经济欠发达,工业化程度较低。创建新企业意味着生产力的增加和就业人员的增多,可为经济发展带来新的增长点;而并购东道国现有企业只是实现资产产权的转移,并不增加东道国的资产总量。因而,发展中国家一般都会采取各种有利的政策措施,吸引跨国公司在本国创建新企业,这些有利的政策有助于跨国公司降低成本,提高盈利水平。

(一)绿地投资的优缺点

绿地投资的优点主要表现在三个方面：①有利于选择符合跨国公司全球战略目标的生产规模和投资区位。例如，海尔集团在美国的南卡罗来纳州的汉姆顿建立生产基地，是因为汉姆顿地理位置优势。汉姆顿生产基地是海尔独资企业，电冰箱厂设计能力为年产20万台，以后逐渐扩大到年产40万至50万台。②投资者能在较大程度上把握风险。绿地投资企业在生产经营上主动性强，例如在利润分配、营销策略等方面，母公司都可以根据自己的需要进行内部调整。③创建新的企业不易受东道国法律和政策上的限制。新建企业可以为当地带来很多就业机会，并且增加税收，受到东道国政府的欢迎。海尔在南卡罗来纳州的总投资额达到1.26亿美元，创建了1 250个工作岗位。

绿地投资缺点主要反映在三个方面。①投资金额大。绿地投资是新建企业，从固定资产到流动资产都需要投资，这些投资包括租土地、修建厂房、引进机器设备、招募工人等。②建设周期长。通常包含考察、申办、报批、基建、设备安装、工人培训等程序。③投资风险高。不易克服东道国社会人文环境差异，容易面临市场需求变化快、产品生命周期缩短、投产时已滞销的风险等。

(二)跨国并购的优缺点

跨国并购的优点主要体现在六个方面：①迅速进入他国市场并扩大其市场份额。一国企业进入他国市场，第一种是直接出口。由于跨国运输的高昂运费和他国关税壁垒的阻碍，使得企业产品的价格变得非常高，从而在他国市场丧失了价格竞争力。第二种是绿地投资，耗费的时间比较长，但是，并购可以使一国企业以最快的速度进入他国市场并扩大市场份额。②有效利用目标企业的各种现有资源。目标企业在东道国一般都有比较成熟和丰富的资源，具体来说包括成熟完善的销售网络；既有的专利权、专有技术、商标权、商誉等无形资产；稳定的原材料供应保障体系；成型的管理制度和既有的人力资源；成熟的客户关系网。这些资源的存在可以使并购方绕开初入他国市场的困难，迅速投入生产，完善和开拓销售渠道，扩大市场份额，减少竞争压力。这些都是其他跨国投资方式难以获得的。③充分享有对外直接投资的融资便利。企业向外国投资常常需要融资。与"绿地投资"相比，并购可以比较容易地获得融资。并购完成后，并购方可以通过以下途径获得资金：用目标企业的实有资产和未来收益作抵押，通过发行债券获得融资；用目标企业的实有资产和未来收益作抵押，直接从金融机构获得贷款；并购方还可以通过与被并购方互相交换股票的方式控制目标企业，从而避免现金支付的压力。④可以廉价购买资产或股权。跨国并购常常能够用比较低的价格获得他国企业的资产或股权。并购方可以在目标企业资产被低估、处于困境或其股票暴跌的时候收购其股票。⑤便于扩大经营范围，实现多元化经营。多元化经营可以起到分散风险的作用，通过企业内部成长而达到的多角化经营需要较长时间，通过收购方式可以快速进入新领域，且风险较低。⑥其他优势。跨国并购还可以有效降低进入新行业的壁垒，大幅度降低企业发展的风险和成本，充分利用经验曲线效应，获得科学技术上的竞争优势等。

跨国并购的缺点主要反映在四个方面：①对目标公司的价值评估困难。跨国并购需要对目标公司所处行业环境、竞争状况、公司资产负债、市场份额、前景、经营管理水平、产品用途、价格、替代品、客户分布、需求量、开发新产品的能力等方面进行评估，以确定是否有并购价值。但是，由于目标公司与并购公司并不在一个国家，信息不对称情况较一国之内的并购更为严重，难以完全准确地进行价值评估。②传统关系、契约上的束缚。目标公司原有职工安置问题、客户、供货商的契约安排问题，往往与并购公司的期望不符，使得并购未能发挥管理上的协同。③比绿地投资易失败。④购并后的企业文化、经营管理整合困难。

三、国际投资方式的影响因素

(一)内部因素

不同类型的跨国企业选择国际投资的方式也不同。企业在决定国际投资方式时，首先从自身条件和要求出发，选择不同的投资方式。成熟大型的跨国企业拥有最新的技术资源、高价值的商标，为了防止技术垄断优势的丧失，一般选择内部化的绿地投资方式；新兴成长中的跨国企业一般选择跨国并购的方式，主要是基于三个方面的原因：①为了获得目标企业经验积累；②为了满足迅速发展的需要，以克服人力资源短缺；③抗风险能力较弱，因而选择风险较小的进入方式。

采取混合多元化战略的跨国企业一般采取跨国并购的方式，主要是基于两个方面的原因：一是迅速进入目标市场，占领市场；二是降低进入新行业的风险。

(二)外部因素

除了考虑并购企业自身的条件和要求，国际投资还要考虑外部的投资环境和约束。一般来说，东道国欢迎绿地投资，而对并购行为管制较严格，因为绿地投资能增加就业机会，增加税收。另外，还取决于东道国经济发展水平、工业化程度。一般而言，东道国为工业化程度高的发达国家，多采用跨国并购，如果为发展中国家，则绿地投资较多。最后，国际投资方式和目标市场、母国增长率也有关，一般而言，目标市场增长快，并购的方式便于快速抢占市场；母国市场增长快，则并购的方式比较节省资源。

跨国企业进入中国，大部分是以新建独资的方式，主要原因在于：政策优惠；工业化程度不高、管理体系、技术水平不符合跨国公司的需要；国内私企不够发达，企业规模、体制等难以成为目标公司；绿地投资政府受控制较少，而政府对合资的法律规定较多；新建投资更容易保守企业秘密；对中国的投资向高新技术产业转移，更适合独资；跨国企业熟悉中国法律法规、投资环境，东道国企业作为投资桥梁的作用在下降等。

四、国际投资方式

(一)股权参与方式

1. 独资经营

独资经营是指完全由外商出资并独立经营的一种国际直接投资方式。它是国际直接投资的传统形式。早期的国际投资基本上都是采取这种形式。目前跨国公司在制造业，尤其是高技术行业、国际运输和国际服务行业中，采用独资经营的方式仍相当普遍。在我国，对外商以这种方式设立的分支机构称为外商独资企业。

独资经营有如下的特点：①由外国投资者提供全部资本，自主独立地经营，自己承担风险。②独资经营企业常常能引进比较先进的技术、设备和管理方法，从而能生产出具有较强竞争力的产品。③对东道国来说，既吸引和利用了外资，自己又不必出资，不承担投资风险、经营风险。④对东道国来说，通过独资经营方式引进外资可以引进国外先进技术、先进管理经验，通过"示范作用"，可以提高国内的技术水平和管理水平。

2. 合资经营

合资经营是国际直接投资中常见的一种方式。它是指两国或两国以上的企业、其他经济组织或个人，在平等互利的原则基础上共同商定各自的投资股份，根据东道国的法律，通过签订合同举办共同投资、共同经营、共担风险、共负盈亏的股权式合营企业。我国的中外合资企业就属于这种类型。

合资经营企业是根据东道国法律组成的一种拥有独立资产的法定实体，因此，它是具有法人地位的有限责任公司或股份有限公司，在遵守和执行东道国有关法律、法令、条例的前提下，应受到东道国法律的保护和管辖，即应依法保护国外合资者在合资经营企业中的投资及应分得的利润和其他合法权益。

3. 合作经营

合作经营，是指以跨国公司为主体的投资者与另一方签订契约共同经营企业，但各方出资不采取股份形式，风险的分担和盈亏的分配也不一定与出资比例挂钩，而是依据契约中规定的比例分成。合作经营是一种比合资经营更简便灵活的参与方式，尤其适用于投资少、周期短、见效快的投资项目。这种合营实体可以是组成法人，也可以不是组成法人。由于出资方式不是采取拥有股权的形式，它不能算作严格意义上的股权参与，但在分享所有权这一基本形式方面，又与股权式合营企业有许多相似之处，故可看作是股权参与的一种变形。我国的中外合作经营企业属于这种类型。合作经营的组织管理形式比较灵活，主要有以下几种形式：董事会管理制、联合管理制、委托管理制。

4. 合作开发

合作开发是合作经营的一种特殊形式，是指资源国通过招标方式与中标的一家或几家外国投资开发公司签订合作开发合同，明确各方的权责利，联合组成开发公司对资源国石油等矿产资源进行开发的一种国际经济技术合作的经营方式。适用于自然资源大型开发及生产项目，尤其是海洋石油开采等风险大、投资多、技术要求高、建设周期长的项目。

合作开发的特点是整个过程分两阶段进行：第一阶段由从事开发的公司经东道国批准后进行地球物理勘探，所需的资金、设备、技术等全部由从事开发的公司提供，风险也由其承担。通过勘探，如果未发现具有商业开采价值的资源，已经耗费的一切费用均由该公司承担；如果查明具有商业开采价值的资源，则根据合同进入第二阶段，即资源开发阶段。在这一阶段，从事开发的公司与东道国共同投资，进行合作开发资源。在第一阶段所耗费用及第二阶段的投资回收与收益分配均可以用所开发的资源(如石油)进行补偿。

(二)非股权参与方式

非股权参与是指以跨国公司为主体的国际投资者并不持有在东道国的企业的股份，而只是通过与东道国的企业建立某些业务关系来取得某种程度的实际控制权，实现本公司的经营目标。非股权参与的主要形式有：国际工程承包、国际租赁、补偿贸易、国际加工装配贸易、许可证合同、管理合同、技术援助或技术咨询协议、销售协议、特许营销等。

(1) 许可证模式。企业在一定时期内向国外某企业转让其工业产权，以此获得使用费或其他补偿的方式。

(2) 特许经营模式。特许方授予被特许方在特定地域、特定时间内使用特许方的商标、专利、包装、技术、配方，并收取一定的使用费的经营模式。与许可证经营的区别在于：特许方还要给予被特许方生产系统、经营方法、管理服务、营销战略方面的服务，并强调对整个经营过程的控制，作为交换，收取特许使用费和其他费用。具体形式有服务业特许(如麦当劳)、制造业特许(如可口可乐)、零售业特许(如 7-11 便利店)。

(3) 合同制造模式。母国企业向外国企业提供零部件、技术标准，外国企业按合同要求生产出成品，母国企业自己负责销售(如苹果与富士康)。

(4) 管理合同模式。管理资源较丰富的企业，以合同形式承担国外企业的部分或全部管理任务，以提取管理费或一部分利润，或以低价购买该公司的股票作为报酬来参与经营的方式。

五、国际投资环境管理

(一)国际投资环境的概念与特点

一项投资的预期收益会受到许多外部条件与因素的影响，我们把这些因素的总和称为投资环境，或投资气候、商业环境。同样，我们可以将对国际投资产生影响的各方面条件因素的有机整体定义为国际投资环境。我们可以认为,国际投资环境是国际投资者所面临的环境的总称,它受到东道国和母国的政治、经济、法律、自然和社会等各种因素的共同决定。

国际投资环境具有先在性、综合性、差异性、动态性和主观性的特点。先在性也称为客观性,是指构成国际投资环境的各因素是先于投资行为而客观存在的;综合性是指国际投资环境是由多种因素构成的一个有机整体,而这些因素都以其不同的方式对投资产生影响;差异性是指在不同的国家或地区之间,以及对于不同投资行业而言,投资环境是具有差异的;动态性是指投资环境及其本身、评价观念都在变化之中;主观性是指投资者具有按照自己需要评价和选择环境的权威性。

(二)国际投资环境的内容

1. 自然环境

国际投资的自然环境是指自然或历史上长期形成的与投资有关的自然、人口及地理等条件。它由地理位置、气候、自然资源与人口等子因素组成。与构成投资环境的其他因素相比,自然环境因素具有不可控、相对稳定以及行业差异性等特点。

2. 经济环境

国际投资的经济环境是指一国的经济发展状况(如国民收入水平、年增长率等)、经济发展前景以及影响进一步投资的各种基础设施状况等。经济环境一般包括:①一般经济状况,主要包括经济体制及市场体系、经济发展水平、经济稳定性、贸易及国际收支状况。②基础设施。基础设施涉及面很广,按职能可以分为能源供应系统、供水和排水系统、交通系统、邮电交通系统、防灾系统、环境系统、生活服务系统。前五个系统称为生产性基础设施,后两个系统称为社会性基础设施。③经济政策,主要包括外资政策、产业和地区政策、税收政策、外汇政策、贸易政策。

3. 政治环境

国际投资的政治主要指政局稳定性、政策连续性、政府的行政效率与廉洁程度、政府及公众对外资的态度以及东道国对外政治关系等。

专栏 10-4:伊朗革命与美国在伊公司

1978 年伊朗爆发的革命对在那里经营的 300 家美国公司而言是一场噩梦。最明显的受害者是大型防御工程的承包商,如贝尔运营公司(Bell Operations Corporation),它是 Textron 公司的附属公司,它中止了在伊斯法罕(Isfahan)建设一个直升机工厂的 57.5 亿美元的合同,因为伊朗政府没有按期付款。除了军事供应商外,其他主要遭受损失者包括重工设备供应商和建设公司。例如,西屋(Westinghouse)失去了价值几百万美元的建设核能发电站的合同。

总之，美国公司在伊朗大概有 70 亿美元的直接投资。到 1978 年末，大多数美国公司在伊朗的经营活动由于暴力、罢工、外国管理者和技术人员的大批离去、供应不足，以及银行体系的崩溃而中止。

(资料来源：作者根据公开资料编写)

4. 法律环境

国际投资的法律环境主要是指东道国的国内法律和涉外法律。国内法律主要涉及法律的完备性、法律的公正性、法律的稳定性；东道国的涉外法律，主要涉及东道国与投资国之间的法律关系，如两国政府之间是否签订有双边的经济协定或者条约，尤其是是否有双边投资保障协定(Bilateral Investment Guarantee Agreement)或双边投资条约(Bilateral Investment Treaty)，并且要看这些条约的执行情况如何。

专栏 10-5：巴西计算机和电信行业的国际投资

自从 1977 年，巴西政府就设法将外国公司挤出计算机和电信市场，鼓励本地巴西人经营公司。首先，微型和小型计算机由巴西公司生产，然后是外壳、调制解调器、软件和数字芯片等部件。1979 年，Philco Brazi (一家消费性电器制造商，福特汽车公司的下属公司)和 RCA 的巴西附属公司在巴西一起联合生产芯片。当时，市场是完全开放的，因为没有巴西公司在生产芯片。但到 1980 年年末，巴西政府宣布数字芯片的制造对国外公司进行限制，并指定了两家巴西公司作为巴西的数字芯片专门生产商。福特曾经相信 Philco-RCA 联合公司会受到政府的特殊对待，因为它已经处于经营中，而且它的芯片应用于汽车和收音机而不是计算机和电信。但后来 Philco-RCA 公司请求获得进口数字元件许可证时被政府拒绝了。接下来，福特试图将工厂卖给指定的两家巴西公司之一，但是该公司没有生产任何芯片，仍在等待巴西政府的激励政策。确实，在政府 1980 年年末宣布的三年之后，该公司仍没有生产一个芯片，福特也仍旧没有一个购买方。面对这种没有赢家的处境(由于 Philco-RCA 联合公司被许可生产的一种芯片的市场衰退加剧)，福特决定关闭这家价值 3 000 万美元的工厂。Philco 巴西公司的总裁说："我们被法律逐出集成线路的未来市场。"其他一些国际公司也经历了福特公司在巴西的遭遇。因为政策决定将数控设备的生产保留给当地公司，所以西门子的巴西分公司也遭到了致命打击。两个美国公司的附属公司已经在寻找巴西购买者来收购他们的生产数字测试和衡量设备的工厂。今天，巴西拥有自己的微型硅谷，生产过时的计算机，价格是美国的三倍。用户的不满导致黑市上大量走私芯片和计算机，巴西所谓的"国际技术"不过是美国和日本计算机的劣质翻版。巴西政府也限制国外供应商提供电信设备。荷兰的 GTE 和飞利浦公司已经撤出了巴西市场。

(资料来源：作者根据公开资料编写)

---

5. 社会文化环境

国际投资的社会文化环境是企业跨国经营所涉及国家或地区的居民的语言、文字、教育水平、宗教信仰、消费习惯、工作态度、价值观念等因素的综合。社会文化环境包括的内容很多，从国际投资活动角度考虑，主要可从语言文字、价值观、国民教育水平三方面去剖析。社会文化环境的评估从两方面入手：一是投资国与东道国的社会文化差异识别；二是对东道国社会文化特征的认识，侧重分析其利弊及其对国际投资的影响。一般应分析一国社会文化的一体化程度(同质性)、社会文化的复杂性、社会文化的稳定性等。

(三)国际投资环境的评估方法

1. 冷热比较分析

冷热比较分析法也叫冷热国法、冷热国对比法，是最早的一种投资环境评价方法，由美国学者伊西·利特法克和彼德·班廷于 1968 年在其论文《国际商业安排的概念构架》一文中提出。冷热比较分析法从投资者和投资国的立场出发，选定多种投资环境要素建立评估指标体系，据此对目标国家的投资环境进行评价。如果某个方面有利于吸引外资，那么它就可以称为"热"因素，反之则为"冷"因素。评价之后再按由"热"到"冷"依次排序，热国表示投资环境优良，冷国则表示投资环境欠佳。在综合评价时，应选择"热"因素多的国家作为投资点。

2. 等级尺度法

美国经济学家罗伯特·斯托伯在《如何分析外国投资气候》一文中提出了等级尺度法。等级尺度法又叫等级评分法或多因素分析法。等级尺度法着眼于东道国政府对外商投资的限制与鼓励政策，将确定的投资环境要素由优至劣分为不同等级，然后再根据各要素的重要程度逐一评分，最后汇总得到投资环境的总评分。罗伯特·斯托伯从抽回资本自由度、外商股权比例、对外商的管制程度、货币稳定性、政治稳定性、给予关税保护的态度、当地资金的可供程度、近五年的通货膨胀率八个方面进行投资环境的等级评分，具有定量分析和逐项因素分析的优点，成为一种运用较普遍的评价方法。这种方法的不足之处在于打分的主观倾向性明显存在，忽视了某些投资硬环境。

3. 多因素和关键因素评估法

这里的多因素和关键因素评估法，指的是由香港中文大学闵建蜀教授在斯托伯等级尺度法基础上所提出的两种相关联但又有一定区别的评估方法。通常将这两种方法分别称为"闵氏多因素评估法"和"闵氏关键因素评估法"。闵氏多因素评估法将影响投资环境的因素分为 11 类，每一类因素又由一组因素组成。根据闵氏多因素评估法，先对各类要素的子因素做出综合评价，再对各因素做出优、良、中、可、差的判断，然后按下列公式计算投资环境总分。投资环境总分的取值范围在 11～55，总分越高说明投资环境越好。闵氏多因素评估法有三个显著优点：一是考虑要素较全，减少斯托伯等级尺度法的片面性和局限性；二是充分考虑了各子因素的优劣，有利于提高评估结果客观性；三是全面考虑了各种投资环境因素在整个投资环境要素系统中的地位和作用，同时还可根据需要确定各因素权数，为投资决策提供更加实用可靠依据。

4．投资障碍分析法

投资障碍分析法主要对影响投资环境的不利因素进行评价，是依据潜在的阻碍投资运行因素的多寡与程度来评价投资环境优劣的一种方法。投资者依据投资环境的内容结构，分别列出阻碍直接投资的主要因素，并在潜在的东道国之间进行比较，障碍少的国家被认为具有良好的投资环境，反之则为投资环境恶劣的地区。投资环境障碍分析法立足于障碍因素分析，有利于减少投资风险，增强投资活动安全性。但过于看重不利因素而忽视其有利条件，不符合风险决策规律，评价时应注意结合有利因素，尤其是一些特别突出的优势因素往往可以弥补障碍因素的不足，从而改变整个评价结果，这是在运用此法时应注意的问题。

5．抽样评估法

抽样评估法的基本形式是通过对东道国的外商投资企业进行抽样调查，了解其投资商对东道国投资环境的一般看法。通常的方法是随机抽取或选定若干不同类型的外商投资企业，由其高级管理者对东道国投资环境要素进行口头或书面评价，然后综合其意见形成评价结论。在评价时，通常采用问卷调查的形式。评估时主要统计投资者对资金接受区投资环境持肯定、否定或其他态度的比例，再据此做出评价。

抽样评估法简便易行，调查对象和内容可以根据投资需要来合理选择，而且调查结果的汇总与综合评价也比较容易，可使调查者很快得到第一手信息资料，其结论对潜在投资者的投资活动具有直接参考价值。其不足在于，问卷设计的科学性可能存在疑问，且被调查人员的选择有很强的主观性，这有可能使评价结果与实际情况有一定的差距。

6．投资环境动态分析法

动态分析法是美国道氏化学公司(Dow Chemical)根据其海外投资的实践而总结的一套投资环境评价方法，因而又称道氏评估法。该方法认为，投资环境不仅因国别或地区不同而存在较大差异，在同一国家或地区也会因不同时期而发生变化。因此，从动态的、发展变化的角度去考察、分析、评价目标国的投资环境是非常必要的。

道氏化学公司认为它在海外投资所面临的风险有两类：一类是正常企业风险，如竞争风险，这类风险在任何基本稳定的企业环境中都存在；第二类是环境风险，即某些可以使企业环境本身发生变化的经济、政治和社会因素等。这类因素对投资者的影响可能有利，也可能不利，它们往往会改变企业经营所遵循的规则和采取的方式。据此，道氏化学公司按形成的原因及作用范围的不同，把影响投资环境的诸因素分为两部分：一部分是企业从事生产经营的业务条件，包括实际经济增长率、能否获得当地资产等40项；另一部分是有可能引起这些条件变化的主要压力，其中有国际收支结构及趋势、被外界冲击时易受损害的程度等。

第五节 国际税收管理

一、国际双重征税及原因

国际双重征税又称"国际重复征税"，是指两个或两个以上的国家各自依据自己的税收管辖权就同一税种对同一纳税人的同一征税对象在同一纳税期限内同时征税。在跨国公司大量发展以后，母公司、子公司以及多层子公司独立经济实体之间的重叠征税，在一定条件下也视为国际双重征税。国际双重征税的出现主要有两方面的原因。

(1) 各国所得税税制的普及。当今世界上，除了实行避税地税收模式的几个少数国家外，各国几乎都开征了所得税。所得税税制的普遍化使跨国公司重复征税的可能性急剧增长。

(2) 各国税收管辖权的差别性。目前世界上税收管辖权有两种：一是收入来源地管辖权，二是居民(公民)管辖权。有的国家实行收入来源地管辖权，有的国家实行居民管辖权，这就使得具有跨国收入的纳税人，一方面作为居民纳税人向其居住国就世界范围内的收入承担纳税义务；另一方面作为非居民纳税人向收入来源地就其在该国境内取得的收入承担纳税义务，从而产生国际双重征税。另外，居民身份确认标准的不同，使得同一跨国纳税人在不同国家都被认定为居民，都要承担无限的纳税义务，这也产生了国际双重征税。除此之外，收入来源地确认标准的不同，使得同一跨国所得同时归属于两个不同的国家，向两个国家承担纳税义务，这也产生了双重征税。

二、国际双重征税减免

国际双重征税的种种危害，已为各国所共识。各国政府都希望消除彼此间税收管辖权的冲突，并在许多国际条例中列入消除国际双重征税的原则和规定，也采取了许多避免国际双重征税的方法。目前，国际上消除国际双重征税的基本方法有三种：免税法、扣税法和抵免法，其中以抵免法最为普遍。

(一)免税法

免税法的指导原则是承认收入来源地税收管辖权的独占地位，对居住在本国的跨国纳税人来自外国并已由外国征税的那部分所得，完全放弃行使居民(公民)管辖权，免征国内所得税，这就从根本上消除了因双重税收管辖权的重复课税。由于实行免税法采用的税率不同，免税法又分为全额免税法和累进免税法。

(1) 全额免税法是指居住国(国籍国)放弃居民(公民)税收管辖权,在对居民(公民)来源于

国内的所得征税时完全不考虑其在国外的所得，仅按国内所得额确定使用税率征税的方法。全额免税法的计算公式表示为

$$居住国应征所得税税额=居民的国内所得×使用税率 \tag{10.1}$$

[例 10-3] 设在 A 国的 M 公司，某年获取所得 35.9 万美元，其中包括在 A 国国内所得 28 万美元，设在 B 国的分公司所得 7.9 万美元，分公司已按 B 国规定的 30%的税率交纳了公司所得税。A 国规定的公司所得税税率为所得 30 万美元以下税率 30%；年所得 30～35 万美元税率为 40%；年所得 35 万美元以上税率为 50%。试分析在全额免税和不免税的情况下，M 公司应缴税金。

解：

① A 国不实行免税法情况下：

A 国应征税额=35.9×50%=17.95(万美元)

B 国已征所得税=7.9×30%=2.37(万美元)

M 公司共缴纳所得税=17.95+2.37=20.32(万美元)

由于 A 国没有对 M 公司在 B 国缴纳的所得税予以免除，使 M 公司在 B 国的所得 7.9 万美元对两国都交了税，出现了双重征税，这是 M 公司所不能忍受的。

② A 国实行全额免税法情况下：

A 国应征税额=(35.9-7.9)×30%=8.4(万美元)

B 国已征所得税=7.9×30%=2.37(万美元)

M 公司共缴纳所得税=8.4+2.37=10.77(万美元)

因此，A 国对 M 公司在 B 国的所得放弃居民税收管辖权，避免了国际双重征税。由于 A 国实行全额免税法，不但没有对 M 公司在 B 国的所得征税，而且由于只考虑 M 公司国内所得，征税所使用的税率下降为 30%，从而少征税 9.55(17.95-8.4)万美元，使 M 公司得到了额外优惠。

(2) 累进免税法是指居住国(国籍国)政府在对本国居民(公民)行使居民(公民)税收管辖权时，对居民(公民)来源于国外的所得不予征税，但在对居民(公民)来源于国内的所得征税时，其适用的税率，是将其国内外的所得汇总起来，以此所得为依据来确定的方法。累进免税法计算公式为

$$居住国应征所得税税额=居民的总所得×适用税率×(国内所得÷总所得) \tag{10.2}$$

[例 10-4] 接上例。试分析在累进免税的情况下，M 公司应缴税金。

解：

A 国实行累进免税情况下：

A 国应征税额=(30×30%＋5×40%＋0.9×50%)×(28÷35.9)=8.93(万美元)

B 国已征所得税=7.9×30%=2.37(万美元)

M 公司共缴纳所得税=8.93+2.37=11.3(万美元)

采用累进免税法虽然比全额免税法多交了 0.53(8.93-8.4)万美元，但是国家双重征税还

是被免除掉了，因为 A 国未对 M 公司在 B 国的所得征税。

(二)扣除法

扣除法的指导原则是居住在本国的跨国纳税人在收入来源国交纳的所得税被看作是一般的费用支出，在计税所得中扣除。其计算公式为

居住国应征所得税=(居民的总所得-国外已纳所得税)×适用税率   (10.3)

[例 10-5] 设在 A 国的 M 公司，某年获取总所得 20 万美元，其中包括在 A 国国内所得 12 万美元，设在 B 国的分公司所得 8 万美元，分公司已按 B 国规定的 40%的税率缴纳了公司所得税。A 国的所得税税率为 45%。试分析在 A 国实行扣除法及不免税情况下，M 公司的应缴税金。

解：

(1) A 国不免税的情况下：

A 国应征税额=20×45%=9(万美元)

B 国已征所得税=8×40%=3.2(万美元)

M 公司共缴纳所得税=9+3.2=12.2(万美元)

A 国和 B 国都对 M 公司在 B 国的所得 8 万元行使了征税权，造成双重征税，8 万美元的所得共纳税 6.8(8×40%＋8×45%)万美元，税收负担达 85%，这是纳税人很难承受的。

(2) A 国实行扣除法的情况下：

A 国应征税额=(20-3.2)×45%=7.56(万美元)

B 国已征所得税=8×40%=3.2(万美元)

M 公司共缴纳所得税=7.56+3.2=10.76(万美元)

在 A 国扣除法下，M 公司免除的税额为 9-7.56=1.44(万美元)，这 1.44 万美元是 A 国实行扣除法比不实行扣除法少征的所得税，也是 M 公司在扣除法下比不实行扣除法少缴纳的税款。

A 国免除的税额不足以抵消 B 国所征收税款为 3.2-1.44=1.76(万美元)，与 M 公司已缴纳 B 国 3.2 万美元的所得税相比，A 国给予 M 公司免除的税额还差 1.76 万美元，这说明国际双重征税还没有完全免除掉。

因此，居住国(国籍国)实行扣除法，不能完全免除由于税收管辖权重叠造成的国际双重征税，其给予跨国纳税人扣除的一部分税款，只能对国际双重征税起到一定的缓解作用。究其原因，是居住国(国籍国)没有完全承认收入来源国行使收入来源地税收管辖权的优先地位，而只是承认了一部分，致使对跨国纳税人的双重征税问题不可能得到完全的解决。为此，有的国际税务专家认为不能把扣除法看作是免除国际重复征税的一种方法。

(三)抵免法

抵免法的指导原则是承认收入来源地管辖权的优先地位，但并不放弃行使居民(公民)

管辖权。对居住在本国的跨国纳税人来源于国外的所得向外国政府缴纳的那部分所得税，允许在居住国交纳的税收中，给予一定的税收抵免。由于抵免法在较好地处理了国际税收关系的同时，还维护了居住国(国籍国)的正当权益，起到了消除双重征税的作用，所以被世界上大多数国家所采用。抵免法分为直接抵免和间接抵免。

1. 直接抵免法

直接抵免法允许直接抵免的外国税收必须是跨国纳税人直接向收入来源国缴纳的款项。它的特征是外国税收可以全额直接地充抵本国税收。可能的限定条件是同一项跨国所得的外国税收抵免不能超过居住国的税收负担。目前很多国家采用了直接抵免方式，这样就不必通过双边税收协定加以规范。这种通过国内税法对外国税收承认并予以抵免的优惠做法，通常称为"自动抵免制"。直接抵免法的计算公式为

$$居住国应征所得税=居民总所得×税率-允许抵免的已缴税款 \qquad (10.4)$$

[例 10-6] 设 A 国的 M 公司，某年获取所得 20 万美元，其中包括在 A 国国内所得 12 万美元，设在 B 国的分公司所得 8 万美元，分公司已按 B 国规定的 30%的税率缴纳了公司所得税。A 国的所得税税率为 35%。试分析 A 国实行直接抵免法时，M 公司应缴纳的税收。

解：

A 国实行直接抵免税法时

M 公司抵免最高限额：8×35%=2.8(万美元)

B 国已征所得税：8×30%=2.4(万美元)

允许抵免的已缴 B 国税额：2.4(万美元)

M 公司应向 A 国缴纳所得税：20×35%-2.4=4.6(万美元)

A 国政府对 M 公司来自 B 国的所得应补征的税额：

$$8×(35\%-30\%)=0.4(万美元)$$

结论，当居住国的税率高于收入来源国的税率时，M 公司设在 B 国的分公司向 B 国政府缴纳的所得税 2.4 万美元，可以全部得到抵免。但是由于 B 国的税率低于 A 国的税率，该分公司向 B 国缴纳的税额，低于按 A 国税率计算的税额，所以，A 国还要向 M 公司补征所得税 0.4 万美元。

[例 10-7] 假定上例分公司已按 B 国规定的 40%的税率缴纳了公司所得税。A 国的所得税税率仍为 35%。试分析 M 公司应缴纳税收。

解：

A 国实行直接抵免税法时

M 公司抵免最高限额：8×35%=2.8(万美元)

B 国已征所得税：8×40%=3.2(万美元)

允许抵免的已缴 B 国税额：2.8(万美元)

A 国政府应向 M 公司征收所得税：20×35%-2.8=4.2(万美元)

A 国政府对 M 公司来自 B 国的所得应补征的税额：
$$8×(35\%-40\%)=-0.4(万美元)$$

结论，当收入来源国的税率高于居住国的税率时，M 公司的分公司已缴的所得税税额 3.2 万美元中，只有相当于抵免限额 2.8 万美元的部分可以得到抵免。此外，由于分公司向 B 国缴纳的所得税税额 3.2 万美元，大于按 A 国税率计算的所得税税额，所以，A 国对 M 公司来自于 B 国的所得应补征的税额为-0.4 万美元。但这并不意味着 A 国政府要将这-0.4 万美元退还给 M 公司。因为这个-0.4 万美元是由于 B 国政府规定的税率比 A 国的税率高造成的，而居住国 A 国的责任是免除国际双重征税，不是替跨国纳税人去承担向来源国纳税的义务。所以，作为居住国的 A 国，只能将应补征的税额-0.4 万美元视为零处理。

2. 间接抵免法

间接抵免法是指母公司向居住国政府申请应税所得额，不能把外国子公司的所得全部并入计算，只能合并计算母公司从国外子公司取得股息所还原出来的那一部分所得。与此相适应，子公司缴纳的所得税不能在母公司全额抵免，所能抵免的只是子公司上交股息应负担的那一部分。

[例 10-8] 美国一国外子公司在当地的税前利润为 10 000 美元，东道国所得税税率为 30%，预扣税率为 8%，美国所得税税率为 34%。试分析间接抵免情况下，该公司应缴纳的税收。

解：

(1) 计算母公司的现金股息

若全部税后利润用于支付股息，则母公司收到的股息为

母公司收到现金股息=税前收入-当地所得税-预扣税
$$=10\,000-3000-560=6\,440(美元)$$

(2) 母公司按间接抵免法计税应支付税金和股息

在美国的应税收入=10 000(美元)

美国税=10 000×34%=3400(美元)

已付外国税收=已付外国所得税+已付外国预扣税=3 000+560=3 560(美元)

应补缴美国所得税=min{3 400-35 600}=0(美元)

该公司所得税税负=3 000+560=3 560(美元)

所得税税后利润=10 000-3 560=6 440(美元)

[例 10-9] 承前例，若该子公司将税后利润的 40%向母公司支付股息，则美国母公司收到的现金股息为多少？

解：

子公司税前利润=10 000(美元)

子公司可用于支付股息的利润=10 000-3 000=7 000(美元)

宣布支付的股息=7 000×40%=2 800(美元)

外国预扣税=2 800×8%=224(美元)

母公司收到的股息=2 800−224=2 576(美元)

三、避税地与国际避税

避税地又称"避税港"或"租税天堂",是指那些对财产和所得免税的国家和地区。就实践而言,国际避税地一般是指那些在国际避税活动中事实上发挥作用的、没有直接税或直接税税率很低,以及虽有正常税制但提供特殊优惠的国家和地区。

国际避税,是指跨国纳税人利用合法的手段,在税收法规许可的范围内,通过人或资产的国际移动,达到回避或减轻税收负担的目的。

(一)避税地的类型

世界上的避税地主要有三种类型,第一种类型是没有个人所得税、没有财产税、没有遗产税或赠予税,如巴拿马、百慕大、开曼群岛、新赫布底里、格陵兰等;第二种类型是课征税负较轻的所得税、财产税等直接税种,同时实行许多涉外税收优惠,如安哥拉、巴林、巴巴多斯、塞浦路斯、直布罗陀、以色列、牙买加、黎巴嫩、摩洛哥、新加坡、瑞士等;第三种类型是从总体上看实行正常税制,只是有较为灵活的税收优惠办法,诸如加速折旧、投资扣除、专项减免税等鼓励投资的办法,如希腊、爱尔兰、加拿大、荷兰、卢森堡、菲律宾等。

(二)避税地的特征

避税地有以下一些特点:①具有独特的"低税"结构。不但占国民生产总值的税收负担低,更重要的是直接税收的负担低。②所得税为主体。除了对少数消费品外,一般不课征流转税,商品的进出口税收也放得很宽。③有明确的避税区范围。小的可以是一个岛、一个港口城市、一个出口加工区、一个自由贸易区,大的可以是整个国家。在那里实行统一的抵税制度,以吸引人们定居和投资,借以刺激经济繁荣。

(三)避税地的影响

避税地的产生实际上是一些国家或地区通过适用较低的税收管理权来吸引国外的资本和先进的技术,以刺激这些地区经济的发展和国民财富的增加。因为税收负担的轻重成为影响国际纳税人投资决策的一个重要因素,低税收管辖权成为引导资本流向的磁石。由于避税地的产生和低税策略的实行,给国际经济生活带来广泛而深刻的影响,反映在税收上的突出问题便是基地公司和转移价格。

(四)政府反避税的方法和措施

为了防止利用国际避税地进行避税和逃税，许多国家和地区付出了很多的努力，采取了种种有力的反避税措施。这些措施包括税收立法和加强税务行政管理等在内的单边措施，以及签订税收协定，加强各国政府之间合作的双边和多边措施。

(1) 单边制定反避(逃)税法，主要是强化纳税义务，通常包括三方面内容：一是规定纳税人有延伸提供税收情报的义务；二是规定纳税人对某些交易行为有事先取得政府同意的义务；三是规定纳税人对国际避税案件有事后提供证明的义务。

(2) 单边税务行政管理，主要包括：收集有关信息资料，加强税务调查与税务审计，取得银行合作。

(3) 积极开展国际合作，主要包括：情报交换，前往相关国家进行税务调查，同步调查与审计，跨地区多边合作等。

本 章 小 结

外汇是指外国货币或者以外国货币表示的可直接用于国际结算的支付手段。外汇的功能是进行国际清算、为投资者提供套期保值和投机交易规则与媒介。

汇率是指一国货币用另一国货币表示的价格，或以一个国家的货币折算成另一个国家货币的比率。汇率变动对经济的影响主要反映在国际收支、国内特价和一国经济的增长方面。

外汇风险是指汇率变动对企业以外币计价的资产或者负债价值发生不确定的变化，主要包括三种类型，即经济风险、交易风险和会计风险。经济风险是指意料之外的汇率变动引起未来一定期间内企业资产、收益或现金流量变化的一种潜在风险；交易风险指在约定以外币计价成交的交易过程中，由于结算时的汇率与交易发生时(即签订合同时)的汇率不同，而引起收益或亏损的风险；会计风险指跨国公司在会计年年末将境外子公司或其他附属机构以外币记账的财务报表，合并到母公司或总公司以本币记账的财务报表时，由于入账时的历史汇率与合并报表时换算所使用的现行汇率不同，致使有关会计项目出现账面上的外汇损益。

国际企业的资金来源主要包括公司集团内部的资金来源、母公司所在国的资金来源和子公司所在国的资金来源。国际企业可以通过防范国家风险、管理外汇风险、保持和扩大现有融资渠道来管理融资风险。

国际投资是指跨国公司等国际投资主体，将其拥有的货币资本或产业资本，通过跨国界流动和营运，以实现价值增值的经济行为。国际投资受内部因素和外部因素的影响。国际投资的方式有股权参与和非股权参与两种形式。国际投资环境是国际投资者所面临的环境的总称，它受到东道国和母国的政治、经济、法律、自然和社会等各种因素的共同决定。

国际投资环境包括自然环境、经济环境和政治环境。

国际双重征税又称"国际重复征税"，是指两个或两个以上的国家各自依据自己的税收管辖权就同一税种对同一纳税人的同一征税对象在同一纳税期限内同时征税。国际上消除国际双重征税的基本方法有三种：免税法、扣税法和抵免法，其中以抵免法最为普遍。

避税地是指那些对财产和所得免税的国家和地区。国际避税是指跨国纳税人利用合法的手段，在税收法规许可的范围内，通过人或资产的国际移动，达到回避或减轻税收负担的目的。

思考与练习题

1. 汇率的概念和分类有哪些？
2. 汇率影响因素有哪些？
3. 何为外汇风险？国际企业如何管理外汇风险？
4. 国际企业如何降低融资风险？
5. 国际企业国际投资有哪些方式？
6. 国际投资环境的评估方式有哪些？
7. 消除国际双重征税的方法有哪些？

拓展阅读：应对汇率风险跨国公司几多欢喜几多愁

近些年来，人民币不断升值，而人民币汇率的波动对跨国公司经营投资所产生的影响已显而易见，中资跨国公司作为本土企业受到的影响最大。为规避更加市场化的汇率有可能带来的风险，一些跨国公司通过产品创新和增加附加值的方法来增强自身竞争能力，另有一些跨国公司则选择以合适的计价货币来对冲汇率风险，或是通过转移价格成本转嫁汇率风险。不论采用哪种方法，其中存在的问题都是不容忽视的。

其中一个问题就是，中资跨国公司在与外商定价博弈过程中处于劣势，很难取得定价主动权。比如我国的一家通信公司计划参考NDF等远期汇率计算海外销售价格底线，或是在国际销售合同中签订浮动汇率条款，即按付款日国内即期汇率支付款项，但是由于境外运营商的抵制难以实施。

更重要的是，目前规避汇率风险的成本较高。以出口保险业务为例，通过这种方式，企业可以提前收汇结汇，避免人民币升值的汇兑损失，但是需支付较高比例的保险费、手续费等。远期结汇工具也是如此。由于价格过高，企业难以完全享受到避险保值的好处。

目前，外汇市场金融衍生产品只有远期结售汇和掉期，而且远期结售汇价格也不尽合理，掉期业务尚处于起步阶段，期权、期货、远期利率协议、货币互换、互换期权等较高层次的衍生产品交易在我国仍然是空白。随着市场参与主体对外汇风险管理意识的逐渐增强,对加强资产负债综合管理的愿望也日益迫切,当前仅有的外汇衍生产品显然难以满足交易主体的需求。另外,业内普遍反映商业银行金融服务也需要改进,远期结售汇业务所需文件资料多,手续麻烦,效率较低,影响了交易价格和交易量。

面对种种的不尽如人意,跨国公司又该如何更好地规避汇率风险?

专家认为,首先要推进利率市场化和外汇市场改革,完善金融衍生产品定价基础。随着市场化和对外开放程度的提高,境内本外币市场和境外市场联动性越来越强,为更好地反映资金价格,应进一步发展货币市场,推动利率市场化改革;进一步完善有管理的浮动汇率制度,保持人民币汇率在合理、均衡的水平基本稳定;进一步发展外汇市场,丰富市场交易主体、交易模式、交易品种,促进衍生产品市场发展;进一步引入更多的市场竞争机制,提高商业银行科学定价的能力。

其次,就是强化商业银行的金融服务意识,加大金融产品创新力度。商业银行应处理好防范金融风险与完善金融服务的关系,努力创新金融产品,进一步提高金融服务质量;向企业提供更多的咨询和信息服务,推出更多适合市场需求的金融产品,拓宽企业避险渠道;进一步提高科学管理水平,完善内控制度,在防范风险的前提下,积极寻找新的业务增长点,提高盈利能力,改进和加强金融服务。

另外,逐步放开限制,充分发挥金融衍生产品避险功能。外汇管理部门应侧重于监测跨境资金流动,汇兑环节适度放开。在条件成熟时,应考虑适度放开真实交易背景限制,逐步允许以投资套利为背景的远期外汇交易,进一步扩大国内外汇衍生品市场交易规模,提高我国外汇市场的整体流动性,为各类交易主体对冲风险提供健全的市场环境。

专家同时指出,拓宽避险渠道的另一个办法就是开展境内银行进行 NDF 和 NDO(无本金交割外汇期权)交易试点。由于 NDF 和 NDO 都无须交付资金凭证或保证金,只需依据差额交割,具有较强的避险功能和较大的投机性,因此,允许部分银行试办 NDF 和 NDO 交易,不仅有利于境内交易主体对冲外汇风险,而且有利于外汇市场建设,价格发现功能大大提高,规避汇率风险会更加有效。

(资料来源: http://finance.sina.com.cn 2006 年 07 月 13 日 08:49 金时网·金融时报)

附　　录

附件一：累积正态分布表

x	0.00	0.01	0.02	0.03	0.04	0.05	0.06	0.07	0.08	0.09
0.0	0.5000	0.5040	0.5080	0.5120	0.5160	0.5199	0.5239	0.5279	0.5319	0.5359
0.1	0.5398	0.5438	0.5478	0.5517	0.5557	0.5596	0.5636	0.5675	0.5714	0.5753
0.2	0.5793	0.5832	0.5871	0.5910	0.5948	0.5987	0.6026	0.6064	0.6103	0.6141
0.3	0.6179	0.6217	0.6255	0.6293	0.6331	0.6368	0.6406	0.6443	0.6480	0.6571
0.4	0.6554	0.6591	0.6628	0.6664	0.6700	0.6736	0.6772	0.6808	0.6844	0.6879
0.5	0.6915	0.6950	0.6985	0.7019	0.7054	0.7088	0.7123	0.7157	0.7190	0.7224
0.6	0.7257	0.7291	0.7324	0.7357	0.7389	0.7422	0.7454	0.7486	0.7517	0.7549
0.7	0.7580	0.7611	0.7642	0.7673	0.7704	0.7734	0.7764	0.7794	0.7823	0.7852
0.8	0.7881	0.7910	0.7939	0.7967	0.7995	0.8023	0.8051	0.8078	0.8106	0.8133
0.9	0.8159	0.8186	0.8212	0.8238	0.8264	0.8289	0.8315	0.8340	0.8365	0.8389
1.0	0.8413	0.8438	0.8461	0.8485	0.8508	0.8531	0.8554	0.8577	0.8599	0.8621
1.1	0.8643	0.8665	0.8686	0.8708	0.8729	0.8749	0.8770	0.8790	0.8810	0.8830
1.2	0.8849	0.8869	0.8888	0.8907	0.8925	0.8944	0.8962	0.8980	0.8997	0.9015
1.3	0.9032	0.9049	0.9066	0.9082	0.9099	0.9115	0.9131	0.9147	0.9162	0.9177
1.4	0.9192	0.9207	0.9222	0.9236	0.9251	0.9265	0.9279	0.9292	0.9306	0.9319
1.5	0.9332	0.9345	0.9357	0.9370	0.9382	0.9394	0.9406	0.9418	0.9429	0.9441
1.6	0.9452	0.9463	0.9474	0.9484	0.9495	0.9505	0.9515	0.9525	0.9535	0.9545
1.7	0.9554	0.9564	0.9573	0.9582	0.9591	0.9599	0.9608	0.9616	0.9625	0.9633
1.8	0.9641	0.9649	0.9656	0.9664	0.9671	0.9678	0.9686	0.9693	0.9699	0.9706
1.9	0.9713	0.9719	0.9726	0.9732	0.9738	0.9744	0.9750	0.9756	0.9761	0.9767
2.0	0.9772	0.9778	0.9783	0.9788	0.9793	0.9798	0.9803	0.9808	0.9812	0.9817
2.1	0.9821	0.9826	0.9830	0.9834	0.9838	0.9842	0.9846	0.9850	0.9854	0.9857
2.2	0.9861	0.9864	0.9868	0.9871	0.9875	0.9878	0.9881	0.9884	0.9887	0.9890
2.3	0.9893	0.9896	0.9898	0.9901	0.9904	0.9906	0.9909	0.9911	0.9913	0.9916

续表

x	0.00	0.01	0.02	0.03	0.04	0.05	0.06	0.07	0.08	0.09
2.4	0.9918	0.9920	0.9922	0.9925	0.9927	0.9929	0.9931	0.9932	0.9934	0.9936
2.5	0.9938	0.9940	0.9941	0.9943	0.9945	0.9946	0.9948	0.9949	0.9951	0.9952
2.6	0.9953	0.9955	0.9956	0.9957	0.9959	0.9960	0.9961	0.9962	0.9963	0.9964
2.7	0.9965	0.9966	0.9967	0.9968	0.9969	0.9970	0.9971	0.9972	0.9973	0.9974
2.8	0.9974	0.9975	0.9976	0.9977	0.9977	0.9978	0.9979	0.9979	0.9980	0.9981
2.9	0.9981	0.9982	0.9982	0.9983	0.9984	0.9984	0.9985	0.9985	0.9986	0.9986
3.0	0.9986	0.9987	0.9987	0.9988	0.9988	0.9989	0.9989	0.9989	0.9990	0.9990
3.1	0.9990	0.9991	0.9991	0.9991	0.9992	0.9992	0.9992	0.9992	0.9993	0.9993
3.2	0.9993	0.9993	0.9994	0.9994	0.9994	0.9994	0.9994	0.9995	0.9995	0.9995
3.3	0.9995	0.9995	0.9995	0.9996	0.9996	0.9996	0.9996	0.9996	0.9996	0.9997
3.4	0.9997	0.9997	0.9997	0.9997	0.9997	0.9997	0.9997	0.9997	0.9997	0.9998
3.5	0.9998	0.9998	0.9998	0.9998	0.9998	0.9998	0.9998	0.9998	0.9998	0.9998
3.6	0.9998	0.9998	0.9999	0.9999	0.9999	0.9999	0.9999	0.9999	0.9999	0.9999
3.7	0.9999	0.9999	0.9999	0.9999	0.9999	0.9999	0.9999	0.9999	0.9999	0.9999
3.8	0.9999	0.9999	0.9999	0.9999	0.9999	0.9999	0.9999	0.9999	0.9999	0.9999
3.9	1.0000	1.0000	1.0000	1.0000	1.0000	1.0000	1.0000	1.0000	1.0000	1.0000
4.0	1.0000	1.0000	1.0000	1.0000	1.0000	1.0000	1.0000	1.0000	1.0000	1.0000

附件二：复利终值系数表(FVIF 表)

n	1%	2%	3%	4%	5%	6%	7%	8%	9%	10%
1	1.0100	1.0200	1.0300	1.0400	1.0500	1.0600	1.0700	1.0800	1.0900	1.1000
2	1.0201	1.0404	1.0609	1.0816	1.1025	1.1236	1.1449	1.1664	1.1881	1.2100
3	1.0303	1.0612	1.0927	1.1249	1.1576	1.1910	1.2250	1.2597	1.2950	1.3310
4	1.0406	1.0824	1.1255	1.1699	1.2155	1.2625	1.3108	1.3605	1.4116	1.4641
5	1.0510	1.1041	1.1593	1.2167	1.2763	1.3382	1.4026	1.4693	1.5386	1.6105
6	1.0615	1.1262	1.1941	1.2653	1.3401	1.4185	1.5007	1.5809	1.6771	1.7716
7	1.0721	1.1487	1.2299	1.3159	1.4071	1.5036	1.6058	1.7738	1.8280	1.9487
8	1.0829	1.1717	1.2668	1.3686	1.4775	1.5938	1.7182	1.8509	1.9926	2.1436
9	1.0937	1.1951	1.3048	1.4233	1.5513	1.6895	1.8385	1.9990	2.1719	2.3579
10	1.1046	1.2190	1.3439	1.4802	1.6289	1.7908	1.9672	2.1589	2.3674	2.5937
11	1.1157	1.2434	1.3842	1.5395	1.7103	1.8983	2.1049	2.3316	2.5804	2.8531
12	1.1268	1.2682	1.4258	1.6010	1.7959	2.0122	2.2522	2.5182	2.8127	3.1384
13	1.1381	1.2936	1.4685	1.6651	1.8856	2.1329	2.4098	2.7196	3.0658	3.4523
14	1.1495	1.3195	1.5126	1.7317	1.9799	2.2609	2.5785	2.9372	3.3417	3.7975
15	1.1610	1.3459	1.5580	1.8009	2.0789	2.3966	2.7590	3.1722	3.6425	4.1772
16	1.1726	1.3728	1.6047	1.8730	2.1829	2.5404	2.9522	3.4259	3.9703	4.5950
17	1.1843	1.4002	1.6528	1.9479	2.2920	2.6928	3.1588	3.7000	4.3276	5.0545
18	1.1961	1.4282	1.7024	2.0258	2.4066	2.8543	3.3799	3.9960	4.7171	5.5599
19	1.2081	1.4568	1.7535	2.1068	2.5270	3.0256	3.6165	4.3157	5.1417	6.1159
20	1.2202	1.4859	1.8061	2.1911	2.6533	3.2071	3.8697	4.6610	5.6044	6.7275
21	1.2324	1.5157	1.8603	2.2788	2.7860	3.3996	4.1406	5.0338	6.1088	7.4002
22	1.2447	1.5460	1.9161	2.3699	2.9253	3.6035	4.4304	5.4365	6.6586	8.1403
23	1.2572	1.5769	1.9736	2.4647	3.0715	3.8197	4.7405	5.8715	7.2579	8.2543
24	1.2697	1.6084	2.0328	2.5633	3.2251	4.0489	5.0724	6.3412	7.9111	9.8497
25	1.2824	1.6406	2.0938	2.6658	3.3864	4.2919	5.4274	6.8485	8.6231	10.8350
26	1.2953	1.6734	2.1566	2.7725	3.5557	4.5494	5.8076	7.3964	9.3992	11.9180
27	1.3082	1.7069	2.2213	2.8834	3.7335	4.8223	6.2139	7.9881	10.2450	13.1100
28	1.3213	1.7410	2.2879	2.9987	3.9201	5.1117	6.6488	8.6271	11.1670	14.4210
29	1.3345	1.7758	2.3566	3.1187	4.1161	5.4184	7.1143	9.3173	12.1720	15.8630
30	1.3478	1.8114	2.4273	3.2434	4.3219	5.7435	7.6123	10.0630	13.2680	17.4490
40	1.4889	2.2080	3.2620	4.8010	7.0400	10.2860	14.7940	21.7250	31.4080	45.2590
50	1.6446	2.6916	4.3839	7.1067	11.4670	18.4200	29.4570	46.9020	74.3580	117.3900

n	12%	14%	15%	16%	18%	20%	24%	28%	32%	36%
1	1.1200	1.1400	1.1500	1.1600	1.1800	1.2000	1.2400	1.2800	1.3200	1.3600
2	1.2544	1.2996	1.3225	1.3456	1.3924	1.4400	1.5376	1.6384	1.7424	1.8496
3	1.4049	1.4815	1.5209	1.5609	1.6430	1.7280	1.9066	2.0872	2.3000	2.5155
4	1.5735	1.6890	1.7490	1.8106	1.9388	2.0736	2.3642	2.6844	3.0360	3.4210
5	1.7623	1.9254	2.0114	2.1003	2.2878	2.4883	2.9316	3.4360	4.0075	4.6526
6	1.9738	2.1950	2.3131	2.4364	2.6996	2.9860	3.6352	4.3980	5.2899	6.3275
7	2.2107	2.5023	2.6600	2.8262	3.1855	3.5832	4.5077	5.6295	6.9826	8.6054
8	2.4760	2.8526	3.0590	3.2784	3.7589	4.2998	5.5895	7.2508	9.2170	11.7030
9	2.7731	3.2519	3.5179	3.8030	4.4355	5.1598	6.9310	9.2234	12.1660	15.9170
10	3.1058	3.7072	4.0456	4.4114	5.2338	6.1917	8.5944	11.8060	16.0600	21.6470
11	3.4785	4.2262	4.6524	5.1173	6.1759	7.4301	10.6570	15.1120	21.1190	29.4390
12	3.8960	4.8179	5.3503	5.9360	7.2876	8.9161	13.2150	19.3430	27.9830	40.0370
13	4.3635	5.4924	6.1528	6.8858	8.5994	10.6990	16.3860	24.7590	36.9370	54.4510
14	4.8871	6.2613	7.0757	7.9875	10.1470	12.8390	20.3190	31.6910	48.7570	74.0530
15	5.4736	7.1379	8.1371	9.2655	11.9740	15.4070	25.1960	40.5650	64.3590	100.7100
16	6.1304	8.1372	9.3576	10.7480	14.1290	18.4880	31.2430	51.9230	84.9540	136.9700
17	6.8660	9.2765	10.7610	12.4680	16.6720	22.1860	38.7410	66.4610	112.1400	186.2800
18	7.6900	10.5750	12.3750	14.4630	19.6730	26.6230	48.0390	86.0710	148.0200	253.3400
19	8.6128	12.0560	14.2320	16.7770	23.2140	31.9480	59.5680	108.8900	195.3900	344.5400
20	9.6463	13.7430	16.3670	19.4610	27.3930	38.3380	73.8640	139.3800	257.9200	468.5700
21	10.8040	15.6680	18.8220	22.5740	32.3240	46.0050	91.5920	178.4100	340.4500	637.2600
22	12.1000	17.8610	21.6450	26.1860	38.1420	55.2060	113.5700	228.3600	449.3900	866.6700
23	13.5520	20.3620	24.8910	30.3760	45.0080	66.2470	140.8300	292.3000	593.2000	1178.70
24	15.1790	23.2120	28.6250	35.2360	53.1090	79.4970	174.6300	374.1400	783.0200	1603.00
25	17.0000	26.4620	32.9190	40.8740	62.6690	95.3960	216.5400	478.9000	1033.60	2180.10
26	19.0400	30.1670	37.8570	47.4140	73.9490	114.4800	268.5100	613.0000	1364.30	2964.90
27	21.3250	34.3900	43.5350	55.0000	87.2600	137.3710	332.9500	784.6400	1800.90	4032.30
28	23.8840	39.2040	50.0660	63.8000	102.9670	164.8450	412.8600	1004.3000	2377.20	5483.90
29	26.7500	44.6930	57.5750	74.0090	121.5010	197.8140	511.9500	1285.6000	3137.90	7458.10
30	29.9600	50.9500	66.2120	85.8500	143.3710	237.3760	634.8200	1645.5000	4142.10	10143.00
40	93.0510	188.8300	267.8600	378.7200	750.3800	1469.8	5455.9	19427.00	66521.00	*
50	289.00	700.2300	1083.7000	1670.7000	3927.4000	9100.4	46890.0	*	*	*

附件三：复利现值系数表(PVIF 表)

n	1%	2%	3%	4%	5%	6%	7%	8%	9%	10%
1	0.9901	0.9804	0.9709	0.9615	0.9524	0.9434	0.9346	0.9259	0.9174	0.9091
2	0.9803	0.9712	0.9426	0.9246	0.9070	0.8900	0.8734	0.8573	0.8417	0.8264
3	0.9706	0.9423	0.9151	0.8890	0.8638	0.8396	0.8163	0.7938	0.7722	0.7513
4	0.9610	0.9238	0.8885	0.8548	0.8227	0.7921	0.7629	0.7350	0.7084	0.6830
5	0.9515	0.9057	0.8626	0.8219	0.7835	0.7473	0.7130	0.6806	0.6499	0.6209
6	0.9420	0.8880	0.8375	0.7903	0.7463	0.7050	0.6663	0.6302	0.5963	0.5645
7	0.9327	0.8606	0.8131	0.7599	0.7107	0.6651	0.6227	0.5835	0.5470	0.5132
8	0.9235	0.8535	0.7874	0.7307	0.6768	0.6274	0.5820	0.5403	0.5019	0.4665
9	0.9143	0.8368	0.7664	0.7026	0.6446	0.5919	0.5439	0.5002	0.4604	0.4241
10	0.9053	0.8203	0.7441	0.6756	0.6139	0.5584	0.5083	0.4632	0.4224	0.3855
11	0.8963	0.8043	0.7224	0.6496	0.5847	0.5268	0.4751	0.4289	0.3875	0.3505
12	0.8874	0.7885	0.7014	0.6246	0.5568	0.4970	0.4440	0.3971	0.3555	0.3186
13	0.8787	0.7730	0.6810	0.6006	0.5303	0.4688	0.4150	0.3677	0.3262	0.2897
14	0.8700	0.7579	0.6611	0.5775	0.5051	0.4423	0.3878	0.3405	0.2992	0.2633
15	0.8613	0.7430	0.6419	0.5553	0.4810	0.4173	0.3624	0.3152	0.2745	0.2394
16	0.8528	0.7284	0.6232	0.5339	0.4581	0.3936	0.3387	0.2919	0.2519	0.2176
17	0.8444	0.7142	0.6050	0.5134	0.4363	0.3714	0.3166	0.2703	0.2311	0.1978
18	0.8360	0.7002	0.5874	0.4936	0.4155	0.3503	0.2959	0.2502	0.2120	0.1799
19	0.8277	0.6864	0.5703	0.4746	0.3957	0.3305	0.2765	0.2317	0.1945	0.1635
20	0.8195	0.6730	0.5537	0.4564	0.3769	0.3118	0.2584	0.2145	0.1784	0.1486
21	0.8114	0.6598	0.5375	0.4388	0.3589	0.2942	0.2415	0.1987	0.1637	0.1351
22	0.8034	0.6468	0.5219	0.4220	0.3418	0.2775	0.2257	0.1839	0.1502	0.1228
23	0.7954	0.6342	0.5067	0.4057	0.3256	0.2618	0.2109	0.1703	0.1378	0.1117
24	0.7876	0.6217	0.4919	0.3901	0.3101	0.2470	0.1971	0.1577	0.1264	0.1015
25	0.7798	0.6095	0.4776	0.3751	0.2953	0.2330	0.1842	0.1460	0.1160	0.0923
26	0.7720	0.5976	0.4637	0.3604	0.2812	0.2198	0.1722	0.1352	0.1064	0.0839
27	0.7644	0.5859	0.4502	0.3468	0.2678	0.2074	0.1609	0.1252	0.0976	0.0763
28	0.7568	0.5744	0.4371	0.3335	0.2551	0.1956	0.1504	0.1159	0.0895	0.0693
29	0.7493	0.5631	0.4243	0.3207	0.2429	0.1846	0.1406	0.1073	0.0822	0.0630
30	0.7419	0.5521	0.4120	0.3083	0.2314	0.1741	0.1314	0.0994	0.0754	0.0573
35	0.7059	0.5000	0.3554	0.2534	0.1813	0.1301	0.0937	0.0676	0.0490	0.0356
40	0.6717	0.4529	0.3066	0.2083	0.1420	0.0972	0.0668	0.0460	0.0318	0.0221
45	0.6391	0.4102	0.2644	0.1712	0.1113	0.0727	0.0476	0.0313	0.0207	0.0137
50	0.6080	0.3715	0.2281	0.1407	0.0872	0.0543	0.0339	0.0213	0.0134	0.0085
55	0.5785	0.3365	0.1968	0.1157	0.0683	0.0406	0.0242	0.0145	0.0087	0.0053

n	12%	14%	15%	16%	18%	20%	24%	28%	32%	36%
1	0.8929	0.8772	0.8696	0.8621	0.8475	0.8333	0.8065	0.7813	0.7576	0.7353
2	0.7972	0.7695	0.7561	0.7432	0.7182	0.6944	0.6504	0.6104	0.5739	0.5407
3	0.7118	0.6750	0.6575	0.6407	0.6086	0.5787	0.5245	0.4768	0.4348	0.3975
4	0.6355	0.5921	0.5718	0.5523	0.5158	0.4823	0.4230	0.3725	0.3294	0.2923
5	0.5674	0.5194	0.4972	0.4762	0.4371	0.4019	0.3411	0.2910	0.2495	0.2149
6	0.5066	0.4556	0.4323	0.4104	0.3704	0.3349	0.2751	0.2274	0.1890	0.1580
7	0.4523	0.3996	0.3759	0.3538	0.3139	0.2791	0.2218	0.1776	0.1432	0.1162
8	0.4039	0.3506	0.3269	0.3050	0.2660	0.2326	0.1789	0.1388	0.1085	0.0854
9	0.3606	0.3075	0.2843	0.2630	0.2255	0.1938	0.1443	0.1084	0.0822	0.0628
10	0.3220	0.2697	0.2472	0.2267	0.1911	0.1615	0.1164	0.0847	0.0623	0.0462
11	0.2875	0.2366	0.2149	0.1954	0.1619	0.1346	0.0938	0.0662	0.0472	0.0340
12	0.2567	0.2076	0.1869	0.1685	0.1373	0.1122	0.0757	0.0517	0.0357	0.0250
13	0.2292	0.1821	0.1625	0.1452	0.1163	0.0935	0.0610	0.0404	0.0271	0.0184
14	0.2046	0.1597	0.1413	0.1252	0.0985	0.0779	0.0492	0.0316	0.2050	0.0135
15	0.1827	0.1401	0.1229	0.1079	0.0835	0.0649	0.0397	0.0247	0.0155	0.0099
16	0.1631	0.1229	0.1069	0.0980	0.0709	0.0541	0.0320	0.0193	0.0118	0.0073
17	0.1456	0.1078	0.0929	0.0802	0.0600	0.0451	0.0259	0.0150	0.0089	0.0054
18	0.1300	0.0946	0.0808	0.0691	0.0508	0.0367	0.0208	0.0118	0.0068	0.0039
19	0.1161	0.0829	0.0703	0.0596	0.0431	0.0313	0.0168	0.0092	0.0051	0.0029
20	0.1037	0.0728	0.0611	0.0514	0.0365	0.0261	0.0135	0.0072	0.0039	0.0021
21	0.0926	0.0638	0.0531	0.0443	0.0309	0.0217	0.0109	0.0056	0.0029	0.0016
22	0.0826	0.0560	0.0462	0.0382	0.0262	0.0181	0.0088	0.0044	0.0022	0.0012
23	0.0738	0.0491	0.0402	0.0329	0.0222	0.0151	0.0071	0.0034	0.0017	0.0008
24	0.0659	0.0431	0.0349	0.0284	0.0188	0.0126	0.0057	0.0027	0.0013	0.0006
25	0.0588	0.0378	0.0304	0.0245	0.0160	0.0105	0.0046	0.0021	0.0010	0.0005
26	0.0525	0.0331	0.0264	0.0211	0.0135	0.0087	0.0037	0.0016	0.0007	0.0003
27	0.0469	0.0291	0.0230	0.0182	0.0115	0.0073	0.0030	0.0013	0.0006	0.0002
28	0.0419	0.0255	0.0200	0.0157	0.0097	0.0061	0.0024	0.0010	0.0004	0.0002
29	0.0374	0.0224	0.0174	0.0135	0.0082	0.0051	0.0020	0.0008	0.0000	0.0001
30	0.0334	0.0196	0.0151	0.0116	0.0070	0.0042	0.0016	0.0006	0.0002	0.0001
35	0.0189	0.0102	0.0075	0.0055	0.0030	0.0017	0.0005	0.0002	0.0001	*
40	0.0107	0.0053	0.0037	0.0026	0.0013	0.0007	0.0002	0.0001	*	*
45	0.0061	0.0027	0.0019	0.0013	0.0006	0.0003	0.0001	*	*	*
50	0.0035	0.0014	0.0009	0.0006	0.0003	0.0001	*	*	*	*
55	0.0020	0.0007	0.0005	0.0003	0.0001	*	*	*	*	*

附件四：年金终值系数表(FVIFA 表)

n	1%	2%	3%	4%	5%	6%	7%	8%	9%	10%	12%
1	1.0000	1.0000	1.0000	1.0000	1.0000	1.0000	1.0000	1.0000	1.0000	1.0000	1.0000
2	2.0100	2.0200	2.0300	2.0400	2.0500	2.0600	2.0700	2.0800	2.0900	2.1000	2.1200
3	3.0301	3.0604	3.0909	3.1216	3.1525	3.1836	3.2149	3.2464	3.2781	3.3100	3.3744
4	4.0604	4.1216	4.1836	4.2465	4.3101	4.3746	4.4399	4.5061	4.5731	4.6410	4.7793
5	5.1010	5.2040	5.3091	5.4163	5.5256	5.6371	5.7507	5.8666	5.9847	6.1051	6.3528
6	6.1520	6.3081	6.4684	6.6330	6.8019	6.9753	7.1533	7.3359	7.5233	7.7156	8.1152
7	7.2135	7.4343	7.6625	7.8983	8.1420	8.3938	8.6540	8.9228	9.2004	9.4872	10.089
8	8.2857	8.583	8.8923	9.2142	9.5491	9.8975	10.26	10.637	11.028	11.436	12.3
9	9.3685	9.7546	10.159	10.583	11.027	11.491	11.978	12.488	13.021	13.579	14.776
10	10.462	10.95	11.464	12.006	12.578	13.181	13.816	14.487	15.913	15.937	17.549
11	11.567	12.169	12.808	13.486	14.207	14.972	15.784	16.645	17.56	18.531	20.655
12	12.683	13.412	14.192	15.026	15.917	16.87	17.888	18.977	20.141	21.384	24.133
13	13.809	14.68	15.618	16.627	17.713	18.882	20.141	21.495	22.953	24.523	28.029
14	14.947	15.974	17.086	18.292	19.599	21.015	22.55	24.214	26.019	27.975	32.393
15	16.097	17.293	18.599	20.024	21.579	23.276	25.129	27.152	29.361	31.772	37.28
16	17.258	18.639	20.157	21.825	23.657	25.673	27.888	30.324	33.003	35.95	42.753
17	18.43	20.012	21.762	23.698	25.84	28.213	30.84	33.75	36.974	40.545	48.884
18	19.615	21.412	23.414	25.645	28.132	30.906	33.999	37.45	41.301	45.599	55.75
19	20.811	22.841	25.117	27.671	30.539	33.76	37.379	41.446	46.018	51.159	63.44
20	22.019	24.297	26.87	29.778	33.066	36.786	40.995	45.752	51.16	57.275	72.052
21	23.239	25.783	28.676	31.969	35.719	39.993	44.865	50.423	56.765	64.002	81.699
22	24.472	27.299	30.537	34.248	38.505	43.392	49.006	55.457	62.873	71.403	92.503
23	25.716	28.845	32.453	36.618	41.43	46.996	53.436	60.883	69.532	79.543	104.6
24	26.973	30.422	34.426	39.083	44.502	50.816	58.177	66.765	76.79	88.497	118.16
25	28.243	32.03	36.459	41.646	47.727	54.863	63.294	73.106	84.701	98.347	133.33
26	29.562	33.671	38.553	44.312	51.113	59.156	68.676	79.954	93.324	109.18	150.33
27	30.821	35.344	40.71	47.084	54.669	63.706	74.484	87.351	102.72	121.1	169.37
28	32.129	37.051	42.931	49.968	58.403	68.528	80.698	95.339	112.97	134.21	190.7
29	33.45	38.792	45.219	52.966	62.323	73.64	87.347	103.97	124.14	148.63	214.58
30	34.785	40.568	47.575	56.085	66.439	79.058	94.461	113.28	136.31	164.49	241.33
40	48.886	60.402	75.401	95.026	120.8	154.76	199.64	259.06	337.88	442.59	767.09
50	64.463	84.579	112.8	152.67	209.35	290.34	406.53	573.77	815.08	1163.9	2400
60	81.67	114.05	163.05	237.99	353.58	533.13	813.52	1253.2	1944.8	3034.8	7471.6

续表

n	14%	15%	16%	18%	20%	24%	28%	32%	36%
1	1.0000	1.0000	1.0000	1.0000	1.0000	1.0000	1.0000	1.0000	1.0000
2	2.1400	2.1500	2.1600	2.1800	2.2000	2.2400	2.2800	2.3200	2.3600
3	3.4396	3.4725	3.5056	3.5724	3.6400	3.7776	3.9184	3.0624	3.2096
4	4.9211	4.9934	5.0665	5.2154	5.3680	5.6842	6.0156	6.3624	6.7251
5	6.6101	6.7424	6.8771	7.1542	7.4416	8.0484	8.6999	9.3983	10.1460
6	8.5355	8.7537	8.9775	9.4420	9.9299	10.9800	12.1360	13.4060	14.7990
7	10.73	11.067	11.414	12.142	12.916	14.615	16.534	18.696	21.126
8	13.233	13.727	14.24	15.327	16.499	19.123	22.163	25.678	29.732
9	16.085	16.786	17.519	19.086	20.799	24.712	29.369	34.895	41.435
10	19.337	20.304	21.321	23.521	25.959	31.643	38.593	47.062	57.352
11	23.045	24.349	25.733	28.755	32.15	40.238	50.398	63.122	78.998
12	27.271	29.002	30.85	34.931	39.581	50.895	65.51	84.32	108.44
13	32.089	34.352	36.786	42.219	48.497	64.11	84.853	112.3	148.47
14	37.581	40.505	43.672	50.818	54.196	80.496	109.61	149.24	202.93
15	43.842	47.58	51.66	60.965	72.035	100.82	141.3	198	276.98
16	50.98	55.717	60.925	72.939	87.442	126.01	181.87	262.36	377.69
17	59.118	65.075	71.673	87.068	105.93	157.25	233.79	347.31	514.66
18	68.394	75.836	84.141	103.74	128.12	195.99	300.25	459.45	770.94
19	79.969	88.212	98.603	123.41	154.74	244.03	385.32	607.47	954.28
20	91.025	120.44	115.38	146.63	186.69	303.6	494.21	802.86	1298.8
21	104.77	118.81	134.84	174.02	225.03	377.46	633.59	1060.8	1767.4
22	120.44	137.63	157.41	206.34	271.03	469.06	812	1401.2	2404.7
23	138.3	159.28	183.6	244.49	326.24	582.63	1040.4	1850.6	3271.3
24	185.66	184.17	213.98	289.49	392.48	723.46	1332.7	2443.8	4550
25	181.87	212.79	249.21	342.6	471.98	898.09	1706.8	3226.8	6053
26	208.33	245.71	290.09	405.27	567.38	1114.6	2185.7	4260.4	8233.1
27	238.5	283.57	337.5	479.22	681.85	1383.1	2798.7	5624.8	11198
28	272.89	327.1	392.5	566.48	819.22	1716.1	3583.3	7425.7	15230.3
29	312.09	377.17	456.3	669.45	984.07	2129	4587.7	9802.9	20714.2
30	356.79	434.75	530.31	790.95	1181.9	2640.9	5873.2	12941	28172.3
40	1342	1779.1	2360.8	4163.21	7343.2	27290	69377	*	*
50	4994.5	7217.7	10436	21813	45497	*	*	*	*
60	18535	29220	46058	*	*	*	*	*	*

附件五：年金现值系数表(PVIFA 表)

n	1%	2%	3%	4%	5%	6%	7%	8%	9%	10%
1	0.9901	0.9804	0.9709	0.9615	0.9524	0.9434	0.9346	0.9259	0.9174	0.9091
2	1.9704	1.9416	1.9135	1.8861	1.8594	1.8334	1.8080	1.7833	1.7591	1.7355
3	2.9410	2.8839	2.8286	2.7751	2.7232	2.6730	2.6243	2.5771	2.5313	2.4869
4	3.9020	3.8077	3.7171	3.6299	3.5460	3.4651	3.3872	3.3121	3.2397	3.1699
5	4.8534	4.7135	4.5797	4.4518	4.3295	4.2124	4.1002	3.9927	3.8897	3.7908
6	5.7955	5.6014	5.4172	5.2421	5.0757	4.9173	4.7665	4.6229	4.4859	4.3553
7	6.7282	6.4720	6.2303	6.0021	5.7864	5.5824	5.3893	5.2064	5.0330	4.8684
8	7.6517	7.3255	7.0197	6.7327	6.4632	6.2098	5.9713	5.7466	5.5348	5.3349
9	8.5660	8.1622	7.7861	7.4353	7.1078	6.8017	6.5152	6.2469	5.9952	5.7590
10	9.4713	8.9826	8.5302	8.1109	7.7217	7.3601	7.0236	6.7101	6.4177	6.1446
11	10.3676	9.7868	9.2526	8.7605	8.3064	7.8869	7.4987	7.1390	6.8052	6.4951
12	11.2551	10.5753	9.9540	9.3851	8.8633	8.3838	7.9427	7.5361	7.1607	6.8137
13	12.1337	11.3484	10.6350	9.9856	9.3936	8.8527	8.3577	7.9038	7.4869	7.1034
14	13.0037	12.1062	11.2961	10.5631	9.8986	9.2950	8.7455	8.2442	7.7862	7.3667
15	13.8651	12.8493	11.9379	11.1184	10.3797	9.7122	9.1079	8.5595	8.0607	7.6061
16	14.7179	13.5777	12.5611	11.6523	10.8378	10.1059	9.4466	8.8514	8.3126	7.8237
17	15.5623	14.2919	13.1661	12.1657	11.2741	10.4773	9.7632	9.1216	8.5436	8.0216
18	16.3983	14.9920	13.7535	12.6896	11.6896	10.8276	10.0591	9.3719	8.7556	8.2014
19	17.2260	15.6785	14.3238	13.1339	12.0853	11.1581	10.3356	9.6036	8.9601	8.3649
20	18.0456	16.3514	14.8775	13.5903	12.4622	11.4699	10.5940	9.8181	9.1285	8.5136
21	18.8570	17.0112	15.4150	14.0292	12.8212	11.7641	10.8355	10.0168	9.2922	8.6487
22	19.6604	17.6580	15.9369	14.4511	13.4886	12.3034	11.0612	10.2007	9.4424	8.7715
23	20.4558	18.2922	16.4436	14.8568	13.4886	12.3034	11.2722	10.3711	9.5802	8.8832
24	21.2434	18.9139	16.9355	15.2470	13.7986	12.5504	11.4693	10.5288	9.7066	8.9847
25	22.0232	19.5235	17.4131	15.6221	14.0939	12.7834	11.6536	10.6748	9.8226	9.0770
26	22.7952	20.1210	17.8768	15.9828	14.3752	13.0032	11.8258	10.8100	9.9290	9.1609
27	23.5596	20.7059	18.3270	16.3296	14.6430	13.2105	11.9867	10.9352	10.0266	9.2372
28	24.3164	21.2813	18.7641	16.6631	14.8981	13.4062	12.1371	11.0511	10.1161	9.3066
29	25.0658	21.8444	19.1885	16.9837	15.1411	13.5907	12.2777	11.1584	10.1983	9.3696
30	25.8077	22.3965	19.6004	17.2920	15.3725	13.7648	12.4090	11.2578	10.2737	9.4269
35	29.4086	24.9986	21.4872	18.6646	16.3742	14.4982	12.9477	11.6546	10.5668	9.6442
40	32.8347	27.3555	23.1148	19.7928	17.1591	15.0463	13.3317	11.9246	10.7574	9.7791
45	36.0945	29.4902	24.5187	20.7200	17.7741	15.4558	13.6055	12.1084	10.8812	9.8628
50	39.1961	31.4236	25.7298	21.4822	18.2559	15.7619	13.8007	12.2335	10.9617	9.9148
55	42.1472	33.1748	26.7744	22.1086	18.6335	15.9905	13.9399	12.3186	11.0140	9.9471

n	12%	14%	15%	16%	18%	20%	24%	28%	32%
1	0.8929	0.8772	0.8696	0.8621	0.8475	0.8333	0.8065	0.7813	0.7576
2	1.6901	1.6467	1.6257	1.6052	1.5656	1.5278	1.4568	1.3916	1.3315
3	2.4018	2.3216	2.2832	2.2459	2.1743	2.1065	1.9813	1.8684	1.7663
4	3.0373	2.9173	2.8550	2.7982	2.6901	2.5887	2.4043	2.2410	2.0957
5	3.6048	3.4331	3.3522	3.2743	3.1272	2.9906	2.7454	2.5320	2.3452
6	4.1114	3.8887	3.7845	3.6847	3.4976	3.3255	3.0205	2.7594	2.5342
7	4.5638	4.2882	4.1604	4.0386	3.8115	3.6046	3.2423	2.9370	2.6775
8	4.9676	4.6389	4.4873	4.3436	4.0776	3.8372	3.4212	3.0758	2.7860
9	5.3282	4.9464	4.7716	4.6065	4.3030	4.0310	3.5655	3.1842	2.8681
10	5.6502	5.2161	5.0188	4.8332	4.4941	4.1925	3.6819	3.2689	2.9304
11	5.9377	5.4527	5.2337	5.0286	4.6560	4.3271	3.7757	3.3351	2.9776
12	6.1944	5.6603	5.4206	5.1971	4.7932	4.4392	3.8514	3.3868	3.0133
13	6.4235	5.8424	5.5831	5.3423	4.9095	4.5327	3.9124	3.4272	3.0404
14	6.6282	6.0021	5.7245	5.4675	5.0081	4.6106	3.9616	3.4587	3.0609
15	6.8109	6.1422	5.8474	5.5755	5.0916	4.6755	4.0013	3.4834	3.0764
16	6.9740	6.2651	5.9542	5.6685	5.1624	4.7296	4.0333	3.5026	3.0882
17	7.1196	6.3729	6.0472	5.7487	5.2223	4.7746	4.0591	3.5177	3.0971
18	7.2497	6.4674	6.1280	5.8178	5.2732	4.8122	4.0799	3.5294	3.1039
19	7.3658	6.5504	6.1982	5.8775	5.3162	4.8435	4.0967	3.5386	3.1090
20	7.4694	6.6231	6.2593	5.9288	5.3527	4.8696	4.1103	3.5458	3.1129
21	7.5620	6.6870	6.3125	5.9731	5.3837	4.8913	4.1212	3.5514	3.1158
22	7.6446	6.7429	6.3587	6.0113	5.4099	4.9094	4.1300	3.5558	3.1180
23	7.7184	6.7921	6.3988	6.0442	5.4321	4.9245	4.1371	3.5592	3.1197
24	7.7843	6.8351	6.4338	6.0726	5.4509	4.9371	4.1428	3.5619	3.1210
25	7.8431	6.8729	6.4641	6.0971	5.4669	4.9476	4.1474	3.5640	3.1220
26	7.8957	6.9061	6.4906	6.1182	5.4804	4.9563	4.1511	3.5656	3.1227
27	7.9426	6.9352	6.5135	6.1364	5.4919	4.9636	4.1542	3.5669	3.1233
28	7.9844	6.9607	6.5335	6.1520	5.5016	4.9697	4.1566	3.5679	3.1237
29	8.0218	6.9830	6.5509	6.1656	5.5098	4.9747	4.1585	3.5687	3.1240
30	8.0552	7.0027	6.5660	6.1772	5.5168	4.9789	4.1601	3.5693	3.1242
35	8.1755	7.0700	6.6166	6.2153	5.5386	4.9915	1.1644	3.5708	3.1248
40	8.2438	7.1050	6.6418	6.2335	5.5482	4.9966	4.1659	3.5712	3.1250
45	8.2825	7.1232	6.6543	6.2421	5.5523	4.9986	4.1664	3.5714	3.1250
50	8.3045	7.1327	6.6605	6.2463	5.5541	4.9995	4.1666	3.5714	3.1250
55	8.3170	7.1376	6.6636	6.2482	5.5549	4.9998	4.1666	3.5714	3.1250

参 考 文 献

[1] Arthur J. Keown，David F. Scott，John D. Martin，Jay William petty. 现代财务管理基础[M]. 北京：清华大学出版社，1997.

[2] Cooper，A.C.，C. Y. Woo，W. C. Dunkelberg. Entrepreneurs perceived Chances for Success[J]. Journal of Business Venturing，1988(3)：97-108.

[3] Fisher L, Lorie J H. Some studies of variability of returns on investment in common stocks[J]. Journal of Business，1970，43:99-134.

[4] Graham，J.，Harvey，C. The theory and practice of corporate finance：evidence from the field[J]. Journal of Financial Economics，2001(60)：187-243.

[5] Heaton, J. B. Managerial Optimism and Corporate Finance [J]. Financial Management. Summer，2002：33-45.

[6] Landier，A.，D. Thesmar. Financial Contracting with Optimistic Entrepreneurs[D]. Working Paper，New York University，2004.

[7] Malmendier，U.，Tate，Geoffrey A. CEO overconfidence and corporate investment[D]. Working paper，Stanford University and Harvard University，2004.

[8] March，J. G.，Z. Shapira. Managerial perspectives on risk and risk taking[J]. Management Science. 1987(33)：1404-1418.

[9] Markowitz H M. Portfolio selection[J]. Journal of Finance，1952(7)：77-91.

[10] 布鲁诺著. 潘国英译. 金融案例研究——为公司的价值创造而管理[M]. 北京：清华大学出版社，2005.

[11] Samuelson P A. The fundamental approximation theorem of portfolio analysis in terms of means，variances and higher moment[J]. Reviews of Economic Studies，1970，37：537-542.

[12] Simon Benninga. 邵建利等译. 财务金融建模——用 Excel 工具[M]. 上海：上海财经大学出版社，2003.

[13] Wagner W, Lau S. The effect of diversification on risk[J]. Financial Analyst Journal, 1971, November-December: 48-53.

[14] 阿斯沃思·达蒙德理(Aswath Damodaran). 张志强，王春香译. 价值评估——证券分析、投资评估与公司理财[M]. 北京：北京大学出版社，2003.

[15] 爱默瑞，芬尼特. 荆新，王化成，李焰译校. 公司财务管理[M]. 北京：中国人民大学出版社，1999.

[16] 白蔚秋，潘秀丽．财务管理学[M]．北京：经济科学出版社，2005.

[17] 北京中能兴业投资咨询有限公司．价值评估方法与技术[M]．北京：中国档案出版社，2006.

[18] 本杰明·M.弗里德曼，弗兰克·H.哈恩．货币经济学手册[M].1卷,2卷．北京：经济科学出版社，2002.

[19] 财政部会计资格评价中心．中级财务管理[M]．北京：中国财政经济出版社，2008.

[20] 陈惠锋．公司理财学[M]．北京：清华大学出版，2005.

[21] 陈琦伟．公司金融(第2版)[M]．北京：中国金融出版社，2003.

[22] 陈野华．行为金融学[M]．成都：西南财经大学出版社，2006.

[23] 陈雨露．公司理财[M]．北京：高等教育出版社，2003.

[24] 陈玉菁，宋良荣．财务管理[M]．北京：清华大学出版社，2011.

[25] 程兴华．现代企业投资决策管理[M]．上海：立信会计出版社，1997.

[26] 达莫德伦．荆霞译．公司财务——理论与实务[M]．北京：中国人民大学出版社，2001.

[27] 代桂霞，赵炳盛，李晓冬．公司金融[M]．大连：东北财经大学出版社，2012.

[28] 戴维·K.艾特曼等．跨国公司金融(第9版)[M]．北京：北京大学出版社，2005.

[29] 道格拉斯·R.爱默瑞，约翰·D.芬尼特，约翰·D.斯托．荆新改编．公司财务管理(上)[M]．北京：中国人民大学出版社，2007.

[30] 端木青．财务管理学[M]．杭州：浙江大学出版社，2006.

[31] 樊莹，罗淑贞．财务学原理[M]．大连：东北财经大学出版社，2012.

[32] 范霍恩．郭浩译．现代企业财务管理[M]．北京：经济科学出版社，1998.

[33] 方建武，胡杰．公司金融学(第二版)[M]．西安：西安交通大学出版社，2012.

[34] 弗兰克·J.法博齐，帕梅拉·P.彼得森．詹正茂译．财务管理与分析(第2版)(下)[M]．北京：中国人民大学出版社，2008.

[35] 甘娅丽．财务报表编制与分析[M]．北京：北京理工大学出版社，2011.

[36] 高鸿业．西方经济学(第2版)[M]．北京：中国人民大学出版社，2000.

[37] 高军，刘先涛．企业管理后评价初探[J]．科技与管理，2003(3).

[38] 葛文雷．财务管理[M]．上海：华东大学出版社，2003.

[39] 顾伟忠．财务管理原理与应用—基于企业价值的提升[M]．北京：社会科学文献出版社，2011.

[40] 郭里江．现代企业财务管理[M]．武汉：武汉理工大学出版社，2009.

[41] 郭丽虹，王安兴．公司金融学．上海：上海财经大学出版社，2008.

[42] 郭仲伟．风险分析与决策[M]．北京：机械工业出版社，1987.

[43] 胡建忠．全国注册会计师执业资格考试考点采分—财务成本管理[M]．北京：中国人民大学出版社，2011.

[44] 胡庆康．公司金融[M]．北京：首都经济贸易大学出版社，2003.

[45] 黄虹，孙国荣．公司理财[M]．合肥：安徽人民出版社，2011.

[46] 黄丽莉．从零开始学财务报表[M]．北京：化学工业出版社，2011.

[47] 黄秋敏．我国企业投资风险管理[J]．商场现代化，2007(20).

[48] 黄瑞荣．现代企业财务管理[M]．广州：暨南大学出版社，1994.

[49] 黄泽民．货币银行学[M]．上海：立信会计出版社，2001.

[50] 霍伊特．风险管理和保险(影印本)(第11版)[M]．北京：北京大学出版社，2003.

[51] 简德三．投资项目评估[M]．上海：上海财经大学出版社，1999.

[52] 江建忠．浅析完善企业投资管理[J]．审计理论与实务，2003(8).

[53] 姜波克．国际金融新编[M]．上海：复旦大学出版社，2005.

[54] 蒋屏．公司财务管理[M]．北京：对外经济贸易大学出版社，2001.

[55] 杰拉尔德·I.怀特，阿什温保罗·C.桑迪海，德夫·弗里德．杜美杰，陈宋生(改编)．财务报表分析与运用[M]．北京：中国人民大学出版社，2007.

[56] 荆新等．财务管理学(第3版)[M]．北京：中国人民大学出版社，2006.

[57] 荆新，王化成．财务管理学[M]．北京：中国人民大学出版社，2001.

[58] 拉杰科斯，威斯顿．张秋生，周绍妮，张吴译．并购的艺术——融资与再融资[M]．北京：中国财经出版社，2001.

[59] 李德峰．金融市场学[M]．北京：中国财政经济出版社，2010.

[60] 李凤云，崔博．投资银行理论与案例[M]．北京：清华大学出版社，2011.

[61] 李光洲，徐爱农．资产评估教程[M]．上海：立信会计出版社，2010.

[62] 李光洲．公司金融理论与实务[M]．上海：立信会计出版社，2005.

[63] 李国平．行为金融学[M]．北京：北京大学出版社，2006.

[64] 李鹏，尹彩霞．资本结构理论综述[J]．企业导报，2011(4).

[65] 李维安．公司治理理论与实务前沿[M]．北京：中国财政经济出版社，2003.

[66] 李心愉．公司金融学[M]．北京：北京大学出版社，2008.

[67] 李雪莲．财务管理学[M]．北京：清华大学出版社，2011.

[68] 李忠民．公司金融学[M]．西安：西安交通大学出版社，2008.

[69] 廖理．公司治理与独立董事[M]．北京：中国计划出版社，2002.

[70] 林伟，邵少敏．现代资本结构理论[J]．中央财经大学学报，2004(4).

[71] 林勇．资本运营理论与实务[M]．北京：科学出版社，2011.

[72] 令媛媛，张粟，李定安．西方资本结构理论演变之纵横观[J]．会计之友，2008(8).

[73] 刘红忠．投资学(第2版)[M]．北京：高等教育出版社，2010.

[74] 刘孅．投资数据分析实务[M]．北京：国家行政学院出版社，2007.

[75] 刘伟华．风险管理[M]．北京：中信出版社，2002.

[76] 卢家仪，蒋冀．财务管理[M]．北京：清华大学出版社，2006.

[77] 鲁爱民．财务分析[M]．北京：机械工业出版社，2008.

[78] 陆家骝．行为金融学的兴起[M]．广州：广东人民出版社，2004.

[79] 陆正飞，施瑜．从财务评价体系看上市公司价值决定[J]．会计研究 2002(5).

[80] 陆正飞．财务管理学[M]．南京：南京大学出版社，2000.

[81] (美)斯蒂芬·A.罗斯，(美)伦道夫·W.威斯特菲尔德，布拉德福德·D.乔丹．方红星，徐强国，赵银德译．公司理财(精要版)(英文原书第 9 版)[M]．北京：机械工业出版社，2011.

[82] 马述忠，廖红．国际企业管理[M]．北京：北京大学出版社，2010.

[83] 马忠．财务管理—分析、规划与估价[M]．北京：北京交通大学出版社，2007.

[84] 毛桂英，李海波，史本山，伍劲．资本结构理论研究综述[J]．财会通讯，2009(10).

[85] 米什金著．郑艳文，荆国勇译．货币金融学(第九版)[M]．北京：中国人民大学出版社，2011.

[86] 张晋生，李新，艾仁智．公司金融[M]．北京：清华大学出版社，2010.

[87] 米什金．货币金融学(第 4 版)[M]．北京：中国人民大学出版社，1998.

[88] 钱海波，贾国军．公司理财[M]．北京：人民邮电出版社，2003.

[89] 裴企阳．融资租赁——理论探讨与实务操作[M]．北京：中国财政经济出版社，2001.

[90] 饶育蕾，蒋波．行为公司金融：公司财务决策的理性与非理性[M]．北京：高等教育出版社，2010.

[91] 沈小凤．现代企业财务管理[M]．北京：北京经济学院出版社，1994.

[92] 盛松成，施兵超，陈建安．现代货币经济学(第 2 版)[M]．北京：中国金融出版社，2001.

[93] 斯蒂格利茨．经济学(第 2 版)[M]．北京：中国人民大学出版社，2000.

[94] 苏同华．行为金融学教程[M]．北京：中国金融出版社，2006.

[95] 谭庆琏．投资业务与风险管理全书[M]．北京：中国金融出版社，1994.

[96] 唐元虎．资产经营[M]．北京：高等教育出版社，2008.

[97] 王步芳．企业价值之"谜"：现金为王[M]．北京：中国电力出版社，2009.

[98] 王长莲．自由现金流量理论综述与应用分析[J]．商业时代，2009(11).

[99] 王东胜．公司金融学[M]．大连：东北财经大学出版社，2010.

[100] 王关义．企业投资风险：衡量与控制[J]．数量经济技术经济研究，2000(3).

[101] 王化成．财务管理学教学案例[M]．北京：中国人民大学出版社，2001.

[102] 王化成．公司财务管理[M]．北京：高等教育出版社，2007.

[103] 王鹏，张俊瑞，周龙．企业价值概念、影响因素及其计量：综述与展望[J]．财会月刊，2012(10).

[104] 王庆成．财务管理学[M]．北京：中国财政经济出版社，1997.

[105] 王少豪．企业价值评估：观点、方法与实务[M]．北京：中国水利水电出版社，2005.

[106] 王伟．因子分析法在海尔集团公司财务绩效评价中的应用[J]．山东农业大学学报(自然科学版)，2013(1).

[107] 王蔚松．企业金融行为[M]．北京：中央广播大学出版社．2001

[108] 王兴德．财经管理计算机应用[M]．上海：上海财经大学出版社，1997.

[109] 王重润．公司金融学[M]．南京：东南大学出版社，2010.

[110] 魏华林，林宝清．保险学[M]．北京：高等教育出版社，1999.

[111] 魏素艳．新编会计学[M]．北京：清华大学出版社，2012.

[112] 吴志攀．金融法概论(第 4 版)[M]．北京：北京大学出版社，2000.

[113] 肖翔，刘天善．企业融资学[M]．北京：北京交通大学出版社，2007.

[114]肖翔. 企业融资学[M]. 北京：北京交通大学出版社，2011.

[115]许谨良. 风险管理(2 版)[M]. 北京：中国金融出版社，2003.

[116]严复海，刘淑华. 财务管理学原理与实务[M]. 北京：中国农业大学出版社，2008.

[117]杨丽荣. 公司金融[M]. 北京：科学出版社，2005.

[118]杨雄胜. 高级财务管理[M]. 大连：东北财经大学出版社，2009.

[119]姚迪克. 国际金融[M]. 上海：复旦大学出版社，2012.

[120]姚海鑫. 财务管理[M]. 北京：清华大学出版社，2007.

[121]姚益龙. 现代公司理财[M]. 北京：机械工业出版社，2010.

[122]叶亮. 上市公司的资本结构问题——基于四川长虹的案例分析[J]. 财经界，2006(11).

[123]易刚，张磊. 国际金融[M]. 上海：上海人民出版社，1999.

[124]殷醒民. 企业购并的金融经济学解释[M]. 上海：上海财经大学出版社，1999.

[125]余国杰，胡庆. 资本结构理论发展的历程：一个文献综述[J]. 江汉论坛，2004(5).

[126]岳军，冯日欣，闫新华. 公司金融[M]. 北京：经济科学出版社，2003.

[127]詹姆斯·C.范霍恩，小约翰·M.瓦霍维奇. 现代企业财务管理(11 版)[M]. 北京：经济科学出版社，2002.

[128]张纯. 财务管理学[M]. 上海：上海财经大学出版社，2005.

[129]张晋生. 公司金融[M]. 北京：清华大学出版社，2010.

[130]张鸣. 财务管理学[M]. 上海：上海财经大学出版社，1999.

[131]张鸣，陈文浩. 财务管理[M]. 北京：高等教育出版社，2007.

[132]张学英. 财务管理[M]. 北京：人民邮电出版社，2011.

[133]张亦春，郑振龙，林海主编. 金融市场学(第四版)[M]. 北京：高等教育出版社，2013.

[134]赵祥. 西方企业融资结构理论的演进以及对我国的启示[J]. 学术论坛，2005(2).

[135]赵章文，袁志忠. 财务管理学[M]. 北京：科学出版社，2011.

[136]郑长德. 金融学：现代观点[M]. 北京：中国经济出版社，2011.

[137]郑子云. 企业风险管理[M]. 北京：商务印书馆，2002.

[138]中国注册会计师协会. 财务成本管理[M]. 北京：经济科学出版社，2008.

[139]周爱民，张荣亮. 行为金融学[M]. 北京：经济管理出版社，2005.

[140]周洛华. 金融工程学[M]. 上海：上海财经大学出版社，2004.

[141]周夏飞. 公司理财[M]. 北京：机械工业出版社，2011.

[142]周晓虎. 资本结构理论研究回顾与评价[J]. 财会通讯，2009(3).

[143]朱宝宪. 公司并购与重组[M]. 北京：清华大学出版社，2006.

[144]朱开悉，张德容. 财政管理学[M]. 长沙：中南大学出版社，2009.

[145]朱顺泉. 公司金融财务学[M]. 北京：清华大学出版社，2011.

[146]朱叶. 公司金融[M]. 北京：北京大学出版社，2013.

[147]朱叶. 国际金融管理学[M]. 上海：复旦大学出版社，2003.